MARIA PAULA MENESES
JÚLIO LOPES (ORGS.)

O Direito por Fora do Direito: as Instâncias Extra-Judiciais de Resolução de Conflitos em Luanda

VOLUME III DE
LUANDA E JUSTIÇA: PLURALISMO JURÍDICO NUMA SOCIEDADE
EM TRANSFORMAÇÃO

O DIREITO POR FORA DO DIREITO: AS INSTÂNCIAS
EXTRA-JUDICIAIS DE RESOLUÇÃO DE CONFLITOS EM LUANDA

AUTORES
Maria Paula Meneses
Júlio Lopes (orgs.)

EDITOR
EDIÇÕES ALMEDINA, S.A.
Rua Fernandes Tomás, 76-80
3000-167 Coimbra
Tel.: 239 851 904 · Fax: 239 851 901
www.almedina.net · editora@almedina.net

PRÉ-IMPRESSÃO
EDIÇÕES ALMEDINA, S.A.

IMPRESSÃO E ACABAMENTO
PAPELMUNDE, SMG, LDA.
V. N. de Famalicão

Janeiro, 2012
DEPÓSITO LEGAL
338602/12

Os dados e as opiniões inseridos na presente publicação
são da exclusiva responsabilidade do(s) seu(s) autor(es).

Toda a reprodução desta obra, por fotocópia ou outro qualquer processo, sem prévia autorização
escrita do Editor, é ilícita e passível de procedimento judicial contra o infractor.

Biblioteca Nacional de Portugal – Catalogação na Publicação

LUANDA E JUSTIÇA

Luanda e Justiça : pluralismo jurídico numa sociedade em transformação. – v.
3º v.: O direito fora do direito : as instâncias extra-judiciais de resolução de conflitos em Luanda / org. Maria
Paula Meneses, Júlio Lopes. – p. - ISBN 978-972-40-4620-4

I – MENESES, Maria Paula
II – LOPES, Júlio

CDU   316
        34

ÍNDICE

Lista de Acrónimos ... 11

Prefácio ... 15

Capítulo 1 - Pluralismo social, pluralismo legal em Luanda, Angola ... 21
Maria Paula Meneses
Introdução ... 21
1. Os múltiplos actores e instâncias no sistema sócio-jurídico de Angola
independente ... 22
2. Angola no contexto africano: que possibilidades para o futuro? ... 25
   2. 1. Modelos de interface entre os sistemas de justiça não-estatais e
   o estado ... 27
   2. 2. Narrativas legais: entre o papel e a prática quotidiana ... 30
Referências Bibliográficas ... 33

Capítulo 2 - Luanda: a caracterização do trabalho de campo ... 39
Maria Paula Meneses e Júlio Lopes
1. Luanda: as razões da opção ... 39
   1.1. A opção pelos municípios do Cazenga e do Kilamba Kiaxi ... 40
2. O Município do Cazenga ... 42
3. O Município do Kilamba Kiaxi ... 43
Conclusões ... 45
Referências bibliográficas ... 48
Anexo - Mapa de Luanda ... 49

**Capítulo 3 - Estrutura e dinâmicas de funcionamento do Centro
Social de Referência do Julgado de Menores** ... 51
Isabel Abreu, Maria Paula Meneses e Júlio Lopes
Introdução ... 51
1. A criação do Centro Social de Referência do Julgado de Menores ... 52
   1. 1. Alguns dados de contextualização ... 52
   1. 2. Os Centros sociais de referência do Julgado de Menores ... 54
2. O funcionamento do CSRJM e a relação com o município ... 57
   2. 1. O CSRJM do Cazenga ... 57
   2. 2. O CSRJM do Kilamba Kiaxi ... 57

2. 3. O funcionamento dos centros	58
2. 4. As funções desempenhadas pelos centros	59
3. A mediação e resolução de conflitos: o processamento dos casos	64
3.1. O Atendimento	64
3.2. A mediação	67
4. Tipologia dos conflitos	69
5. Volume e tipos de casos	70
6. Instâncias de recurso e sua (inter)ligação	77
6. 1. A ligação com os tribunais	79
7. As dificuldades que os CSRJM enfrentam	79
Conclusões	82
Referências bibliográficas	83
Anexo - Foto 1	84
Anexo - Foto 2	85

Capítulo 4 - O Gabinete Jurídico da Sala de Aconselhamento da OMA (GJSA) no Município do Cazenga, Luanda 87
Aguiar Miguel Cardoso, Maria Paula Meneses e Júlio Lopes

Introdução	87
1. A origem do Gabinete Jurídico da Sala de Aconselhamento da OMA (GJSA)	88
2. O funcionamento do GJSA	92
2. 1. A equipa do GJSA	93
3. As instalações do Gabinete Jurídico da Sala de Aconselhamento	94
4. A organização do atendimento no GJSA	95
4. 1. A chegada ao GJSA	95
4. 2. O pagamento da taxa	95
4. 3. A organização diária do atendimento – as várias etapas	96
5. A mediação de conflitos familiares	101
6. O papel das testemunhas	103
7. Volume, tipos de casos e mobilizadores do Gabinete	104
7. 1. Volume de casos	105
7. 2. As Razões das queixas	107
7. 3. A idade	111
7. 4. A ocupação	112
7. 5. A moradia	112
7. 6. Nível de escolaridade	113
7. 7. Mobilizadores do GJSA	113

ÍNDICE   7

8. O encaminhamento de casos e a ligação com a Polícia Nacional   114
9. O recurso a outras instâncias   116
10. Outras Actividades em que o GJSA Participa   117
   10. 1. Apoio social a famílias desfavorecidas   118
   10. 2. O acompanhamento   118
   10. 3. Promoção dos direitos humanos   120
Conclusões   121
Referências bibliográficas   123
Anexo - Foto 3   125
Anexo - Foto 4   126

Capítulo 5 - A luta contra a violência doméstica e o funcionamento da Secção da Família e Promoção da Mulher Do Município do Kilamba Kiaxi   127
Aguiar Miguel Cardoso, Júlio Lopes e Maria Paula Meneses
   Introdução   127
1. A emergência da Secção da Família e Promoção da Mulher do Município do Kilamba Kiaxi   129
2. O funcionamento da Secção da Família e Promoção da Mulher do Município do Kilamba Kiaxi   132
   2. 1. O funcionamento da Secção da Família e Promoção da Mulher do Kilamba Kiaxi   134
3. O papel da Secção da Família e Promoção da Mulher do Kilamba Kiaxi na mediação e resolução de conflitos   135
   3. 1. O acesso à Secção da Família e Promoção da Mulher do Kilamba Kiaxi para a apresentação da queixa   136
   3. 2. A organização do atendimento   137
   3. 3. O processamento da queixa   140
   3. 4. A decisão sobre o caso   143
   3. 5. O recurso a outras instâncias   145
4. Tipo, volume de casos e mobilizadores desta instância   150
   4. 1. Tipologia e análise dos casos   152
   4. 2. Mobilizadores desta instância   157
5. Outras actividades em que a secção participa   159
   5. 1. Palestras e seminários   159
   5. 2. O micro-crédito   161
   5. 3. Formação e divulgação dos direitos humanos   163

Conclusões	166
Referências bibliográficas	167
Anexo - Foto 5	169
Anexo - Foto 6	170
Anexo - Foto 7	171

Capítulo 6 - A Polícia Nacional de Angola e a Resolução de Conflitos A 31.ª Esquadra Policial do Palanca II do Comando Municipal da Polícia do Kilamba Kiaxi (V.ª Divisão) — 173
André Kaputo Menezes, Maria Paula Meneses e Júlio Lopes

1. Polícia, Estado e justiça: controlo e conflito social	173
2. A Polícia Nacional de Angola: percursos e contextos de funcionamento	176
3. A 31.ª Esquadra Policial do Palanca	183
3.1. Localização da 31.ª Esquadra e Recursos Humanos	184
4. A mediação e a resolução de conflitos	185
5. O processo de apresentação das queixas e a organização do atendimento	190
6. Tipo e volume de casos e principais mobilizadores das queixas	192
7. A articulação em rede	194
Conclusões	196
Referências bibliográficas	197

Capítulo 7 - As 'Mãos Livres' no Cazenga: a Sociedade Civil e a Defesa dos Direitos Humanos — 201
André Kaputo Menezes, Maria Paula Meneses e Júlio Lopes

1. O desenvolvimento do associativismo na história recente de Angola	201
2. A Associação 'Mãos Livres'	207
3. O Centro de Aconselhamento e Assistência Jurídica da 'Mãos Livres' do Cazenga	210
4. O espaço onde funciona o centro	212
5. A estrutura e funções do Centro da 'Mãos Livres' no Cazenga	213
6. A equipa de paralegais	215
7. Organização do atendimento	217
8. O acesso ao centro e a apresentação das queixas	220
9. As convocatórias	221
10. Tipo de casos, volume e mobilizadores desta instância	221

11. Tipo de conflitos observados	224
12. A mediação e a resolução dos conflitos	231
13. O envio de casos para a sede	237
14. A ligação do centro com outras instâncias	239
15. Outras actividades do centro	240
Conclusões	241
Referências bibliográficas	244
Anexo - Foto 8	246
Anexo - Foto 9	247

Capítulo 8 - Luanda: as Comissões de Moradores e a Participação Popular na Gestão da Vida Urbana — 249
Maria Paula Meneses, Aguiar Miguel Cardoso, André Kaputo Menezes e Júlio Lopes

1. Práticas de participação popular em Angola	249
2. As instâncias locais de resolução de conflitos: as comissões de moradores	260
2. 1. O vazio legal em que funcionam as comissões de moradores	262
2. 2. Instâncias em rede a nível local	265
2. 3. A composição das comissões de moradores	265
3. A Comissão de Moradores do Sector 7 da Comuna de Tala Hady, Município do Cazenga	267
3. 1. Apresentação da Zona 19, Comuna do Tala Hady, Sector 7, Bairro Kala Wenda	267
3. 2. A Comissão de Moradores do Sector 7: a figura do Presidente da Comissão	270
3. 3. As condições de funcionamento	272
3.4. A composição da equipa envolvida na resolução de conflitos e a organização do atendimento	273
3. 5. Natureza dos conflitos e mobilizadores desta instância	273
3. 6. O processamento da queixa	276
3. 7. Outras instâncias e sua articulação com o trabalho da comissão de moradores na resolução de conflitos	280
4. A Comissão de Moradores do Sector 5 da Comuna de Tala Hady, Município do Cazenga	280
4. 1. Apresentação do Bairro Dr. Agostinho Neto, Sector 5	280
4. 2. A criação da Comissão de Moradores do Sector 5	283
4. 3. Condições de funcionamento	286
4. 4. A composição da equipa envolvida na mediação dos principais conflitos	292

4. 5. Natureza dos conflitos e alguns dos mobilizadores desta instância	293
4. 6. O processamento da queixa	301
4. 7. A procura de solução para o conflito	303
5. As Eleições na Comissão de Moradores do Sector 5, Comuna do Tala Hady: exercício de democratização do bairro ou mecanismo para substituição de líderes?	305
5.1. As eleições para a Comissão de Moradores do Sector 5 em 2008	306
5. 2. A submissão da candidatura	309
5. 3. O acto eleitoral em análise	311
Conclusões	319
Referências bibliográficas	323
Anexo - Foto 10	327
Anexo - Foto 11	328

Capítulo 9 - As Autoridades Tradicionais em Luanda   329

Maria Paula Meneses, André Kaputo Menezes, Aguiar Miguel Cardoso e Isabel Abreu

Introdução	329
1. Autoridade tradicional e a questão dos costumes em Angola	333
2. Autoridades tradicionais em contextos urbanos – o caso de Luanda	338
2. 1. Os sobas nos municípios de Luanda (Cazenga e Kilamba Kiaxi)	340
2. 2. O campo de actuação das autoridades tradicionais	342
3. O papel das autoridades tradicionais na resolução de conflitos	343
3. 1. As condições de funcionamento	343
3. 2. Apresentação e processamento da queixa	345
3. 3. A resolução dos conflitos	347
4. Caso observado	350
Conclusões	356
Referências bibliográficas	360
Anexo - Foto 12	366
Anexo - Foto 13	367
Anexo - Foto 14	368

Conclusões   369

Maria Paula Meneses e Júlio Lopes

Sobre os Autores   377

LISTA DE ACRÓNIMOS

ACA: Associação Cívica Angolana
ACJ: Associação Cristã Jovens de Angola
ACJT: Associação de Crianças e jovens trabalhadores
ACRS: Acção Cristã de Reinserção Social
ACUP: Associação Comunitária Unida do Palanca
ADRA: Acção para o Desenvolvimento Rural e Ambiente
ADRA: Acção para o Desenvolvimento Rural e Ambiente
AJAPRAZ: Associação de Jovens Angolanos Provenientes da República da Zâmbia
AJPD: Associação Justiça, Paz e Democracia
ALCA: Área de Comércio Livre das Américas
ANANGOLA: Associação dos Naturais de Angola
APDCH: Aliança para a Promoção do Desenvolvimento da Comuna do Hoji ya Henda
BCA: Base Central de Abastecimento
BM: Banco Mundial
BPV: Brigadas Populares de Vigilância
CACS: Conselhos de Auscultação e Concertação Social
CC: Comissão constitucional
CDH: Comité dos Direitos Humanos
CEDEAO: Comunidade Económica dos Estados da África Ocidental
CEEAC: Comunidade Económica dos Estados da África Central
CEPEJ: Comissão Europeia para a Eficácia da Justiça
CES: Centro de Estudos Sociais
CIES: Centro Informazione e Educazione allo Sviluppo
CIPE: Comissão Interministerial para o Processo Eleitoral
CNE: Comissão Nacional de Eleições
CPJM: Código do Processo do Julgado de Menores
CSM: Conselho Superior de Magistratura
CSRJM: Centros de Referência do Julgado de Menores
DESA: Núcleos de Desenvolvimento Económico e Social das Áreas
DIME: Departamento da Informação e Mobilização do partido
DNEFA: Direcção Nacional de Emigração e Fronteiras de Angola
DNIC: Direcção Nacional de Investigação Criminal
DNRN: Direcção Nacional de Registo e Notários
DPIC: Direcção Provincial de Investigação Criminal

EDEL: Empresa de Electricidade de Luanda
ELISAL: Empresa de Limpeza e Saneamento de Luanda
EOA: Emissora Oficial de Angola
EPAL: Empresa de Águas de Luanda
FAMUL: Federação das Associações Municipais de Luanda
FASOL: Corporación Fondo de Solidaridad con los Jueces Colombianos
FDUAN: Faculdade de Direito da Universidade Agostinho Neto
FESA: Fundação Eduardo dos Santos
FMI: Fundo Monetário Internacional
FNLA: frente Nacional de Libertação de Angola
GAMEK: Gabinete de Aproveitamento do Médio Kwanza
GJSA: Gabinete Jurídico da Sala de Aconselhamento
GPL: Governo da Província de Luanda
GURN: Governo de Unidade e de Reconciliação Nacional
INAC: Instituto Nacional da Criança
INEFOP: Instituto Nacional de Emprego e Formação Profissional
INEJ: Instituto Nacional de Estudos Judiciários
ISCED: Instituto Superior de Ciências de Educação
JOTAMPLA: Juventude do MPLA
LIDECA: Liga dos Desportos e Cultura
MAPESS: Ministério da Administração Pública, Emprego e Segurança Social
MIIA: Missão de Inquérito Agrícola
MINARS: Ministério da Assistência e Reinserção Social
MINFAMU: Ministério da Família e Promoção da Mulher
MJ: Ministério da Justiça
MPLA: Movimento Popular de Libertação de Angola
OAA: Ordem dos Advogados de Angola
OADEC: Organização de Apoio ao Desenvolvimento Comunitário
OCHA-UN: Organização de Ajuda ao Desenvolvimento Comunitário
ODAs: Organizações de Desenvolvimento de Áreas
ODP: Organização da Defesa Popular
OGE: Orçamento Geral do estado
OMA: Organização da Mulher Angolana
ONG: Organização Não Governamental
OPA: Organização de Pioneiros de Agostinho Neto
OPJ: Observatório Permanente da Justiça Portuguesa
PALOP: Países Africanos de Língua Oficial Portuguesa

PAV: Programa Alargado de Vacinações
PGR: Procuradoria-Geral da República
PIB: Produto Interno Bruto
PNUD: Programa das Nações Unidas para o Desenvolvimento
PSICA: Promoção Social para o Combate a Imoralidade, Criminalidade e Alcoolismo em Angola
PTs: Postos de Transferência Privados
RDC: República Democrática do Congo
RNA: Rádio Nacional de Angola
SADC: Comunidade para o Desenvolvimento da África Austral
SEF: Programa de Saneamento Económico e Financeiro
SEH: Secretaria de Estado da Habitação
SWAPO: South West People's Organization
UEBA: União Evangélica Baptista em Angola
UEE: Unidades Económicas Estatais
UNACA: União Nacional dos Camponeses Angolanos
UNICEF: United Nations Children's Fund
UNICRI: Instituto Inter-regional das Nações Unidas para a Pesquisa da Criminalidade e Justiça
UNITA: União Nacional para a Independência Total de Angola
UNOA: United Nations Office in Angola
UNTA: União Nacional dos Trabalhadores Angola
USAID: United States Agency for International Development
UTCAH: Unidade Técnica de Coordenação da Ajuda Humanitária
VIS: Voluntariado Internacional para o Desenvolvimento

PREFÁCIO

Boaventura de Sousa Santos
José Octávio Serra Van-Dúnem

Esta obra, organizada em três volumes, apresenta uma análise que ousamos pensar ser inovadora e singular do pluralismo jurídico em Luanda. Na sua origem está um projecto de investigação realizado conjuntamente pela Faculdade de Direito da Universidade Agostinho Neto e pelo Centro de Estudos Sociais (CES) da Universidade de Coimbra. Este projecto de investigação foi financiado pelo governo angolano e coordenado por José Octávio Serra Van-Dúnem e Boaventura de Sousa Santos.

A equipa de investigadores principais integrou Raul Araújo, Maria Paula Meneses, Conceição Gomes e Júlio Mendes Lopes. Integraram ainda a equipa de investigação Maymona Kuma Fatato, Aguiar Miguel Cardoso, André Kaputo Menezes, Anette Sambo, Isabel Abreu, Paula Fernando, Élida Lauris e André Cristiano José. Participaram ainda, como investigadores convidados: Alves da Rocha, Américo Kwononoka, Catarina Gomes, Cesaltina Abreu, Fátima Viegas, Fernando Pacheco, Henda Ducados e Ruy Duarte de Carvalho, recentemente falecido e a quem dedicamos esta obra.

A investigação realizada, cujos resultados se apresentam nos três volumes que constituem esta obra, teve como objectivo central analisar a pluralidade de ordens jurídicas e de sistemas de justiça em Luanda, procurando identificar as rupturas e as continuidades determinadas pelos processos políticos vivenciados nas últimas décadas em Angola. Este estudo pretendeu dar peso analítico igual tanto ao desempenho funcional dos tribunais judiciais, quanto ao desempenho das instâncias extrajudiciais envolvidas na resolução de conflitos, bem como à compreensão das dinâmicas e articulações entre diferentes instâncias de justiça.

Os três volumes constituem um todo, como se pode ler pelas referências cruzadas entre eles. Contudo, cada um deles tem autonomia suficiente para permitir uma leitura individual.

O primeiro volume, organizado por *Boaventura de Sousa Santos* e *José Octávio Serra Van-Dúnem*, intitulado **Sociedade e Estado em Construção: Desafios do direito e da democracia em Angola**, contém o quadro teórico que orientou a investigação e a análise do contexto sócio-político do período mais recente da sociedade e do Estado angolanos, a partir do qual é possível compreender melhor as relações entre a justiça e a sociedade estudadas no âmbito do projecto (mais abaixo pode ler-se um breve resumo de cada capítulo).

O Volume II, **A Luta pela Relevância Social e Política: Os tribunais judiciais em Angola**, organizado por *Conceição Gomes* e *Raul Araújo*, apresenta uma visão geral do sistema de justiça formal em Luanda, não esquecendo o seu enquadramento ao nível nacional. De destacar desde logo, a importância central deste levantamento e análise para o sistema judicial de Angola, pois é a primeira vez que se está a fazer um levantamento sistemático sobre o volume e a caracterização da procura que é dirigida aos tribunais judiciais de Luanda, o que permite, assim, colmatar uma grave lacuna: a ausência de dados estatísticos fidedignos neste importante sector do Estado.

O Volume III, organizado por *Maria Paula Meneses* e *Júlio Lopes*, intitula-se **O Direito por Fora do Direito: As instâncias extra-judiciais de resolução de conflitos em Luanda**. Este volume incide sobre instâncias extra-judiciais que, na cidade de Luanda, participam na mediação e resolução de conflitos, revelando uma presença dinâmica e complexa na resolução de conflitos, a exemplo de outras cidades africanas. Esta análise revela-se crucial. Por um lado, face à estreita relação que guarda com o acesso ao direito e à justiça, permite avaliar se as instâncias analisadas oferecem uma justiça mais próxima, mais democrática, promotora de cidadania ou se, pelo contrário, acentuam a reprodução das desigualdades sociais que marcam a sociedade angolana. Por outro lado, permite questionar a centralidade da justiça oficial, estatal, no panorama angolano.

O presente volume inicia-se com uma breve Introdução sobre as diferentes temáticas abordadas, das quais se dá conta nos capítulos que constituem o volume.

No capítulo 1, Maria Paula Meneses discute as implicações do recurso a uma conceptualização mais profunda do conceito de 'costumeiro', de 'tradicional' e das múltiplas instâncias que intervém na resolução de conflitos (comunitárias, locais, religiosas, etc.) no estudo das políticas de reforma do direito na África contemporânea.

No capítulo 2, Maria Paula Meneses e Júlio Lopes apresentam uma sinopse das origens e da evolução histórica da cidade de Luanda. Fazem, ainda, a contextualização da opção do trabalho de campo, com o estudo particular de dois municípios: o Cazenga e o Kilamba Kiaxi.

No capítulo 3, Isabel Abreu, Maria Paula Meneses e Júlio Lopes analisam o contexto de surgimento do julgado de menores e das estruturas associadas, discutindo a estrutura e funcionamento do CSRJM em geral e, em particular, nos Centros dos Municípios do Cazenga e do Kilamba Kiaxi.

No capítulo 4, Aguiar Miguel Cardoso, Maria Paula Meneses e Júlio Lopes avaliam a participação do Gabinete Jurídico da Sala de Aconselhamento da OMA (GJSA) na gestão de problemas relacionados com a violência doméstica, analisando os tipos de conflitos, a mobilização desta instância e as redes de resolução de conflitos de que o Gabinete participa.

A ênfase na luta contra a violência doméstica estende-se ao capítulo 5, no qual os mesmos autores dedicam uma atenção particular ao funcionamento da Secção da Família e Promoção da Mulher do Município do Kilamba Kiaxi, analisando as bases materiais e humanas de funcionamento desta instituição, a tipologia dos casos e o processamento de resolução do conflito, assim como o encaminhamento dos casos para outras instâncias.

No capítulo 6, André Kaputo Menezes, Maria Paula Meneses e Júlio Lopes analisam o papel desempenhado pela polícia nacional de Angola na mediação de conflitos. A partir do estudo de caso de uma esquadra de Luanda, procurou-se olhar a polícia não mais como um agente regulador dos conflitos, mas também como um agente social, que partilha os conflitos que surgem no lugar em cada momento específico da vida colectiva.

No capítulo 7, também de André Kaputo Menezes, Maria Paula Meneses e Júlio Lopes, analisam-se os esforços empreendidos pela ONG 'Mãos Livres' no Cazenga, como exemplo das possibilidades promovidas pelos programas de paralegais no campo da assistência, mediação e resolução de conflitos que afectam a sociedade angolana, apontando para a importância da valorização deste tipo de abordagem e participação como vector de promoção do acesso ao direito e à justiça.

No capítulo 8, Maria Paula Meneses, Aguiar Miguel Cardoso, André Kaputo Menezes e Júlio Lopes analisam o papel das Comissões de Moradores como instância extra-judicial de mediação de conflitos. A situação analisada em Luanda reflecte uma diversidade de hibridações jurídicas, uma interface entre vários actores e instâncias envolvidos na resolução de conflitos, uma condição a que não escapa o próprio espaço do Estado.

Por fim, o capítulo 9, de Maria Paula Meneses, André Kaputo Menezes, Aguiar Miguel Cardoso e Isabel Abreu analisa o papel das 'autoridades tradicionais' em contexto urbano. A partir do caso de Luanda, este capítulo problematiza o papel destas autoridades em ambiente urbano, analisando os contextos em que as autoridades tradicionais são chamadas a intervir na resolução de conflitos. Questionando o suposto carácter imutável das instituições do poder tradicional, este capítulo discute o sentido do 'direito costumeiro' e das instâncias que o aplicam.

O volume termina com uma conclusão geral sobre os diversos capítulos que o constituem, da autoria de Maria Paula Meneses e Júlio Lopes.

A complexidade da matéria abordada neste projecto e a escassez da tradição sociológica empírica demandou um intenso trabalho de campo desenvolvido ao longo de mais de dois anos, pelo que foi fundamental a prestimosa colaboração de diferentes pessoas e organizações para a produção deste estudo, sem a qual não seria possível levar a cabo esta reflexão e análise. Queremos, assim, acentuar o quanto estamos a todos profundamente gratos. A importância dos contributos exige que, pública e individualmente, se dê conta deles, pedindo antecipadamente desculpa por alguma omissão, apesar de obviamente involuntária.

Um primeiro agradecimento é devido à Presidência da República da Angola pela confiança depositada na Faculdade de Direito da Universidade Agostinho Neto e no Centro de Estudos Sociais da Universidade de Coimbra, e na sua equipa de investigadores, para a realização de um estudo desta natureza.

A recolha de dados na investigação de campo não teria sido possível sem o contributo de actores institucionais-chave. Deixamos aqui o nosso reconhecido agradecimento à Senhora Ministra da Justiça, Dr.ª Guilhermina Prata. Cabe igualmente uma palavra especial de agradecimento ao Ministério da Administração do Território na pessoa do Senhor Ministro, Dr. Bornito de Souza, e do Sr. Dr. Virgílio de Fontes Pereira, Ministro aquando do início da investigação de campo e do então Vice-Ministro, Dr. Mota Liz. Ao Ministério da Assistência e Reinserção Social, na pessoa do Senhor Ministro João Baptista Kussumua. Ao Ministério da Família e Promoção da Mulher, na pessoa da Senhora Ministra Genoveva Lino. Ao Ministério do Interior, na pessoa do Senhor Ministro, Dr. da Senhora Governadora Dr.ª Francisca do Espírito Santo. Ao Ministério do Ensino Superior, Ciência e Tecnologia de Angola, na pessoa da Senhora Ministra, Dr.ª Maria Cândida Teixeira. Ao Ministério da Cultura, na pessoa da Senhora Ministra Dr. Rosa Maria Martins da Cruz e Silva, bem como ao Sr. Dr. Boaventura Cardoso, Ministro aquando do início da investigação de campo.

Agradecemos também, pela disponibilidade no acesso aos dados, ao Juiz Presidente do Tribunal Supremo e Presidente do Conselho Superior da Magistratura, Dr. Cristiano André. Ao Procurador-Geral da República e Presidente do Conselho Superior do Ministério Público, Dr. João Maria de Sousa. Ao Bastonário da Ordem dos Advogados de Angola, Dr. Manuel Vicente Inglês Pinto.

Ao Juiz Presidente do Tribunal Provincial de Luanda, Dr. Augusto Escrivão. Uma palavra de agradecimento é ainda devida ao Instituto Nacional de Estudos Judiciários, na pessoa do seu Director-Geral, Dr. Norberto Capeça pela disponibilização de dados relativos aos conteúdos curriculares daquele instituto. Agradecemos a todos os magistrados e advogados que se disponibilizaram a conversar connosco e a partilhar as suas visões sobre a justiça em Angola.

Uma palavra de agradecimento igualmente à Dr.ª Eufrazina Maiato, Directora do Instituto Nacional da Criança, pelo apoio na recolha de dados sobre a situação da criança em Angola. Agradecemos, igualmente, o apoio e as informações dadas pela, então, Directora do Instituto Nacional para os Assuntos Religiosos, Dr.ª Fátima Viegas.

Muitas foram as pessoas que nos deram apoios específicos e importantes. Não é possível nomear todos aqueles que, nos locais em que conduzimos a investigação, nos proporcionaram condições logísticas e nos apoiaram na recolha de dados. Esperamos que a todos chegue este livro e que, ao lê-lo, se sintam recompensados e o tomem como a melhor expressão do nosso agradecimento

Aos Senhores. Administradores dos Município do Cazenga e do Kilamba Kiaxi, Victor Nataniel Narciso e José Correia, devemos uma palavra de agradecimento pela solicitude com que nos apoiaram no trabalho de campo. Agradecemos igualmente às associações e organizações não-governamentais que nos apoiaram no curso do trabalho de campo. São elas: Acção Para o Desenvolvimento Rural e Ambiental, Aliança para o Desenvolvimento da Comunidade do Hoji Ya Henda, Associação Justiça, Paz e Democracia, Centro Cultural Mosaiko, Fórum das ONGs do Cazenga, Liga dos Desportos e Cultura do Cazenga, Liga dos Intelectuais do Cazenga, Mãos Livres e Organização de Apoio ao Desenvolvimento Comunitário.

Por último, um agradecimento especial é devido aos nossos colegas cientistas sociais e intelectuais angolanos André Sango, António Gameiro, Carlos Feijó, Conceição Neto, João Milando, Luís Viegas, Manuel Rui Monteiro, Manuel Sebastião, Maria do Carmo Medina, Maria do Céu Reis, Nelson Pestana, Paulo de Carvalho, Sérgio Kalundungo e Victor Kajibanga.

Queremos honrar a memória do grande cientista e escritor angolano Ruy Duarte de Carvalho que nos ofereceu para este estudo um dos seus últimos textos. Esperamos que o esforço científico que realizamos neste livro seja merecedor deste grande angolano.

Nota: Todas as fotografias de cada capítulo podem ser consultadas no anexo ao respectivo capítulo, encontrando-se a referência de cada fotografia em nota de rodapé.

CAPÍTULO 1
PLURALISMO SOCIAL, PLURALISMO LEGAL EM LUANDA, ANGOLA

Maria Paula Meneses

Introdução

Em vários contextos contemporâneos, um dos maiores desafios que as sociedades enfrentam é o de incorporar as múltiplas identidades e as normas culturais numa forma de administração que reflicta e afirme as identidades e as normas de todos os cidadãos, articulando o direito à igualdade com o reconhecimento da diferença (Santos, 2006a: 47-48). Apesar de o paradigma normativo do Estado moderno assumir que em cada Estado só há um direito e que a unidade do Estado pressupõe a unidade do direito, a verdade é que circulam na sociedade vários sistemas jurídicos e o sistema jurídico estatal nem sempre é, sequer, o mais importante na gestão normativa do quotidiano da grande maioria dos cidadãos. Esta caracterização do Estado, que Boaventura de Sousa Santos (2003) designa de 'Estado heterogéneo', permite uma leitura mais ampla dos múltiplos actores e instituições intervenientes nos processos de resolução conflitual.[1]

Os debates sobre o campo jurídico em Angola, a exemplo do que acontece noutras regiões do continente africano, reflectem um conflito profundo entre o chamado 'direito tradicional' – plural – e as ambições modernizadoras de um estado recente, tornado independente em 1975. Uma conceptualização mais profunda do conceito de 'costumeiro', de 'tradicional' e das múltiplas instâncias que intervém na resolução de conflitos (comunitárias, locais, religiosas, etc.) é parte integrante do estudo das políticas de reforma do direito na África moderna. O estudo destas instâncias e dos conflitos em que intervêm é importante para compreender a complexidade dos debates em torno do conceito de cidadania nos tempos actuais. Uma análise social do campo jurídico requer um conceito de direito suficientemente amplo e flexível, de modo a captar a dinâmica socio-jurídica nesses diferentes enquadramentos espácio-temporais. Este aspecto remete para um outro ângulo de discussão, o da democratização do acesso às justiças (Meneses, 2010).

---

[1] Cf. os capítulos de Boaventura de Sousa Santos, Raul Araújo e de Maria Paula Meneses no volume I.

A clarificação do relacionamento entre direito e democracia é particularmente importante, e é nesta sede que a discussão sobre o pluralismo jurídico adquire especial relevância, na medida em que a concepção de campos sócio--jurídicos que operam em espaços-tempo multi-estratificados pode conduzir à expansão do conceito de direito e, consequentemente, do próprio conceito de política. Deste modo, será possível descortinar as relações sociais de poder para além dos limites traçados pela teoria liberal convencional revelando assim fontes insuspeitas de opressão ou de emancipação promovidas pelos diferentes direitos em presença, alargando desta forma o âmbito do processo de democratização e radicalizando o seu conteúdo. Esta abordagem permite não apenas o aprofundamento de uma análise das múltiplas situações de pluralismo jurídico presentes no mundo, como também contribui para o aprofundar das discussões sobre pertenças identitárias, alargando o campo da cidadania, como sublinham vários dos autores cujos textos integram os três volumes desta colecção.

1. Os múltiplos actores e instâncias no sistema sócio-jurídico de Angola independente

Desde a década de 1960 que Angola tem conhecido processos políticos complexos, que se ampliam e radicalizam com a independência, com profundos impactos nos sistemas de justiça, e mesmo sobre as autoridades tradicionais. Estas, apesar de não terem sido abolidas, como aconteceu noutros espaços, viram o seu âmbito de acção limitado, face à concorrência do partido-estado no poder, o MPLA. Estas várias transformações políticas contribuíram para a mutação e complexificação das arenas políticas existentes, como se discute nos vários capítulos que integram este volume.

O quadro sociopolítico traçado neste capítulo parece confirmar a ideia, avançada por vários investigadores em relação a outros contextos africanos, de que a implantação do Estado moderno em África teria sido impossível sem a presença das autoridades tradicionais (Mamdani, 1996: 67; Oomen, 2005). Esta forma de governação pública indirecta marcará profundamente o espaço de relacionamento afirmado pela imposição da relação colonial. Actores políticos complexos, as instituições do poder tradicional, apesar de castigadas pelo Estado colonial, actuaram simultaneamente como um importante factor de coesão e de (re)construção identitária.

A análise histórica permite detectar as múltiplas noções do sentido de autoridade tradicional presentes no quadro político angolano. Todavia, um elemento comum a estas definições é o facto de estas autoridades, persistentemente, manterem um perfil importante na administração local, especialmente na mediação de conflitos e problemas do quotidiano. O detentor do título de autoridade tradicional é, normalmente, apresentado como sendo aquele que coordena as actividades do grupo, gerindo as opiniões e procurando consensos entre o conjunto dos seus conselheiros (Souindoula, 2004: 164; Dumba, 2004:176; Pacheco, 2005). A persistência destas autoridades e a sua notoriedade política são explicadas pela popularidade que a sua intervenção política lhes granjeia nas áreas sob a sua influência.

Um dos maiores desafios que se colocam às modernas sociedades democráticas é o da incorporação da diferença identitária e cultural nos preceitos legislativos, para que a constituição reflicta e afirme, de facto, as identidades e processos normativos de todos os cidadãos. Em Angola, o novo contexto político gerado pela emancipação política exigia uma nova atitude em relação ao sentido de cidadania. Era imperativo ultrapassar a categorização hierárquica da diferença, herança da colonização, ou seja, a ideia de que existiam cidadãos de primeira e de segunda classe. Todavia, apesar das mudanças políticas significativas no sentido do reconhecimento da realidade multicultural, que foram tendo lugar em vários países africanos, a experiência angolana merece uma análise cuidada. Se o período colonial foi caracterizado, para a maioria dos angolanos, pela construção de uma referência cidadã assente na pertença étnica (ou seja, uma pertença identitária colectiva), o projecto político dominante no país independente, defendido pelo MPLA, exigia a igualdade jurídica de todos os cidadãos, independentemente (e primordialmente sem relação) das suas raízes étnicas.

Mas a luta nacionalista foi também uma luta cultural, uma luta pelo reconhecimento do mosaico social que Angola representava. E marcou, assim, de forma determinante, o debate sobre a legitimidade das autoridades tradicionais como forma de representação política no novo contexto gerado pela independência. O corolário deste debate, através da confirmação constitucional da presença política destas autoridades, aconteceu, contudo, apenas em 2010. Mas, como este volume procura realçar, são múltiplas as instâncias e as formas de poder local. Longe de uma antinomia simplista – Estado e autoridades tradicionais – a paisagem de Luanda revela novas instâncias e actores que, gradualmente, se foram tradicionalizando e aumentando a heterogeneidade das estruturas políticas a nível local.

As 'outras' justiças que operam na sociedade angolana e que não falam a linguagem do direito moderno são superficial e indistintamente conhecidas e discutidas nos meandros do poder angolano. São sistemas sobre os quais se fala mas em relação aos quais está ausente qualquer diálogo. Nos círculos jurídicos e judiciários angolanos a ideologia da modernidade é uma peça central. O direito moderno e as instituições que lhe estão afectas actuam como uma gramática de comunicação entre as elites angolanas no poder, permitindo-lhes declarar um momento e um espaço de diferença, garantia da sua identidade 'moderna'. Em paralelo, esta afirmação de diferença assegura, igualmente, a reprodução de formas de desigualdade social, ao reafirmar a hierarquia presente, que divide a sociedade em 'moderna' e 'tradicional', particularmente no caso de Luanda.

Recorrendo à proposta teórica da fractura abissal, de Boaventura de Sousa Santos (2007: 3-4), é visível em Luanda a linha abissal que divide o mundo em duas partes: o espaço 'deste lado' e o espaço 'de lá da linha'. Hoje, tal como antes, as realidades que ocorriam no espaço 'de lá', que não estão de acordo com o pensamento moderno, que não comportam as normas e os conhecimentos do 'velho mundo' persistem em ser vistas como realidades locais, remanescentes de um passado tradicional. Já o espaço de cá insiste em ser visto como a referência, como a norma; como o espaço de ordem, de segurança, enquanto o lado de lá é o caos. Os conhecimentos e as experiências das sociedades, codificados em normas, em códigos de conduta, reflectem as suas especificidades. Ou seja, o conhecimento que se produz nos diferentes locais ajuda a compreender a complexidade de cada sociedade, seja a que nos é próxima, bem como a dos que estão do outro lado da linha.

Em contextos como os de Angola, onde o Estado é, na sua essência, um sistema heterogéneo de conhecimentos e processos normativos, importa estudar o desenho das instituições presentes para melhor intervir socialmente. A dinâmica social actualmente constituída pelos, e constitutiva dos, conflitos e dilemas gera-se numa imbricação de aspectos epistemológicos, culturais, sociais, políticos, nacionais, transnacionais e experienciais, que força uma análise que articule as diferentes escalas em acção.[2]

Um olhar mais atento ao mapa político, científico e social que desenha a actual experiência dos conflitos vividos pelos cidadãos angolanos que habitam Luanda revela fracturas destabilizadoras que levantam problemas a carecer de

---

[2] Sobre a problemática da tradução dos saberes e os debates sobre as representações, cf. Geertz, 1995: Carucci e Dominy, 2005: 226-228 e Santos, 2006: 113-119.

atenção. Desde logo, a simultaneidade entre a ocultação, e mesmo a rasura, de muitos destes conflitos pelo direito oficial – como, por exemplo, os casos de feitiçaria – e a persistência de toda uma série de conflitos que pouca atenção têm merecido por parte dos agentes do Estado, como a violência doméstica, conflitos associados ao saneamento do meio, ao acesso à electricidade e à terra, entre outros. Esta realidade reflecte aquilo que Boaventura de Sousa Santos (2007: 4) identifica como sendo a característica estruturante do pensamento abissal, *"a impossibilidade da co-presença dos dois lados da linha."* Ou seja, estes conflitos pendem a uma localização periférica, conducente a processos de negligência política e legal, desanexando da contemporaneidade os próprios conflitos. Os desenhos das políticas públicas de justiça são inerentes à opção política de Angola, uma modelação ideológica e simbólica que, ao exilar actores e conflitos do 'outro lado da linha', reitera a exclusão social dessas pessoas e da realidade que lhes corresponde.

2. Angola no contexto africano: que possibilidades para o futuro?

O acesso à justiça é um elemento fundamental das sociedades contemporâneas. Para o PNUD, o acesso à justiça é definido como a capacidade das pessoas procurarem e obterem soluções, através do recurso a instâncias formais e informais de justiça, em conformidade com as normas dos direitos humanos (UNDP, 2005).

Apesar de a maioria das sociedades actuais serem caracterizadas, do ponto de vista jurídico, como plurais, o sistema de justiça oficial, centrado no Estado, burocrático, hierarquizado, monocultural e profissionalizado, é visto como o sistema de referência, pelo que os outros sistemas têm conhecido menor atenção, quer em termos de apoio técnico e financeiro, quer de reconhecimento legal (Stevens, 2000; Golub, 2003; Santos, 2009).[3]

Neste contexto, o acesso à justiça é frequentemente reduzido ao acesso ao sistema de justiça oficial, do Estado. Porém, quer em contextos rurais, quer urbanos, a vasta maioria dos cidadãos angolanos não procura os tribunais modernos na busca de uma solução para os conflitos que os afectam. E esta situação não é exclusiva de Angola. Atentemos nos seguintes casos:

---

[3] São muitas as designações que têm sido usadas para descrever estes sistemas de justiça, que podem ser mais ou menos informais na sua forma de actuação, ao serem mais ou menos rígidos nos seus procedimentos e recorrerem em maior ou menor grau ao direito oficial, do Estado.

- No Malawi, cerca de 80% a 90% das disputas ocorrem nos fóruns de justiça tradicional (Scharf, 2003; Scharf *et al*, 2002);
- Na Serra Leoa, mais de 80% da população vive sob a jurisdição do direito tradicional, definido constitucionalmente como os espaços legais que, de acordo com os costumes, se aplicam a comunidades específicas da Serra Leoa[4] (Chirayath, Sage e Woolcock, 2005);
- Em Moçambique, a grande maioria da população recorre a instâncias não oficiais para resolver os seus conflitos (Santos e Trindade, 2003; Meneses, 2007);
- Os zambianos recorrem preferencialmente a instâncias extra-judiciais na busca de soluções para os seus conflitos (Scharf, 2003);
- No Gana, a maioria dos conflitos são igualmente resolvidos fora dos tribunais judiciais, especialmente junto de autoridades tradicionais (Arhin, 2006; Ubink, 2007);
- Na Namíbia, os tribunais comunitários são um dos pilares do acesso à justiça (Hinz, 2000, 2007).

Estes outros sistemas de justiça, a que a maioria dos africanos recorre, tendem preferencialmente a procurar restaurar a coesão social dentro do grupo, da comunidade, promovendo a reconciliação entre as partes. O sistema oficial, pelo contrário, é principalmente de natureza adversarial, enfatizando a retribuição e, como tal, não garantindo sempre as melhores e/ou as mais adequadas soluções. Por seu turno, nas instâncias extra-judiciais as formas de exercer justiça incluem a restituição, a reconciliação entre as partes e a reabilitação do/a culpado/a. A justiça estatal acentua a punição da parte culpada, relegando a vítima para a posição de mera testemunha, ignorando quais as retribuições que a parte ofendida poderá procurar obter. Como resultado, é frequente a justiça oficial ser vista como repressiva, injusta e inapropriada para responder aos problemas e aos dilemas das partes, operando apenas em função do interesse do Estado.

Informados desta realidade, vários temas associados ao pluralismo legal – a pluralidade de ordens legais numa mesma sociedade, a posição descentralizada do Estado, o reforço de normas não-estatais – tornaram-se usuais, quer em contexto africano, quer fora deste.[5]

---

[4] Capítulo XII, artigo 170.º, número 3, da Constituição de 1991.

[5] Este assunto é discutido nos dois primeiros capítulos do volume I, da autoria de Boaventura de Sousa Santos. Para exemplos de situações de pluralidade normativa fora do contexto da África subsaariana, cf. Santos, 1995,

2.1. Modelos de interface entre os sistemas de justiça não-estatais e o Estado

Como já referido, não há país algum no continente africano que não possua quer elementos culturais tradicionais, quer elementos pertencentes à modernidade ocidental. Por isso, qualquer sistema de administração da justiça tem, de uma forma ou de outra, de tomar decisões sobre a posição política e legal dos sistemas modernos e tradicionais na formação do seu sistema sócio-jurídico nacional. Conforme vários autores sublinham, quer se aprove ou não, a figura do Estado moderno é central à análise de qualquer sistema de justiça. É central, inclusivamente, para pensar nas potenciais reformas e mudanças da natureza do próprio Estado (Santos, 2009).

Importa também ter em atenção que no cerne do debate sobre o pluralismo jurídico e a relação com o Estado está uma questão política, de poder.[6] O pluralismo jurídico afirma-se face ao poder do Estado, uma situação problemática porque, embora nem todos os estados sejam totalitários, todos contêm sementes de totalitarismo, parte da lógica subjacente à acção do Estado, que procura enfraquecer ou mesmo fazer desaparecer, qualquer autoridade de que os sistemas rivais disponham (Rouland, 1994: 52).

Neste terceiro volume oferece-se uma nova abordagem ao pluralismo jurídico como prática quotidiana, avaliando várias possibilidades de relação sistémica entre os sistemas jurídicos estatais e não-estatais (Morese e Woodman, 1988; Stevens, 2000; Santos, 2003, 2006b; Wojkowska, 2006; Hinz, 2007). A caracterização dos possíveis modelos de cooperação entre sistemas jurídicos será feita em função do reconhecimento e aceitação crescentes da validade do exercício do poder adjudicativo pelos sistemas jurídicos não-estatais. Sete modelos (sete tipos ideias, de acordo com Weber, 1978) foram identificados:

1. Modelo do forte monismo legal, caracterizado pela repressão dos sistemas de justiça não-estatais por parte do Estado. Em situações típicas deste modelo, o Estado torna ilegal a possibilidade de outras instâncias se envolverem na resolução de conflitos, sendo que a ilegalização das outras instâncias é feita através de actos legais. Isto não significa que outros espaços e actores políticos não possam existir. As autoridades tradicionais podem ser reco-

---

2009; Van Cott, 2000; Santos e García-Villegas, 2001; Delmas-Marty, 2002; Sieder, 2002; Yrigoyen Fajardo, 2004; Besson, 2006; Faundez, 2006; Barber, 2006; Menski, 2006; Prill-Brett, 2007; Law Commission of Canada, 2007; Richland, 2008; ICHRP, 2009; Melissaris, 2009.

[6] Esta situação deriva do facto de a elaboração de leis e a sua aplicação serem funções centrais do Estado.

nhecidas de um ponto de vista político, mas não integram qualquer estrutura governativa, assim como outros sistemas normativos não são aceites. Exemplo desta situação é o caso de Moçambique, onde, até 1992, funcionou um sistema único de justiça, da base até ao Tribunal Popular Supremo, integrando inclusivamente tribunais populares de localidade (Santos, 2003, 2006b).[7] Este modelo está também presente em vários países africanos de expressão francesa.

2. Modelo de independência formal entre sistemas, embora o sistema estatal aceite, tacitamente, a presença de sistemas de justiça não-estatais. Em situações em que o Estado não está profundamente enraizado e onde outros sistemas de justiça estão presentes, não há, muitas vezes, o reconhecimento formal da existência destas instâncias, embora se aceite tacitamente que as mesmas resolvam muitas das disputas que a sociedade conhece. Ou seja, o Estado não reconhece formalmente, não confirma a existência ou o desempenho destas instâncias, nem acolhe as suas decisões. Por exemplo, na Serra Leoa a Lei dos Tribunais Locais de 1963 baniu os chefes tradicionais da adjudicação de casos (Wojkowska, 2006), embora o recurso às autoridades tradicionais para a resolução de conflito seja uma prática bastante difundida.

3. Neste modelo não há reconhecimento formal da existência de outros sistemas de justiça, embora o Estado encoraje a sua actuação. Diferentemente do modelo anterior, neste caso o Estado promove e apoia sistema não-estatais de resolução de conflitos a um nível informal, mas não transfere para estas instâncias o exercício do seu poder de adjudicação. Esta situação acontece, cada vez mais, em situações em que os governos nacionais admitem as limitações do sistema estatal de justiça e reconhecem o valor das instâncias não-estatais para ultrapassar estas limitações. A situação de Angola enquadra-se neste modelo (MAT, 2004), assim como alguns momentos na República Democrática do Congo.

4. Modelo em que acontece um reconhecimento formal limitado por parte do Estado da presença de instâncias não-estatais de resolução de conflitos. Neste modelo o Estado atribui um reconhecimento legislativo limitado a sistemas de justiça

---

[7] As autoridades tradicionais tinham sido ilegalizadas em 1978. Cf. Meneses, 2007.

não-estatais, embora não lhes atribua nem jurisdição exclusiva nem poderes de coerção, concedendo-lhes poucos recursos e apoios. Sistemas duais ou plurais de justiça oficialmente reconhecidos representam *"campos sociais semi-autónomos"* (Moore, 2000: 55). Um outro elemento importante deste modelo é a circunstância de o Estado não procurar exercer um forte poder regulatório sobre os outros sistemas de justiça. Uma outra característica importante deste modelo, como alguns autores referem (Fosyth, 2007), é o facto de aos sistemas de justiça não-estatal se reconhecer a possibilidade de estabelecerem regras e normas para as comunidades que governam, embora esta possibilidade esteja limitada à exigência de que estas leis devam respeitar *"os valores e normas consuetudinários".* Esta referência é importante pois que em muitos sistemas costumeiros de governação não há uma clara demarcação entre o exercício dos poderes legislativo e adjudicativo. Esta situação está presente em vários países africanos, como é o caso da África do Sul (Scharf, 2003; Bennett, 2004, 2009) ou da Namíbia (Hinz, 2007).[8]

5. *Modelo de reconhecimento formal regulado de jurisdição exclusiva sobre uma determinada área.* Este modelo envolve o reconhecimento, por parte do Estado, da legitimidade de sistemas de justiça não-estatais dotados de jurisdição exclusiva sobre uma determinada área. Esta área pode ser geográfica (aldeia, reserva), referir-se aos membros de um determinado grupo étnico ou, ainda, a um determinado tipo de normas, como sendo direitos de família ou casos criminais. Central a este modelo é o facto de o sistema de justiça não-estatal ditar a decisão final nestes casos. Situações desta natureza observam-se, por exemplo, no Sudão (Stevens, 2000), no Malawi (Chanock, 1998, Scharf *et al,* 2002) e na Serra Leoa (Chirayath, Sage e Woolcock, 2005).

6. *Modelo de reconhecimento formal de sistemas não-estatais de justiça integrado no sistema do Estado.* Nas situações que cabem neste modelo o Estado reconhece a existência de outras fontes de direito e de outras autoridades, embora não lhes atribua o estatuto de campo semi-autónomo, como no modelo anterior. Pelo contrário, o Estado procura definir uma série de regras para integrar

---

[8] A Constituição Sul-Africana reconhece as autoridades tradicionais enquanto instituição (artigo 211.º da Constituição de 1996), embora a situação prática de relacionamento entre os vários sistemas de justiça seja bem complexa. A Constituição da Namíbia refere-se às estruturas tradicionais presentes no país de forma indirecta (artigo 102.º da Constituição de 1990).

as outras instâncias e os outros direitos sob a alçada do sistema estadual. As outras autoridades (incluindo as autoridades tradicionais) podem, por exemplo, tornar-se parte da administração pública, cumprindo funções oficiais, dado que dispõem de legitimidade do Estado. Este é o caso dos tribunais comunitários em Moçambique (Santos, 2003, 2006b) ou ainda dos tribunais de consulta local no Uganda (Wojkowska, 2006).

7. *O modelo de forte monismo tradicional*, que envolve a incorporação completa de sistemas de justiça não-estatais no Estado, *"burocratizando-os e civiliando--os e [...] integrando-os ao nível inferior dos tribunais de família de acordo com a Constituição"* (Scharf, 2001: 54). Este modelo é praticado em vários contextos africanos, como o Botswana (Bouman, 1987; Griffiths, 1998) e a Suazilândia (Maseko, 2007). Nestes países, os sistemas de justiça não-estatais são vistos como parte do sistema estatal, ajustando-se e usando as normas e procedimentos deste último, com pouco espaço para se desenvolver autónoma e organicamente.

2.2. Narrativas legais: entre o papel e a prática quotidiana

O privilégio epistemológico concedido ao direito moderno continua a ser crucial na supressão de outras formas de legalidade e, ao mesmo tempo, dos grupos sociais subalternos cujas práticas sociais foram, sob este peso, (re)constituídas. Falar de diversidade cultural implica sempre falar de diversidade de conhecimentos, como revela a situação de Angola, onde a paisagem jurídica moderna é atravessada por múltiplas tradições jurídicas. Durante a maior parte de sua curta história o Estado angolano tem prosseguido uma política de construção da nação que, em nome da unidade sócio-jurídica, tem procurado eliminar, ou tornar invisível, a diversidade de formas de regulação social, reflexo da diversidade cultural do país. A persistência deste tema questiona até que ponto o projecto nacional – embora importante – é, de facto, sinónimo de ruptura radical com a cultura jurídica de matriz eurocêntrica (Santos, 2006a: 47).

Em Angola, como noutras partes do mundo, é crescente o apelo a um sistema de justiças que integre também noções da tradição e da cultura (Kajibanga, 2003; Sousa, 2004; Chicoadão, 2005; Pinto, 2008; Domingos, 2008). Porém, vozes também se levantam afirmando que o apelo à tradição não é um processo fácil, não se tratando de um simples 'retorno ao passado' (Marques Guedes *et al.*, 2003; Sango, 2006). Para muitos trata-se de um problema pragmático, que deverá passar pelo expandir de um sistema de justiça assente, também, nas normas e práticas culturais presentes (Guerra, 2004; Dumba, 2004). Para outros, a questão central é a da autenticidade, argumentando vários autores que a representação da tradição em muitas das situações de resolução de conflitos falseia as práticas culturais do passado (Pacheco, 2002; Neto, 2004).

No seu conjunto, estas diferentes perspectivas sobre o lugar da 'tradição' e da 'cultura' nos sistemas de justiça contemporâneos espelham os debates nos campos da antropologia, da história e da sociologia em torno da 'invenção da tradição' e as políticas de cultura em contextos pós-coloniais.[9]

Apesar da centralidade destes debates para o estudo e a prática do pluralismo jurídico e da diversidade cultural em geral, pouco trabalho tem sido feito em Angola no sentido de explorar como é que as noções da tradição são características dos próprios actores sociais envolvidos nestas interacções, uma vez que são eles quem assegura o acesso à justiça de muitos dos habitantes de Luanda, como os vários capítulos deste volume ilustram.

Este tema situa-se, como referido, no âmago da discussão sobre os sentidos da tradição, num enlaço entre a invenção e as políticas culturais locais. O 'novo' Estado angolano que emergiu com o fim da presença colonial tem vindo a ser continuamente desafiado

> [...] *pela cultura como um álibi primordial de identidades naturalmente diferentes, cada uma das quais exige respeito, reconhecimento, espaço para auto-expressão, direitos; ao mesmo tempo representava um solvente, porque supostamente possibilita ultrapassar diferenças de raça, classe, geração, sexo, cidadania* (Comaroff e Comaroff, 2004a: 188),

tornando a política refém de grupos de interesse. Ou seja, num sentido mais amplo, a cultura transformou-se na linguagem de debate da diferença.

Com a viragem política que Angola conhece a partir de 1990 e, particularmente, com a chegada da paz, o questionamento sobre a natureza plural da estrutura jurídica do país ganhou uma nova dimensão. As discussões sobre outras formas de normatividade social para além do direito oficial, englobadas no grande debate sobre o pluralismo jurídico, têm conhecido uma presença crescente no espaço público e nalgumas propostas de lei. Têm-se realçado as crises de governabilidade, os problemas no acesso à justiça por parte da maioria

---

[9] Cf. Ranger, 1988, 1993; Mudimbe, 1988; Keesing, 1989; Vail, 1989; Diagne, 1993; Jackson, 1995; Hanson, 1997; Dirlik, 1999; Otto e Pederson, 2000; Guyer, 2000; Santos, 2003; Meneses *et al.*, 2003; Spear, 2003; Comaroff e Comaroff, 2004a, 2004b; Vaughan, 2005, Noyes, 2009.

da população, o funcionamento das 'outras' justiças, as possibilidades de integrar os valores, conceitos e legados das 'culturas africanas' nos sistemas legais, as relações entre o Estado e a pluralidade de sistemas de justiça que estão na base da resolução de conflitos e que mantêm a ordem social, com a consequente falta de correspondência entre a unidade de controlo político e a unidade de controlo administrativo, traduzindo-se naquilo que Boaventura de Sousa Santos refere como a "*fragmentação e heterogeneização do Estado*" (2003: 48) e na ilusão de centralidade do sistema judicial.

O elemento mais visível e recente deste debate é provavelmente a recente Constituição de 2010. Evocando, no preâmbulo, a importância da "*memória dos nossos antepassados e apelando à sabedoria das lições da nossa história comum, das nossas raízes seculares e das culturas que enriquecem a nossa unidade*", numa clara alusão ao carácter multicultural da sociedade angolana, o artigo 7.º institui o reconhecimento da "*validade e a força jurídica do costume que não seja contrário à Constituição nem atente contra a dignidade da pessoa humana*". Se, por um lado, este artigo revela a aceitação astuciosa do pluralismo jurídico que a sociedade angolana conhece, por outro lado torna ambíguo o reconhecimento deste 'costume' enquanto realidade social (i.e., enquanto direito em acção, na prática) e instituição integrante do sistema de justiça angolano.[10]

Este quadro de abertura democrática tem sido acompanhado por um processo de desconcentração e descentralização,[11] tendo este processo conhecido um interesse crescente pelas 'autoridades tradicionais'. De facto, em Angola o pluralismo jurídico parece restringir-se à abertura à participação de autoridades tradicionais no campo político (artigos 223.º a 225.º da actual Constituição), deixando de fora outras instâncias de composição e resolução de litígios. O papel e campo de actuação das autoridades tradicionais permanecem pouco claros. Apesar de uma longa lista de pessoas reconhecidas como sobas, sekulos, regedores e seus assistentes constar das listas de pagamento do Estado, a regulamentação deste relacionamento permanece por completar, como alguns autores apontam (Pacheco, 2002, 2005; Orre, 2007, 2009). Já as outras instâncias de poder local, como as Comissões de Moradores, permanecem na sombra deste debate.

Na prática, o discurso de abertura não se tem traduzido na efectiva valorização das 'outras justiças'. Os esforços mais pragmáticos das comunidades e

---

[10] O termo 'instituição' é utilizado para referir os conjuntos de regras, normas ou bases que regulam a acção política.

[11] Cf. o capítulo dedicado à análise das Comissões de Moradores, neste volume.

outras instâncias de base para que as múltiplas experiências de regulação social sejam integradas num projecto global de promoção do acesso à justiça não têm conhecido grande eco. Como este trabalho revela, as mudanças políticas no campo jurídico parecem apontar no sentido de os ajustes constitucionais servirem o objectivo do Estado – a expansão das regras oficiais que regulam as leis e a autoridade do próprio Estado às áreas periféricas –, ao invés de expressar os esforços deste para abranger as reivindicações de vários grupos e comunidades que integram o Estado angolano, no sentido do reconhecimento da diversidade jurídico-legal presente no país (MAT, 2004).

A resolução de conflitos – a administração da justiça enquanto sinal de desajuste, de desequilíbrio individual e social – é objecto de representações ambíguas e fluidas, construídas como práticas de conhecimento e do exercício do poder. A negação da diversidade continua a ser um constitutivo e uma persistente lembrança de que o fim do colonialismo como relação política não resultou no fim do colonialismo como relação social. Enquanto a dimensão política da intervenção colonial tem sido amplamente criticada, o fardo da monocultura sócio-jurídica, reflectida na centralidade jurídica do Estado, permanece amplamente aceite como um símbolo do desenvolvimento e da modernidade.

Referências Bibliográficas

Barber, Nicholas W. (2006), "Legal Pluralism and the European Union", *European Law Journal*, 12 (3): 306–329.

Bennett, Tom (2004), *Customary law in South Africa*. Cidade do Cabo: Juta Press.

Bennett, Tom (2009), "Re-introducing African Customary Law to the South African Legal System", *American Journal of Comparative Law*, 57 (1): 1-32.

Bouman, Marlies (1987), "A Note on Chiefly and National Policing in Botswana", *Journal of Legal Pluralism and Unofficial Law*, 25-26: 275-300.

Carucci, Laurence M.; Dominy, Michèle D. (2005), "Anthropology in the 'Savage Slot': Reflections on the Epistemology of Knowledge", *Anthropological Forum*, 15 (3): 223-233.

Chanock, Martin (1998), *Law, Custom and Social Order: the colonial experience in Malawi and Zambia*. Portsmouth, NH: Heinemann.

Chicoadão (2005), *As origens do fenómeno Kamutukuleni e o direito costumeiro ancestral angolense aplicável: alguns apontamentos da etnografia angolense*. Lisboa: Instituto Piaget.

Chirayath, Leila; Sage, Caroline; Woolcock, Michael (2005), *Customary Law and Policy Reform: Engaging with the Plurality of Justice Systems*.

Background paper to the World Development Report 2006 on "Equity and Development", disponível em http://siteresources.worldbank.org/INTWDR2006/Resources/477383-1118673432908/Customary_Law_and_Policy_Reform.pdf (acedido em Junho de 2010).

Comaroff, John; Comaroff, Jean (2004a), "Criminal Justice, Cultural Justice: the limits of liberalism and the pragmatics of difference in the new South Africa", *American Ethnologist*, 31 (2): 188-204.

Comaroff, John; Comaroff, Jean (2004b), "Policing Culture, Cultural Policing: Law and Social Order in Postcolonial South Africa", *Law and Social Inquiry*, 29 (3): 513-545.

Delmas-Marty, Mireille (2002), *Towards a Truly Common Law: Europe as a laboratory for legal pluralism*. Cambridge: Cambridge University Press.

Diagne, Souleymane Bachir (1993), "The Future of Tradition", in Dioup, M. C. (org.), *Senegal: essays in statecraft*. Dakar: Codesria.

Dirlik, Arif (1999), "The Past as a Legacy and Project: postcolonial criticism in the perspective of indigenous historicism", *in* Johnson, T. R. (org.), *Contemporary Native American Political Issues*. Walnut Creek, CA: Alta Mira.

Domingos, Fr. João (2008), *Mensagem às Autoridades Tradicionais*. Comunicação apresentada ao Segundo Encontro das Autoridades Tradicionais. Luanda: Ministério da Administração do Território (mimeo).

Dumba, José (2004), "Resolução de Conflitos pelo Direito Costumeiro", *in* Ministério da Administração do Território (org.), *Primeiro Encontro Nacional sobre a Autoridade Tradicional em Angola*. Luanda: Editorial Nzila.

Faundez, Julio (2006), "Should Justice Reform Projects Take Non-State Justice Systems Seriously? Perspectives from Latin America", *The World Bank Legal Review*, 1: 113-139.

Geertz, Clifford (1995). *After the Fact. Two countries, four decades, one anthropologist*. Cambridge, MA: Harvard University Press.

Golub, Stephen (2003), "Beyond the Rule of Law Orthodoxy: the legal empowerment alternative", *Carnegie Endowment for International Peace, Rule of Law Series*, n.º 41.

Griffiths, Anne (1998), "Legal Pluralism in Botswana: women's access to law", *Journal of Legal Pluralism*, 42: 123-138.

Guerra, José A. M. (2004), "Em Defesa do Direito Consuetudinário Angolano", in Ministério da Administração do Território (org.), *Primeiro Encontro Nacional sobre a Autoridade Tradicional em Angola*. Luanda: Editorial Nzila.

Guyer, Jane I. (2000), "La Tradition de l'Invention en Afrique Équatoriale", *Politique Africaine*, 79: 101-139.

Hanson, Allan F. (1997), "Empirical Anthropology, Postmodernism, and the Invention of the Tradition", *in* Mauze, M. (org.), *Present is Past: some uses of tradition in native societies*. Lanham, MD: University Press of America.

Hinz, Manfred O. (2000), "Traditional Authorities: sub-central government agents", *in* Hinz, M. O.; Amoo, S. K.; van Wyk, D. (orgs.), *The Constitution at Work. 10 years of Namibian nationhood*. Pretoria: UNISA.

Hinz, Manfred (2007), *Traditional Governance and African Customary Law: comparative observations from a Namibian perspective*. Trabalho apresentado à Conferencia Estado, Direito e Pluralismo Jurídico – perspectivas a partir do Sul Global, organizada pelo Centro de Estudos Sociais da Universidade de Coimbra.

International Council on Human Rights Policy (2009), *When Legal Worlds Overlap: Human Rights, State and Non-State Law*. Versoix: ICHRP.

Jackson, Jean E. (1995), "Culture, Genuine and Spurious: the politics of Indianness in the Vaupés, Colombia", *American Ethnologist*, 22 (1): 3-27.

Kajibanga, Victor (2003), *Espaços Socioculturais, Comunidades Étnicas e Direito Costumeiro*. Trabalho apresentado à Mesa-redonda sobre Direito Costumeiro, Luanda, Faculdade de Direito da Universidade Agostinho Neto.

Keesing, Roger (1989), "Creating the Past: custom and identity in the contemporary Pacific", *The Contemporary Pacific*, 1: 19-42.

Law Commission of Canada (2008), *Indigenous Legal Traditions*. Vancouver: University of British Columbia Press.

Mamdani, Mahmood (1996), *Citizen and Subject: contemporary Africa and the legacy of late colonialism*. Princeton: Princeton University Press.

Marques Guedes, Armando; Feijó, Carlos; Freitas, Carlos; Tiny, N'Gungu; Coutinho, Francisco P.; Freitas, Raquel B.; Pereira, Ravi A.; Ferreira, Ricardo do N. (2003), *Pluralismo e Legitimação. A edificação jurídica pós-colonial em Angola*. Coimbra: Almedina.

Maseko, Thulani (2007), *Constitution-making in Swaziland: the cattle-byre Constitution Act 001 of 2005*. Trabalho apresentado à Conferência 'Fostering Constitutionalism in Africa' do African Network of Constitutional Law, realizada em Nairobi.

Melissaris Emmanuel (2009), *Ubiquitous Law: legal theory and the space for legal pluralism*. Burlington: Ashgate.

Meneses, Maria Paula (2007), "Pluralism, law and citizenship in Mozambique", *Oficina do CES*, n.º 291.

Meneses, Maria Paula; Fumo, Joaquim; Mbilana, Guilherme; Gomes, Conceição (2003), "Autoridades Tradicionais no contexto do pluralismo jurídico", *in* Santos, B. S.; Trindade, J. C. (orgs.), *Conflito e Transformação Social: uma paisagem das justiças em Moçambique.* Porto: Edições Afrontamento.

Meneses, Maria Paula (2010), "Framing the complex legal plurality in Mozambique", *in* Hinz, M. O.; Mapaure, C. (orgs.), *In Search of Justice and Peace: traditional and informal justice systems in Africa.* Windhoek: Namibia Scientific Society.

Menski, Werner (2006), *Comparative Law in a Global Context: the legal systems of Asia and Africa.* Cambridge: Cambridge University Press.

Mudimbe, Valentin Y. (1988), *The Invention of Africa. Gnosis, Philosophy and the Order of Knowledge.* Bloomington: Indiana University Press.

Neto, Conceição (2004), "Respeitar o passado – e não regressar ao passado", in Ministério da Administração do Território (org.), *Primeiro Encontro Nacional sobre a Autoridade Tradicional em Angola.* Luanda: Editorial Nzila.

Noyes, Dorothy (2009), "Tradition: three traditions", *Journal of Folklore Research*, 46 (3): 233-268.

Oomen, Barbara (2005), *Chiefs in South Africa: law, power and culture in the post-apartheid era.* Oxford: James Currey.

Otto, Ton; Pedersen, Poul (2000), "Tradition between Continuity and Invention: an introduction", *FOLK - Journal of the Danish Ethnographic Society,* 42: 3-17.

Pacheco, Fernando (2002), *Autoridades Tradicionais e Estruturas Locais de Poder em Angola: aspectos essenciais a ter em conta na futura Administração Autárquica.* Comunicação proferida no âmbito do Ciclo de Palestras sobre Descentralização e o Quadro Autárquico em Angola. Luanda: Fundação Friedrich Ebert (mimeo).

Pacheco, Fernando (2005), *Um Breve Olhar sobre o Papel das Instituições do Poder Tradicional na Resolução de Conflitos em Algumas Comunidades Rurais de Angola.* Luanda (mimeo).

Pinto, João (2008), *Princípios Estruturantes sobre o Estatuto das Autoridades Tradicionais.* Comunicação apresentada ao Segundo Encontro das Autoridades Tradicionais. Luanda: Ministério da Administração do Território (mimeo).

Prill-Brett, June (2007), "Contested Domains: The Indigenous Peoples Rights Act (IPRA) and Legal Pluralism in the Northern Philippines", *Journal of Legal Pluralism and Unofficial Law,* 55: 11-36.

Ranger, Terence (1988), "The Invention of Tradition in Colonial Africa", *in* Hobsbawm. E.; Ranger, T. (orgs.), *The Invention of Tradition.* Cambridge: University of Cambridge Press.

Ranger, Terence (1993), "The Invention of Tradition Revisited: the case of colonial Africa", *in* Ranger, T.; Vaughan, O. (orgs.), *Legitimacy and the State in Twentieth Century Africa*. Londres: Macmillan.

Richland, Justin B. (2008), *Arguing with Tradition: the language of law in Hopi tribal court*. Chicago: Chicago University Press.

Rouland, Norbert (1994), *Legal Anthropology*. Stanford: Stanford University Press.

Sango, André (2006), "A relação entre o direito costumeiro e o direito etstatal e entre as autoridades tradicionais e o estado", in Heinz, M. (org.), *The Shade of New Leaves: Governance in Traditional Authority – a Southern African Perspective*. Berlim: LIT Verlag.

Santos, Boaventura de Sousa (1995), *Toward a New Common Sense: Law, Science, and Politics in the Paradigmatic Transition*. Nova Iorque: Routledge.

Santos, Boaventura de Sousa (2003), "O Estado Heterogéneo e o Pluralismo Jurídico", *in* Santos, B. S.; Trindade, J. C. (orgs.), *Conflito e Transformação Social: uma paisagem das justiças em Moçambique*. Porto: Edições Afrontamento.

Santos, Boaventura de Sousa (2006a), *A Gramática do Tempo: para uma nova cultura política*. Porto: Afrontamento.

Santos, Boaventura de Sousa (2006b), "The Heterogeneous State and Legal Pluralism in Mozambique", *Law & Society Review*, 40 (1): 39-75.

Santos, Boaventura de Sousa (2007), "Para além do Pensamento Abissal: das linhas globais a uma ecologia de saberes", *Revista Crítica de Ciências Sociais*, 78: 3-46.

Santos, Boaventura de Sousa (2009), *Sociología Jurídica Crítica. Para un nuevo sentido común en el derecho*. Madrid: Editorial Trotta.

Santos, Boaventura Sousa, García-Villegas, Mauricio (2001), *El Caleidoscopio de las Justicias en Colombia*. 2 volumes. Bogotá: Colciencias-Uniandes-CES-Universidad Nacional-Siglo del Hombre.

Scharf, Wilfried (2001), "Policy Options on Community Justice", *in* Scharf, W.; Nina, D. (orgs), *The Other Law: non-state ordering in South Africa*. Cidade do Cabo: Juta Press.

Scharf, Wilfried (2003), *Informal Justice Systems in Southern Africa: How should Governments Respond?* Cidade do Cabo: Institute of Criminology, University of Cape Town.

Scharf, Wilfried; Banda, Chikosa; Rontsch, Ricky; Kaunda, Desmond; Shapiro, Rosemary (2002), *Access to justice for the poor of Malawi? An appraisal of access to justice provided to the poor of Malawi by the lower subordinate courts and the customary justice forums.* Disponível em http://www.gsdrc.org/docs/open/SSAJ99.pdf (acedido a 23 de Maio de 2009).

Sieder, Rachel (org.) (2002), *Multiculturalism in Latin America: indigenous rights, diversity and democracy.* Basingstoke: Palgrave.

Souindoula, Simão (2004), "A Autoridade Tradicional e a Promoção dos Valores da Democracia em Angola", *in* Ministério da Administração do Território (org.), *Primeiro Encontro Nacional sobre a Autoridade Tradicional em Angola.* Luanda: Editorial Nzila.

Spear, Thomas (2003), "Neo-traditionalism and the Limits of Invention in British Colonial Africa", *Journal of African History*, 44: 3-27.

Stevens, Joanna (2000), *Access to Justice in Sub-Saharan Africa: the role of traditional and informal justice systems.* Londres: Penal Reform International. Disponível em http://www.penalreform.org/access-to-justice-in-sub-saharan-africa.html (acedido em Março de 2005).

Ubink, Janine (2007), "Traditional Authority Revisited Popular Perceptions of Chiefs and Chieftaincy in Peri-urban Kumasi, Ghana", *Journal of Legal Pluralism and Unofficial Law*, 55: 123-161.

UNDP (2005), *Programming for Justice: Access for All. A practitioner's guide to a human rights-based approach to access to justice.* Bangkok: Asia-Pacific Rights and Justice Intiative, UNDP.

Vail, Leroy (org.) (1989), *The Creation of Tribalism in Southern Africa.* Londres: James Currey.

Van Cott, Donna Lee (2000), "A Political Analysis of Legal Pluralism in Bolivia and Colombia", *Journal of Latin American Studies*, 32: 207-234.

Vaughan, Olufemi (org.) (2005), *Tradition and Politics: indigenous political structures in Africa.* Trenton: African World Press.

Yrigoyen Fajardo, Raquel (2007), "Legal Pluralism, Indigenous Law and the Special Jurisdiction in the Andean Countries", *Beyond Law*, 10 (27): 32-46.

Wojkowska, Ewa (2006), *Doing Justice: how informal justice systems can contribute.* Oslo: United Nations Development Programme - Oslo Governance Centre.

CAPÍTULO 2
LUANDA: A CARACTERIZAÇÃO DO TRABALHO DE CAMPO

Maria Paula Meneses e Júlio Lopes

1. Luanda: as razões da opção

Luanda teve a sua origem num centro urbano criado pelos portugueses no século XVI, cujo mentor foi Paulo Dias de Novais, capitão donatário a quem foi outorgada pelo rei de Portugal uma carta de donataria para ali instalar cem famílias portuguesas. O mandatário português aportou à região que hoje compõe Luanda em 1576, tendo adoptado várias medidas destinadas a tornar o espaço habitável. Em 1605 Luanda foi elevada à categoria de cidade, sendo a sua urbanização lenta e faseada. Só no século XVIII começa a ter contornos mais precisos, graças à dinâmica imprimida pelo governador Inocêncio de Sousa Coutinho (1764-1772).

Foi já no século XX, sobretudo depois da II.ª Guerra Mundial, que Angola conheceu um forte impulso económico, traduzido numa industrialização crescente de Luanda, que se expandiu para áreas que eram até então zonas predominantemente rurais, propiciando também novos projectos urbanísticos. Fruto da melhoria das condições sociais geradas com a emergência de novos empregos nas indústrias e serviços, assim como da possibilidade de acesso à escolarização, a segunda metade do século XX correspondeu a um acréscimo importante do fluxo de populações quer europeia, quer angolana. A transformação de Angola numa colónia de povoamento (*settlers colony*), politicamente apoiada pelo Estado Novo português, contribuiu energicamente para aliviar as situações de pobreza experimentadas em Portugal (Castelo, 2007). Juntamente com os colonos exportaram-se para o continente vários artifícios político--administrativos, substantivando as condições para legitimar a superioridade europeia sobre os indígenas. O edifício jurídico conjugava a missão civilizadora sob diferentes formas, decretando quem tinha acesso a que direitos e quais os seus deveres no espaço colonial (Meneses, 2010).

Após o 25 de Abril de 1974, o processo de transição não resultou numa solução política viável e os conflitos entre o MPLA, a UNITA e a FNLA recenderam--se ainda antes de 11 de Novembro, data da declaração da independência de Angola. Não confortáveis com a transição política para um regime de maioria negra, a mole humana colonial, cada vez menos segura sobre o seu futuro em

Angola, abandonou o país num curto espaço de tempo. Os espaços urbanos deixados vazios por esta rápida saída foram depressa ocupados por angolanos. Porém, a independência e o conturbado percurso que o país conheceu, com o colapso da autoridade colonial, as desordens, mortes e refugiados internos provocados pela guerra civil, bem como o êxodo maciço da maior parte da população de origem portuguesa, colocaram imensos desafios ao país e aos angolanos.

A opção socialista de garantir a presença do Estado em todas as esferas da economia não ajudou à recuperação, dado o contexto de guerra que Angola conhecia. Apesar de as cidades – e especialmente Luanda – conhecerem uma migração maciça, pouco investimento foi feito em termos de desenvolvimento urbano para alocação de terrenos urbanos, regularização da propriedade urbana, manutenção e reconstrução de infra-estruturas urbanas e continuação da construção de habitações. O resultado foi, até há pouco tempo, uma política urbana caracterizada pela 'informalização' do tecido social urbano e das práticas de vida quotidianas.

1.1. A opção pelos municípios do Cazenga e do Kilamba Kiaxi

Do ponto de vista da diversidade, Angola pode ser vista como um mosaico cultural, onde diferentes línguas, usos ou religiões se cruzam de múltiplas formas, produzindo novos referenciais identitários. Para além dos sistemas indígenas africanos e de elementos da matriz portuguesa, outras interferências regionais e globais integram hoje as práticas presentes na rede de instâncias envolvidas na resolução de conflitos em Angola. Assim sendo, a opção por Luanda decorre da especificidade que ocupa no panorama político actual de Angola. Para a realização do estudo sobre instâncias extra-judiciais envolvidas na resolução de conflitos em Luanda escolheram-se dois municípios em especial[1]: Cazenga e Kilamba Kiaxi.

A opção por estes municípios como as áreas de estudo para este projecto resultou da análise de um conjunto de características específicas que os tornam num espaço singular de análise. Fazendo a transição entre a região mais rica

---

[1] De acordo com a actual Constituição de Angola (2010, artigo 5.º), o território nacional divide-se em províncias, municípios e comunas. Em Luanda, espaço urbano com estatuto de província, esta estrutura levanta alguns problemas, já que alguns municípios apresentam uma elevada densidade populacional, como é o caso do Cazenga. Igualmente, e por tradição, existem bairros com designações antigas, que por vezes se confundem com partes ou a totalidade de municípios, comunas ou sectores, o que origina uma certa confusão terminológica.

do cimento e os bairros mais populares, as informações recolhidas, embora imprecisas, descrevem-nos como tendo elevada densidade populacional. No conjunto, os habitantes dos dois municípios representam quase metade da população estimada de Luanda[2]. A elevada taxa de ocupação do solo, associada à diversidade cultural dos municípios, contribuiu também para a opção por estes espaços.

Dada a grande heterogeneidade populacional (em função das origens etno--culturais ou ainda em função do tempo de residência no bairro), as redes de solidariedade e entreajuda não são fortes, mesmo nos locais onde a população é mais tradicional, pelo que a implementação de projectos comunitários deixa muito a desejar. Como consequência, as instituições burocratizam as suas rotinas, legitimando desta forma a sua actividade na zona (Robson e Roque, 2001). Neste contexto, um dos elementos detectados foi a excessiva e pesada presença do aparelho de Estado na resolução de qualquer actividade ou problema. Apesar de o Estado pouco contribuir para a resolução efectiva dos problemas destas comunidades, a sua presença – simbolizada pela figura do Administrador Comunal, elemento último no terreno, da polícia, etc. – permanece central. Estes corpos estranhos à comunidade são parte da equação em muitos dos casos de conflitos detectados no Cazenga e no Kilamba Kiaxi, como sendo a questão de terrenos, violência, salubridade, acesso à água, electricidade e outros serviços básicos. Por seu lado, os elementos locais – Comissões de Moradores, Sobas e outras 'autoridades tradicionais' – referem ter pouco contacto e/ou conhecimento sobre as realidades e os objectivos das organizações que pretendem funcionar no município. Em situações de mútuo desconhecimento, o resultado pode ser desastroso, tornando-se o contacto com as comunidades algo difícil, moroso e complexo, pois que os dirigentes locais temem pelas consequências das acções locais e não facilitam o trabalho. Os relatos ouvidos e as observações realizadas revelam que muitas destas estruturas prestam contas normalmente à Administração Municipal e não aos habitantes dos bairros e comunas.

Em termos de resolução de conflitos, nenhum dos municípios possui tribunal judicial de primeira instância[3], sendo que a maioria da população recorre, maioritariamente, a instâncias extrajudiciais. Quer o Cazenga, quer o Kilamba Kiaxi

---

[2] Dados recentes (2010 - UNDP) estimam que a população da capital ronde hoje os cinco milhões de habitantes.

[3] No Cazenga, por exemplo, embora estivesse planeada a construção de um tribunal, durante o tempo em que o trabalho de campo foi realizado as obras do mesmo pouco avançaram.

constituíam-se, pois, como um espaço excepcional para estudar as estratégias de mediação e de resolução de conflitos, alternativas ao sistema judicial oficial.

2. O Município do Cazenga

O processo de urbanização acelerada de Luanda resultou na proliferação de novos bairros, especialmente a partir de inícios da década de 1960. No caso particular da região do Cazenga, começou a ganhar importância quer pela construção de algumas unidades industriais, quer pelo fluxo de habitantes (colonos, assimilados e população indígena), obrigando as autoridades coloniais a urbanizarem novos sectores. Em consequência disso, uma extensa zona de lavras e de habitações dispersas – conhecida pelo musseque Cazenga – foi integrada na cidade de Luanda. O Município do Cazenga, tal como hoje se apresenta, faz fronteira, no contexto da cidade de Luanda, com os municípios do Cacuaco (a norte), do Sambizanga (a oeste), do Kilamba-Kiaxi e do Rangel (a sul) e de Viana (a este).

É hoje uma das maiores zonas com maior densidade populacional de Luanda, calculando-se que a população deste município esteja entre 1.2-1.5 milhões de habitantes, embora não existam estatísticas oficiais por falta de censo populacional.

Com uma superfície terrestre estimada em 38.6 Km^2, o Município está dividido em três Comunas, nomeadamente: *Comuna do Hoji Ya Henda* – também conhecida como Zona 17, e que está dividida em *19 sectores e 6 bairros*, designadamente: S. Pedro, S. João ou Bairro da Madeira, S. António, 11 de Novembro, Adriano Moreira e Mabor; *Comuna do Cazenga* – também conhecida como Zona 18, dividida em 21 Sectores e 5 Bairros: Bairro Cazenga Popular, Tunga Ngó, Curtume, Sonefe e Comissão do Cazenga; e *Comuna do Tala Hady*, a comuna sede, conhecida como Zona 19, e que está dividida em *7 Sectores e 5 Bairros*: Bairro Cariango, Vila Flor, Grafanil, Bairro da Madeira e Marcelo Caetano (Tala Hady).

Na zona mais central do Município, onde predominam os bairros de vivendas familiares construídos nos anos 1960-inícios da década de 1970, encontram-se concentrados a maioria dos estabelecimentos comerciais, bancos, venda de jornais, etc. É lá também que funciona a Administração Municipal e as instituições públicas do município. Existem várias escolas primárias e secundárias, e destas várias são públicas, outras comparticipadas e algumas privadas. Em termos de centros hospitalares e de saúde, o Município dispunha apenas de um hospital na altura em que o trabalho foi realizado, e estavam também a ser reabilitados vários centros de saúde públicos, estando outro hospital em construção. Em vários casos foi possível detectar a presença de algumas infra-estruturas de saneamento básico, mas na maioria dos casos estas não estão funcionais. O deficiente sistema de saneamento básico é um problema importante em Luanda, e o Cazenga não escapa deste problema. O sistema de recolha de lixo é também bastante deficiente.

Relativamente à resolução de conflitos, para além das estruturas formais do Estado a nível local (Administração Municipal e Comunal), operam neste município vários sobas grandes e vários sekulus, assim como outras estruturas que, no seu conjunto, são designadas de autoridades tradicionais. Foi também possível identificar a presença de outras instâncias de resolução de conflitos, como são os casos da polícia, de várias igrejas e organizações não-governamentais.

3. O Município do Kilamba Kiaxi

Este Município é relativamente jovem, tendo conhecido um salto no seu crescimento após a independência, e principalmente a partir do início dos anos 90, quando a situação de guerra civil se agravou. Estima-se que a população de Kilamba Kiaxi seja de aproximadamente um milhão de habitantes, habitando uma superfície de 64 Km^2. Este Município faz fronteira a norte com o Município do Rangel, a sul com o rio Kwanza, a este com o Município de Viana e, finalmente, a oeste com os municípios da Samba e da Maianga, integrando a zona litoral de Luanda. Está dividido em seis comunas: Golfe (sede); Palanca; Havemos de Voltar; Vila Estoril; Neves Bendinha; e Camama. De referir que, e de acordo com informações das administrações locais, as comunas do Golfe e do Palanca correspondem, no seu conjunto, a mais de 55% da população do Kilamba Kiaxi. Este Município possui ainda 69 sectores, coordenados por Comissões de Moradores, e mais de quatrocentos quarteirões.

Parte significativa da população que habita este município é do grupo etno--linguístico Ambundu,[4] seguidos do Ovimbundu,[5] mas encontram-se muitos outros grupos reflectindo a diversidade cultural angolana, como é o caso do grupo Bakongo.[6] O português é a língua mais falada no Kilamba Kiaxi, especialmente a nível da esfera pública – ensino, saúde, serviços públicos, assim como nalgumas igrejas. As línguas nacionais kimbundu, umbundu e kikongo

---

[4] Sendo as pessoas oriundas principalmente das províncias do Kwanza Norte, Kwanza Sul, Malanje e Bengo.

[5] Provenientes da região do Planalto Central, nomeadamente das províncias do Huambo e Bié.

[6] Estes ocupam principalmente a zona das comunas do Golfe e Palanca, sendo oriundos das províncias do Zaire e Uíje, em Angola, bem como da República Democrática do Congo.

são normalmente usadas em situações mais privadas, nomeadamente no seio da família ou em comunidades que representam a mesma cultura, assim como a nível do sector de comércio informal, particularmente nos mercados. A diversidade cultural do município está também patente a nível das crenças religiosas. Para efeitos de funcionamento, as várias igrejas estão organizadas num conselho que as representa junto ao Conselho Municipal. Para além das igrejas de matriz cristã, funcionam ainda várias mesquitas islâmicas, apesar de não estarem legalizadas. A principal actividade económica é o comércio informal, realizado quer em mercados oficiais (5), não oficiais, assim como pelas ruas. Existem poucas indústrias a laborar neste município. Funcionam também inúmeras oficinas de mecânica e outras pequenas actividades económicas que empregam a maior parte dos habitantes do município. Nas zonas mais periféricas do município, onde ainda existem terrenos esparsamente ocupados, é possível observar a prática de agricultura familiar.

Um dos graves problemas do município tem a ver com a qualidade das rodovias, bem como a falta de transportes públicos, o abastecimento de energia eléctrica, a rede de saneamento e o acesso à água. Quanto a serviços de saúde, existem 5 hospitais estatais (incluindo o novo Hospital Provincial de Luanda), 7 centros de saúde do Estado e inúmeros postos de saúde, sendo estes últimos, na sua maioria, privados. Em relação à educação, os dados disponíveis revelam a presença de cerca de 40 escolas base e 32 compartipadas, número notoriamente insuficiente para o volume de população que habita este município, funcionando ainda cerca de 50 escolas privadas. É também no Kilamba Kiaxi que se situam as novas instalações da Universidade Católica e é também neste município que está a ser construído o novo Campus da Universidade Agostinho Neto.

Uma das peculiaridades deste município, em termos de funcionamento da sua administração, prende-se com o facto de esta se encontrar 'desmembrada', com algumas componentes funcionando ainda na zona do Palanca central, enquanto outras unidades da administração funcionam noutras comunas. É o caso da delegação municipal do MINARS[7] e do MINFAMU[8] que funcionavam, em 2009, provisoriamente no Golfe II. A Polícia Nacional, através de diferentes unidades de polícia da Vª Divisão, assegura a segurança dos munícipes do Kilamba Kiaxi. Contudo, e apesar da sua dimensão física e populacional, este

---

[7] Ministério de Assistência e Reinserção Social.
[8] Ministério da Família e da Mulher.

município não dispõe de qualquer tribunal. Existe apenas no Kilamba Kiaxi, tal como Cazenga, uma representação do Julgado de Menores (Centro Social de Referência) com funções de aconselhamento no âmbito geral da missão do Julgado, que é o de proteger e defender a criança. Existem, também, alguns sobas grandes e sekulus, assim como outras estruturas que, no seu conjunto, são designadas de autoridades tradicionais. No caso específico do Palanca, foi referida a presença de um soba grande e de um soba.

Como refere um estudo detalhado realizado sobre este município (Pacheco e Russo, 2007), o Kilamba Kiaxi apresenta uma experiência extremamente rica em termos de práticas de participação popular na governação local. Uma das principais alavancas deste processo é o Fórum de Desenvolvimento do Município, o qual integra, para além da Administração Municipal e das várias Administrações Comunais, elementos pertencentes a outros serviços do Estado (caso do Comando da Polícia), várias ONGs, Igrejas, associações, a federação das Organizações de Desenvolvimento de Áreas (ODAs), assim como vários fornecedores de serviços (públicos e privados). Este Fórum está dotado de uma Comissão Permanente e um Secretariado Executivo, gerindo um Fundo de Desenvolvimento disponibilizado principalmente por doadores internacionais.

Conclusões

No caso dos municípios do Cazenga e do Kilamba Kiaxi, especificamente quando avaliando o desempenho das várias instâncias formais e informais, oficiais e não oficiais,[9] envolvidas na resolução de conflitos, a ideia subjacente à intervenção vai no sentido de reforçar os mecanismos e instituições da 'sociedade civil' já existentes no local. Esta abordagem pressupõe que as instituições presentes, a reciclar ou a alargar, respondem aos problemas básicos das populações dessas regiões. Todavia, como nos foi possível observar durante o trabalho realizado no município, esta imagem não corresponde à realidade. De facto, o trabalho de pesquisa detectou alguns problemas em torno da noção de 'comunidade', procurando, como forma de ultrapassar esta situação, detalhar os momentos e identificar as 'instituições' locais envolvidas na resolução de conflitos e na melhoria da vida dos cidadãos.

---

[9] A discussão crítica em torno das categorias dicotómicas usadas para discutir a pluralidade de direitos em funcionamento nestes municípios é analisada em maior detalhe nos capítulos de Boaventura de Sousa Santos e de Maria Paula Meneses (cf. o Volume I).

O Município do Cazenga, por exemplo, apesar de descrito por muitos como um 'bairro tradicional', antigo, revela-se extraordinariamente heterogéneo, quer em termos da caracterização socioeconómica da população que o habita, quer em termos de estruturas e instituições de resolução de conflitos. Já o Kilamba Kiaxi surge como um município mais recente, com um tecido social mais diverso.

De entre os principais impactos que influíram na mudança do perfil social e económico dos municípios, é de distinguir:

a) o impacto da independência, a guerra, os deslocados internos e as políticas neo-liberais;

b) o papel das instituições tradicionais (ex. sobas e sekulus) no reforço da coesão social e da presença de 'outros' mecanismos (para além da justiça formal) na resolução de conflitos. Estas instituições, mesmo que transformadas pelo contacto com outras, ter-se-ão adaptado, continuando a desempenhar um papel central na aglutinação das sensibilidades locais, reforçando os laços de solidariedade;

c) o papel das redes sociais entre vizinhos (sectores, quarteirões) na reconfiguração da comunidade.

d) a heterogeneidade social.

De facto, a heterogeneidade social que caracteriza estes municípios não permite a existência de 'autoridades tradicionais' no sentido vernáculo do termo. A continuidade das linhagens no poder não pode existir, contrariando o princípio da ligação da linhagem a um dado território, princípio de funcionamento das autoridades tradicionais em Angola. Durante a pesquisa foi possível estudar como a noção de autoridade tradicional (e o conjunto de normas que estas aplicam para resolver conflitos) é construída fruto de uma negociação com o Estado moderno, ou seja, resultando das relações de poder introduzidas pela situação colonial (Neto, 2002). Dado que as populações 'controladas' por estes sobas urbanos possuem origens distintas, os processos de (re)tradicionalização estão ainda em curso, sendo, na maioria dos casos, muito recentes, resultando numa forte competição, no terreno, com outras fontes de autoridade e legitimidade. Os sobas consideram ter autoridade para resolver disputas (essencialmente relacionadas 'com a tradição', ou seja, com assuntos que escapam à possibilidade de resolução do direito moderno) recorrendo, em última instância, ao poder da polícia ou da Administração municipal para aplicar a sua decisão. De acordo com as poucas autoridades tradicionais com quem foi possível falar, um dos pilares de referência para assegurar a sua legitimidade decorre do seu passado político (adesão ao MPLA), não advogando as 'práticas costumeiras' como algo distinto, autónomo essencial à identidade do grupo/bairro. Em suma, as 'formas tradicionais' de resolução de conflitos permanecem flexíveis e difusas.

Por outro lado, em contexto de grande mudança e rotação populacional, as relações sociais de confiança estabelecidas entre vizinhos não são necessariamente densas e confortáveis, fazendo com que a coesão social permaneça fraca e as redes sejam poucas e frágeis (Robson e Roque, 2001). As redes sociais existem, não se pode negar, mas funcionam ainda, em muitos casos, em função de outros elementos aglutinadores que não apenas as redes e vizinhança. De entre estes elementos é de salientar o parentesco ou a etnicidade, ou ainda as redes de velhos conhecidos, em função de amizades no trabalho, fruto de pertença a determinadas instituições estatais e/ou políticas ou a pertença a igrejas. As relações de vizinhança são mais estreitas apenas nas zonas onde a presença de habitantes tem já uma marca de antiguidade. Todavia, há situações em que a acção colectiva da comunidade é estimulada a partir de fora, sendo disso exemplo a UNICRI, CIES, no caso dos Centros de Referência do Julgado de Menores, a UNICEF e UNICRI para o caso do Gabinete Jurídico Sala de Aconselhamento da OMA ou, finalmente, as organizações internacionais para o caso das 'Mãos livres'[10] (Embaixada da Noruega, Cooperação Espanhola, OXFAM e da Intermon). Nestas situações diversas, a intervenção das agências/ organizações externas ao bairro foi no sentido de fomentar a organização e promover o apoio a formas de intervenção social que reforçam a luta contra a violação dos direitos humanos.

Como vários académicos e políticos angolanos têm vindo a referir, as questões centrais do desenvolvimento, que obrigam a articular várias escalas (global, nacional e desenvolvimento local) devem procurar não apenas assegurar uma melhor redistribuição dos dividendos económicos do país (ou seja, lutando contra a corrupção, por mais transparência), mas também um diálogo que permita o envolvimento de todos os cidadãos nos processos de decisão. Este projecto procura ser uma contribuição para um conhecimento e problematização mais profundos do fenómeno urbano em Luanda, onde a diversidade de estruturas legais de 'justiça' apontam para complexidade social presente, uma janela que permite observar e analisar o tecido social angolano contemporâneo.

---

[10] Estas estruturas serão tratadas em sede própria.

Referências bibliográficas

Castelo, Cláudia (2007), Passagens *para* África: *O povoamento de Angola e Moçambique com naturais da metrópole (1920-1974)*. Porto: Afrontamento.

Meneses, Maria Paula (2010), "O 'Indígena' Africano e o Colono 'Europeu': a construção da diferença por processos legais", *E-cadernos CES*, 7: 68-93.

Ministério do Planeamento (2003), *Angola – Província de Luanda. Perfil sócio-económico*. Luanda: KPMG.

Neto, Conceição (2002), Do *Passado para o Futuro: Que Papel para as Autoridades Tradicionais?* Trabalho apresentado ao Fórum Constitucional – Huambo: NDI/FES/ Universidade Católica de Angola/ADRA-Huambo.

Pacheco, Fernando; Russo, Vladimir (2007), *Perfil do Município do Kilamba Kiaxi*. Luanda: UNDP e Governo de Angola.

Robson, Paul; Roque, Sandra (2001), "'Here in the city everything has to be paid for': locating the community in peri-urban Angola", *Review of African Political Economy*, 28 (90): 619-638.

UNDP (2009), *Human Development Report 2009 - Overcoming barriers: Human mobility and development*. Nova Iorque: Palgrave Macmillan.

Anexo

Figura 1 – Mapa de Luanda, com a indicação dos municípios do Cazenga e Kilamba Kiaxi

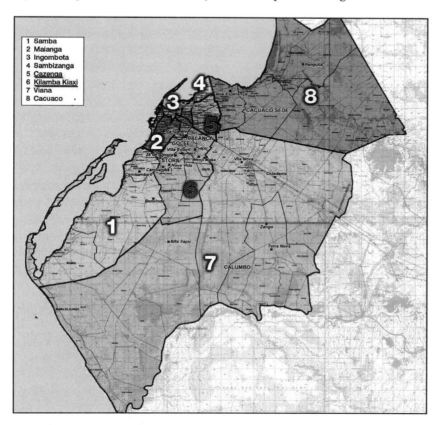

CAPÍTULO 3
ESTRUTURA E DINÂMICAS DE FUNCIONAMENTO DO CENTRO SOCIAL DE REFERÊNCIA DO JULGADO DE MENORES

Isabel Abreu, Maria Paula Meneses e Júlio Lopes

Introdução

Este capítulo pretende dar conta das actividades desenvolvidas no âmbito do Centro Social de Referência do Julgado de Menores (CSRJM). Trata-se de uma das estruturas que compõe o Julgado de Menores e tem os seguintes objectivos: a) a protecção e melhoria das condições de vida dos menores, atendendo a duas situações – menores que precisam de protecção especial e menores que se encontrem em conflito com a lei; b) a divulgação da Lei n.º 9/96, relativa ao Julgado de Menores; c) a sensibilização das comunidades para a violação dos direitos das crianças, bem como a divulgação e informação sobre a sua existência; d) a recepção e encaminhamento de casos, se necessário, para a Comissão Tutelar[1] e Julgado de Menores; e) o acompanhamento da execução das medidas de protecção social decretadas pelo juiz; e f) a divulgação e acompanhamento dos casos de localização familiar e de crianças colocadas em famílias substitutas. Assume, ainda, o papel de instância de resolução de conflitos, fazendo a recepção de queixas relativas a conflitos familiares com as crianças e as famílias, recorrendo, sobretudo, à mediação.

---

[1] De acordo com o artigo 26.º da Lei n.º 9/96 a Comissão Tutelar é um órgão permanente e autónomo, não jurisdicional, a quem cabe, em estreita colaboração com o Julgado de Menores, encaminhar os menores sujeitos à sua jurisdição e cooperar na execução das suas decisões. Este artigo prevê, ainda, que seja instituída em cada Província uma Comissão Tutelar de Menores e que esta integre cinco membros, três designados pelo MINARS e dois pelo INAC. Pretende-se que a Comissão Tutelar sirva de ligação entre a sociedade e o Julgado de Menores, levando a este tribunal o conhecimento acerca do meio social em que os menores vivem; detectando os casos em que é necessário intervir; tomando medidas de emergência; apresentando o menor ao Julgado de Menores; e, após decisão, executando as medidas decretadas sempre que tal lhe seja incumbido.

1. A criação do Centro Social de Referência do Julgado de Menores

1.1. Alguns dados de contextualização

Em 1995, a Comissão Europeia financiou a ONG italiana CIES[2] para a gestão de um Projecto em Defesa dos Direitos das Crianças em Angola, cujo objectivo era o de encontrar soluções alternativas ao programa de assistencialismo das crianças de rua e na rua que se encontravam em situações precárias. Abrangia, também, situações de conflitos com as crianças que usavam armas de fogo (cfr. Departamento de Crianças em Conflito com a Lei do Ministério de Assistência e Reinserção Social - MINARS).[3]

Para tal, foram envolvidas no Projecto várias instituições angolanas, ONGs e Ministérios, com intuito de elaborar um programa que resultou no denominado Inquérito de Justiça Juvenil, que teve lugar em 10 províncias do país, incluindo a de Luanda. Foram feitos contactos através da Procuradoria-Geral da República, do Comando Geral da Polícia do Ministério do Interior e dos representantes dessas instituições nas províncias: comandantes provinciais, procuradores provinciais, juízes presidentes, comandantes municipais da polícia e serviços penitenciários. Decorreram, concomitantemente, campanhas de informação acerca dos direitos das crianças por parte das ONGs nacionais, internacionais e meios de comunicação social (rádios, jornais e televisão). Como resultado, o Decreto-Lei n.º 417/71 foi alterado, dando lugar à Lei n.º 9/96, de 19 de Abril, relatio ao Julgado de Menores, e que veio preencher uma lacuna relativamente à jurisdição dos menores:

> *Reapareceu no sistema jurídico angolano um órgão de justiça especificamente dirigido à criança e ao jovem, que durante alguns anos esteve relegado para uma situação senão de esquecimento, pelo menos de subalternidade. [...] A sua implementação é, reconhecemos, de extrema dificuldade pois impõe que esforços conjugados sejam feitos pelos serviços públicos do Estado e autarquias, pela comunidade em geral, pelas famílias, por cada cidadão, ou seja por todos e cada um de nós. Mas valerá a pena, pois ela será*

---

[2] *Centro Informazzione e Educazzione allo Svilluppo* (Centro de Informação e Educação para o Desenvolvimento).

[3] Neste contexto, o Decreto-Lei n.º 417/71, de 21 de Setembro (em que o MINARS e o Ministério do Interior se baseavam para desenvolver o seu trabalho junto às crianças) já não se adaptava à realidade, dado que, como resulta do excerto apresentado, *"havia a tutela dos menores na vertente cível, que era a regulação do poder paternal, a adopção. Portanto, tudo que era cível existia. Na vertente criminal não tinha jurisdição."* Entrevista realizada a 26 de Outubro de 2007.

ESTRUTURA E DINÂMICAS DE FUNCIONAMENTO DO CENTRO SOCIAL DE REFERÊNCIA DO JULGADO DE MENORES   53

uma arma para que melhore a grave situação em que se tem encontrado a criança e o jovem no nosso País (Medina, 2004: 9).

A Lei n.º 9/96, para além de vir definir os parâmetros legais da acção jurisdicional sobre os menores em situação de 'pré-delinquência' e de perigo social, define também sanções para os casos em que se verifique haver violação do dever de protecção social ao menor. No entanto, passaram sete anos antes que o tribunal de menores,[4] através do Código do Processo do Julgado de Menores (CPJM), publicado pelo Decreto n.º 6/03, de 28 de Janeiro, fosse de facto instituído e regulamentado, fruto de uma cooperação entre o governo italiano e o governo angolano. Isto significa que a protecção jurisdicional dos direitos da criança começou apenas a ser efectivada em Angola a partir de 2003. De referir, ainda, o facto de, actualmente, este Julgado funcionar apenas em Luanda.[5]

---

[4] O trabalho que o CIES vinha desenvolvendo no âmbito do Projecto em Defesa dos Direitos das Crianças incluiu, segundo explicou Graziella Boat, uma visita de 30 crianças de rua e dos bairros da cidade aos ministros do Interior, da Justiça e da Assistência e Reinserção Social. Estes menores queixaram-se ao então Ministro da Justiça dos problemas que tinham com a polícia e com a falta de assistência que sofriam por parte das instituições estatais. O Ministério da Justiça concluiu, então, que seria importante aplicar a Lei n.º 9/96 sobre o Julgado de Menores e foi pedida ajuda no sentido de encontrarem financiamento para a constituição do Tribunal de Menores. O Ministério de Relações Exteriores italiano financiou e indicou a UNICRI, agência das Nações Unidas, como executora do Programa pelos Direitos das Crianças e Jovens em Angola, aconselhando a utilização de uma componente social. Foram, depois, enviados dois consultores para verificarem a situação e definirem posteriormente com as autoridades angolanas os objectivos do Projecto e as acções a fazer. Um dos primeiros passos foi a criação (Resolução n.º 7/00 do Conselho de Ministros, de 25 de Fevereiro) de uma Comissão Interministerial para a implementação e funcionamento do Julgado de Menores e órgãos adstritos.

As acções a serem desenvolvidas pelo Projecto da UNICRI foram divididas em duas fases distintas. A primeira, iniciada em 2001, apoiou a reconstrução do sistema de justiça juvenil focando-se nas instituições localizadas em Luanda. Combinou a construção de instituições com actividades sociais a serem levadas a cabo pelas ONGs italianas CIES e VIS. A componente de construção institucional iniciou-se com a preparação da regulação para a implementação da lei juvenil de justiça angolana. Para assegurar a sua aplicação, o programa pressupôs a reabertura do Tribunal Juvenil de Luanda – o Julgado de Menores –, o Centro de Observação para menores à espera de julgamento, a reorganização da Direcção Nacional de Investigação Criminal (DNIC) responsável pelas investigações juvenis e a instituição de um Departamento de Justiça Juvenil com o Ministério da Justiça.

As actividades de apoio incluíram a renovação das instituições, a provisão de equipamento e a formação de pessoal. As actividades sociais envolveram a abertura e apoio à operação do Observatório Nacional das Condições de Menores e de quatro Centros Sociais piloto, em quatro municípios de Luanda. Numa segunda fase, iniciada em 2005, o objectivo específico do programa previa completar o sistema de justiça juvenil em Luanda e evitar o encarceramento de menores com adultos, de acordo com as normas internacionais, através da abertura do Centro de Reeducação e Internamento. O Programa apoiou, ainda nesta fase, o Ministério da Justiça na elaboração do critério de acreditação, registo e monitorização de famílias de acolhimento e instituições privadas e ONGs onde os menores sentenciados poderiam vir a servir as medidas alternativas decididas pelo tribunal.

[5] Sobre a estrutura e o funcionamento do Julgado de Menores, cf. o respectivo capítulo no Volume II. De referir, todavia, que o Julgado de Menores tem uma jurisdição integrada no tribunal provincial e trata especificamente

1.2. Os Centros sociais de referência do Julgado de Menores

A legislação do Julgado de Menores não previa os Centros de Referência, tendo estes sido criados no âmbito da implementação da Lei n.º 9/96 com a função de apoiar o Julgado de Menores na sua vertente social.[6]

O Projecto visava incorporar no sistema judicial de Angola mecanismos de reconciliação comunitária, tendo-se desenvolvido em torno de duas componentes principais: uma, incidindo na área legal e institucional (administração da justiça para menores, criação do Julgado de Menores e demais estruturas a ele associadas); e a outra, mais centrada na área social, procurando solução para os problemas reconhecidos como estando na base de muitas das acções contra a lei através da criação de mecanismos de protecção e de enquadramento de menores desprotegidos, o fomento da educação e do ensino técnico-profissional, entre outras acções.

Por outro lado, e dado o elevado índice de criminalidade juvenil, estes Centros funcionariam também como estruturas auxiliares da Comissão Tutelar. Concluíram, assim, que seria necessário um local de

> [...] onde os casos devem partir para chegar até ao tribunal, porque se assim não fosse, a maior parte de casos levaria tudo para o Julgado de Menores (...). ... quer dizer, seria a comunidade a levar as preocupações dos menores até a esse órgão e este órgão a fazer a ligação com o Julgado de Menores; ou então as populações levariam directamente para a sala do Julgado de Menores e o Julgado de Menores articularia com esse órgão para as questões de acompanhamento. Então mas viram que o número de habitantes em Luanda, o número de casos que acontecem em Luanda, a sala não poderia suportar

---

da vertente relativa aos menores, com o objectivo de assegurar os seus direitos e interesses, mediante a aplicação de medidas tutelares de vigilância, assistência e educação.

[6] Devem ainda ser mencionados o Centro de Observação e o Centro de Internamento e Reeducação. Quanto ao primeiro, funciona como um Centro de rotatividade de menores, evitando deste modo que fiquem nas esquadras da polícia. Para este local são encaminhados os menores à espera que lhes seja feito o inquérito para o julgamento. Por exemplo, caso um menor seja apanhado a cometer uma infracção e haja necessidade urgente de o retirar da rua, a polícia irá levá-lo para o Julgado de Menores onde lhe pode ser aplicada uma medida provisória. No âmbito da aplicação desta medida provisória o menor fica sob observação (artigo 21.º do CPJM) e poderá transitoriamente ser internado no Centro por um período máximo de 20 dias; posteriormente poderá ser sujeito a uma outra medida que poderá ser definitiva ou provisória. Relativamente ao Centro de Internamento e Reeducação: pretende acompanhar os menores – cujas medidas de acompanhamento na comunidade não são possíveis, porque cometeram um crime grave. Todavia, até ao momento, este Centro ainda não foi construído.

e então foi assim que se criaram os Centros de Referência do Julgado de Menores, que em Luanda temos quatro.[7]

A criação dos CSRJM foi impulsionada, por um lado, pelo facto de ser nos municípios que se detectou um maior número de problemas e, por outro lado, para que se fizesse uma triagem dos casos que realmente precisam de ser resolvidos no Julgado de Menores. O Ministério da Justiça e a UNICRI decidiram então criar, à imagem do sistema italiano, os Centros Sociais de Referência do Julgado de Menores, uma forma de organizar a comunidade facilitando o trabalho do Julgado de Menores.

A lei prevê que as medidas de apoio à prestação de serviços à comunidade sejam acompanhadas pela Comissão Tutelar do município onde o menor reside, pelo que os funcionários do CSRJM poderiam, aqui, desempenhar um importante papel, já que mais facilmente podem fazer o acompanhando do menor dentro da comunidade e quais as necesiaddes mais prementes em termos sociais.

O papel dos CSRJM seria, então, o de favorecer a promoção e a sensibilização para os direitos das crianças e a concreta protecção dos menores, sobretudo no que se refere a casos de abuso, violação e exploração. Neste sentido, os Centros desenvolveriam a tarefa fundamental e concreta de receber e acompanhar os casos e, se necessário, notificá-los ao Julgado de Menores no Tribunal Provincial de Luanda ou a outras instituições com capacidade para fornecer uma resposta adequada. As principais actividades previstas incluíam, assim: o acolhimento e atendimento dos casos em situação de risco; a localização familiar; a mediação com as crianças e as famílias; inquéritos e encaminhamento dos casos para o Julgado de Menores; o registo de nascimento; o acompanhamento de crianças colocadas em famílias substitutas; contactos com líderes comunitários; e reuniões de avaliação entre educadores e activistas sociais do Centro.

De modo a seleccionar quatro municípios na província de Luanda para implementar os centros-piloto, constituiu-se um Comité de Gestão no qual participaram a UNICRI, o CIES e ONGs que trabalhavam com as crianças. Através deste Comité de Gestão foram indicados os municípios do Sambizanga (sede da ONG gerida pelos Salesianos, oferendo a possibilidade de utilizar um espaço dentro da sua estrutura por 2 anos); do Cazenga (indicado como sendo o maior município); do Kilamba Kiaxi (um dos municípios onde o CIES

---

[7] Entrevista realizada a 30 de Outubro de 2007.

e Kandengues Unidos já estavam a trabalhar e com ligações na comunidade); e do Ingombota (a área de maior concentração de crianças de rua). O CSRJM do Kilamba Kiaxi foi o único dos quatro Centros a ser construído de raiz, tendo sido *"a municipalidade que disponibilizou o terreno, nós fizemos uma construção."*[8]

Foi feito um apelo junto da Administração Municipal que, por sua vez, recorreu às ONGs, Comunas e igrejas do município, para que estas entidades ajudassem a seleccionar funcionários, de ambos os sexos, para efectuar um trabalho de pesquisa que pretendia averiguar os problemas relacionados com os menores nos bairros de cada um dos municípios e para fazerem parte dos cursos de formação de activistas sociais. No início das suas funções, o CSRJM do Kilamba Kiaxi contava com o trabalho de 25 activistas e o do Cazenga com 18.

Os quatro CSRJM foram inaugurados a 26 de Fevereiro 2003 e o seu funcionamento começou a 16 de Março de 2003:

> *No dia em que inauguraram, vieram aqui os administradores e outros responsáveis, os juízes, todo o elenco, vieram para aqui inauguraram os Centros em simultâneo. O acto mais formal passou-se no Centro da Ingombota, onde deslocou o ministro, embaixadores, representantes, directores e administradores e outros especialistas que vieram para então cortar as fitas dos Centros que tinham que ser inaugurados.*[9]

O primeiro objectivo seria dar a conhecer o Centro, divulgar a Lei n.º 9/96 e os direitos das crianças através campanhas de sensibilização. Promoveram ainda, no início do seu funcionamento, uma série de actividades *"culturais, desportivas; estava aqui a funcionar uma pequena biblioteca e sensibilizávamos as escolas. Muitas escolas vinham para aqui com os seus alunos, a fazer pesquisa, a desenhar, a pintar."*[10]

Como já referimos, estes Centros[11] entraram em funcionamento como projecto-piloto, sendo até Dezembro 2004 geridos pelo CIES com financiamento da UNICRI. Segundo a informação obtida junto dos funcionários do Centro do Kilamba Kiaxi, os activistas começaram, pouco a pouco, a ser dispensados

---

[8] Entrevista realizada a 28 de Setembro de 2007.

[9] Entrevista realizada a 10 de Agosto de 2009.

[10] Entrevista realizada a 30 de Julho de 2009.

[11] Actualmente ambos os Centros (Cazenga e Kilamba Kiaxi) funcionam com um coordenador e quatro activistas sociais, ou seja, em número superior ao previsto pelo Decreto n.º 96/03. Destes quatro activistas apenas um, de cada Centro, está enquadrado pelo Ministério da Justiça.

e seleccionados pelo coordenador com base no trabalho por eles desenvolvido em termos de dinamismo e cumprimento das tarefas. Já no Centro do Cazenga, a coordenadora seleccionou os funcionários tendo por base as funções que desempenhavam no município. Como referiu em entrevista, *"eu preferi trabalhar com esses quatro porque eles já são presidente dos sectores, outros são secretários dos sectores, irão-me ajudar a trabalhar."*[12]

2. O funcionamento do CSRJM e a relação com o município

2.1. O CSRJM do Cazenga

O CSRJM situa-se no sector 18 da comuna do Cazenga Popular. Fica na Rua dos Comandos, mais conhecida pela rua do N'Zamba 1 ou pela Rua do Tanque. A casa é cor-de-rosa e murada, com um pátio com canteiros, tanto à frente como atrás, com algumas plantas e árvores. Na parte da frente da casa há um mastro com a bandeira de Angola e apoiado no telhado um néon que diz: *Governo Provincial de Luanda. Direcção Provincial do MINARS. S.O.S Comunidade Cazenga.* Em baixo, por cima da porta de entrada, há uma placa de inauguração do S.O.S Comunidade. Não existe uma placa identificativa do CSRJM, o que segundo um dos activistas *"deixa as pessoas confusas"*.[13] Na parte de trás da casa existe um telheiro, onde, segundo a coordenadora, se efectuam por vezes sessões de divulgação, de formação e reuniões com outras e de outras organizações do Município ou que com este colaboram.

O horário de funcionamento do CSRJM do Cazenga é o mesmo da função pública, ou seja, de segunda a quinta-feira das 8 horas às 15.30 horas e à sexta-feira das 8 horas às 15 horas.

2.2. O CSRJM do Kilamba Kiaxi

O Centro Social de Referência do Julgado de Menores do Município do Kilamba Kiaxi situa-se na Rua 5 na sub-zona 14 da comuna do Golfe I, junto à Administração Municipal. A casa é cor-de-rosa e no telhado encontra-se um néon que identifica o Centro: "República de Angola. Governo da Província de Luanda. Direcção Provincial do MINARS. Centro Social de Referência do Julgado de

---

[12] Os próprios activistas do Cazenga reconhecem que a legitimidade que lhes é dada no desenvolvimento do seu trabalho para o Centro se deve ao facto de todos serem membros da Comissão de Moradores: *"somos líderes da sociedade"* e *"por isso somos reconhecidos."* Entrevista realizada a 14 de Setembro de 2007.

[13] Entrevista realizada a 30 de Julho de 2009.

Menores Município Kilamba Kiaxi". Apesar de a construção do edifício do Centro ser relativamente recente, este encontra-se já bastante degradado.

O horário de funcionamento do CSRJM do Kilamba Kiaxi pouco difere do do Cazenga, encontrando-se aberto de segunda a sexta-feira das 8 horas às 15.30 horas.[14]

2.3. O funcionamento dos centros

Como referido anteriormente, os Centros abriram com tarefas definidas,[15] que se esperava que cada Centro viesse a desenvolver[16], procedendo ao seu alargamento:

---

[14] Na eventualidade de ocorrer um caso fora do horário de funcionamento dos CSRJM, recorre-se, regra geral, à polícia. Se for considerado um caso que não é urgente são aconselhados a ir, no dia seguinte, ao Centro.

[15] Relembrando, as principais actividades previstas incluíam: acolhimento e atendimento dos casos em situação de risco; mediação com as crianças e as famílias; localização familiar; inquéritos e encaminhamento dos casos para o Julgado de Menores; registo de nascimento; acompanhamento de crianças colocadas em famílias substitutas; contactos com líderes comunitários; reuniões de avaliação e perspectivas entre educadores e activistas sociais do Centro.

[16] O programa de mães tutelares, é um exemplo de mais uma actividade desenvolvida pelo Centro do Kilamba Kiaxi, ficando-se a dever à iniciativa e experiência profissional do seu coordenador. O objectivo deste programa é a não institucionalização da criança, procurando evitar-se que crianças dos zero aos cinco anos de idade, em condições de desamparo, órfãs, ou que tenham sido abandonadas, sejam internadas nos lares de infância. Para tal, foram feitas palestras pelo CSRJM, no caso do Kilamba Kiaxi na igreja católica de S. João da Calábria, para sensibilizarem os fiéis daquela igreja para a necessidade de acolherem as crianças que se encontram nas referidas condições. Os candidatos a mães tutelares inscrevem-se e seguidamente o CSRJM *"para nós mandarmos o processo na delegação provincial* [do MINARS] *para ser incluso no enquadramento posterior, nós temos que fazer o inquérito social."* Se determinarem, através do referido inquérito, que a família está em condições de receber a criança, esta fica registada numa lista de candidatos a que recorrem para colocarem seja as crianças que se encontrem já no lar Kuzola, seja as provenientes do município que precisem deste tipo de enquadramento. Como exemplifica o coordenador do Centro, se aparece uma criança dos zero aos cinco anos abandonada, por exemplo, no Kilamba Kiaxi, ela não vai para o lar, porque já têm candidatos para o programa. Neste caso o Centro consulta a lista de candidatos de que dispõe. Quando entregam a criança à tutela da família candidata é assinado um termo de compromisso. O CSRJM fica depois, encarregue de fazer visitas de acompanhamento para avaliar a situação da criança naquela família e escrever o relatório dessa visita. O prazo que o MINARS estabelece para a situação de protecção social das crianças colocadas em mães tutelares é de dois anos. Segundo nos explicaram, esta é uma medida administrativa que possibilita tanto ao MINARS localizar os familiares da criança, como aos familiares da dita criança a possibilidade de a poderem encontrar. Segundo um activista, encontram por vezes problemas com as mães tutelares que ficam mais tempo com as crianças, porque estas se afeiçoam e caso a progenitora apareça, têm dificuldades em separar-se. De acordo com o coordenador, estas são situações pontuais. De um modo geral, diz que as mães tutelares são compreensivas porque são previamente informados nas palestras e nas inscrições para a situação de terem de entregar a criança caso a família apareça. Nesta situação, explica, têm de se dirigir primeiro ao CSRJM para o comunicar e antes de ser feita a reunificação, uma equipa analisa se a família está ou não em condições de receber a criança. A finalidade do programa de mães tutelares não é a de adopção, mas se ao fim dos dois anos a criança permanecer com a mãe tutelar, podem recorrer à lista de candidatos para se accionar os mecanismos necessários para a adopção da mesma. Neste caso, falam primeiro com a mãe tutelar que a acolheu

> *[...] muitas dessas tarefas já eram definidas e porque cada técnico, cada direcção do Centro tinha que apresentar o seu plano de acção, o que é que pretendia fazer, porque nós tínhamos as ferramentas todas, tínhamos a formação e no entanto, nós também tínhamos que apresentar que de facto vamos assumir fazendo mais.*[17]

Logo que os Centros abriram foi dada prioridade à divulgação dos direitos da criança e da existência do CSRJM por meio de palestras e campanhas, dando lugar ao aparecimento de casos nos centros. Do mesmo modo, num primeiro momento os Centros articularam-se com o MINARS para iniciarem os programas de localização e reunificação familiar, de mães tutelares e famílias substitutas e, seguidamente, o acompanhamento dos menores:

> *[...] começámos a receber os casos, depois que em Novembro de 2003 fizemos o primeiro enquadramento de protecção social do projecto das mães tutelares, então começámos a ver as questões que têm a ver com o acompanhamento, (...) mobilização das mães tutelares, na divulgação dos direitos da criança, nas palestras [...] E o atendimento dos casos, o atendimento dos casos então não podia faltar, não parava e não pára até hoje.*[18]

Actualmente, e à excepção da função de registo de crianças, os Centros desempenham todas as funções definidas no início do seu funcionamento e que passamos a descrever.

2.4. As funções desempenhadas pelos centros

Nos centros tem lugar o acolhimento de casos, que se entende ser a recepção feita pelos funcionários do Centro das pessoas que ali se dirigem, tanto a pedir informações ou esclarecimentos, como para expor um problema que pode ser sujeito a auscultação e/ou triagem e depois ser aconselhado, dar lugar à media-

---

e caso esta reúna condições – etárias e financeiras – para adoptar, ser-lhe-á dada prioridade. Inicialmente, todos os CSRJM aderiram a este programa, excepção feita para o município da Ingombota, onde *"podem ter uma família substituta, mas mãe tutelar não tem"*, pois contam essencialmente com mulheres *"domésticas e que vivem nos bairros, nos grandes centros urbanos não há"*. De acordo com um activista, no município do Kilamba Kiaxi existiam em 2008 *"36 mães tutelares que controlam 45 crianças"*. Estas, por sua vez, recebiam do MINARS um subsídio de cerca de 7.000 kwanzas e alimentos básicos.

[17] Entrevista realizada a 4 de Agosto de 2009.

[18] Idem.

ção ou ser encaminhado para outra instituição, caso não seja da competência do Centro.

Observou-se que em ambos os CSRJM (Cazenga e Kilamba Kiaxi), o atendimento é feito por ordem de chegada e que a duração do mesmo varia consoante o tipo de caso apresentado. Assim, há casos que necessitam apenas, dada a sua simplicidade, de aconselhamento, isto é, sem que seja necessário fazer a mediação do conflito em questão. Nos casos mais complexos, em que o aconselhamento não basta, há lugar ao envio de convocatórias às partes para que depois seja feita a mediação do caso.[19]

Sempre que os casos apresentados transcendem as competências do Centro, são encaminhados para o julgado de menores, para a sala de família ou para outra instituição mais capacitadas para o resolverem (é o exemplo da OMA caso se trate de um caso de um conflito de um casal).[20]

A localização e a reunificação familiar

O Programa de Localização e Reunificação Familiar surgiu para ajudar as crianças de rua e na rua, problema gerado pela situação de guerra vivida em Angola, depois de se ter verificado que muitas delas têm familiares. Com esse propósito o MINARS formou os activistas dos CSRJM em técnicas que lhes permitem actuar nessa área. Actualmente este Programa auxilia crianças perdidas/abandonadas, que são acolhidas em lares ou por mães tutelares. Para além disso, foi celebrado um acordo entre o MINARS e a polícia para recolherem todas as crianças que se encontram na rua e as encaminharem para um Centro de acolhimento de menores no Município do Cacuaco.

Inquéritos e acompanhamento

O acompanhamento tem por objectivo averiguar qual a situação em que se encontram as crianças que foram reunificadas com os seus familiares, colocadas em famílias substitutas ou em casa de mães tutelares. O acompanhamento também é feito junto dos menores que praticaram actos considerados como crime e que, depois de proferida a sentença pelo julgado de menores, se encontram em casa dos pais, que assumem a responsabilidade pelos actos praticados pelo

---

[19] Esta matéria será aprofundada mais adiante.

[20] O coordenador do CSRJM do Kilamba Kiaxi distingue, no entanto, encaminhamento de articulação, dizendo que o *primeiro vai sempre para o julgado de menores e articulação é feita com outras instituições, como o MINFAMU, a OMA, a polícia, o MINARS, a igreja.* Entrevista realizada a 9 de Setembro de 2008.

filho/a. Ao CSRJM cabe o papel de garantir que as medidas decretadas pelo julgado são cumpridas.

O período de tempo para fazer o acompanhamento destes casos é definido pelo julgado e é este órgão que o requer ao Centro do município em que reside a criança. Os funcionários do CSRJM[21] vão a casa dos menores verificar a sua situação, inquirindo familiares e vizinhos. No final, devem enviar um relatório para o julgado de menores descrevendo o acompanhamento efectuado.[22]

Palestras

A realização de palestras e sessões de esclarecimento é vista por todos os funcionários como uma importante forma de evitar que os conflitos persistam no município, sendo um importante meio de divulgação da existência do Centro como instância de resolução de problemas envolvendo crianças e de informação sobre os direitos (sendo a falta de informação um dos problemas identificados). De acordo com os funcionários do Centro, a diminuição de certos casos, como os casos de crianças acusadas de feitiçaria deveu-se, também às palestras e aos encontros onde divulgaram e sensibilizaram a população para este problema.

Esta foi no entanto uma função deixada para segundo plano, essencialmente devido à falta de meios materiais para o fazerem (estes materiais já foram solicitados várias vezes, mas não houve da parte das entidades solicitadas qualquer resposta).

Contactos com líderes comunitários

Os líderes comunitários incluem autoridades tradicionais, igrejas e comissões de moradores, que são contactados quando é necessária a sua colaboração na resolução de um caso.

---

[21] Observou-se que no CSRJM do Cazenga, este acompanhamento também pode ser feito pela polícia. Normalmente, e como foi observado, o acompanhamento dos menores reunificados com os seus familiares é feito por uma equipa composta pelo chefe de secção do MINARS do Cazenga, duas activistas sociais, um polícia com formação na área dos menores e a coordenadora do CSRJM. Segundo a coordenadora deste Centro, contam ainda com a ajuda de outras instâncias para cumprir a função de acompanhamento, uma vez que o município é muito extenso e nem sempre dispõem de meios para o fazerem. Já no CSRJM do Kilamba Kiaxi o acompanhamento feito tanto aos menores reunificados com os seus familiares, como às crianças colocadas em famílias substitutas ou em mães tutelares, é feito essencialmente pelos activistas. Consiste numa visita à casa da família para averiguar a situação da criança, tendo depois o funcionário a tarefa de escrever um relatório que envia para o MINARS e para o Julgado de Menores.

[22] Actualmente no CSRJM do Cazenga, devido à falta de meios de transporte, o acompanhamento periódico depende do caso e da localização do menor.

Reuniões de avaliação

Segundo o que nos foi dado a observar, as reuniões feitas nos CSRJM não têm uma periodicidade definida. Estas reuniões têm o objectivo de avaliar o trabalho desenvolvido e a desenvolver, bem como as competências de cada um; e servem para planificar as actividades a realizar pelos centros, entre as quais se destacam: visitas de acompanhamento a menores; localização e reunificação de crianças e de familiares; realização de palestras junto das comunidades; recepção de denúncias, mediação, elaboração e envio/encaminhamento de processos ao julgado de menores; elaboração de relatórios mensais; reuniões com administração e outras instituições; contactos com o delegado provincial do MINARS e do Julgado de Menores; e inquéritos.

Relatórios

Os Centros devem enviar, semestralmente, relatórios ao MINARS Provincial, Julgado de Menores, UNICRI, Tribunal Provincial, Administração Municipal e Delegados Municipais.

Registo de nascimentos

No início do funcionamento dos CSRJM, a sua actividade incluía também o registo de nascimento de menores, fazendo face a um problema detectado durante as pesquisas e que necessitava de ser resolvido urgentemente nos municípios. Esta actividade, iniciada em 2003, teve a duração de seis meses, tendo sido registadas, segundo a informação obtida no caso do Cazenga, cerca de 2.000 crianças.[23]

Na verdade, a esmagadora maioria dos filhos de utentes que se dirigem aos Centros não possui registo de nascimento, pelo que este é um problema que continua a persistir. Daí que, na opinião da coordenadora do Centro do Cazenga, esta actividade devesse continuar, uma vez que dispõem de funcionários formados para tal e isso permitiria resolver mais depressa o problema dos menores que não se encontram a estudar por falta de registo. Até porque é opinião dos activistas destes centros que a política de registar os bebés nas maternidades logo que nascem não irá resolver o problema, dado que ainda há muitas mães que não têm os seus filhos na maternidade ou no hospital.[24]

---

[23] Não foi possível obter o número de crianças registadas no município do Kilamba Kiaxi.

[24] Por outro lado, o programa de registo de nascimentos na maternidade apresenta ainda algumas deficiências de funcionamento, levando ao descontentamento de muitos progenitores.

Processamento de documentação

Atender pessoas que requerem determinados documentos e processá-los foi uma tarefa feita pelos activistas do Centro do Kilamba Kiaxi durante cerca de um ano. Os documentos requeridos eram vários, desde registos criminais, agregados familiares, atestados para efeitos de passaporte, declarações de contribuinte, alvarás comerciais e registos/atestados de residência, entre outros. Os activistas, para além de os dactilografarem, levavam-nos à Comuna para serem assinados pelo administrador e só depois os entregavam às pessoas por uma quantia que variava consoante o número e o tipo de documentos. Faziam--no, segundo apurámos, quando não estavam ocupados e muitas vezes para ajudar familiares ou pessoas da comunidade que conheciam e precisavam de um documento urgente.

Verificou-se que os activistas passavam grande parte do seu tempo com esta actividade – tanto no Centro como em saídas para a Comuna para ir levar ou buscar os documentos já assinados. Por vezes, o bom funcionamento das actividades principais do Centro era afectado. Assistimos, aliás, a situações de algumas distracções no cumprimento das tarefas, ao adiamento de actividades e a interrupções durante as auscultações, quer por parte da pessoa que quer um documento, quer pelos próprios activistas que frequentemente entravam na sala dos educadores sociais para ir buscar selos ou outro material necessário.

Esta actividade era, de certa forma, criticada pelo coordenador que chamava a atenção directa de alguns activistas. Na óptica dos activistas esta actividade servia também como uma espécie de 'fundo de maneio', para compensar o que deixaram de receber com a saída da UNICRI, e que usavam essencialmente como ajuda para o transporte, alimentação e material para o Centro. Do montante cobrado para a emissão do/s documento/s ficavam com uma pequena percentagem, como *"comissão de bater à máquina"*.

Esta prática foi proibida depois de o novo Administrador Municipal tomar posse. Segundo a informação obtida, o Administrador Municipal chamou a atenção para o facto de não ser da competência dos activistas sociais do Centro fazê-lo, pois aqueles eram documentos da administração:

Se eles querem ajudar as comunidades, devem ajudá-las a encaminhar com informações, "que tipo de documento quer?", "certificado para a emissão de passaporte? Administração municipal do Kilamba Kiaxi ou administração comunal". Isso sim. Agora, eles não devem aproveitar-se dos munícipes para poder lucrar, não.[25]

Esta medida, segundo nos foi dito e dado a observar, foi acatada e cumprida pelos funcionários do CSRJM, que nos referiram *"vamos só manter o que é nosso, estamos a fazer só nosso trabalho de pesquisa, de acompanhamento, sim"*.

3. A mediação e resolução de conflitos: o processamento dos casos

3.1. O Atendimento

A actividade principal dos CSRJM é o acolhimento e atendimento de casos, dando informações e fazendo o aconselhamento e mediação dos conflitos.

Uma vez na sala de auscultação, os funcionários procedem a uma triagem dos casos, de modo a decidir qual a via de resolução dos mesmos (aconselhamento, mediação ou encaminhamento).[26] Regra geral, todos os pedidos de informação são atendidos de imediato. Já a apresentação de queixas obedece ao critério da ordem de chegada, sendo que, por vezes, é solicitado ao utente que compareça no centro noutro dia, caso não tenha a documentação necessária ou se houver sobrecarga de processos no dia em questão. Se o caso for muito urgente procedem ao encaminhamento do mesmo para outra instância ou instituição. Também há lugar ao encaminhamento das situações em que houve crime (violação e violência doméstica) para a polícia.

A marcação de data para a mediação dos casos não obedece a regras rígidas, podendo ser marcada em função da disponibilidade ou do utente ou dos funcionários. O número de dias que medeia entre a auscultação e a marcação de sessão varia entre os centros (no Cazenga são cerca de 3 dias, sendo, por norma, um prazo superior no CSRJM do Kilamba Kiaxi), podendo haver, como acontece no centro do Kilamba Kiaxi, marcação de sessões em diferentes casos

---

[25] Entrevista realizada a 2 de Outubro de 2008.

[26] Verificou-se, para ambos os Centros, que atendimento, acolhimento e auscultações/triagens são feitos por todos os funcionários. Porém, no Centro do Kilamba Kiaxi, o último activista a ser admitido, por não ter ainda experiência suficiente, pode socorrer-se da ajuda de um outro funcionário se o caso em questão for por ele considerado ser um caso complicado.

para o mesmo dia e hora, levando a sobreposição de casos, que serão atendidos por ordem de chegada.

Embora se tenha detectado que a maioria dos funcionários dos CSRJM e os próprios utentes utilizem o termo "convocatória" ou notificação, os centros enviam pedidos de comparência[27] às contrapartes, que devem ser assinados pelo coordenador[28] e ter o carimbo ou selo do centro. Estes pedidos são, normalmente, entregues directamente pela parte queixosa à contraparte. No centro do Cazenga verificou-se que, caso haja resistência em aceitar o pedido de comparência, hálugar a um segundo pedido, que é, neste caso, entregue pelos próprios funcionários ou pelos coordenadores. Se a resistência persistir é solicitado auxílio da polícia, que intimará a parte a comparecer no centro.

No Centro do Kilamba Kiaxi, quando fazem o pedido de comparência, pedem sempre para que no dia da mediação ambas as partes se façam acompanhar de testemunhas, pois estas são vistas como partes importantes para a resolução do conflito. Já o mesmo não acontece no Centro do Cazenga, onde, pensamos, se atribui menos importância às testemunhas, uma vez que elas são solicitadas a colaborar apenas nos casos em que acham imprescindível a sua presença. Verificou-se, aliás, que nos casos que envolvem casais (separados ou não) os elementos da família apenas são chamados a participar como testemunhas ou para ajudar a aconselhar as partes caso não se tenha conseguido chegar a um consenso na primeira mediação. No entanto, se uma das partes faz referência a uma eventual testemunha durante a exposição e se verifica ser uma testemunha importante na sua argumentação, esta é convocada.

Para uma melhor visualização do acesso aos CSRJM e percurso dos casos que atendem, apresentamos a Figura 1:

---

[27] No caso de a pessoa ter emprego, o pedido é dirigido à entidade patronal ou à secção dos recursos humanos da empresa, que deverá dispensá-la na data marcada para a sessão de mediação (este procedimento é também utilizado por outras entidades, como já foi referido noutros capítulos deste volume). Em anexo a este capítulo podem ser consultadas as fotografias ilustrativas dos pedidos de comparência dos CSRJM do Kilamba Liaxi e do Cazenga (Fotos 1 e 2).

[28] No Centro do Cazenga as convocatórias também podem ser passadas pelos activistas.

Figura 1 – Percurso dos Casos nos CSRJM

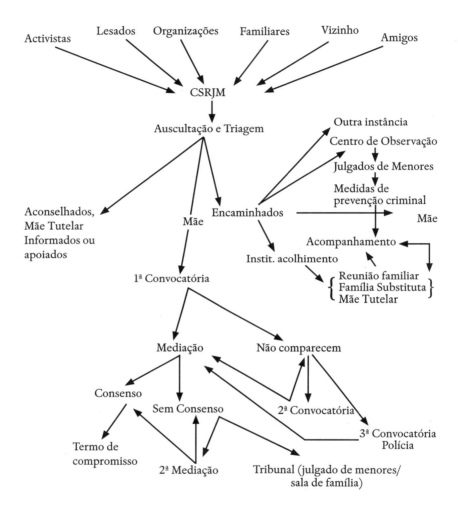

3.2. A mediação

A mediação consiste num encontro entre educadores e/ou activistas, dependendo do Centro, com as partes envolvidas num conflito para o tentarem resolver: *"vamos vendo, vamos sentando, vamos auscultar ambas as partes. (...) ... vemos quem tem razão, quem não tem razão, e dali vamos determinar."*[29]

No centro do Cazenga a mediação é feita pelo funcionário que estiver disponível na altura, seja ele activista ou educador social. Por vezes, pedem também a comparência de um polícia com formação na área dos menores. Já no Kilamba Kiaxi, os activistas não podem mediar os casos, sendo os educadores sociais que o podem fazer, neste caso o coordenador, socorrendo-se por vezes, caso não possa estar presente, do educador do INAC ou da Administração Municipal e/ou do MINFAMU.

Nos casos observados em ambos os Centros foi possível detectar critérios mais ou menos uniformes sobre formas de resolver os conflitos, embora estes, consoante o funcionário, tempo disponível, qualificações, interesse e importância que atribuem ao caso, possam variar.[30] Valem-se, frequentemente, da sua posição de trabalhadores do Estado, tido como soberano e identificando-se com este, bem como do direito formal, citando muitas vezes artigos da legislação para legitimar o seu discurso e fazer compreender às partes que devem chegar a um acordo. Têm ainda em atenção as questões tradicionais que se prendem com o caso.[31] Como referem, *"nós vamos avaliar em todas as formas, legal, real, concreta e outras questões costumeiras e culturais. A partir daí vamos ter essa capacidade."*[32] Assistiu-se, ainda, para o caso do Centro do Cazenga que, muitas vezes, consideram o envio do caso para o tribunal como forma de exercem uma espécie de pressão para que o conflito se resolva em sede de mediação. Salientam, para isso, as implicações que tal poderá trazer à parte em falta, como por exemplo o incómodo causado pela complexidade e morosidade do processo.

---

[29] Entrevista realizada a 4 de Março de 2008.

[30] A família é quase sempre indicada pelos funcionários do Centro como sendo a primeira instância de recurso para a resolução dos conflitos. Sempre que um utente se dirige ao CSRJM para apresentar uma queixa de um conflito e a família possa ajudar, mas não tenha ainda tentado resolvê-lo numa reunião familiar, é compelido, sempre que possível, a fazê-lo primeiro.

[31] Alguns funcionários do CSRJM do Cazenga fazem ainda, simultaneamente, referência ao mundo animal para fazer ver que não é só uma imposição do Estado, mas que a ordem natural das coisas também assim o determina. Já no CSRJM do Kilamba Kiaxi recorrem, por vezes, a argumentações religiosas e à importância da presença de "mais velhos" para ajudar a resolver o conflito.

[32] Entrevista realizada a 27 de Setembro de 2007.

No Centro do Cazenga, uma vez sentados na 'sala de auscultação', por norma não se procede a apresentações. Estas podem, no entanto, ser feitas ao longo do processo de mediação se houver necessidade de averiguar acerca da sua morada, naturalidade, idade, profissão, escolaridade, contacto telefónico ou outros elementos. Já no Centro do Kilamba Kiaxi as apresentações são feitas logo no início da mediação.

Normalmente, a introdução do caso é feita pelo funcionário que faz a mediação e de seguida é pedido ao queixoso que exponha as suas razões. Observaram-se, também, sessões de mediação em que a ordem se inverteu, começando o agressor por expor os seus argumentos.

Depois de expostas as razões, pede-se à outra parte para intervir.[33] O mediador vai participando na exposição de ambas as partes para pedir um esclarecimento mais preciso acerca do caso, comentando o que foi dito, aconselhando, sensibilizando e informando, argumentando para que haja consenso. Em ambos os Centros, tenta-se, sempre que se vislumbre essa possibilidade, que o casal se mantenha unido, argumentando que o lugar da criança é na família. Regra geral, os conselhos/sugestões que apontam são bem aceites pelas partes envolvidas.

No Centro do Cazenga, o *Termo de Compromisso* é o último passo da mediação e é celebrado, sobretudo, nos casos de casais separados que chegam a acordo. Funciona como uma garantia de que o pai, a partir dessa data, se vai comprometer a pagar uma determinada quantia mensal para o sustento do/s seu/s filho/s. O valor tem de ser aceite por ambas as partes e varia conforme o ordenado que cada um aufere (em regra não ultrapassa os 4.000 kwanzas). É normalmente o pai quem redige este Termo, auxiliado pelo mediador, ficando o CSRJM com o original e o pai com a cópia. A forma de pagamento é também variável, dependendo do relacionamento actual dos casais (se os casais, ainda que separados, se continuam a relacionar, o montante pode ser entregue directamente à mãe; caso contrário, o montante será descontado directamente do ordenado se o pai trabalhar numa empresa pública e a mãe tiver uma conta bancária, ou é depositado no Centro).

Observou-se, ainda, no Centro do Cazenga que para os outros tipos de conflitos o compromisso é verbal, incumbindo-se a família presente na mediação de vigiar que o que ficou acordado é cumprido, tal como acontece para a maioria

---

[33] Durante o processo de mediação por vezes as partes exaltam-se começando a falar ao mesmo tempo, tenta-se impor ordem pedindo às partes para falarem uma de cada vez.

dos compromissos assumidos nas mediações do Centro do Kilamba Kiaxi.[34] No CSRJM do Kilamba Kiaxi, aliás, o *Termo de Compromisso* é raramente usado,[35] tendo uma função meramente administrativa. É usado, como nos referiu o coordenador, nos casos de casais separados há já algum tempo e em que, por norma, o pai não paga a prestação de alimentos devida. Esta prática é defendida através do argumento de que o acordo e o seu cumprimento se devem à pressão exercida pelo facto de se encontrarem num órgão do Estado já que este também é visto como tal pelas pessoas que ali se dirigem.

No Centro do Cazenga verificou-se, ainda, que para os casos em que as partes não conseguem chegar a um consenso na primeira sessão de mediação, os activistas raramente optam por fazer uma segunda sessão. De acordo com o coordenador deste Centro, têm encontrado maiores dificuldades para resolver certos conflitos através da mediação nos casos em que os pais não têm emprego (ou se o emprego é precário) ou um rendimento fixo. Desta forma torna-se difícil, com ou sem *Termo de Compromisso*, resolver os casos em que é necessário garantir o pagamento da prestação dos alimentos e/ou do registo de nascimento das crianças.

Contudo, regra geral, e apesar de os activistas assumirem algumas dificuldades na resolução de conflitos através da mediação, muitos casos são mediados com sucesso. No CSRJM do Cazenga observou-se que a grande maioria dos casos é processada até à sua conclusão, isto é, são raras as situações em que após a mediação é necessário fazer o encaminhamento dos casos para outras instâncias de resolução. Já o Centro do Kilamba Kiaxi, segundo os seus funcionários, é o centro que mais casos encaminha para o julgado de menores. Tal poderá ficar a dever-se ao tipo de casos que ambos os Centros atendem, à argumentação e disponibilidade dos mediadores e às estratégias utilizadas pelos Centros para os resolverem.

4. Tipologia dos conflitos

Devido à especificidade que cada caso apresenta torna-se difícil agrupá-los por categorias. No entanto, procedemos à sua classificação de acordo com a classificação utilizada no mapa estatístico dos Centros e que assenta numa

---

[34] Em ambos os casos se trocam os números de telefone que podem ser usados tanto pelos funcionários para verificar que o acordo é seguido, como pelas partes para denunciar que o que foi acordado não está a ser cumprido. Por norma, estes últimos optam, em vez de telefonar, por se dirigirem novamente ao Centro.

[35] Não foi observada nenhuma mediação em que o usassem.

base legal. Para o CSRJM do Kilamba Kiaxi recorremos, ainda, à denominação dos casos com base no arquivo de casos que o coordenador organizou. Assim, apresentamos a seguinte classificação:

1) **Participação**, quando o caso chega directamente ao centro. Neste ficheiro temos os casos de acompanhamento; de desvio de comportamento; de furto; de maus-tratos; e inquérito relativo a crianças acusadas de feitiçaria.

2) **Denúncia**, nos casos em que é o CSRJM denuncia as situações a outras instituições/entidades. Neste ficheiro temos os casos de abandono; de maus--tratos; de crianças desaparecidas; de separação familiar; de localização e acompanhamento; de furto e droga; de acompanhamento e desamparo familiar.

3) **Resolvidos no Centro** através de mediação. Neste ficheiro temos os casos de abandono; de conflito familiar; de desvio de comportamento; de drogas e vadiagem; de fuga a prestação de alimentos; de inadaptação à disciplina dos pais e comunidade; de maus-tratos; de rejeição; de separação familiar; e de violação.

4) **Fechados**, são os casos dos menores reunificados com a sua família ou os casos em que a criança veio a falecer. Neste ficheiro temos os casos de abandono; desamparo familiar; maus-tratos; separação familiar;

5) **Acompanhamento**: temos os casos em que foram aplicadas medidas de protecção social.

5. Volume e tipos de casos

OS CSRJM elaboram mapas estatísticos dos casos que recebem. Contudo, no centro do Cazenga o registo dos casos é muito irregular. Já no Centro do Kilamba Kiaxi, e apesar de haver um activista que tem a tarefa específica de registar os casos que recebem no 'Mapa de Controlo Estatístico', os dados relativos aos anos de 2007 e 2008 não estavam organizados, pelo que não nos foram facultados. Baseamos então a nossa informação nos casos que se encontravam em arquivo: fechados para 2007; resolvidos para 2007 e 2008; denúncias para 2007 e 2008; participações para 2007; e nos processos por arquivar (2008). Tivemos também acesso a um documento produzido pelo coordenador com todos os casos recebidos desde o início do funcionamento do Centro até Junho 2008.

Para uma panorâmica geral apresentam-se os quadros relativos ao número de casos que deram entrada nos Centros desde que estes iniciaram as suas funções até ao fim do ano de 2008.

Quadro 1 – CSRJM do Cazenga: tipologia de casos atendidos

Casos	2003	2004	2005*	2006	2007	2008	Total
Conflito Familiar	50	70	9/27	49	44	44	284
Rejeição Familiar	16	6	1	6	6	1	36
Abandono	3	11	2	10	5	8	39
Desvio Comportamental	6	3	1/7	7	7	4	34
Acusação de Feitiçaria	2	7	2	5	2	6	24
Maus-tratos	122	18	3/12	16	35	22**	225
Violação Sexual	1		0/1***	3	1	1	7
Raptos de crianças	2		1	2		2	7
Adulto à procura	110		44/121		1		232
Separação Familiar	104	179	67	253	8	27	638
Localização Familiar	43	31	4	12		9	99
Reunificação Familiar	70	155	24/52	98	2	18	395
Total	529	480	297	461	111	142	2020

Fonte: CSRJM do Cazenga

Quadro 2 – CSRJM do Kilamba Kiaxi

Tipo	2003	2004	2005	2006	2007	2008	Total
Denúncias	3	2	2	47	17	18	89
Participações	1	1		2	1		5
Recebidos do JM	2	6	1	3	4		16
Resolvidos no Centro	7	3	10	14	11	3	48
Total	13	12	13	66	33	21	158

Fonte: Coordenador do Centro - os dados reportam até 30 Junho 2008[36]

---

* Os números depois das barras (/) correspondem aos de um relatório, diferindo portanto dos das folhas de estatística. Consideramos nos totais os casos registados no relatório.

** Consideramos por maus-tratos também três casos de violência doméstica e um caso de ofensas corporais.

*** Criança de 10 anos de idade na zona da Terra Vermelha.

[36] Estes números não coincidem com os dos processos

Quadro 3 – CSRJM do Kilamba Kiaxi

Casos	2003	2004	2005	2006	2007	2008*	Total
Conflito familiar	3		2	8	4	2	19
Abandono	4	4	3	23	18	8	60
Maus-Tratos	1		4	40**	8	3	56
Perdida	1			5	4	2	12
Separação Familiar (SF)	1	1	2	14	2	4	24
Desvio comportamental	2	4	5	3	2	1	17
Desamparo Familiar		1		1			2
Total	12	10	16	94	38	20	190

Fonte – Arquivo do CSRJM do Kilamba Kiaxi

Desde que ambos os CSRJM inauguraram existiu uma diferença no volume e no tipo de conflitos que chegam até aos Centros. Nos primeiros anos de actividade os casos que mais atendiam em ambos os Centros eram os de maus-tratos físicos e psicológicos, que incluem acusações de feitiçaria e violações sexuais, e a falta de escolaridade dos menores, pelo facto de não possuírem registo de nascimento.

No Cazenga, os maus-tratos,[37] na altura identificados como um dos problemas principais, eram causados essencialmente às crianças acusadas pelos familiares de serem feiticeiras. De acordo com os activistas, nos primeiros anos de actividade deste CSRJM os casos de crianças acusadas de feitiçaria ascenderam a mais de 200, tendo começado a diminuir a partir de 2005, fruto do trabalho feito por este centro e que envolveu divulgação acerca dos direitos das crianças.

No CSRJM do Kilamba Kiaxi, tal como no Cazenga, os casos de maus-tratos são maioritariamente os de crianças acusadas de feitiçaria e foi, igualmente, feito um trabalho em conjunto com várias instituições para que este tipo de casos diminuísse. Apesar de tudo, partilham da opinião que estes são casos difíceis de estancar por completo por estarem relacionados com a própria cultura das

---

* Todos estes casos estão numa pasta "Denúncias Casos recentes".

** Inserimos aqui o caso das 31 crianças na igreja acusadas de serem feiticeiras.

[37] Os maus-tratos físicos e psicológicos abarcam os casos de violência física, de violação sexual e de acusação de feitiçaria. No entanto, os activistas reconhecem que, por vezes, é difícil identificar um caso de maus-tratos psicológicos.

pessoas.[38] Consideram, aliás, que estes casos, embora vistos como fenómenos naturais, deveriam estar previstos na própria legislação para que houvesse uma punição das pessoas que os praticam e se desencorajassem essas práticas.

De acordo com os dados estatísticos, os casos que surgem em maior número no CSRJM do Cazenga são os de separação e conflitos familiares[39]. Já no do Kilamba Kiaxi são os de abandono e de acusação de feitiçaria (é neste município que se concentra a maioria da população vinda do norte de Angola, onde há uma maior propensão para o obscurantismo).

Relativamente aos casos de crianças abandonadas encontramos alguma subjectividade, por parte dos funcionários dos diferentes Centros, na interpretação de um caso como sendo de uma criança perdida, rejeitada ou separada da sua família, mas pensamos ter maior peso a experiência profissional dos coordenadores e as suas competências e interesses para resolver determinados casos. O coordenador do Centro do Kilamba Kiaxi encontra-se mais ligado aos projectos do MINARS, nomeadamente ao Projecto de Mães Tutelares, e faz uma triagem mais fina dos casos que dão entrada no Centro, cingindo-se aos problemas dos menores. Mesmo a percepção que os próprios activistas têm do trabalho que desenvolvem prende-se, sobretudo, com as funções de acompanhamento que o Julgado de Menores requer ao Centro.

Outro aspecto a ter em conta para o elevado número de casos atendido no CSRJM do Cazenga em comparação ao do Kilamba Kiaxi prende-se com o facto de naquele Centro funcionar também o S.O.S. Comunidade, pelo que este CSRJM já era conhecido pela população como um local onde poderiam recorrer a fim de resolver os seus problemas.[40] Torna-se, desta forma, num im-

---

[38] Sente-se a necessidade de fazer um trabalho no sentido de mudar a mentalidade das pessoas, criando nelas a cultura de denunciar os casos assim que os detectam, para não chegarem a situações extremas.

[39] Nos casos de conflitos familiares incluem-se as seguintes situações: desamparo familiar (caso de crianças que têm a família localizada, mas em que esta não está em condições de a cuidar, como as situações de orfandade em que os restantes membros da família não podem assumir a sua tutela, ou de progenitores hospitalizados ou presos); separação familiar (crianças que têm mãe, mas esta, ou a sua família, não pode cuidar dela ou de crianças que vêm das províncias para Luanda, algumas para ir para a casa de um familiar, sendo muitas delas vítimas de maus-tratos e acabando por fugir); abandono de menores (crianças que, por norma, são encontradas na via pública ou abandonadas em casas de pessoas e que, entregues a si próprias, se encontrem em situações de não terem quem lhes assegure necessidades básicas de sobrevivência); crianças perdidas (para detectarem se uma criança está perdida ou abandonada, para além de seguirem critérios etários tentam obter o máximo de informação possível junto da pessoa que a encontra, para assim poderem chegar a uma definição da situação, dada a possibilidade de semelhança com a situação anterior).

[40] Sinalizam as condições de pobreza dos habitantes deste município, que resultam sobretudo das situações de desemprego involuntário, para o caso dos adultos, e das situações de adultos/jovens que ficam órfãos ou cuja

portante Centro de resolução de um leque variado de problemas que surgem na comunidade e que inclui ainda a prestação de vários tipos de informação.

Apresentamos seguidamente um quadro comparativo dos casos recebidos em 2007 e 2008, em ambos os Centros:

Quadro 4 – Quadro comparativo dos casos entre os Centros (2007-2008)

Casos	2007*	2007**	2008	2008
	Cazenga	Kilamba Kiaxi	Cazenga	Kilamba Kiaxi
Conflitos familiares/ Aconselhamento familiar	44	8	44	4
Separação/ desamparo familiar	14	3	28	4
Abandono	5	18	8	16
Perdidas	1	4		2
Maus-tratos***	37	12	29	6
Desvio de Comportamento	17	2	4	2
Total	*118*	*47*	*113*	*34*

Fonte: CJRJM do Cazenga e do Kilamba Kiaxi

Durante o ano de 2007 e 2008 os casos mais recebidos no CSRJM do Cazenga foram os conflitos familiares, seguidos dos de maus-tratos. De acordo com a informação registada nos relatórios deste Centro e recebidos no MINARS, a grande maioria dos casos de conflitos familiares são os de casais separados.

---

família os negligencia. Nestes casos, regra geral, é a coordenadora que acciona os mecanismos necessários e que implicam, normalmente, o preenchimento da documentação adequada para requisitar ajuda ao MINARS, como, por exemplo, o caso de um pedido de uma cadeira de rodas para um deficiente. Outros casos podem envolver a sua deslocação, com ou sem o utente que pediu ajuda, até à instituição indicada – como por exemplo um hospital, escola ou Lar de 3.ª Idade – para que lhe seja ou venha a ser prestado o devido apoio.

* De acordo com os dados dos mapas estatísticos mensais de Janeiro a Junho e mapa estatístico do segundo semestre.

** Todos os dados foram recolhidos dos processos que se encontram em arquivo neste CSRJM.

*** Embora os casos de acusação de feitiçaria e de violação sexual apareçam assim classificados no mapa estatístico do CSRJM do Cazenga, optou-se pela sua agregação na categoria de maus-tratos.

Dentro dos conflitos originados pela separação dos pais distinguem-se dois grupos: os casos em que os pais abandonam os filhos; e os casos em que os filhos ficam à guarda da mãe mas em que há negligência dos filhos pelo pai, seja pela falta de pagamento de alimentos, seja pela falta de registo de nascimento.

No CSRJM do Kilamba Kiaxi, aos casos de abandono seguem-se os de maus--tratos e só depois, os de conflitos familiares. Observa-se que o número de casos recebidos em ambos os Centros diminuiu, embora essa diminuição tenha sido menos acentuada no Cazenga.[41]

De acordo com os funcionários de ambos os CSRJM, as campanhas de sensibilização foram fulcrais para que o volume de casos diminuísse, um trabalho que fizeram concertadamente com outras instituições, tais como igrejas, centros sociais, escolas, ONGs e meios de comunicação social.

Apesar de considerar a diminuição dos casos como uma tendência, o coordenador do Centro do Kilamba Kiaxi demonstra uma preocupação relativamente aos casos que a população não denuncia:

> *[...] os casos que temos estado a receber, quando se fala muito parece assim ser um fluxo, mas nós estamos preocupados porque as nossas comunidades não têm a cultura de denunciar, de levar as preocupações.*[42]

Durante o período de observação, os casos que chegaram ao Centro do Cazenga foram: ajuda/apoio; conflitos familiares; abandono de menores e maus-tratos. No Centro do Kilamba Kiaxi foram os casos de separação familiar e abandono/perdidas, seguidos dos conflitos familiares.

---

[41] Levantamos a hipótese de esta diminuição se relacionar com as condições de funcionamento observadas durante esse período: obras em 2008 durante cerca de um mês e meio; fim do subsídio atribuído pela UNICRI aos seus funcionários e consequente absentismo por parte destes, principalmente dos três activistas que não foram enquadrados pelo Ministério da Justiça e que acabaram por ser substituídos.

[42] Entrevista realizada a 14 de Agosto de 2009.

Quadro 5 – Número de casos que deram entrada no CSRJM do Cazenga durante o período de observação (10/2007 – 2/2008)

Casos	Total
Ajuda/apoio	16
Conflitos familiares	11
Abandono de menores	8
Maus-tratos	4
Perdidos	5
Total	*44*

Fonte: CSRJM do Cazenga

Quadro 6 – Número de casos que deram entrada no CSRJM do Kilamba Kiaxi durante o período de observação (8-10/2008 e 7-8/2009)

Casos	*Total*
Conflitos Familiares	7
Separação Familiar*	5
Abandono/perdidas**	5
Furto***	2
Maus-tratos	1
Total	22

Fonte: CSRJM do Kilamba Kiaxi

Verifica-se que os casos de violência doméstica têm vindo a aumentar, tornando-se num problema que, actualmente, está a atingir proporções alarmantes no Município do Cazenga.[43] De acordo com os funcionários do CSRJM

---

* Dentro dos casos de Separação Familiar verificaram-se cinco casos de crianças perdidas, mas que foram reunificadas.

** Três casos de crianças perdidas – uma de 6 anos encontrada por uma senhora que mora nos sinistrados, outra de 10 anos levado ao Centro pela polícia, duas de 12 anos de idade. Dois casos de crianças abandonadas, uma com 11 anos encontrada junto às freiras e outra com cerca de dois anos encontrada no Palanca, a excepção desta última que foi levada para o hospital, todas as outras foram levadas para o lar Kuzola por um funcionário e uma técnica do MINARS.

*** Dois casos de jovens expulsos de casa pelos seus familiares (tio para um caso e avós para o outro) por terem sido acusados de roubarem coisas em casa – estes casos foram classificados pelo activista como sendo casos de separação familiar.

[43] Este tema é igualmente abordado no capítulo dedicada ao GJSA – OMA do Cazenga, neste volume.

do Kilamba Kiaxi, os casos de conflitos familiares que mais têm surgido no Centro são os da falta de prestação de alimentos, queixas apresentadas tanto por mães menores como adultas, e os de separação familiar de crianças que moram com familiares que não os seus pais.

6. Instâncias de recurso e sua (inter)ligação

Para dar seguimento a vários dos casos que atendem, os CSRJM recorrem, com alguma frequência, a outras instâncias para encaminhar as situações ou para se articularem com elas. Trabalham, assim, em rede para que o conflito possa ser resolvido de uma maneira mais célere e adequada à complexidade que os casos apresentam.

Articulam-se com outras instituições para fazerem mediações em que recorrem à presença de funcionários de outras instâncias (como no caso da polícia) e para entregarem notificações caso haja resistência da outra parte em comparecer numa mediação (Cazenga). Os Centros encontram-se também ligados a outras instâncias municipais – igrejas, ONGs, chefes de sectores dos bairros, escolas e unidades de saúde, entre outras – contando com o seu apoio para casos que necessitem de assistência médica ou enquadramento escolar, para a organização de actividades ou de programas a decorrer nos Centros, na denúncia de casos de violação dos direitos das crianças, no acompanhamento de alguns casos e na divulgação dos Centros.

Figura 2 – Articulação em rede

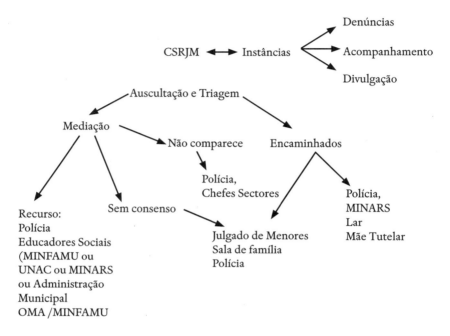

Alguns destes parceiros foram sensibilizados através das palestras feitas nos municípios, outros receberam formação para colaborar com os Centros:

Nós e a polícia tivemos formações sistemáticas todos juntos, então nos conhecemos todos em todas unidades cá de Luanda (...).[44]

Os casos que são encaminhados por outras instâncias tanto podem ser participados pelo telefone, como indicada a informação acerca da localização do Centro para ali apresentarem a sua queixa ou ainda, como observámos, haver um elemento dessa instituição a acompanhar o utente até ao Centro. Há alguns casos em que os utentes se dirigiram ao CSRJM depois de terem recorrido a uma outra instância que não conseguiu resolver o seu conflito. Os

---
[44] Entrevista realizada a 20 de Fevereiro de 2008.

próprios funcionários dos CSRJM indicam aos utentes a existência de várias instituições com que podem contar caso se vejam confrontadas com problemas com crianças.

Este trabalho, feito em rede com as várias instâncias, é também uma forma que os Centros têm de obviar a burocracia existente e tantas vezes incompatível com a urgência com que o caso tem de ser tratado.

6.1. A ligação com os tribunais

O CSRJM do Kilamba Kiaxi e o Julgado de Menores, mais do que o do Cazenga, têm uma ligação intensa, com os seus funcionários a deslocarem-se com frequência para assinar documentos e para prestarem informações acerca dos casos. A ligação mais intensa deste Centro com o julgado de menores explica-se sobretudo pelo tipo de casos que atendem.

No CSRJM do Kilamba Kiaxi, quando há resistência da outra parte em aceitar o pedido de comparência para ser feita a mediação, não é pedida a colaboração da polícia ou dos chefes do sector, como foi verificado fazerem no Centro do Cazenga, optando por encaminhar o caso para o tribunal. Este procedimento, bem como o encaminhamento de casos que os activistas acham de difícil resolução, contribui de igual modo para explicar o facto de este ser o Centro que encaminha mais casos para o tribunal.

Quando os CSRJM têm dúvidas acerca do tratamento a dar a um caso entram, regra geral, em contacto com o julgado de menores para que os esclareçam. Contudo, a ligação que os CSRJM têm com os tribunais é considerada pelos funcionários como meramente técnica e burocrática, existindo apenas nas situações de encaminhamento de casos, quando lhes são pedidos esclarecimentos ou para levar uma mãe tutelar. Como observado, os funcionários não são chamados para serem ouvidos como conhecedores privilegiados dos casos de conflitos familiares ou nos casos de delinquência juvenil que encaminham para essa instância.

7. As dificuldades que os CSRJM enfrentam

O CSRJM é uma instituição que, como referido, faz parte da estrutura do Julgado de Menores. Para além de ser relativamente recente, encontra-se ainda em fase de desenvolvimento.

Um dos problemas com que os centros se depararam tem a ver com a dependência institucional, não se sabendo se estariam dependentes do MINARS Provincial ou do Ministério da Justiça, como estava previsto. Este problema colocou-se porque os CSRJM, devido a um problema do ordenamento jurídico angolano, nasceram à margem da lei, pois a Lei n.º 9/96 impõe que a aplicação de uma medida de protecção social seja feita pelo tribunal, mas este tipo de medidas são do âmbito do Governo da Província. Esta dificuldade foi debatida num encontro de magistrados organizado pelo departamento da Infância da UNICEF. Neste encontro foi sugerido que faria mais sentido para os Centros, uma vez que visam medidas de protecção, dependerem do Governo provincial. Outra sugestão foi a de que eles surgissem como um desdobramento da Comissão Tutelar quando esta entrar em funções. A lógica seria a dos Centros ficarem a fazer a ligação com a comunidade porque a Comissão Tutelar, sendo uma estrutura centralizada, necessita de apoio dos municípios. Na verdade, este problema tem-se vindo a reflectir no cumprimento do trabalho do próprio Julgado de Menores, pois os juízes estão com dificuldades em aplicar medidas no âmbito do julgado de menores porque não sabem como é que elas se vão concretizar.

Em 2008 foi publicada a nova redacção da Lei n.º 9/96, na qual os CSRJM surgem contemplados como uma das estruturas do Julgado de Menores. De acordo com o artigo 3.º do Decreto n.º 96/03 de 28 de Outubro, os Centros Sociais ficariam na dependência directa do Ministério da Justiça a quem competiria fazer a sua gestão. No entanto, não foram observadas grandes modificações, já que os CSRJM continuam a funcionar com um série de dificuldades, essencialmente por falta de apoios, não estando definidas quaisquer competências ou funções.

Verificou-se, ainda, que o Ministério da Justiça procedeu ao enquadramento institucional dos activistas sociais. Porém, devido aos critérios utilizados pela administração pública[45] nem todos foram enquadrados, o que gerou um sentimento de injustiça e descontentamento por parte dos activistas que não foram enquadrados.

Pode-se ainda afirmar que em termos de apoios materiais e humanos que garantem o bom funcionamento dos Centros houve duas fases distintas: antes e depois da conclusão do Projecto da UNICRI. Na primeira fase foi o Projecto que assumiu a maior parte dos custos, entre os quais se contam: disponibilização de um dos carros do Projecto, fundo de maneio para cobrir despesas como por exemplo as de telefone; computador, impressora e máquina de escrever; livros

---

[45] No caso do Cazenga fomos informados que este critério se relacionava com a idade, não podendo a função pública enquadrar funcionários com mais de 35 anos. Já no Centro do Kilamba Kiaxi os activistas têm a percepção de que esta situação se deve à falta de abertura de quadros para admitir funcionários.

para a biblioteca; e subsídio dado a todos os funcionários até Junho 2007. Na segunda fase observou-se um crescendo de dificuldades a nível de recursos materiais e financeiros, com pouco ou quase nenhum apoio.

Os próprios funcionários lamentam o facto de a própria administração do município não apoiar logisticamente e não demonstrar interesse no trabalho que os Centros desenvolvem. Observou-se, pois, que o bom desenvolvimento do trabalho dos Centros fica afectado por falta de recursos financeiros, materiais e humanos. Isto leva, aliás, a que a função de acompanhamento de casos fique comprometida em ambos os CSRJM. Os centros dependem, assim, dos seus próprios meios financeiros, quando os podem disponibilizar, ou da boa vontade das pessoas.

Tal como para o acompanhamento dos casos, também enfrentam dificuldade nas situações em que têm de se deslocar para averiguar uma denúncia feita na comunidade ou para levar uma criança a um lar, por falta de meios de transporte.

Para além do problema da falta de meios de transporte, verificou-se que a falta de um telefone no Centro ou de saldo para o telemóvel leva a que os funcionários dos Centros tenham de pedir aos próprios utentes para efectuar chamadas.

As palestras de divulgação, outra actividade que era feita com o apoio da UNICRI, foram interrompidas por falta de material. No Centro do Kilamba Kiaxi ainda tentaram fazer seminários com os líderes comunitários, mas tal não foi possível por falta de meios materiais e financeiros.

Observámos ainda que no Centro do Cazenga, com o decorrer do tempo, também os pedidos de comparência começaram a faltar, um reflexo da falta de apoio institucional e financeiro. Para fazer face a este problema começou a ser pedido dinheiro para fazer fotocópias destes documentos, sendo que a quantia pedida depende da condição social do utente.

De acordo com os funcionários dos CSRJM, nos relatórios que escrevem expõem todos os problemas e necessidades sentidas, no entanto nunca obtiveram uma resposta no sentido de receberem os apoios para as carências apontadas (com a excepção do computador entregue ao Centro do Kilamba Kiaxi). Para além de haver uma falha de comunicação do topo para a base, parece que ela é ignorada quando esta é da base para o topo. Estas situações levam a que os funcionários se queixem de que não é dado valor ao trabalho que desempenham, pelo que se pode afirmar que é a motivação, o gosto que têm pelo trabalho e os resultados que verificam conseguir obter desse mesmo trabalho que os faz continuar, mesmo com todas as dificuldades que têm de enfrentar. Daí que o coordenador do CSRJM do Kilamba Kiaxi tenha sugerido que se fizessem reuniões técnicas de orientação com elementos do Julgado de Menores e do MINARS e que seja atribuído um orçamento aos Centros ou que o material lhes seja, no mínimo, garantido. Por sua vez, a coordenadora do centro do Cazenga, tendo em conta as dimensões do município, sugeriu que deveria existir mais do que um Centro ou, então, que se expandisse a acção deste. Ambos os coordenadores creditam que se tivessem mais apoios podiam desenvolver mais trabalho. Referem, por fim, a necessidade de mais acções de formação.

Conclusões

Inseridos num vasto programa de reconciliação comunitária, os Centros Sociais de Referência são estruturas que integram o Julgado de Menores, assumindo como objectivos a sensibilização das comunidades para a violação dos direitos da criança, bem como a divulgação e informação sobre a sua existência; a recepção e o encaminhamento de casos para a Comissão Tutelar e Julgado de Menores; o acompanhamento da execução das medidas de protecção social decretadas pelo juiz; e divulgação e acompanhamento dos casos de localização familiar e de crianças colocadas em famílias substitutas. É, também, uma instância de resolução de conflitos, em especial de conflitos de família, recebendo queixas e procurando resolver os problemas pela via da mediação. A sua existência pretende ajudar a colmatar um vazio no sistema jurídico angolano, ao incidir especificamente sobre a defesa e promoção dos direitos das crianças e dos jovens.

A criação deste projecto implicou um envolvimento ministerial, institucional e de diversas ONGs, tendo decorrido campanhas de promoção dos direitos da criança, através dos meios de comunicação social, no sentido de desenvolver uma consciência social quanto às entidades que se encontram envolvidas em acções directamente relacionadas com jovens e crianças em situações problemáticas.

O papel dos CSRJM dentro da comunidade sob a jurisdição de cada Município consiste em favorecer a promoção e sensibilização para os direitos das crianças e a concreta protecção dos menores, sobretudo no que se refere a casos de abuso, violação, e exploração. Recebem e acompanham os casos e, quando necessário, reencaminham-nos para o Julgado de Menores no Tribunal Provincial de Luanda ou para outras instituições com capacidade de resposta adequada. As suas principais actividades são: o acolhimento e atendimento dos casos em situação de risco; a localização familiar; a mediação com as crianças e as famílias; inquéritos e encaminhamento dos casos para o Julgado de Menores; o registo de nascimento; o acompanhamento de crianças colocadas em famílias substitutas; contactos com líderes comunitários; e reuniões entre educadores e activistas sociais do Centro, de modo a avaliar o trabalho desenvolvido e a desenvolver.

O trabalho realizado nos municípios do Cazenga e do Kilamba Kiaxi, pelas características específicas que estes municípios apresentam em termos de densidade populacional e concentração de pessoas deslocadas, permitiu auscultar a eficácia deste mecanismo no processamento e resolução de situações concretas. Partindo de um trabalho inicial de pesquisa, coube a estes Centros encontrar uma metodologia que lhes permitisse desenvolver as suas actividades, legitimadas pelo facto de todos serem parte integrante das comissões de moradores. A tipologia e abrangência das actividades desenvolvidas encontram-se em grande medida ligadas à iniciativa e capacidades individuais dos seus coordenadores, como é exemplo o programa das mães tutelares.

Os Centros analisados apresentam, todavia, problemas graves e concretos de falta de meios, quer humanos quer materiais, para a execução dos objectivos a que se propõem, situação que tende a agravar-se. Apesar de tudo, verificou-se que o trabalho que desenvolvem é fundamental, havendo da parte de todos os funcionários um forte sentimento de envolvimento nas actividades desenvolvidas e uma grande preocupação com as comunidades onde os centros estão inseridos.

Referências bibliográficas

Hellum, Anne; Stewart, Julie (orgs.) (2007), *Human Rights, Plural Legalities, and Gendered Realities: Paths Are Made by Walking*. Harare: Southern and Eastern African Regional Centre for Women's Law, University of Zimbabwe/Weaver Press.

Honwana, Alcinda; De Boeck, Filip (orgs.) (2005), *Makers and Breakers. Children and Youth in Postcolonial Africa*. Oxford: James Currey.

INAC (2006), O *Impacto das Acusações de Feitiçaria Contra Crianças em Angola: uma análise na perspectiva da protecção dos direitos humanos*. Luanda: INAC e UNICEF.

Medina, Maria do Carmo e UNICRI (2004), *Lei do Julgado de Menores e Código de Processo do Julgado de Menores Anotados*. Luanda: Colecção da Faculdade de Direito da UAN.

Dauer, Sheila; Gomez, Mayra (2006), "Violence against Women and Economic, Social and Cultural Rights in Africa", *Human Rights Review*, 7 (2): 49-58.

Anexo

Foto 1

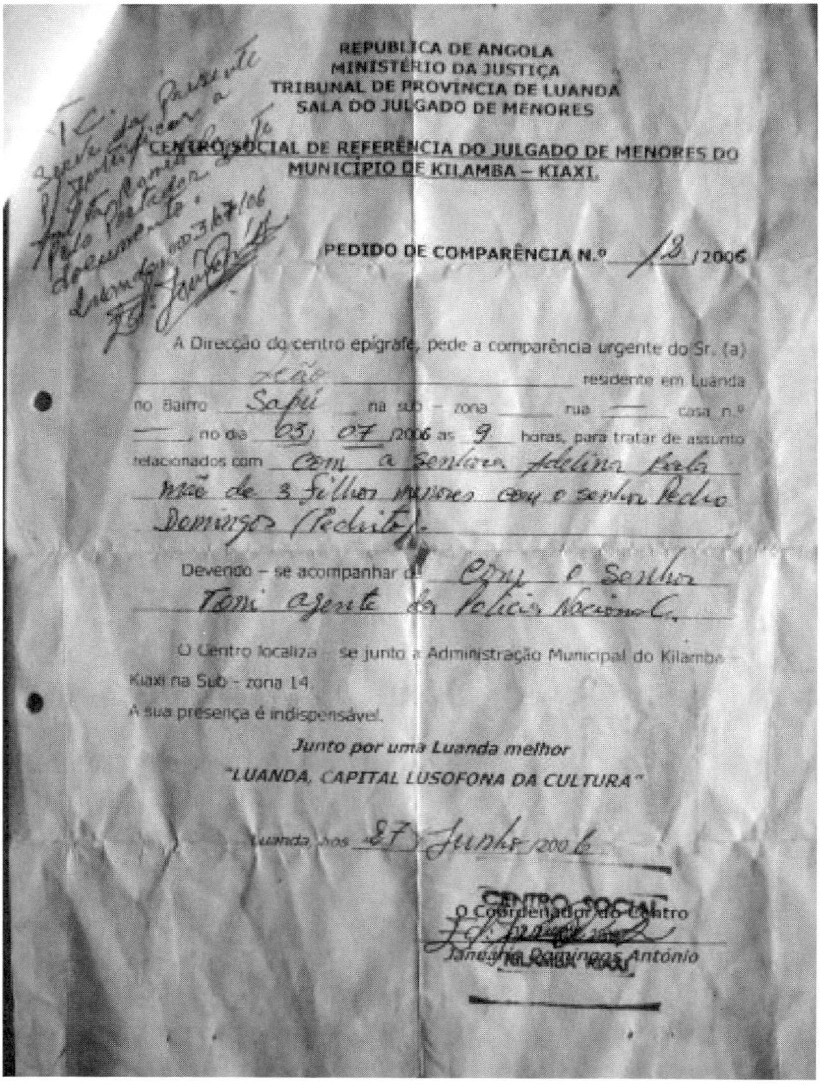

REPUBLICA DE ANGOLA
MINISTÉRIO DA JUSTIÇA
TRIBUNAL DE PROVINCIA DE LUANDA
SALA DO JULGADO DE MENORES

CENTRO SOCIAL DE REFERÊNCIA DO JULGADO DE MENORES DO MUNICIPIO DE KILAMBA – KIAXI.

PEDIDO DE COMPARÊNCIA N.º 18 /2006

A Direcção do centro epígrafe, pede a comparência urgente do Sr. (a) ______ residente em Luanda no Bairro Sapú na sub – zona ______ rua ______ casa n.º ______, no dia 03/ 07 /2006 as 9 horas, para tratar de assunto relacionados com Com a senhora Adelina ... mãe de 3 filhos menores com o senhor Pedro Domingos (Pedrito).

Devendo – se acompanhar d Com o senhor Tomi agente da Policia Nacional.

O Centro localiza – se junto a Administração Municipal do Kilamba – Kiaxi na Sub – zona 14.

A sua presença é indispensável.

Junto por uma Luanda melhor

"LUANDA, CAPITAL LUSOFONA DA CULTURA"

Luanda, aos 27 Junho /2006

CENTRO SOCIAL

O Coordenador do Centro

Janeiro Domingos António

KILAMBA KIAXI

Anexo

Foto 2

CAPÍTULO 4
O GABINETE JURÍDICO DA SALA DE ACONSELHAMENTO DA OMA (GJSA) NO MUNICÍPIO DO CAZENGA

Aguiar Miguel Cardoso, Maria Paula Meneses e Júlio Lopes

A participação plena e igual das mulheres na vida política, civil, económica, social e cultural, aos níveis nacional, regional e internacional, e a erradicação de todas as formas de discriminação sexual são os objectivos prioritários da comunidade internacional (artigo 18.º da Declaração de Viena sobre os Direitos Humanos, 1993).

Introdução
A diversidade cultural de Angola, onde estão presentes formas diferentes de regulação social, manifesta-se, no campo da resolução de conflitos, na pluralidade de normas e de instâncias envolvidas na procura de soluções para estes conflitos. Como os capítulos que integram o primeiro volume desta obra indicam, os problemas no acesso ao sistema de justiça oficial, sobretudo aos tribunais, fazem com que para a larga maioria dos angolanos o recurso a instâncias extra-judiciais seja a única alternativa para resolver os conflitos com que se deparam.

Neste capítulo, centraremos a nossa análise na instância que, no Município do Cazenga, participa na gestão de problemas de violência doméstica – O Gabinete Jurídico da Sala de Aconselhamento da OMA. Procuraremos, assim, avaliar os tipos de conflitos e a mobilização desta instância, bem como as redes de resolução de conflitos de que este Gabinete participa. Apresentaremos, igualmente, a estrutura de funcionamento do Gabinete, dando conta da proximidade com a polícia e o judiciário, avaliando o empenho na promoção da conciliação, no grau de autoridade e na legitimidade que a instância (e os seus conselheiros) detém.

1. A origem do Gabinete Jurídico da Sala de Aconselhamento da OMA (GJSA)

O Gabinete Jurídico da Sala de Aconselhamento[1] (GJSA) resulta da fusão entre Centro de Aconselhamento dirigido pela OMA e Comité dos Direitos Humanos[2] (CDH) do Cazenga dirigido pela OADEC através de um projecto financiado pela Divisão dos Direitos Humanos da ONU. Independentemente de ser uma fusão de duas instituições, era também caracterizado como uma rede informal de instituições na medida em que agregava instituições governamentais e da sociedade civil.[3]

Além de instituição de resolução de conflitos, o Gabinete Jurídico funciona também como fórum de concertação sobre os problemas sociais do município, assumindo a responsabilidade de, por um lado, informar a Administração Municipal e demais instituições sobre os fenómenos observados[4] e por outro lado, de aproximar os responsáveis encarregados de aplicar a lei (polícias, magistrados e advogados) da comunidade, de modo a concertar esforços em termos da sua intervenção. Esta parceria, que funcionou entre 1999 e 2001 através do programa *"a Lei e a Comunidade"*[5], tinha por base duas linhas de intervenção: por

---

[1] Denominação que até à presente data não é objecto de consenso tendo em conta os princípios que nortearam a fusão das duas instâncias. Para alguns, a instância não pode ser chamada Gabinete Jurídico porque *"decidimos que os seus principais actores fossem activistas e conselheiros e não juristas evitando que se transforme num tribunal"* (entrevista com um dos seus fundadores realizada a 18 de Abril de 2008); já para outros conselheiros, *"não queremos aconselhamento jurídico porque os agentes sociais que venham neste projecto podem não ter competências jurídicas tendo em conta o seu nível académico"*, (entrevista com um conselheiro, realizada a 14 de Fevereiro de 2008).

[2] A Comissão em análise é resultado de um seminário sobre formadores dos direitos humanos realizado em 1999, no Município do Sambizanga onde participaram cento e trinta pessoas provenientes dos três municípios: Cazenga, Cacuaco e o município anfitrião. Estiveram presentes representantes da polícia, da sociedade civil e da OMA. Participaram também Presidentes dos sectores do bairro, chefes das Comissões de Moradores e alguns representantes das autoridades tradicionais cujos protagonistas foram a UNOA, a OADEC e a OMA.

[3] Entre as quais igrejas (tanto católicas como protestantes).

[4] Um dos fundadores da Comissão dos Direitos Humanos do Cazenga, também oficial da polícia e conselheiro do GJSA em regime de colaboração, sublinha que *"as comunidades debatiam-se com a problemática da violação dos direitos humanos e a polícia era um dos violadores. Ela consistia na agressão dos cidadãos e cobrança de dinheiro para aqueles que necessitassem os seus préstimos"* (entrevista realizada a 24 de Outubro de 2007).

[5] O programa *"a Lei e a Comunidade"* surgiu na sequência de vários encontros e iniciativas, sendo que o primeiro projecto estava centralizado na educação cívica e direitos humanos. Nasceu de um encontro tripartido entre o Dr. Paulo Tjipilica, então Ministro da Justiça, o Dr. Amadou Niang, então Encarregado dos Direitos Humanos da Missão da ONU em Angola, e o Sr. Afonso Paulo, Presidente da OADEC. O propósito do encontro foi o de reflectir sobre uma proposta de projecto de formação dos primeiros activistas de direitos humanos (grupo heterogéneo e multidisciplinar) em Luanda. O modelo base do projecto foi delineado com base nos problemas identificados nas comunidades, nos quartéis, nas unidades penais e no mundo religioso, onde a *"lei"* representava figurativamente os responsáveis pela aplicação da mesma e a *"comunidade"* os grupos de indivíduos ou instituições

um lado, a divulgação dos princípios fundamentais consagrados na Declaração Universal dos Direitos Humanos e também da Carta Africana dos Direitos dos Homens e dos Povos; e por outro lado, a resolução de casos relacionados com conflitos familiares ou entre vizinhos, consistindo em acções de intervenção directa junto dos cidadãos.

Para implementar estas linhas de intervenção foram criados quatro projectos, bem como formadas três categorias de técnicos: activistas, conselheiros e advogados-estagiários. Assim:

A) O projecto "Activistas de Direitos Humanos" consistiu em: 1) realizar diagnósticos participativos, procurando identificar os problemas; 2) preparar conteúdos formativos com base nos problemas identificados; 3) transmitir conhecimentos ao grupo alvo através de palestras e de actividades ligadas ao teatro, segundo os instrumentos nacionais e internacionais de direitos humanos; 4) encaminhar os cidadãos vítimas/vitimizados para as autoridades competentes e organizações especializadas, principalmente advogados estagiários e conselheiros. Este projecto procurava integrar as questões de paz e de reconciliação nacional, usando como instrumentos-chave o protocolo de Lusaka, a Declaração Universal dos Direitos Humanos e um conjunto de normas internacionais, sendo destinado tanto à população militar como civil.

Os activistas eram técnicos capacitados com métodos e conhecimentos sobre os direitos individuais, cuja missão era trabalhar junto às comunidades, nos bairros, mobilizando-as e informando-as sobre os seus direitos através de seminários, palestras, entre outras formas de divulgação e educação. Por outro lado os activistas tinham a responsabilidade de trazer ao Gabinete os problemas dos cidadãos, por meio de uma auscultação da comunidade realizada através de um diálogo engajado e interactivo.

---

abrangidos pelo programa. Este programa, promovido e apoiado pela UNOA e executado pelo 'Gabinete Jurídico' (OADEC e OMA) tinha como objectivo: 1. Promover acções de promoção e protecção de direitos humanos e liberdades fundamentais junto das comunidades, grupos organizados e instituições locais do Estado; 2. Dar apoio técnico e institucional ao grupo alvo, dando-lhes autonomia na solução dos problemas relativos aos direitos civis e políticos, económicos e culturais, com ênfase no que diz respeito à mulher e aos mecanismos de ajuizar queixas; 3. Criar afinidade entre as comunidades e os responsáveis encarregues da aplicação da lei; e 4. Realizar um lobby para a futura reforma legal. O interesse da OADEC, através do programa *"a Lei e a Comunidade"*, era restabelecer a confiança que a população perdera em relação às instituições públicas através da implementação de serviços que visavam a protecção, promoção e aconselhamento em direitos humanos. Para o efeito, contaram com apoio técnico da Procuradoria-Geral da República (PGR) e do Departamento do Direitos Humanos (DDH) do Ministério da Justiça.

B) O projecto "Conselheiros de Direitos Humanos" foi coordenado por Edyna Kozma[6] e teve por objectivos, em primeiro lugar, auscultar os cidadãos lesados; em segundo lugar, aconselhar o uso da mediação e facilitação; e, por fim, encaminhar as questões difíceis ou sem consenso para os conselhos de família, autoridade competentes ou organismos especializados, principalmente advogados estagiários. O conselheiro devia basear-se pelos seguintes métodos: pensar 'no problema'; seleccionar 'opções' específicas; seguir ou aguardar pela 'reacção' da outra parte; agir face ao 'problema'; e prevenir futuros 'litígios'.

O aconselhamento é feito pelos conselheiros, a quem cabe o tratamento dos casos pela mediação e aconselhamento. Esta intervenção social é realizada por técnicos especializados no atendimento de pessoas vítimas de violência doméstica. Cabe também aos conselheiros realizar a filtragem e encaminhamento de casos.

C) O projecto "Advogados-Estagiários", gerido pela Comissão dos Direitos Humanos da Ordem dos Advogados de Angola (OAA), teve como objectivo principal proteger o cidadão através da arbitragem, informação e aconselhamento sobre os conflitos que não encontram solução com os conselheiros. Antes de os casos serem enviados a tribunal ou para qualquer outra instância de recurso, os advogados, com base nos seus conhecimentos, faziam uma análise do caso, procurando esclarecer as partes em conflito sobre os procedimentos burocráticos e as possíveis trajectórias do processo. As partes só avançavam para outras instâncias quando o advogado considerasse o caso como candente ou de difícil resolução junto das instâncias locais.

Os advogados-estagiários são técnicos com formação superior na área do direito e que são enviados/colocados no Gabinete Jurídico a fim de adquirirem competências profissionais, sendo supervisionados por advogados mais experiente. Estes estagiários tinham por missão esclarecer os cidadãos sobre os seus direitos, proporcionando-lhes serviços de defesa gratuitos (*pro bono*) junto dos tribunais se os seus casos para ali fossem encaminhados. A nova dinâmica em curso na sociedade permitiu que os advogados se organizassem para trabalhar junto dos procuradores dos tribunais municipais e das unidades policiais, para acompanhar os interrogatórios iniciais e avaliar o grau de transparência aplicado ao tratamento dos casos. A presença de advogados permitiu que o número de denúncias contra certos comandantes e outros oficiais da corporação aumentasse e que muitos deles respondessem, inclusive, judicialmente.

---

[6] Em 2009 era oficial sénior da UNICEF para o Departamento de Infância.

D) O frustrado projecto da Rádio Comunitária procurou criar um projecto de rádio de proximidade. Tinha por objectivo dar voz aos que tinham dificuldade em apresentar os problemas que os afectavam, procurando fazer com que os problemas chegassem aos ouvidos das autoridades competente, contando com o apoio de alguns profissionais de imprensa. Esta colaboração tomaria a forma de repórteres comunitários que trabalhariam com os activistas (projecto 1), conselheiros (projecto 2) e advogados estagiários (projecto 3) junto das comunidades, para garantir o direito das comunidades à expressão. Este projecto não funcionou por não ter sido possível garantir autorização para o funcionamento da Rádio.

A OADEC foi instituição por detrás da criação do GJSA. Apesar de ter uma cobertura nacional, esta organização não-governamental decidiu dar início ao projecto em Luanda.[7] Norteada pelo pensamento de que o desenvolvimento das comunidades exigia o respeito pelos direitos fundamentais da pessoa humana, com grande ênfase na igualdade de género, decidiu criar o Comité dos Direitos Humanos, colocando a cidadania como o seu objectivo social. Considerando as dificuldades que a ONG atravessava, a aliança com a OMA era, segundo um responsável, a estratégia mais evidente do momento: *"esta instância tinha mais impacto em relação por exemplo a polícia ou o MINFAMU na medida em que, naquela altura, já funcionava como Centro de Aconselhamento e o seu objectivo era a defesa dos direitos da mulher".*[8] Edyna Kozma completa a informação, afirmando que *"o Comité dos Direitos Humanos aproveitou a experiência da OMA para reforçar, aperfeiçoar e tornar abrangente o seu objectivo que é a defesa dos direitos humanos"*,[9] unindo assim os interesses das duas instâncias. A instância passa a ser liderada por dois responsáveis – OADEC e OMA – tendo a gestão técnica do projecto ficado sob a responsabilidade da primeira instância (sob coordenação de Edyna Kozma), a quem cabia também criar condições funcionais para o desenvolvimento das actividades e assistir os cidadãos em conflitos.[10]

---

[7] Entrevista realizada a 20 de Novembro de 2007.

[8] Ibidem.

[9] Entrevista realizada a 14 de Abril de 2008.

[10] Relação entre OADEC e parceiros:

OADEC – responsável pelo projecto, incluindo o gabinete jurídico. Gestão dos recursos humanos (incluindo estrangeiros trabalhando no projectos), materiais e financeiros disponíveis, apoio técnico e material ao grupo alvo.

OMA – responsável do centro de aconselhamento, incluindo do espaço para o 'Gabinete Jurídico', prestar assistência nas questões de género, acompanhar as actividades do projecto e participar nas reuniões. **Comissão dos Direitos Humanos da OAA** – responsável por fornecer assistência jurídica ao projecto (esquadras, igrejas,

Para os responsáveis da OADEC, duas razões estiveram na base desta aliança: a primeira teve a ver com o resultado do diagnóstico realizado junto da população, onde compreenderam que *"a OMA era vista, naquela altura, como instituição mais pacífica do município no âmbito da resolução de conflitos conquistando uma grande simpatia junto da população em comparação com a polícia"*. A segunda razão tem a ver com os serviços prestados pela polícia. *"Eles não correspondiam com os interesses dos beneficiários. A população, enquanto um dos beneficiários destes serviços, esperava dela a protecção e a colaboração na resolução dos seus problemas"*.[11]

Porém, se em termos técnicos se deram grandes progressos, em termos administrativos a realidade é outra, como resulta do seguinte relato: *"na altura da fusão certos aspectos não foram aclarados. Isto verifica-se na própria documentação produzida pelo Gabinete. Por exemplo certos Convites apresentam documentos autenticados com o carimbo do Comité dos Direitos Humanos, enquanto no cabeçalho apresenta o timbre da OMA"*.[12]

2. O funcionamento do GJSA

O GJSA foi criado para procurar atender os muitos casos de violência doméstica, em especial os casos de violência contra a mulher. Segundo a coordenadora deste Gabinete,

> *[...] esta iniciativa surgiu há cerca de vinte anos com o objectivo de proteger a mulher vítima de agressões físicas e psicológicas pelo marido, graças à contribuição de algumas organizações femininas de alguns países que já defendiam os direitos da mulher. A iniciativa começou no Comité provincial [OMA] e foi se estendendo para certos municípios através de seminários que foram recebendo de mulheres de alguns países, sobretudo da Suécia, Noruega e Alemanha.*[13]

No Cazenga, *"o Gabinete Jurídico funciona depois da instalação da OMA no município"*, como nos assegurou a sua coordenadora. Desde a sua criação o Gabinete

---

cooperativas etc.) através dos advogados estagiários. Capacitar activistas e conselheiros em matéria jurídico-legal, encaminhar e acompanhar casos junto das instituições de direito.

MONUA – fornecer apoio técnico, material e financeiro para o bom funcionamento do projecto, transmitir experiencias ao grupo alvo (com a colaboração da Interpol e a Civpol) e acompanhar as actividades, participar na elaboração dos relatórios e planos de acções e fazer lobby junto do Governo e outros actores.

[11] Entrevista realizada a 20 de Novembro de 2007.

[12] Entrevista realizada a 24 de Outubro de 2007.

[13] Entrevista realizada a 9 de Outubro de 2007.

sofreu várias transformações, funcionando primeiro como Centro de Aconselhamento Familiar, tendo por objectivo lutar contra as práticas de violência contra a mulher. Depois da sua fusão com a OADEC, entre 1999-2001, através do programa *"a Lei e a Comunidade"*, passou a designar-se Gabinete Jurídico da Sala de Aconselhamento, de onde provém o seu nome actual. O objectivo desta instância, porém, tornou-se mais abrangente e consiste hoje em promover, aconselhar e proteger os direitos dos cidadãos, sobretudo no que se refere aos casos de violência doméstica e de género.

As suas principais linhas de intervenção são as seguintes: a) Aconselhar os utentes sobre as suas funções, direitos e deveres bem como sobre o seu papel na consolidação da paz e tolerância na família; b) Mobilizar e sensibilizar as famílias e a sociedade em geral para forjar uma cultura que contribua para modificar comportamentos e atitudes discriminatórias para com as mulheres, jovens, idosos e deficientes; c) Formar e informar todos os actores que intervêm, de forma directa ou indirecta, junto dos utentes que foram autores ou vítimas da violência doméstica, bem como influenciar estruturas ligadas aos programas de alfabetização para a inserção de conceitos sobre os direitos humanos; e d) Trabalhar em parceria, através de acordos de cooperação, com os órgãos de justiça e de comunicação social na denúncia e resolução de actos de violência perpetrados na família, particularmente contra mulheres, crianças e idosos.

2.1. A equipa do GJSA

Os conselheiros surgem com o aparecimento do Centro de Aconselhamento Familiar, notabilizado pela fusão do Centro e do Comité dos Direitos Humanos. As suas actividades enquadram-se numa perspectiva de prevenção e divulgação dos direitos do cidadão, criando espaço para o exercício da cidadania através de mediação, aconselhamento e acompanhamento de casos relacionados com a violência doméstica. Com o término da participação de activistas e advogados estagiários, a actividade dos conselheiros consiste em aliar a resolução de conflitos, sua principal vocação, com as actividades de promoção e o acompanhamento de casos, actividades anteriormente delegadas nos actores acima referidos. A sua intervenção assenta no pressuposto segundo o qual a sociedade angolana apresenta debilidades quer para a aplicação da justiça, quer na garantia do acesso a esta por parte dos utentes, não só por razões de desconhecimento desta instância mas também devido à fraca implantação social que os tribunais possuem.

O Gabinete Jurídico é composto, actualmente, por cinco conselheiros e um conselheiro-chefe. É coordenado por uma mulher[14], a única na instância, a qual desempenha também a função de conselheiro sempre que necessário.

Ao nível de Luanda, o Gabinete Jurídico do Cazenga, apesar das imensas deficiências e dificuldades que conhece, ocupa um lugar de destaque, quer pela sua forma de atendimento, quer pela reputação da sua coordenadora, o que a leva a ser uma pessoa muito solicitada, pelo que durante a sua ausência o funcionamento da instância é assegurado rotativamente entre os vários conselheiros, competindo-lhe fazer a distribuição dos casos que são ouvidos pela primeira vez, bem como do atendimento das queixas. Cabe-lhe ainda a tarefa de controlar as entradas e saídas dos recursos financeiros provenientes do pagamento das taxas e, finalmente, elaborar o relatório das actividades mensais.

Para poder colaborar como conselheiro do Gabinete é necessário preencher as condições exigidas: ter um nível de escolaridade que permita a compreensão e interpretação dos fenómenos sociais e das legislações aplicáveis nos diferentes domínios de conflitos tratados no Gabinete; e mostrar interesse em reforçar as suas competências na vertente de resolução de conflitos, especialmente conflitos domésticos.

3. As instalações do Gabinete Jurídico da Sala de Aconselhamento

O Gabinete Jurídico está situado no bairro Cariango, na rua dos Comandos, junto à Administração Municipal do Cazenga. Pela concentração de repartições administrativas do município, a zona onde se localiza o Gabinete é conhecida como zona da Administração. Estão localizados nesta zona, para além da Administração Municipal, a sede municipal do MPLA, o Banco de Poupança e Crédito, o Banco Fomento Angola, a Secção Municipal da Família e Promoção da Mulher, Secção Municipal da Fiscalização e as bombas de combustível, numa zona cujo perímetro não é superior a quatro quilómetros quadrados.

Funciona num prédio de dois andares, pintado de cor-de-rosa, ocupando o primeiro andar. À entrada do apartamento, na sala, estão duas secretárias, onde trabalham dois conselheiros. Passando por um corredor têm-se acesso a mais uma sala, onde funcionam mais dois conselheiros. Esta outra sala está também equipada com duas secretárias velhas e cadeiras de plástico, onde se sentam os

---

[14] Que desempenha simultaneamente as funções de Chefe da Secção da Família e Promoção da Mulher no Cazenga. Independentemente destas funções, está igualmente envolvida em várias funções político-partidárias na estrutura do MPLA, particularmente no Comité Municipal da OMA.

utentes. É na casa de banho que são feitas as observações das mulheres vítimas de violência doméstica. Como o Gabinete tem pouco espaço, a varanda funciona também como sala de espera.

Até há pouco tempo (2009), o apartamento onde o Gabinete Jurídico funciona mantinha-se aberto por não ter fechadura. Nestas condições, após o encerramento do expediente, era utilizado por crianças e jovens do apartamento vizinho como moradia. Hoje em dia, apesar de já não funcionar como apartamento, é ainda usado por terceiros. Para além das secretárias (mesas), cadeiras e pastas de arquivos que o caracterizam como um espaço de atendimento público, existe uma arca congeladora onde as pessoas do apartamento vizinho guardam os seus alimentos. Durante o período de atendimento, os moradores dos dois apartamentos vizinhos entram e saem sempre que necessitam, para colocar ou retirar os seus haveres guardados na arca ou na cozinha. Quando o Gabinete está fechado, os utentes acomodam-se num banco corrido que fica entre o portão do quintal e a *lanchonete* que faz vizinhança com a casa de fotocópias/estúdio fotográfico.

4. A organização do atendimento no GJSA

4.1. A chegada ao GJSA

O atendimento começa entre as 7.30 e as 8 horas, até às 13 horas, embora possa prolongar-se para além desse limite em função do volume de trabalho. O funcionamento do Gabinete inicia-se com a chegada do conselheiro-chefe, cuja primeira tarefa é ocupar-se das queixas.

A apresentação de queixa obedece à ordem de chegada, pelo que, à medida que os queixosos vão chegando, são informados e instruídos pelos conselheiros sobre as formas de organização estabelecidas. No caso dos utentes que já têm conselheiro, o seu atendimento depende da forma de organização do conselheiro para o caso concreto, sendo que o conselheiro tanto pode começar pelos casos novos e culminar com os casos antigos e vice-versa ou ainda ir alternando.

4.2. O pagamento da taxa

A apresentação de queixa depende do pagamento de uma taxa. Caso os utentes não disponham dos recursos financeiros exigidos, são alertados para a necessidade de efectuarem o pagamento, sem o qual não é possível efectuar o atendimento. Isto leva a que muitos utentes, quando são solicitados a retirar-se por falta ou insuficiência de dinheiro, não regressem ao gabinete. Esta política de cobrança da taxa limita o acesso ao Gabinete. Porém, para os conselheiros, "este valor não é sequer suficiente para fazer face às necessidades".[15] Como não dispõem de qualquer apoio e/ou patrocínio, a taxa é cobrada para cobrir as despesas básicas de funcionamento e de manutenção do Gabinete, bem como para pagar o transporte dos conselheiros e o salário da auxiliar de limpeza.

4.3. A organização diária do atendimento – as várias etapas
Importa evidenciar que os utentes que vão apresentar queixa são os primeiros a ser atendidos; só depois avançam os casos que se encontram nas outras fases: audiência, mediação, aconselhamento ou fase de encerramento do caso. Os utentes que chegam mais tarde devem, por norma, aguardar que o conselheiro--chefe termine o que tiver em mãos.

Ao entrar na sala do conselheiro que lhes é indicado pelo conselheiro-chefe os utentes são instalados nos bancos, mas o atendimento nem sempre é imediato, dado que o conselheiro poderá estar ainda a preencher os dados do caso anterior ou aproveita este período para trocar algumas considerações com os seus colegas sobre o caso atendido. Isto dá azo a que os outros utentes tomem conhecimento dos casos em atendimento, já que a sala é partilhada por dois conselheiros.

A apresentação do caso
A dinâmica de atendimento da queixa consiste em a vítima apresentar o seu problema enquanto o conselheiro a escuta, bastando um curto período de tempo para o conselheiro compreender a essência do problema. Assim, a partir desta primeira análise, três cenários se apresentam:

1) Se o caso é simples, o queixoso ou a queixosa recebem apenas aconselhamento, o que pode ser feito de imediato ou posteriormente, dependendo da importância e do tempo do conselheiro-chefe ou do outro conselheiro, caso o primeiro lhe delegue estas responsabilidades.

2) Caso haja necessidade de mediação, o conselheiro-chefe elabora o convite que será entregue ao acusado/agressor.

3) Se a natureza do caso não corresponde à tipologia de casos atendidos pela instituição ou se o caso é proveniente dos bairros afectos a outro município (competências material e territorial), o mesmo é encaminhado para outra instância.

---

[15] Entrevista realizada a 12 de Agosto de 2008.

Os casos que se encontram nas fases seguintes – audiências, mediações, aconselhamento – são atendidos em separado, normalmente entre três a cinco dias depois da apresentação da queixa. Cada caso tem atendimento personalizado.

O convite / solicitação[16]

O pedido de comparência dos acusados pode ser feito de duas formas: através de um Convite, quando o acusado é um indivíduo que não trabalha 'formalmente', ou de uma Solicitação, quando o acusado é um funcionário de uma instituição pública ou privada. No pedido deve constar a data e o lugar onde o acusado se deve apresentar, devendo ser assinado pelo conselheiro-chefe e timbrado com o carimbo em uso naquela instituição.

De modo a aferir se o GJSA é competente territorialmente para a resolução de cada caso, os conselheiros requerem os dados relativos à identificação do agressor, à sua morada e qual a relação entre queixoso/a e agressor/a. Estes dados servem, ainda, para o preenchimento do Convite/Solicitação.

A entrega do Convite/Solicitação[17] é normalmente feita pelo queixoso quando existem garantias de que o acusado poderá recebê-lo sem criar outro conflito. Caso contrário, os conselheiros recomendam aos queixosos que solicitem o apoio da polícia. Caso não seja possível encontrar o acusado, os conselheiros recomendam não deixar o documento nas mãos de terceiro, sendo que o GJSA orienta o queixoso no sentido de solicitar o apoio da polícia a fim de o acompanhar no acto de entrega do convite (nestes casos, o Gabinete formaliza a queixa através de uma ficha especial de Encaminhamento de caso). Importa referir, ainda, que o pedido de comparência, por Convite ou Solicitação, não é reservado apenas aos acusados ou às partes, sendo também enviado às testemunhas para prestarem declarações junto das partes.

A comparência do/a acusado/a é obrigatória, tal como aparece registado na nota de observação abaixo de cada convite ou solicitação. *"Att: a não comparência é desobediência e será sancionado de acordo o artigo 188, do Código Penal"*. Reconhe-

---

[16] Em anexo a este capítulo podem ser consultadas fotografias ilustrativas de convite/solicitação utilizado pelo GJSA (Fotos 3 e 4)

[17] No caso de ser uma solicitação, o queixoso tem a responsabilidade de a entregar na direcção dos recursos humanos da empresa ou no Gabinete do Comandante da Unidade, caso o acusado seja militar ou polícia. São estas instâncias que comunicam aos seus funcionários sobre a queixa que pesa sobre eles. Para responder à solicitação que lhe é feita, o acusado deve fazer-se acompanhar com uma guia de marcha lavrada pelos Recursos Humanos para funcionários públicos ou pelos Comandantes das unidades onde pertencem para os militares ou polícias.

cendo a existência destes inconvenientes, o GJSA oferece três oportunidades para o acusado comparecer naquela instância. Porém, nos casos caracterizados como graves os acusados são convocados com carácter urgente e o prazo varia entre 24 e 48 horas.

A audiência

Na fase da audiência, que se inicia depois de a queixa ter sido apresentada, ambas as partes devem fornecer os seus dados individuais, e só depois passam à exposição do seu problema. Estes dados devem ser registados na Ficha de Atendimento (que tem carácter confidencial), embora, durante o tempo em que foi feita observação junto do Gabinete, esta tenha sido raramente utilizada.[18] Esta ficha deve ser preenchida para facilitar a análise e o acompanhamento dos casos. Porém, como nem sempre está disponível (por falta de recursos para a reproduzir), utilizam-se, em substituição, folhas A4, nas quais se faz o registo dos dados que considerados relevantes. É também nesta Ficha que se anotam as decisões tomadas e aceites pelas partes (resolução do caso).

Em seguida, o conselheiro dá primeiramente a palavra à pessoa que apresentou a queixa. Só depois de esta apresentar os seus argumentos é que o conselheiro concede a palavra a/o acusada/o. Quando o conselheiro não tem muitos casos para atender, os poucos casos que lhe são atribuídos têm um tratamento especial, pelo que lhes dedicam mais atenção e tempo, o que permite aprofundar o problema e encetar um diálogo com as partes. Isto pode ser feito em separado, para evitar interferência da outra parte, ou em conjunto, para possibilitar que a outra parte compreenda o que o seu parceiro pensa.

Na fase da audiência o conselheiro negoceia com os litigantes, procurando levá-los a estabelecer um entendimento em relação ao conflito. Cada parte apresenta a sua proposta para a resolução do problema que enfrentam e a missão do conselheiro é a de compreender a posição de cada parte. Este método é, por vezes, alternado com entrevistas separadas, quando a negociação em conjunto não se mostra capaz de tornar o debate produtivo. A vantagem desta abordagem consiste não apenas na possibilidade que o conselheiro tem de escutar cada parte sem interferência da outra, mas também de persuadir cada uma das partes sobre a importância de analisar as vantagens da outra proposta,

---

[18] Este registo só é, normalmente, feito depois de o caso ser atendido. Conforme ilustra a estatística de 2007, dos 527 processos conferidos, 354 estavam incompletos. Foi nesse período que se começou a utilizar o método do papel A4 em substituição do método da Ficha de Atendimento.

bem como de as ajudar a clarificar os pontos fortes e fracos das suas propostas, a partir da sua experiência ou socorrendo-se da lei.

Todavia, a audiência em conjunto é o método mais utilizado pelos conselheiros, na medida em que evita a desconfiança dentro das famílias, como resulta dos seus relatos: *"as partes desconfiam da possibilidade de haver trocas de favores: dinheiro e namoro"*.[19] Quando a audiência só é feita entre o homem e o conselheiro, porque no Gabinete não há conselheira com excepção da coordenadora, a esposa desconfia que o seu esposo tenha dado dinheiro para corromper o conselheiro; quando a audiência é feita só entre o conselheiro e a esposa, a desconfiança do esposo relaciona-se com a existência de namoro.

O clima de interacção entre o conselheiro e as partes em conflito depende muito do estado emocional das partes envolvidas. Como já foi referido, o elevado número de utentes que procura ao Gabinete não se coaduna, muitas das vezes, com o número de conselheiros disponíveis. Quando há muita procura do Gabinete, há uma sobrecarga do trabalho dos conselheiros presentes; inversamente, nos dias de menor procura o trabalho e o clima de atendimento é tranquilo e mais agradável para os utentes.

Existem casos em que as partes não cumprem as recomendações feitas pelos conselheiros, sendo esta atitude interpretada pelos últimos como sinónimo de falta de colaboração e de arrogância, o que os deixa por vezes impacientes. Como consequência verifica-se, por vezes, uma subida de tom acompanhado em alguns momentos de gestos agressivos, como bater sobre a mesa, interrupções durante a apresentação dos casos e mandar "calar-a-boca" aos utentes quando estes expunham os seus problemas. Os conselheiros, à semelhança do que acontece nos tribunais, querem e esperam dos litigantes objectividade e brevidade, devido ao volume de casos que têm de trabalhar. Contudo, este procedimento leva a que os utentes se sintam injustiçados.

Outra situação que provoca a exaltação dos ânimos por parte dos litigantes tem a ver com a falta de entendimento dos litigantes entre si e entre estes e os conselheiros, havendo situações em que o conselheiro perde o controlo da situação e as partes entram em conflito aberto. Existem também casos, sobretudo quando se trata de queixosas, em que estas, sentindo-se incapazes de se oporem à outra parte ou à opinião manifestada pelo conselheiro, se mantêm caladas durante a audiência, mediação e/ou aconselhamento.

---

[19] Entrevista realizada a 22 de Agosto de 2008.

A mediação[20]

Nesta fase do processo as partes, depois de compreenderem o estado do caso, são solicitadas pelo conselheiro a apresentar as suas exigências para solucionar o problema. O trabalho do conselheiro consiste, nesta etapa da mediação, em, por um lado, negociar com cada uma das partes em função da(s) propostas apresentadas pela/s outra/s parte/s a fim de encontrar uma solução do problema e, por outro, esclarecer as dúvidas, regras e consequências das decisões que cada parte entender tomar. Para o efeito, os conselheiros devem, ao coordenar a negociação entre as partes, respeitá-las de igual modo, pois trata-se de indivíduos que têm necessidades que devem ser satisfeitas.

O aconselhamento

O aconselhamento de casos é a penúltima fase na mediação de conflitos. É a fase em que o conselheiro dá sugestões que podem ajudar as partes a ultrapassar as barreiras que encontram e chegar a um entendimento. Estas sugestões podem ser uma forma de: 1) ilustrar o caminho a seguir para encontrar a solução do problema; 2) ajudar as partes ou uma delas a compreender os obstáculos que resultam da posição que toma; e 3) oferecer uma solução ao conflito.

A decisão

A última fase do caso está relacionada com a tomada de decisão sobre o conflito. Nesta fase é reduzido a escrito o acordo a que chegam as partes, cujo conteúdo (i.e., acta do entendimento) deve espelhar as decisões tomadas pelos litigantes e as medidas concretas de protecção dos seus interesses, bem como dos direitos das crianças que possam estar envolvidas.

A decisão é ritualmente declarada pelo conselheiro mas, por norma, é o 'culpado' quem a regista numa folha de 25 linhas, a qual necessita de ser reconhecida pelo Notário. Antes da sua distribuição, é lida em voz alta pelo conselheiro, que coloca o conteúdo da declaração à apreciação dos presentes. Se houver algo que não corresponda, o culpado deve melhorar o documento. A razão da distribuição de um exemplar do "acordo de entendimento" a cada parte deve-se à possibilidade de reincidência das situações. Se tal ocorrer, o documento em análise servirá de prova que permita chamar a atenção ou ilustrar ao prevaricador a sua reincidência ou a prática reiterada de actos que violam os

---

[20] Este tema será tratado com maior rigor no ponto 5.

direitos de outrem. A partir daí, com anuência ou não da vítima, o caso pode ser encaminhado para as outras instâncias de recurso (tribunais, OMA provincial e polícia) sem que haja da parte do prevaricador um sentimento de inocência ou de não lhe ter sido dada uma oportunidade de perdão ou de tolerância. Os conselheiros consideram que só com estas medidas será respeitado o conteúdo dos acordos e as decisões aplicadas.

Importa referir que nem sempre a decisão tomada é aceite e, quando aceite, nem sempre é cumprida. Segundo as observações realizadas, não há penalização física ou indemnização aos prejudicados, sendo que ao presumível culpado apenas lhe incumbe inserir estas decisões num requerimento e assumi-las e comprometer-se publicamente – particularmente com a pessoa ofendida – a não voltar a incorrer em tais práticas. Quando assim não acontece, a outra parte deve voltar ao Gabinete para dar conta dessa situação. Neste contexto, o caso enquadra-se nas actividades de acompanhamento; em situação contrária, o caso pode reaparecer como novo conflito e ser apresentada novamente uma queixa.

5. A mediação de conflitos familiares

O Gabinete tem vindo a trabalhar com grande destaque na procura de solução para os conflitos que surgem na esfera familiar. Estes conflitos têm na sua origem questões económicas – não pagamento de alimentos aos filhos, não contribuição para o sustento da família, entre outras – assim como conflitos conjugais que envolvam violência física (contra mulheres e crianças). Nestes casos, e depois da apresentação da queixa, o Gabinete envia uma notificação e marca uma sessão de mediação com as duas partes envolvidas, procurando o conselheiro chegar a uma solução consensual. A sessão de mediação tem lugar quando as partes envolvidas no conflito estão presentes, pelo que a ausência de uma delas é condição suficiente para se adiar a sessão. Se a razão da ausência não for conhecida, elabora-se um novo convite, marcando-se uma nova sessão.

A mediação é realizada por um único conselheiro e só em caso de dúvida é que este solicita o apoio de um colega. Segundo se observou, os conselheiros não têm auxiliares para os ajudarem na análise dos casos e na tomada de decisão. Cada um possui um manual (ou fotocópia do manual) do Código da Família, para o esclarecimento de dúvidas ou problemas com que se deparam na busca de consenso durante a mediação ou o aconselhamento.

Sendo o objectivo central do conselheiro procurar que as partes cheguem a um entendimento viável e satisfatório, é necessário, por um lado, que o mesmo favoreça a circulação da informação entre as partes e, por outro lado, que os principais negociadores do conflito saibam o papel da instância, as etapas a cumprir durante o processo de resolução do caso e as regras a observar.

A mediação consiste em facilitar a troca de informações e discussão de posições sobre o caso entre os intervenientes, o que permite ao conselheiro conhecer o problema que afecta a família ou as partes. Estas informações que as partes fornecem permitem ao mediador/conselheiro compreender melhor o interesse de cada uma delas, assim como os motivos da falta de entendimento entre estas:

> *"... a experiência já nos mostrou que nem sempre a pessoa que apresenta queixa tem razão. A nossa obrigação é a de ouvir as duas partes e depois analisar as informações; e no fim, sem acusar este ou aquele, eles compreenderão o rumo que está tomar o conflito deles. Isto, claro, depois de darmos alguns esclarecimentos."*[21]

Segundo o que foi possível perceber, o desafio do mediador é o de agir de uma maneira que propicie um equilíbrio de poder entre os litigantes. Deste modo, existe uma grande necessidade da parte do conselheiro de recorrer a estratégias que combinam a observação com a retórica apelando à persuasão, esgrimindo com os pontos fracos e fortes de cada parte envolvida no conflito. Este procedimento cria, em primeiro lugar, uma relação de confiança entre as partes e, em segundo lugar, garante autoridade e legitimidade ao conselheiro.

Quando o caso chega ao fim, e em caso de separação, a preocupação principal do conselheiro é a de saber como serão as crianças protegidas. Isso implica analisar temas como a guarda da criança, a capacidade de cada parte de sustentar as crianças, a disponibilidade de tempo e o estado emotivo de quem vai cuidar dos filhos, os bens adquiridos e a finalidade das heranças caso existam. Caso o pai e a mãe não estejam em condições de cuidar dos filhos, ambos são chamados a comparticipar na educação do(s) mesmo(s), na medida em que os filhos podem ficar sob a guarda de um terceiro. Nestes casos deverão os progenitores dar uma mesada e cumprir ainda outros deveres, contribuindo para o bem-estar e desenvolvimento harmonioso da criança. O valor da mesada é normalmente determinado pelo Gabinete em função do salário base para funcionários ou ainda dos rendimentos semanais, no caso daqueles que dependem de actividades

---

[21] Entrevista realizada a 22 de Agosto de 2008.

informais. Em termos práticos, o pai ou a mãe que não tem a guarda do filho deve apoiá-lo(s) com um terço ou um quarto do seu salário base.

Reconhecendo as dificuldades de as partes cumprirem com a entrega do seu salário real, os conselheiros requisitam-no, geralmente, à entidade empregadora, graças a uma negociação entre o GJSA e os Recursos Humanos da referida empresa. Depois de consumado o processo, os conselheiros recomendam às mães; quando têm a guarda dos filhos, *"que devem aceitar as visitas dos pais das crianças bem como as solicitações destes de levar os filhos aos passeios e possíveis saídas aos fins-de-semana, feriados e férias escolares".*[22] Aos pais esclarecem-se os horários de visita respeitando assim a privacidade da ex-esposa. Um dos conselheiros reforça que *"a guarda da criança durante os fins-de-semana, quadras festivas e férias escolares deve ser negociado entre as partes".*[23]

Se o conflito que envolve o casal não conhecer consenso ou caso não haja possibilidade de entendimento, os conselheiros tentam, em primeiro lugar, salvaguardar os interesses dos filhos, fazendo valer as medidas de protecção das crianças; em segundo lugar, influenciar as partes para que se faça um levantamento exaustivo dos bens adquiridos durante o tempo que viveram juntos, de modo a que se proceda à sua partilha. Depois desta fase, o caso deve ser encaminhado ao Tribunal da Família a fim de oficializar ou legalizar a separação e, consequentemente, a partilha dos bens adquiridos. Embora devesse ser este o princípio que, em teoria, deveria prevalecer no Gabinete, durante a observação assistiu-se a várias situações em que os conselheiros assumiram a responsabilidade de mediar a partilha de bens. Um dos conselheiros justificou o facto esclarecendo que existem casos simples e casos complexos, sendo estes últimos encaminhados para o tribunal.

6. O papel das testemunhas

A noção de testemunha assume, aqui, uma dupla significação: a) alguém que presenciou o conflito ou b) alguém que presenciou a assumpção de compromissos de entendimento das partes em conflito.

A presença das testemunhas na instância é requerida através de Convite. Por norma, ninguém tem acesso à audiência, mediação ou aconselhamento sem autorização do conselheiro. As testemunhas e acompanhantes dos litigantes são

---

[22] Observação realizada a 18 de Abril de 2008.
[23] Entrevista realizada a 18 de Abril de 2008.

convidados a entrar quando o caso chega a um impasse e, segundo referiu um conselheiro, *"só as testemunhas e os acompanhantes podem nos ajudar a compreendê--lo"*.[24] No entanto, para os conselheiros *"só devem testemunhar* [no sentido de prestar declarações] *o caso apenas as pessoas que tiveram na reunião familiar porque só estes nos podem ajudar a clarificar o problema. Os outros podem ficar lá fora e os que estão aqui irão vos explicar o que se passou"*.[25]

Muito embora as testemunhas sejam, aparentemente, o último recurso para os conselheiros, nem sempre estas servem de tábua de salvação para o problema. Os seus depoimentos podem ajudar a esclarecer o caso e pôr fim ao conflito, assim como podem servir de pista para novas buscas ou, ainda, de elemento para um novo conflito. Daí as insistentes chamadas de atenção que são feitas pelos conselheiros às testemunhas, sobre a importância dos depoimentos a apresentar, e às partes, em relação a busca de testemunhas.

A maioria das testemunhas são familiares ou pessoas com laços de afinidade importantes com, pelo menos, um dos litigantes. Se para a instância e uma das partes é legítima a presença de um desses tipos de testemunhas, para a outra parte pode ser uma humilhação.

Testemunho pericial

Muitos dos casos que procuram o Gabinete na busca de uma solução envolvem violência física, especialmente contra a mulher. Uma vez que os conselheiros são homens, e sendo vital assinalar a extensão dos ferimentos e das lesões que as mulheres sofrem, esta tarefa é realizada pela empregada de limpeza do Gabinete, que evidencia os abusos físicos na casa de banho do gabinete. O testemunho da mulher é depois corroborado pela empregada junto ao conselheiro que está encarregue do caso. Quando se trata de casos envolvendo danos físicos graves o Gabinete solicita ao fotógrafo que trabalha próximo do Gabinete que tire fotografias às mulheres, para que o processo, a ser enviado à Polícia (DPIC - DNIC) e, posteriormente ao tribunal, se faça acompanhar desta documentação.

7. Volume, tipos de casos e mobilizadores do Gabinete

De acordo com a informação prestada pelos conselheiros,[26] a maioria das queixas estão relacionadas com conflitos conjugais, constituindo as mulheres

---

[24] Entrevista realizada a 13 de Novembro de 2009.

[25] Ibidem.

[26] Entrevista colectiva realizada a 4 de Outubro de 2007.

o principal grupo mobilizador. Os principais acusados são, em regra, homens, particularmente os esposos/companheiros. As razões de escolha do GJSA são várias e resumem-se ao seguinte: as esposas, principais vítimas de violência física, não querem que os resultados das queixas intentadas contra os esposos terminem em prisões ou em separações. Pelo contrário, procuram que os agressores reconheçam os seus erros. Para os utentes,

> *[...] a forma de resolução dos conflitos do Gabinete é diferente da da Polícia e do tribunal. Aqui as coisas são mais rápidas e práticas. Os conselheiros fazem as coisas de maneira que as pessoas voltem a se entender. Basta aparecer no dia marcado para que o caso seja atendido, o que não acontece na polícia, onde dão muitas voltas.*[27]

Assim, os conflitos relacionam-se com a assistência familiar, abandono familiar/expulsão da mulher, falta de respeito, adultério por parte da mulher, ofensas morais, conflitos relacionados com a casa/terreno, não assunção da paternidade, desentendimento no lar, ciúmes, acusação de feitiçaria, interferência dos familiares na vida do casal e problemas relacionados com dívidas ocorridas no seio familiar.

7.1. Volume de casos

Devido à ausência de Fichas de Atendimento, condição fundamental para a construção de variáveis, torna-se difícil avaliar o número de casos que o Gabinete recebe em média, anualmente. A quantidade de processos por nós conferida *"não corresponde à quantidade de casos que deram entrada no Gabinete entre 2005 e 2007"*[28], já que *"... foi nestes anos que o Gabinete conheceu maior número de casos. Nós tínhamos diariamente entre 10 e 15 casos novos*[29] *por atender e havia dias em que se ultrapassava este número"*.[30]

---

[27] Observação realizada a 14 de Novembro de 2007.

[28] Não foram avaliados os processos de 2005 por haver dificuldade em os reunir.

[29] Os casos novos são aqueles em que aparecem pela primeira vez no Gabinete. Esta categoria inclui também aqueles que conhecem a sua mediação/aconselhamento pela primeira. O título de novo é dado pelo conselheiro-chefe no dia da apresentação da queixa e o pelo conselheiro que medeia o caso. De registar que as segundas-feiras e os dias precedidos de um feriado registam mais queixas e poucas mediações, enquanto a sexta-feira é o dia em que o Gabinete tem menos movimento; quartas e quintas-feiras são os dias em que o Gabinete conhece mais mediações/aconselhamentos porque as queixas apresentadas na segunda-feira podem ser atendidas nestes dias (i.e., 3 dias depois).

[30] Entrevista realizada a 9 de Outubro de 2007.

Tal como variam as estimativas em relação aos casos atendidos no período acima, variam também as razões que procuram explicar a quebra na afluência de casos no Gabinete. Um funcionário considera que *"a diminuição de casos deve-se ao aparecimento do SOS e outras instituições que começaram a fazer o mesmo trabalho".*[31] Um outro considera que a diminuição de casos se deve ao *"desaparecimento do trabalho de campo anteriormente realizado pelos activistas, o trabalho de mobilização das pessoas e divulgação dos seus direitos".*[32]

Deste modo, para proceder à análise do movimento dos casos que o Gabinete Jurídico atendeu (em 2006 e 2007) foram identificadas cinco variáveis de comparação: as razões da queixa, a idade, a ocupação social, a moradia e as habilitações literárias. Foram identificados os indicadores que mais casos absorveram dentro de uma determinada variável, tornando-os em dados de confrontação em cada ano. Por exemplo, verificou-se que na variável "razões de queixa" a assistência familiar ou aos filhos constituiu o indicador mais frequente nestes dois anos para o caso das mulheres que colocaram queixas junto ao GJSA. Do mesmo modo, foi dada atenção aos indicadores que mais se evidenciaram num determinado ano e que não ocorreram no outro ano, como por exemplo a faixa etária de 26 a 35 anos, no caso dos homens, que foi a que mais se evidenciou em 2006. No ano seguinte foi a faixa etária dos 36 aos 45 anos.

Antes de passar à análise apresentam-se de seguida os dados referentes aos dois anos sob estudo: em 2006 foi possível conferir 603 casos, um número irrisório tendo em conta as estatísticas de casos/mês que deram entrada neste Gabinete. Desta cifra, 454 processos estavam completos[33] (401 apresentados por utentes do sexo feminino e 53 por utentes do sexo masculino) e 149 processos incompletos (124 apresentam apenas convites simples e 25 solicitações simples).

Em 2007 foram conferidos 527 processos (menos 76 em relação a 2006), dos quais 173 foram analisados. Os restantes 354 estavam incompletos, o que, segundo o conselheiro-chefe, se deve à falta de recursos financeiros para fotocopiar as fichas.[34] Dos 173 processos completos, 152 trataram de queixas feitas

---

[31] Ibidem.

[32] Entrevista realizada a 24 de Outubro de 2007.

[33] Um processo é completo quando é composto por um convite, a Ficha de Atendimento e a Declaração Confidencial.

[34] Os conselheiros deixaram de registar as fichas de atendimento. As partes importantes e as conclusões de cada caso eram registadas em folhas A4 dificultando assim a leitura ou a interpretação dos casos/dados. Os processos simples são os que apresentam apenas um documento. O mesmo termo também foi utilizado para caracterizar processos que não tinham as três partes da Ficha de Atendimento totalmente preenchidas. Foi possível

por utentes do sexo feminino e 21 processos completos foram apresentados por utentes do sexo masculino. Os 354 processos incompletos compreendem: a) 216 convites, sendo que 143 são simples e 73 com ficha de atendimento; b) dos 143 convites simples, 124 foram endereçados a cidadãos do sexo masculino (109 convites simples e 15 em segunda via) e 19 foram endereçados aos utentes do sexo feminino (12 simples, 5 urgentes e 2 em segunda via); c) relativamente aos 73 convites possuindo a respectiva Ficha de Atendimento, 61 foram endereçados a utentes do sexo masculino (47 com convite simples e 14 com convite urgente) e 12 do sexo feminino (10 com convite simples e 2 com convite da segunda via).

Observaram-se ainda 43 processos sem convite (38 para utentes do sexo masculino e 5 para utentes do sexo feminino); 57 solicitações dirigidas unicamente a utentes do sexo masculino (22 solicitações simples e 35 solicitações com processo); 9 encaminhamentos (5 simples – distribuídos em 4 masculino e 1 feminino – e 4 com processo); e 29 declarações de compromisso.

7.2. As Razões das queixas

Analisando as cinco variáveis referidas,[35] verifica-se que dos vários indicadores correspondentes a cada variável em estudo apenas um pequeno número se evidenciou numa determinada categoria: queixoso, acusado ou vítima, entre outros.

Conflitos por falta de assistência ou de pagamento da mesada

Examinando a primeira variável verificamos que, embora o Gabinete seja apresentado nos meios de comunicação social como uma instância especializada na mediação de casos de violência física no âmbito familiar, estatisticamente os conflitos relacionados com a falta de assistência ou de pagamento de mesada por parte dos pais constituem a razão principal de queixas, cabendo-lhes 33,2% e 24,3% do total dos casos, respectivamente.

As agressões físicas, espancamento ou ofensas corporais representaram 9% em 2006, valor que aumentou para 16,4% em 2007, ocupando a segunda posição

---

observar casos que possuem fichas, mas que não foram preenchidas ou que apresentam apenas alguns dados insuficientes para compreender a natureza do problema que envolveu as partes. Do mesmo modo, as declarações de comprometimento também foram registadas nas Fichas de Atendimento enquanto, por norma, os conselheiros exigem que sejam feitas à parte numa folha de 25 linhas, reconhecida pelo Notário.

[35] Razão da queixa, idade, ocupação, morada e nível académico dos/as queixosos/as.

dos conflitos mais apresentados por mulheres nos dois anos. Os desentendimentos ocuparam, em ambos os anos, o terceiro lugar das queixas apresentadas, com 7,9% e 9,2%, respectivamente. Os conflitos em torno da habitação (falta, venda, expulsão e colocação de outra mulher em casa) correspondem a 7% no primeiro ano e 7,2% no ano seguinte, transformando-se na quarta causa mais importante de conflitos. Seguem-se os casos de expulsão de casa (6,2%), abandono familiar (4,5%), ciúme e difamação (4,5%), fuga à paternidade/gravidez (4%) para 2006, enquanto o ano de 2007 apresenta o abandono familiar (6,6%) e a expulsão de casa (5,9%) como causas subsequentes.

Os homens são os que menos se deslocaram ao Gabinete para apresentar queixa. E as queixas por si colocadas diferem bastante das apresentadas por mulheres. Em 2006, a infidelidade/traição conjugal, o incumprimento de compromissos conjugais e os casos de ciúmes/difamação constituíram as principais razões de queixa. Já em 2007, evidenciaram-se o desentendimento (9,2%) e a falta da assistência (24,3%).

Nem todas as queixas apresentadas por mulheres se dirigiram contra homens e/ou maridos. Também houve casos de mulheres que se queixaram contra outras mulheres, como por exemplo casos de filhas que se queixaram das mães. Do mesmo modo, nem todas queixas apresentadas por homens foram contra mulheres e quando foram não é evidente que estas fossem as esposas/companheiras. De referir também, ainda que em menor escala, a existência de casos de filhos que apresentaram queixa contra os pais.

Confirmando a opinião dos conselheiros, os conflitos de natureza conjugal constituem a principal tipologia de casos que dão entrada nesta instância. Este tipo de conflito é essencialmente denunciado por mulheres, tendo uma grande heterogeneidade de causas. A primeira razão dos conflitos é de ordem intra-familiar. Segundo as utentes os conflitos são, por vezes, resultado de discordâncias com os métodos e os procedimentos de tomada de decisões e a forma de gestão dos bens da família. Este último factor é motivo de conflito quando se verifica, por parte do gestor, incapacidade de gestão, má-fé ou ingenuidade, colocando-o na condição de "esbanjador" ou de gestor incompetente. Em menor escala, a origem dos conflitos deve-se também à deterioração das relações afectivas.

Os conflitos resultantes da crise estrutural da sociedade

A segunda vaga de razões é de ordem institucional. Está relacionada com as políticas neoliberais implementadas pelo governo e com o processo político que o país atravessou, evidenciando-se a falta de emprego ou de actividade geradora de rendimento. Quando esta fonte de rendimento existe, os seus proventos não são suficientes para satisfazer as necessidades da família devido à precariedade das actividades e ao baixo nível de escolaridade. Para um dos conselheiros, o motivo fundamental dos conflitos é a violação dos deveres conjugais incluindo a guarda dos filhos e a partilha dos bens adquiridos durante o tempo de vida em conjunto.

A guarda dos filhos

A guarda dos filhos tem sido a preocupação mais frequente que surge com a separação dos progenitores, constituindo um desafio que se coloca aos pais. A principal razão tem a ver com o modelo de guarda predominante nas famílias afectadas pelo fenómeno da separação. A guarda dos filhos, o poder familiar e a integridade física da criança é conferida a um dos progenitores, por regra, a mãe. Ao outro, o pai, embora exerça também o seu poder familiar, é-lhe apenas conferido o papel de supervisor da educação e dos cuidados dados aos filhos graças ao direito de visita, que por sua vez constitui um outro factor de conflitos. Este modelo de guarda é determinado pela capacidade para cuidar dos filhos. Um outro factor a ter em consideração tem a ver com os novos casamentos dos pais, e a problemática dos novos filhos. Para um dos conselheiros,

> *Neste aspecto primeiro falamos aos pais sobre os direitos da criança. Depois convocamos o novo parceiro ou parceira para analisar com ele o direito à visita. As visitas são coordenadas a partir do Centro. Portanto evita-se o contacto entre os dois [pai e mãe da criança já separados]. Se ele não assiste os filhos, ele não tem direito à visita até que regule a sua autoridade parental. Esta é uma das formas que encontramos para pressionar o pai a cumprir com as suas responsabilidades.*[36]

Quando não há consenso entre os progenitores, a solução tem sido a responsabilização de um terceiro, uma vez que as instituições de acolhimento só recebem crianças quando estas não têm família ou quando os pais, depois de serem objecto de uma avaliação, assumem a condição de incapacidade económica e financeira. Este terceiro é, em regra, um familiar. O pai e a mãe assumem o papel de contribuintes ao sustento da criança. O Gabinete Jurídico,

---

[36] Ibidem.

na altura da negociação, dedica uma maior atenção a este dever porque reconhece que, apesar de ser uma obrigação dos pais ou de um deles dar alimentos, nem sempre este(s) reúne(m) as condições para assumir esta obrigação. Durante a negociação o conselheiro e as partes têm em conta as qualificações profissionais, possibilidade de emprego ou de ter uma fonte geradora de rendimentos: negócio, prestação de serviços, etc., assim como as competências e as condições morais para educar e cuidar da(s) criança(s). Segundo um dos conselheiros, *"existem pais que, mesmo tendo condições* [económicas e financeiras], *nunca cumprem esta obrigação de apoiar as crianças com alimentos seja com quem estejam"*.[37] Quando confrontados com casos desta natureza, os conselheiros endereçam um ofício à empresa do pai. O objectivo é de solicitar os rendimentos do indivíduo em causa através de negociações, desde que apresente documentos que comprovem a sua paternidade. Caso se confirme, é-lhe descontado/debitado mensalmente um valor que será creditado à pessoa que tem a guarda dos filhos. Uma outra forma, menos comum, consiste em pedir aos pais que utilizem o Gabinete como local de depósito e de recepção das mesadas.

A partilha de bens

A partilha de bens é o acto que precede a mediação de um conflito e consiste na distribuição às partes dos bens adquiridos durante o tempo em que viveram juntos. Os conselheiros atribuem esta responsabilidade ao Tribunal da Família e ao Gabinete compete apenas resolver casos simples, quando as partes manifestam interesse em resolver o problema localmente (no Gabinete) e de forma pacífica.

Caso os litigantes sejam casados, faz-se a partilha dos bens; caso contrário, levanta-se a questão do tempo de convivência. Se a relação dura há mais de três anos, goza do mesmo estatuto da de um casal (regime de união de facto), bastando para o efeito reconhecer esta relação perante as instâncias competentes. Neste contexto, a grande preocupação consiste em saber o que acontece quando um casal decide separar-se antes de completar o tempo necessário para que haja partilha dos bens adquiridos e/ou teve filhos. Neste caso, o conselheiro é de opinião que *"o pai deve criar as condições de vida dos filhos. Isto é, deve dar casa, comida, saúde, educação, etc., ou seja, todas as condições necessárias para o bem-estar de uma criança. Essas coisas não são vistas na perspectiva de partilha mas sim na perspectiva de assistência"*.[38]

---

[37] Observação realizada a 13 de Novembro de 2009.
[38] Observação realizada a 12 de Novembro de 2008.

Para a consumação da partilha, o conselheiro pede às partes que façam um levantamento dos bens adquiridos. Contudo, não basta indicar os bens comuns do casal, é necessário saber também os bens próprios de cada parte na medida em que na separação/divórcio não se regulam só os bens adquiridos enquanto viviam juntos, mas tudo que existe em torno deles. Há casos em que as partes decidem deixar os bens para os filhos, de modo a garantir o bem-estar das crianças.

No processo de separação, a casa de moradia da família é o maior bem que as partes questionam quanto ao seu destino.[39] No entanto, as possibilidades são várias: 1) a casa fica para a esposa devido à sua condição de responsável pelos filhos; 2) os litigantes optam pelo arrendamento da casa em causa (a negociação, neste caso, é sobre o fim a dar aos rendimentos da casa). Quando as partes não chegam a um entendimento, os conselheiros encaminham o caso para o Tribunal que irá tomar a decisão que considerar a mais adequada. De facto, na zona urbana a casa constitui o primeiro bem que as partes questionam, ganhando maior valor devido às dificuldades de acesso aos terrenos e aos custos elevados de construção. O homem e seus familiares são sempre os primeiros a mostrar interesse pela casa, desvalorizando o investimento da mulher e reduzindo-o ao simples preparo de alimentos, acarretamento da água ou transporte de blocos/areia.

7.3. A idade

Um ponto coincidente entre os dados dos dois anos – 2006 e 2007 – está relacionado com a segunda variável, a idade. Quer em relação às queixosas, quer às acusadas, estamos perante um grupo bastante jovem. A maioria das mulheres que apresentou queixa encontra-se na faixa etária dos 26 a 35 anos de idade, seguindo-se o grupo que se encontra na faixa etária que vai da adolescência até aos 25 anos de idade. Verifica-se também esta tendência na estatística referente às acusadas. No caso dos homens, a maioria das queixas foi apresentada por utentes que se encontram na faixa etária dos 26 a 35 anos, para 2006, enquanto a faixa etária dos 36 a 45 anos predomina nas estatísticas de 2007.

---

[39] Quanto ao recheio da casa, regra geral quando a decisão do caso for a partilha, os homens preocupam-se com os bens da sala e a senhora com os bens do quarto e da cozinha. Aliás, assim acontece na altura da união. O homem preocupa-se, regra geral, com a aquisição da mesa e das cadeiras, televisão e cadeirões, enquanto a mulher procura adquirir a o fogão e os utensílios de cozinha e do quarto.

7.4. A ocupação

Relativamente à terceira variável, a ocupação, dos dados observados deduz-se que as mulheres que se apresentam no Gabinete são, na sua maioria, domésticas ou trabalham na economia informal. As estatísticas apresentam três indicadores para sustentar esta afirmação: o primeiro mostra que a maioria das mulheres que apresentou queixa em 2006 era doméstica (28,4%), isto é, não trabalhava fora de casa e não tinha uma actividade informal geradora de rendimentos; em segundo lugar encontramos a venda informal (ambulante ou fixa), ocupando cerca de 20,4% mulheres; e, em terceiro lugar, temos a actividade de empregada doméstica (2,7%). As acusadas deste mesmo ano apresentam o mesmo perfil de ocupação das queixosas, isto é, a maioria delas é doméstica (17%) e só a seguir aparece a categoria de vendedoras (13,2%). Já as estatísticas de 2007 mostram uma mudança no perfil ocupacional, pois 30,2% de todas as queixosas são vendedoras (ambulante/fixa). A vida doméstica está em segundo lugar (21%) e, em terceiro lugar, encontram-se as empregadas domésticas, que representam cerca de 3,3%. Ainda neste mesmo ano (2007) foi possível verificar que as mulheres acusadas eram, na sua maioria, vendedoras (23,8%), seguindo-se as domésticas (14,3%), embora estatisticamente o número em análise seja bastante pequeno para permitir tirar maiores ilações.

Em 2006, os acusados, por sua vez, são predominantemente seguranças de empresas (7,9%), militares (6%), motoristas (5%), polícias (4,6%) e trabalhadores por conta própria (4,5%). Seguem-se os pedreiros/ladrilhadores (3,5%), vendedores (3%) e professores (2,7%). As estatísticas desse mesmo ano, em relação à ocupação dos queixosos, mostram que a venda informal liderava a lista das ocupações dos queixosos (9,4%), a que se seguiu a actividade de comerciante (7,5%) e militar (5,6%).

A ocupação de vendedor e promotor de vendas ocupa o lugar cimeiro (8,6%) para os acusados de 2007, apontando para uma mudança do perfil ocupacional. De seguida encontra-se a categoria de motoristas/camionistas/maquinistas e seguranças, partilhando a mesma percentagem (5,9%), seguido de pedreiros/ladrilhadores (5,3%) para a primeira vaga de ocupações. A segunda vaga compreende militares, mecânicos, prestadores de serviços e funcionários públicos todos com a mesma percentagem (4,6%).

7.5. A moradia

A quarta variável em análise está relacionada com os espaços de moradia. As estatísticas de 2006 e 2007 mostram que a maioria das queixosas e dos acusados são oriundos do espaço suburbano, quer para o caso de homens, quer para as mulheres.

7.6. Nível de escolaridade

A quinta variável em análise corresponde ao nível de escolaridade. Em 2006, a maior parte das queixosas declarou ter o terceiro nível de escolaridade (16,5%). De seguida, encontravam-se as queixosas com o segundo nível de escolaridade (15,9%) e, em terceiro lugar, mulheres com frequência do primeiro nível de ensino (15,5%). De forma resumida pode afirmar-se que a maioria das queixosas frequentou a escola. Todavia, apenas uma pequena percentagem de queixosas frequentou ou frequentava o ensino médio. Não se encontrou nenhum caso envolvendo uma queixosa que frequentasse ou que tivesse frequentado um curso superior. As estatísticas de 2007 mostram também que a maioria das queixosas tinha ou frequentava o segundo nível (7,2%). O primeiro nível aparece em segundo lugar (5,9%) e o terceiro lugar é ocupado por aquelas que frequentavam ou frequentaram o terceiro nível (3,9%). Em relação às acusadas não havia registos referentes a esta variável.

Em relação aos homens, e para o ano de 2006, a taxa mais alta de escolaridade dos acusados corresponde aos que tinham ou frequentavam o terceiro nível (17,9%). Apresentava-se a seguir uma percentagem importante de acusados com a formação média (13,7%), enquanto o terceiro lugar era preenchido por aqueles que tinham ou frequentavam o segundo nível (10,5%). Importa referir que as estatísticas dos acusados corresponde a mesma ordem dos acusados embora os valores percentuais sejam diferentes: registamos 24,5% para os que têm ou frequentam o terceiro nível, 20,8% para os que frequentam ou frequentaram o ensino médio e 11,3% para os que têm ou frequentam o segundo nível. Um aspecto de relevo tem a ver com aparecimento nesta categoria de litigantes, que frequentaram ou que estão a frequentar o ensino superior. A taxa mais alta de escolaridade dos acusados, para 2007, corresponde àqueles que tinham ou frequentaram o terceiro nível (7,2%). Os que tinham ou frequentavam o ensino médio e o segundo nível apresentavam os mesmos valores estatísticos (5,9%). Observámos 3 casos de acusados (2%) que tinham ou frequentavam curso superior, um valor semelhante ao daqueles que tinham ou frequentavam o primeiro nível.

7.7. Mobilizadores do GJSA

Nos processos analisados, a maioria dos conflitos chegaram ao Gabinete Jurídico através de familiares, amigos, activistas sociais, polícias mas também por vontade das próprias vítimas. De facto, a maior parte dos conflitos são participados pelas próprias vítimas com intuito de buscar apoio, optando por apresentar queixa quando a situação já dura há muito tempo. Das várias declarações das vítimas a que foi possível ter acesso, não foi encontrado nenhum caso em que conflito tenha acontecido pela primeira vez. Todas as mulheres declararam que *"não é a primeira vez que isso acontece"*.

Apesar de raros, houve casos em que os queixosos são os familiares, pelo facto de as vítimas terem medo de represálias. Reconhecendo que a ausência da vítima pode inviabilizar a denúncia, os familiares ou amigos acompanham-na a fim de assumir tudo o que vierem a dizer. As vítimas são tidas como pessoas que têm medo de assumir por si só a denúncia, seja porque apresentam dificuldades de comunicação em língua portuguesa, seja porque têm medo de apresentar-se junto das autoridades, particularmente o caso das senhoras idosas que relacionam esta instância com as instâncias similares do tempo colonial.

Os casos que entram no GJSA são, de um modo geral, caracterizados pelos conselheiros como complexos. Segundo um conselheiro, *"a maior parte deles nunca exprime apenas um problema. Eles são consequência de acumulação de vários outros problemas"*. As partes procuram, numa primeira fase, resolver o problema recorrendo a procedimentos locais – diálogo, aconselhamento familiar ou de amigos – e só recorrem ao Gabinete em último recurso, quando o caso já se encontra num estado crítico.

8. O encaminhamento de casos e a ligação com a Polícia Nacional

A relação existente entre o Gabinete Jurídico e Polícia assenta num acordo informal que foi estabelecido na altura da transformação do Centro de Aconselhamento Familiar em GJSA, tendo começado num contexto em que a imagem da polícia revelava a crise deste organismo. O Gabinete Jurídico procurou inverter este quadro, através do já mencionado projecto *"a Lei e a Comunidade"*. Uma das actividades deste projecto foi, como referiu um dos integrantes iniciais deste projecto, Eugénio Anselmo Cavimbi, *"a realização de palestras onde falámos do papel da polícia na protecção dos direitos humanos. Esta formação foi dada a todos agentes do Comando Municipal do Cazenga, actualmente IIIª Divisão da Polícia Nacional"*.[40] Estas palestras e demais estratégias de formação foram as condições de partida para o envolvimento da polícia no projecto, que mais tarde veio a transformar-se num

---

[40] Entrevista realizada a 18 de Abril de 2008.

programa. Foi neste contexto que alguns elementos da corporação passaram a colaboradores do Gabinete Jurídico. Independentemente do seu papel de agentes de mudança no organismo público de que eram oriundos, tornaram-se também actores do Gabinete Jurídico. A formalização do contrato entre a polícia e o Gabinete Jurídico surge a partir de uma carta do GJSA dirigida ao Comando Provincial, solicitando junto do Comandante a participação de alguns efectivos num seminário de formação de formadores de activistas dos direitos humanos, onde cada município forneceu dois efectivos.

Em todo e qualquer conflito que depois de ter passado pelo Gabinete Jurídico se tenha transferido para uma instância policial pela natureza do caso, o agente em causa assume o papel de facilitador e garante às partes uma melhor assistência e acompanhamento:

> *O interesse era por um lado de melhor servir para mudar a imagem não muito boa que a população tinha da polícia e por outro lado a instituição estar assegurada por indivíduos com maior credibilidade e servir de elo de ligação entre a comunidade e a polícia. Ou seja todas as solicitações das ONGs Internacionais, associações nacionais eram encaminhadas a nós.*[41]

E esta ligação está reflectida no facto de vários polícias serem, ao mesmo tempo, conselheiros do Gabinete Jurídico, permitindo uma intervenção especial em casos críticos.

Um conflito pode integrar vários problemas, exigindo para a sua resolução, ou o retorno da estabilidade e harmonia entre os litigantes, uma intervenção cruzada de vários sectores: Polícia, Família e Promoção da Mulher, INAC, Julgado de Menores. Isto é, cada sector ou instância procura resolver a componente que lhe corresponde e a conclusão final do caso deverá integrar a combinação de várias conclusões dadas por cada instância onde o caso tenha passado.

Com o surgimento da Brigada Contra a Violência da polícia nacional, o papel dos conselheiros-polícias – intermediários entre os cidadãos e as unidades policiais – começou a ser ultrapassado, pois que cada Comando de Divisão da Polícia Nacional possui actualmente especialistas formados e dedicados ao atendimento de casos de violência doméstica. A preocupação principal da Brigada está agora centrada em casos considerados graves, de natureza criminal;

---

[41] Ibidem.

os demais são encaminhados ao GJSA. Na origem, a Brigada Contra a Violência foi formada não para substituir os Centros de Aconselhamento Familiar, a funcionar em vários municípios e comunas, mas para ajudar na resolução de casos que transcendem a competência destes, facilitando a localização dos acusados que se recusam a comparecer nas instâncias que, em vários pontos de Luanda, lidam com casos que envolvem violência familiar. Esta atitude ilustra da parte da corporação um interesse de mudança nos métodos de trabalho, acentuando-se agora a vertente pedagógica, o que poderá produzir um impacto positivo no relacionamento entre a polícia e os cidadãos.

9. O recurso a outras instâncias

A noção de recurso é vista como uma procura alternativa de solução em relação à solução dada pela primeira instância consultada. Nesta perspectiva, subentende-se que a instância de recurso tem uma competência e legitimidade superior em relação à primeira, e o caso poderá conhecer um desfecho diferente. O pedido de recurso tem lugar quando uma das partes não aceita a solução encontrada na primeira instância.

O Gabinete funciona como instância de recurso para casos provenientes de outras instâncias como as Comissões de Moradores, Secções Municipais da Família e Promoção da Mulher, OMA, sobas e Julgado de Menores. Mas, em casos em que não é possível chegar-se a uma solução entre as partes, quando os conselheiros reconhecem que, pela amplitude e complexidade de um caso, este está fora da sua competência, ou ainda quando uma das partes não está satisfeita com a decisão tomada, o caso é enviado a instâncias consideradas hierarquicamente superiores e com autoridade para esses casos, como sejam o Tribunal, OMA provincial, esquadras e Comando de divisão da polícia. Os resultados destes recursos variam de caso para caso.

Figura 2 – Instâncias em Rede

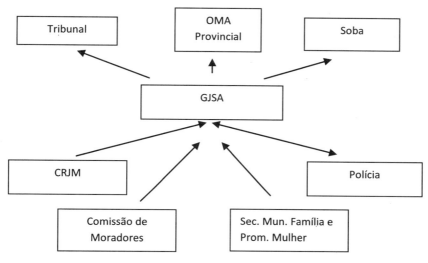

Assim, verifica-se o Gabinete Jurídico não funciona isoladamente, pelo contrário, integra uma rede de resolução de conflitos, constituída por instâncias não-oficiais locais, comunitárias (Soba, Comissões de Moradores), por instâncias oficias locais (Secção Municipal da Família e Promoção da Mulher), assim como por instâncias comunitárias e judiciais externas (igrejas, OMA provincial, CRJM, Tribunal, Polícia, etc.). Várias destas instâncias funcionam quer como primeira instância, quer como instância de recurso. Os fluxos estabelecidos são complexos e muito variáveis, envolvendo a circulação de casos. Apesar da complexidade destas interacções, do que foi possível observar verifica-se que são respeitados os campos de actuação de cada uma das instâncias, havendo complementaridade de funções e não competição.

10. Outras Actividades em que o GJSA Participa

O Gabinete Jurídico realiza outras actividades para além do aconselhamento e da mediação em situações de conflito. São actividades consideradas como complementares ao aconselhamento familiar porque em vários casos, apesar de dados como findos, as partes dificilmente cumprem as decisões. Num outro plano, os conselheiros precisam de actualizar as suas competências tendo em conta a natureza dos casos, as diferentes abordagens feitas em relação à problemática e à trajectória que os casos seguem, em comparação com o rumo que o Estado pretende dar no campo da promoção dos direitos humanos.

10.1. Apoio social a famílias desfavorecidas

As acções são diversas e compreendem vários campos de intervenção. Segundo um dos conselheiros, estas acções

> [...] acontecem na base de uma visita de individualidades colectivas ou singulares que, em função da realidade ou casos que encontrem, decidem apoiar seja com emprego como também com bens materiais: comida, roupa usada ou material de trabalho assim como vocês fizeram com a entrega das pastas de arquivos e outros meios que ajudaram muito na organização e exercício do nosso trabalho.[42]

A experiência de emprego tem uma metodologia própria e depende muito do conselheiro, que actua como elemento de ligação. É o conselheiro quem identifica a família com problemas, quem solicita o apoio e é ele também que comunica os resultados à pessoa necessitada. Consiste em fazer "o levantamento dos nomes, contactos telefónicos e competências dos necessitados. Logo que as empresas ou empregadores se mostrem disponíveis, nós comunicamos aos interessados".[43]

Como foi explicado, os interessados são seleccionados através de entrevistas realizadas pelos conselheiros. Os critérios essenciais a ter em consideração são, para além da declaração da pobreza absoluta, possuir boa condição física e psicológica, já que a maioria dos empregos disponíveis estão no sector da construção civil e em empresas de segurança.

10.2. O acompanhamento

O objectivo do acompanhamento consiste em "saber se de facto as decisões assumidas e as recomendações feitas a cada uma das partes estão a ser aplicadas, assim como constatar a evolução do casal nas suas relações depois do conflito".[44]

Trata-se de um momento de diálogo entre o conselheiro e as partes, cuja finalidade é fazer uma avaliação das decisões e medidas aplicadas às partes após o final do caso. Este acompanhamento é realizado de duas formas: a primeira consiste em realizar visitas a casa das partes; ou então são as partes – em

---

[42] Entrevista realizada a 12 de Novembro de 2009.

[43] Ibidem.

[44] Ibidem.

conjunto ou em separado – que se dirigem ao Gabinete a fim de informar o conselheiro sobre o estado da sua relação. De acordo com um dos conselheiros, a primeira possibilidade é a mais eficiente porque, por um lado, permite ao conselheiro visitas surpresas e, por outro lado, permite que o conselheiro visite as partes quando tem tempo disponível. Nestes encontros é possível aprofundar o diálogo com as partes e, *in loco*, avaliar as mudanças operadas desde a última visita. Apesar das vantagens que tem, esta opção não é a mais seguida.

> *[...] infelizmente, nós evitamos esta estratégia devido aos inconvenientes que pode causar no casal. As nossas experiências mostram que quando vamos visitar as partes, se é um conselheiro a fazer este trabalho, o esposo desconfia na possibilidade de estar a ir para lá para namorar com a mulher dele. Se for o contrário, a esposa desconfia que a conselheira esteja a namorar com o seu esposo.*[45]

Por vezes as visitas de acompanhamento não se limitam à avaliação de questões relacionadas com a aplicação das decisões, porque as partes podem trazer um novo conflito, que importa resolver.

Durante as visitas de acompanhamento o conselheiro procura avaliar o estado das relações das partes, preocupando-se também com o cumprimento de outros direitos, sobretudo o de registo de nascimento das crianças, da frequência escolar e do acesso à saúde e medicamentos. Para tal os conselheiros apoiam-se numa rede de relações com outras instituições com quem partilham informações sobre as partes e sobre os serviços realizados com intuito de facilitar o apoio a estas. Reconhecendo as dificuldades que as famílias enfrentam para restabelecer ou reforçar as relações, os conselheiros orientam as partes no sentido de construir e prestar mais atenção às redes de solidariedade. Um outro elemento que preocupa os conselheiros é a condição de desemprego a que estão submetidas os cônjuges, sendo de opinião que o homem e a mulher devem ter uma actividade geradora de rendimento que contribua para os rendimentos da casa. A falta de dinheiro em casa, segundo opinião dos conselheiros, é a principal fonte dos conflitos que dão entrada no Gabinete.

---

[45] Ibidem.

10.3. Promoção dos direitos humanos

O Gabinete Jurídico privilegia três sectores de intervenção: promoção, aconselhamento e protecção em direitos humanos. Tal como referido anteriormente, a promoção dos direitos humanos é uma actividade da competência dos activistas sociais. São técnicos capacitados com métodos e conhecimentos sobre trabalho comunitário, cuja actividade tem por finalidade observar e mobilizar os cidadãos sobre a vida comunitária e, sobretudo, a observância do cumprimento dos direitos de cada cidadão; contribuem ainda na divulgação dos direitos, dando também exemplos sobre situações de violação dos mesmos.

Se no início o Gabinete ia ao encontro da população através dos activistas, actualmente são os conselheiros que assumem esta responsabilidade. Quando os indivíduos não conseguem exercer os direitos que acreditam serem seus - quer no espaço público, quer no espaço familiar – podem solicitar apoio aos conselheiros, que ajudam no encetar de diligências judiciárias. Os conselheiros realizam esta actividade durante as suas deslocações a casa dos litigantes, ou ainda quando estes solicitam apoio no GJSA. O acompanhamento é uma das formas encontradas pelo Gabinete para mostrar aos munícipes – e não só – os e procedimentos para exigir os seus direitos junto do/a companheiro/a ou Estado. Para um dos entrevistados,[46] graças ao engajamento dos técnicos na promoção dos direitos humanos, "*hoje a população sabe discernir os problemas que vivem. Já têm consciência sobre quando é que trata de um problema familiar, problema da polícia ou da OMA assim como as próprias Comissões já estão informadas destes tipos de problemas*".

Para melhor proteger os seus direitos torna-se necessário que os cidadãos conheçam e interpretem as principais leis do país, como a Constituição ou o Direito da Família, e também os instrumentos internacionais, como a Convenção sobre os Direitos da Criança, a Declaração Universal dos Direitos Humanos ou a Carta Africana dos Direitos Humanos e dos Povos. Também é indispensável que conheçam o funcionamento das estruturas do Estado, o que, por um lado, facilita na indicação do caminho que o utente deve seguir para a resolução dos seus problemas e a defesa dos seus direitos, e que, por outro lado, ajudará o trabalho dos activistas ou dos conselheiros.

A Secção da Família e Promoção da Mulher no Cazenga possui um projecto em parceria com o Gabinete Jurídico.

---

[46] Entrevista realizada a 14 de Fevereiro de 2008.

Ele consiste em alargar os seus cordões de intervenção. Isto é, criando núcleos ou centros de aconselhamento para casos familiares. Não queremos aconselhamento jurídico porque os agentes sociais que venham trabalhar neste projecto podem não ter competências jurídicas tendo em conta o seu nível académico. A Secção da Família pretende, com este projecto, fazer a divulgação do trabalho realização pelo Gabinete a nível das comunas e sectores que compõem o município.[47]

Como neste responsável acentuou, o objectivo da Secção da Família é

> [...] diminuir os casos de violência dando mais ênfase a componente preventiva. Ela será feita através de aconselhamentos, palestras, distribuição de panfletos que repudiam todo tipo de violência doméstica na família. Temos informações segundo as quais o Cazenga tem uma rádio e um jornal. Queremos aproveitá-la a fim de tornar cada munícipe num activista na luta contra a violência doméstica. Este plano circunscreve-se num período de dois anos.[48]

Conclusões

O Gabinete Jurídico da Sala de Aconselhamento, denominação recente, ou Centro de Aconselhamento Familiar, denominação mais antiga, é uma instância especializada nas mediações de conflitos familiares, destacando-se os casos de violência doméstica. Nesse contexto, tem estado na linha da frente, impulsionando acções de luta contra a violência de género. O início da sua acção data dos finais da década de 1980 e visa a promoção, protecção e divulgação dos direitos das camadas sociais mais vulneráveis, sobretudo de mulheres envolvidas em conflitos domésticos. Neste contexto tem tido um papel indispensável na luta contra as diferentes formas de violência doméstica, bem como garantindo o acesso à Justiça por parte dos cidadãos que procuram este Gabinete.

Reconhecendo a inoperância das instituições públicas do Estado, em particular do sistema de justiça, o Gabinete Jurídico surgiu para fazer face às necessidades da população: o acesso a educação, saúde e demais serviços, e de igual modo para denunciar as violações sistemáticas dos direitos dos cidadãos pelas entidades públicas (polícia, militares) e também por outros cidadãos. A ausência de um Tribunal Municipal (embora o Cazenga tivesse sido um dos

---

[47] Ibidem.
[48] Ibidem.

três municípios escolhidos para a implementação do projecto de tribunais municipais cuja fase experimental durou menos de dois anos), é outro motivo que influenciou a OMA a decidir-se pela implementação do Centro de Aconselhamento Familiar neste município.

O funcionamento do Gabinete Jurídico está assente nos conselheiros que são liderados por uma coordenadora, a única mulher na instância, e um conselheiro-chefe. Apesar das dificuldades que apresenta, o Gabinete Jurídico é tido, entre as várias instâncias similares dos municípios vizinhos, como a mais eficaz e eficiente face aos compromissos por si assumidos. Os conselheiros apresentam currículos profissionais relevantes no campo de resolução de conflitos e, para além das várias formações sobre resolução de conflitos familiares e promoção e divulgação dos direitos humanos, funcionamento de um centro de aconselhamento familiar, métodos e técnicas de mediação e aconselhamento familiar, curso de activistas dos direitos humanos, têm consigo uma vasta experiência profissional.

O funcionamento do Gabinete Jurídico vai-se fazendo com muitas dificuldades: a falta de condições básicas de trabalho levanta problemas à continuidade da sua actividade, porém, as estatísticas disponíveis assinalam a importância do Gabinete.

Um elemento preocupante tem, contudo, a ver com a forma de atendimento, sobretudo a privacidade dos utentes. A individualização no atendimento daria a possibilidade aos queixosos de estarem mais à vontade, criando um ambiente que permitisse à vítima ou ao acusado confidenciar com o conselheiro. Importa recordar que cada sala é ocupada por dois conselheiros e a privacidade, na altura de atendimento, dificilmente é garantida. Se teoricamente as audiências e mediações são confidenciais, no Gabinete Jurídico tudo se torna público, não só pela possibilidade de acompanhar os casos em atendimento mas também devido à falta de condições de conservação dos documentos. Outro factor que causa alguma preocupação concerne a obrigatoriedade de pagamento da taxa, já que a cobrança deste valor pode, em vários casos, limitar o acesso das pessoas ao Gabinete e, consequentemente, limitar o acesso destas à resolução dos conflitos. Por outro lado, o sistema de atendimento levado a cabo pela instância dá muita autonomia aos conselheiros na procura de uma solução para os casos, tornando os utentes dependentes do conselheiro que está encarregue do caso, limitando a capacidade de avaliação mais ampla, caso os conselheiros analisassem os casos em parceria. Em relação à decisão, a mais frequente é o da reposição do estado normal da relação que unia as partes. Os considerados "culpados" comprometem-se a assumir as responsabilidades que haviam deixado de cumprir através da assinatura de um Termo de Responsabilidade, o qual na maioria das vezes é exigido que seja reconhecido pelo Notário.

A relação entre as instâncias de resolução de conflitos localizadas no município é interessante e de cooperação mútua. Os casos que não encontram solução nas instâncias que deram entrada podem, através de encaminhamento, alcançar as instâncias especializadas graças às relações que existem entre elas, resultado de vários encontros organizados quer pela Administração Municipal, quer por eles próprios.

Tendo em conta os ideais que se predispõe defender e a diversidade de métodos e técnicas de atendimento utilizados pelos conselheiros, o Gabinete Jurídico pode caracterizar-se como uma instância híbrida, combinando momentos de formalidade e de intervenção comunitária.

Referências bibliográficas

An-Na'im, Abdullhi A.; Madigan, Amy; Minkley, Gary (1997), "Cultural Transformations and Human Rights in Africa: a preliminary report", *Emory International Law Review*, 11 (1): 287-349.

Bunch, Charlotte (1990), "Women's Rights as Human Rights: toward a re-vision of human rights", *Human Rights Quarterly*, 12: 486-498.

Butegwa, Florence (1995), "International Human Rights Law and Practice: Implications for Women", in Schuler, M. (org.), *From Basic Needs to Basic Rights: women's claim to human rights*. Washington, D.C.: Women, Law and Development International.

Chanock, Martin (2002), "Human Rights and Cultural Branding: Who Speaks and How", in An-Na'im, A. A. (org.), *Cultural Transformation and Human Rights in Africa*. Londres: Zed Books.

Hames, Mary (2006), "Rights and Realities: limits to women's rights and citizenship after 10 years of democracy in South Africa", *Third World Quarterly*, 27 (7): 1313-1327.

Hellum, Anne (2004), *Human Rights and Gender Relations in Postcolonial Africa: options and limits for the subjects of legal pluralism*. North South Gendered Views from Norway; disponível em http://kilden.forkningsradet.no/artikkel/vis.html?tid=18294; acedido a 22 de Outubro de 2009.

Hellum, Anne; Stewart, Julie (orgs.) (2007), *Human Rights, Plural Legalities, and Gendered Realities: paths are made by walking*. Harare: Southern and Eastern African Regional Centre for Women's Law, University of Zimbabwe/Weaver Press.

Kimni, M. (2007), "Taking on Violence against Women in Africa: International Norms, Local Activism Start to Alter Laws, Attitudes", *Africa Renewal*, 21(2): 4.

Merry, Sally E. (2006), "Transnational Human Rights and Local Activism: Mapping the Middle", *American Anthropologist*, 108 (1): 38-51.

Osório, Conceição; Temba, Eulália (2003), "A Justiça no Feminino", in Santos, B. S.; Trindade, J. C. (org), *Conflito e Transformação Social: Uma paisagem das justiças em Moçambique*, Vol. II. Porto: Afrontamento.

Rugadva, M. A.; Swaminathan, H.; Walker, C. (2009), *Women's Property Rights, HIV and AIDS & Domestic Violence: Research Findings from Two Districts in South Africa and Uganda*. Pretória: Human Sciences Research Council.

Anexo

Foto 3

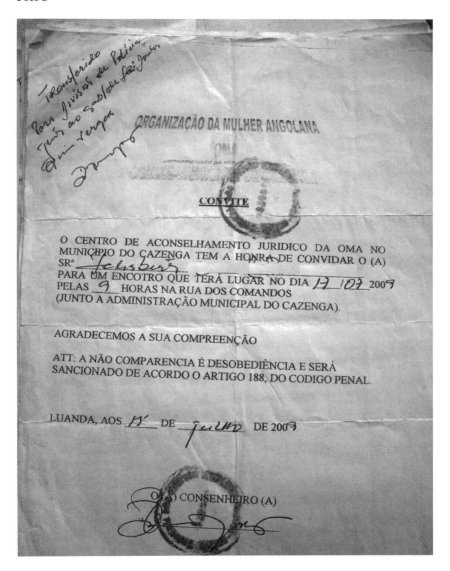

Anexo

Foto 4

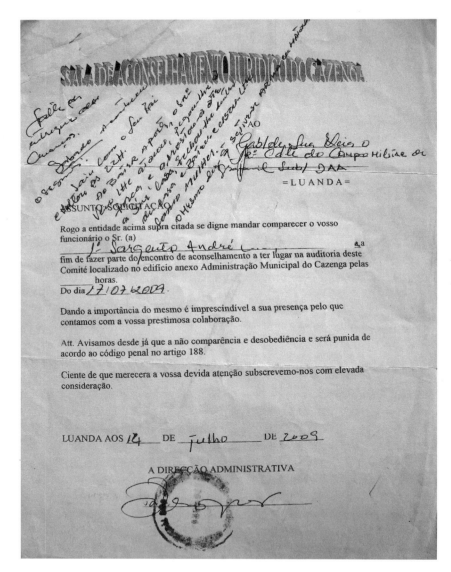

CAPÍTULO 5
A LUTA CONTRA A VIOLÊNCIA DOMÉSTICA E O FUNCIONA-MENTO DA SECÇÃO DA FAMÍLIA E PROMOÇÃO DA MULHER DO MUNICÍPIO DO KILAMBA KIAXI

Aguiar Miguel Cardoso, Júlio Lopes e Maria Paula Meneses

Introdução

A luta contra a violência doméstica marcou o início de uma nova era no panorama da luta pelos direitos humanos em Angola, apostando-se agora não apenas na denúncia dos episódios e dos perpetradores de violência, como também na consciencialização social sobre este fenómeno e suas implicações. Nos últimos anos, tanto as instituições públicas como da sociedade civil passaram a liderar o combate à violência doméstica, integrando uma frente ampla de actores e instituições e assumindo que esta forma de violência, que tinha estado sempre presente na sociedade angolana, mesmo durante os longos anos da guerra, exigia, para ser combatida, uma compreensão e explicação das suas causas.

Partindo do entendimento de que a violência doméstica é um problema social e complexo, na medida em que estão envolvidas questões do foro psicológico, sexual, económico e social, a violência não pode ser tratada como um facto isolado, como se fosse apenas uma preocupação da vítima e seus familiares ou então das instituições que a têm como o seu objecto de trabalho. Pelo contrário, reflecte as profundas contradições que a sociedade angolana enfrenta nesta fase de reconstrução do tecido social nacional.

Porém, a 'linguagem dos direitos' usada nas esferas políticas não é idêntica à utilizada por homens e mulheres reais – estes e estas falam, como refere Martin Chanock (2000), a *"linguagem dos problemas e das necessidades"*. Nos bairros, em muitos dos municípios de Luanda, não se invocam normalmente nem os direitos humanos, nem os direitos culturais. A maioria das mulheres angolanas, com pouca escolarização, reclama a melhoria das condições de vida, o que pode incluir o direito a viver em paz, o direito a exigir que o pai pague os alimentos dos filhos ou ainda que possa mandar as crianças à escola e ter acesso a serviços de saúde. Ao colocar estes problemas, estas mulheres, quiçá sem o saberem, estão a exigir os seus direitos humanos, reivindicando o mesmo respeito e dignidade com que são tratados os homens. Como este capítulo procura discutir, a aproximação da "linguagem dos direitos" à "linguagem dos problemas e das necessidades" é um tema que atravessa as mediações de conflitos observadas, problemas cuja importância têm a ver com a vida de muitos homens, mulheres e crianças, moradores dos bairros de Luanda.

O engajamento das organizações de defesa dos direitos das mulheres, assim como dos órgãos de comunicação social, tem contribuído significativamente para um debate aberto do problema, possibilitando o alerta e a divulgação da informação sobre a violência doméstica. O estudo que realizámos aponta para a persistência de enormes dificuldades na sua interpretação e tratamento. Estas dificuldades prendem-se, por um lado, com a existência de poucos estudos sobre o tema[1] e, por outro lado, com a prevalência das ideias que o senso comum veicula sobre a violência doméstica e o lugar das mulheres na família – isto é, 'ideias feitas' sobre a violência, presentes na sociedade angolana, plenas de significados que assentam em pressupostos sobre a construção das masculinidades e feminilidades, assim como sobre as posições relativas de homens e mulheres (Silva, 2003: 144).

Esta forma de representação da violência doméstica é um facto em Angola, particularmente em Luanda. Apesar de suscitar um forte interesse das políticas públicas, bem como uma crescente atenção na esfera privada dentro da própria família, este tema é ainda considerado um assunto de carácter privado, dominando a ideia de que a busca de soluções para este problema deve ser feita ao nível do fórum familiar. Face a esta filosofia, regista-se um fosso no relacionamento entre as famílias e as instituições públicas ou privadas (ONGs, Igrejas) de protecção da família, tornando-o um problema delicado e sensível. Isto deve-se, por um lado, às construções sociais que são feitas pelas famílias em torno das instituições de protecção, que são vistas como instâncias que desunem e penalizam as pessoas, reproduzindo as práticas e os papéis dos tribunais; por outro lado, as instituições que procuram oferecer protecção e defender as pessoas alvo de violência – principalmente mulheres e crianças - não merecem a confiança das famílias. Assim, estamos perante uma situação complexa: as vítimas de violência, e com necessidade de apoio e protecção, não encontram a ajuda institucional necessária para a erradicação do problema, o que as torna vulneráveis e dependentes, em certos casos, dos próprios agressores.

---

[1] Cf., sobre este assunto, os capítulos de Henda Ducados e Fátima Viegas no volume I.

1. A emergência da Secção da Família e Promoção da Mulher do Município do Kilamba Kiaxi

A Secção da Família e Promoção da Mulher do Município do Kilamba Kiaxi foi criada em 2004, como resultado de uma decisão ministerial que determinava a expansão da actividade do Ministério da Família e da Promoção da Mulher a todos os municípios de Luanda. Nessa altura a Direcção Provincial da Família e Promoção da Mulher estava presente em apenas três municípios de Luanda: Cacuaco, Cazenga e Viana. Posteriormente, e por ofício[2], foram determinadas as competências e atribuições das Secções Municipais da Família e Promoção da Mulher.

Para organizar esta Secção, a Direcção Provincial organizou um concurso público com intuito de seleccionar quadros capazes e disponíveis para representar os interesses da instância, sobretudo ao nível dos municípios. Como resultado desta acção, a Direcção deparou-se, porém, com uma realidade complexa: os novos quadros admitidos não dominavam as actividades para as quais haviam sido seleccionados. Apesar do objecto de trabalho ser claro, havia um grande interesse da parte da Direcção em promover cursos de formação acelerada para os quadros seleccionados, para que os utentes luandenses tivessem à sua disposição um serviço de qualidade. Como atesta a Chefe da Secção da Família e Promoção da Mulher do Kilamba Kiaxi, quando questionada sobre as dificuldades que encontrou no início das suas funções nesta instância,

> *[...] o início do trabalho, apesar de já ter trabalhado, embora em áreas diferentes, foi um pouco difícil para se adaptar porque não sabia a quem recorrer em situações que transcendiam a minha competência. Não tínhamos lá alguém com experiência para nos ajudar. Isto se explica também pelo facto de que o Ministério era novo, acabava de ser formado, e as pessoas mais antigas também eram poucas para transmitir aquilo que se queria. Não sabíamos o papel da instituição e cada um foi tomando sua iniciativa. No fundo fomos aprendendo com trabalho que fazíamos e também com os encontros e trocas de experiências que fazíamos com as outras secções.*[3]

---

[2] Sem número, de resposta ao ofício enviado pelo Governo da Província de Luanda datado de 30 de Agosto de 2005, dirigido à Vice-Governadora de Luanda para Área Económica e Social em 2005. A Foto 5 (consultar anexo deste capítulo) ilustra os objectivos do Centro.

[3] Entrevista realizada a 15 de Setembro de 2009.

Um outro aspecto desta realidade tem a ver com a criação de condições materiais, por parte da Administração Municipal, para o funcionamento da Secção. Apesar de existir no papel, o funcionamento da Secção dependeu muito, no início, da criação de condições materiais: sala de trabalho, existência de móveis para acomodação dos funcionários e visitantes, bem como a disponibilidade de outros meios de trabalho. Estas dificuldades foram ultrapassadas graças ao engajamento da Administração Municipal, de quem esta Secção dependia.

Contudo, e para além dos problemas de ordem material e técnica que a Secção tem enfrentado, a questão da violência doméstica é um problema muito complexo. A sensibilidade e delicadeza necessárias para lidar este problema marcam a Secção da Família e Promoção da Mulher do Kilamba Kiaxi. Nesta Secção, as conselheiras, que noutras instâncias são também conhecidas como mediadoras, activistas ou paralegais, têm um papel crucial. Todavia, como nos foi possível observar durante o trabalho realizado (e que decorreu entre 2008 e 2009), estas conselheiras, nalgumas situações, e influenciadas pela própria natureza dos casos, não sentem empatia pelas propostas de defesa das vítimas de violência doméstica por não estarem de acordo com própria a filosofia dos direitos humanos ou, ainda, sabendo das consequências de uma decisão que, tendo em conta a natureza do conflito num contexto ainda hostil, pode prejudicar a mulher, pelo que enfrentam grandes dificuldades em ajudar as partes a chegar a um consenso como forma de se ultrapassar o conflito. Este facto dá azo, como foi observado em vários casos, a especulações pelos utentes em relação ao desfecho do conflito, em que a parte que se sente prejudicada defende a ideia de a conselheira favoreceu a outra parte. Os homens – nos conflitos que envolvem casais – estando em presença de problemas cuja solução poderá não ser a seu favor, afirmam frequentemente que *"essas instâncias foram concebidas para proteger a mulher"*,[4] denegrindo assim o papel das conselheiras.

Ora, na resolução de conflitos domésticos não é vocação da conselheira identificar o culpado ou culpada, mas sim ir abrindo caminho para que se identifiquem as falhas e erros cometidos por cada uma das partes, como forma de obter consenso. Encontrando dificuldades em satisfazer as partes, a Conselheira pode optar por encaminhar o caso para a Direcção Provincial da Secção da Família e Promoção da Mulher. Todavia, como confirmou a própria Directora Provincial da Secção da Família, tal acontece muito raramente, sendo que a

---

[4] Observação realizada a 22 de Outubro de 2008.

conselheira opta normalmente por concentrar a sua atenção na protecção dos filhos e de outros membros que vivem com as partes em conflito. Por exemplo, num conflito sobre a guarda do filho, por lei, esta instância dá prioridade à mãe, como a parte que deve cuidar dos filhos, caso sejam menores de 10 anos, pois é ideia assente que as mães reúnem melhores condições psico-sociais para cuidarem dos filhos, devendo o pai contribuir moral e materialmente para a sua educação. Todavia, em certos contextos culturais angolanos, em caso de separação o filho fica com o pai e não com a mãe, porque o filho é propriedade do pai. Este conflito de opções, que reflecte diferentes concepções culturais sobre a própria noção de conflito e sobre as formas de o resolver, transforma-se ele próprio numa fonte de problemas para a sociedade angolana.

Noutro patamar observa-se ainda que algumas das conselheiras, influenciadas por ideais feministas, tendem a masculinizar a violência doméstica, atribuindo ao homem o papel de agente neste processo e assumindo para as mulheres e crianças um papel passivo, porque indefesos, não sendo capazes de fazer mal a alguém e muito menos ao filho ou marido. Estas percepções existem também porque se encontra presente a ideia segundo a qual a violência doméstica é um dado cultural, sendo exercida por homem contra uma mulher, ou por um adulto contra uma criança. Porém, a vida quotidiana tem mostrado uma subida crescente de práticas de violência no sentido oposto. Isto é, de mulheres contra homens, de crianças e jovens contra adultos (pais, avós), apontando que o conceito de violência doméstica compreende não só o momento de violência física, mas também o envolvimento de conflitos de foro psicológico, sexual e económico. O trabalho realizado no Kilamba Kiaxi permitiu sistematizar os seguintes grandes pólos de conflitos:

1) de natureza psicológica, envolvendo ofensas morais, a privação de liberdade, o adultério, a chantagem, a ameaça de morte, a feitiçaria e outros;
2) de natureza sexual, onde se inclui o assédio, estupro, incesto, violação e outros;
3) de natureza económica, integrando casos de fuga à paternidade, incumprimento da mesada, abandono do lar, desalojamento, privações de bens e outros.

2. O funcionamento da Secção da Família e Promoção da Mulher do Município do Kilamba Kiaxi

A Secção funciona no rés-do-chão do edifício da Administração Municipal do Kilamba Kiaxi, situado na Rua 5, vulgarmente conhecida como Rua da Administração, ou seja, num local muito central do município. O edifício onde se situa possui dois andares, funcionando no primeiro andar o Administrador Municipal, tendo ainda um terraço onde funciona uma sala de reuniões.

À entrada do edifício encontra-se um Guichet de atendimento geral e do lado direito está situada a Secretaria da Administração. Para se ter acesso à Secção da Família e Promoção da Mulher é preciso passar pela porta que separa o Guichet e a Secretaria. Para evitar ruído, a única porta que dá acesso à Secção está normalmente fechada. De facto, como pudemos perceber, o rés-do-chão é bastante barulhento, pois aí circulam os vários funcionários pertencentes as outras Secções: Ministério da Assistência e Reinserção Social (MINARS), Ministério da Juventude e Desportos, assim como da Secretaria--geral da Administração. À entrada ficam também as pessoas que esperam pela resolução dos problemas e situações que os conduziram à Administração Municipal.

A sala da Secção da Família e Promoção da Mulher está equipada com um aparelho de ar condicionado – para proporcionar um bom ambiente de trabalho; tem uma janela que, quando aberta, dá para a rua principal – a Rua 5. Esta janela é muito útil para ventilar e iluminar a sala sempre que ocorrem falhas de energia eléctrica. A sala de trabalho é bastante pequena, dispondo de duas secretárias e duas cadeiras para as conselheiras. Tem ainda duas cadeiras para o acolhimento dos visitantes e um armário para o arquivo de documentos. Se a sala é pequena para o tipo de serviço que acolhe, tornou-se ainda mais pequena pela quantidade de mobiliário que possui, o que dificulta o atendimento de casos que envolvam muita gente ou muitas testemunhas.[5] Os documentos são digitalizados para o computador (dispõe também de impressora, e de UPS), que foi atribuído à Chefe de Secção.

Com a nova estruturação administrativa, a Secção conhece uma situação peculiar, devido à sua dupla dependência: depende administrativamente da Administração Municipal e metodologicamente da Direcção Provincial da

---

[5] Na altura em que se realizou o trabalho de campo, apesar de o quadro de funcionários prever a existência de três conselheiras, apenas existiam duas, tendo a segunda começado a trabalhar quando a pesquisa se aproximou do fim.

Família e Promoção da Mulher. Questionada sobre as vantagens e desvantagens da dupla dependência da Secção, a sua coordenadora apontou as vantagens desta estrutura de funcionamento:

> *Há três anos que não tínhamos uma interligação entre secções como temos agora. A administração envolve todas as secções nas actividades o que tem fortificado o nosso trabalho e aumentar a coesão entre as secções. Isto é bom porque facilita o trabalho e até por telefone é possível resolver um problema. Não há necessidade de colocar os documentos no primeiro plano, o formalismo pode ser feito mais tarde. (...) Acontece também que o apoio as actividades é muito mais fácil. Por exemplo se tenho uma actividade, e por norma é para o bem da Administração, quando vou pedir apoio que acho necessário para a sua realização, o administrador não vê como negar. Ele coloca os meios a disposição, enquanto que se dependesse administrativamente da Direcção Provincial acredito que a dificuldade seria maior porque para chegar a directora teria levado mais tempo.* [6]

Relativamente às desvantagens, a Chefe de Secção é de opinião que *"a dupla dependência traz constrangimentos porque acontece que as duas instâncias solicitam de nós trabalho que em certos casos pode coincidir."* Quando inquirida sobre a diferença entre função administrativa e atendimento (aconselhamento/mediação) explicou:

> *A diferença é grande, apesar de que tudo que faço administrativamente está relacionado também com o trabalho de aconselhamento [aspecto metodológico]. No trabalho administrativo nós fizemos um programa do mês. Tem a ver com as reuniões que participamos na Administração Municipal, na Direcção Provincial, mas também com as outras instituições como o INAC,[7] ou o Centro de Referência do Julgado de Menores (CSRJM). Fizemos relatórios de actividades realizadas durante o mês, as estatísticas de casos assim como elaboramos documentos que nos são solicitados pela Administração e a Direcção Provincial da Secção da Família e Promoção da Mulher. Agora em relação ao aconselhamento familiar, o trabalho começa com a elaboração do programa de várias actividades que dependem das orientações do Município, da Direcção, das informações que recebemos junto das pessoas que vêem resolver os casos*

---

[6] Entrevista realizada a 15 de Setembro de 2009.
[7] Instituto Nacional da Criança.

deles aqui mas também do volume de casos que recebemos. Fizemos palestras, visitas as salas de parto, visitas as instituições.[8]

A função metodológica da Secção pode ser vista em duas vertentes: prevenção e atendimento. Na primeira vertente, a Secção funciona como instância de divulgação de instrumentos e métodos de prevenção de conflitos, possuindo um programa previamente elaborado cujas actividades são *"a realização de palestras, seminários dirigidas as famílias, juventude sobre temas variados tais como violência doméstica, SIDA, competências profissionais, etc. Estas actividades têm sido realizadas em parceria com as igrejas, organizações não governamentais e mercados".*[9] Na segunda vertente, a Secção funciona como um gabinete de mediação de conflitos. Para tal, dispõe de conselheiras, de uma rede com outras instâncias de resolução de conflitos, assim como de instrumentos jurídicos que visam fazer compreender às partes a importância sobre a observância de princípios e normas de regulação da vida em sociedade.

Durante o período em que o estudo decorreu foi possível observar que a Secção se dedica principalmente à resolução de conflitos familiares, fazendo o registo de queixas, o aconselhamento das partes em conflito e dando informação às partes sobre os seus direitos e deveres.

2.1. A organização do atendimento

Na Secção da Família e Promoção da Mulher do Município do Kilamba Kiaxi o atendimento é feito por três conselheiras, todas funcionárias daquela instância: a chefe de Secção e mais duas assistentes, recentemente integradas. Enquanto a Chefe se ocupa mais das questões administrativas e burocráticas – participação em reuniões a nível do município ou da Direcção Provincial, em seminários, assim como da elaboração de relatórios – as assistentes concentram-se do atendimento de conflitos, fazendo o registo de queixas, a mediação/aconselhamento de casos e dando informações aos utentes sobre o trabalho realizado pela instância.

A Secção funciona de segunda a sexta-feira, entre as 8 horas e as 15 horas, iniciando-se os trabalhos com a chegada da primeira conselheira. Durante o horário de expediente trata-se do atendimento das partes em conflito, assim como do trabalho administrativo inerente à Secção. O atendimento dos conflitos

---

[8] Entrevista realizada a 15 de Setembro de 2009.
[9] Ibidem.

ocorre às terças e quintas-feiras e o trabalho administrativo é feito às segundas, quartas e sextas-feiras. A limitação do atendimento dos conflitos a dois dias foi explicada pela responsável porque *"nós é que escolhemos estes dias. Porque mediar casos de segunda a sexta-feira é muito stressante, mas mesmo assim atendemos nos outros dias casos como eu disse que são graves ou urgentes"*.[10] Ou seja, constata-se que o tempo dedicado à mediação de conflitos é pouco, face às pessoas que demandam os serviços.

3. O papel da Secção da Família e Promoção da Mulher do Kilamba Kiaxi na mediação e resolução de conflitos

A Secção da Família e Promoção da Mulher recorre a formas de justiça que combinam elementos judiciais com experiências desenvolvidas no seio da comunidade, onde as conselheiras actuam como a 'terceira' parte que procura resolver um determinado conflito. Um dos elementos que caracteriza estas formas alternativas (em relação à justiça oficial) de resolução de conflitos é o uso de mecanismos diferentes da adjudicação, como a negociação, a conciliação e a mediação. Comum a estas três formas é o recurso ao consenso, quando as partes envolvidas no problema procuram obter uma solução através do apoio da intervenção das conselheiras desta Secção.

Apesar de o atendimento ser feito por ordem de chegada, procedimento-norma de trabalho, observou-se que as primeiras mediações a ser realizadas normalmente são as mais simples, e só posteriormente são atendidos casos de audiências e aconselhamentos/mediações. É justamente esta variação no sistema de atendimento que torna esta Secção numa instância com funcionamento flexível. Esta flexibilidade depende em grande medida do movimento dos utentes e da presença de conselheiras. Quando as três conselheiras[11] estão presentes verifica-se uma repartição de tarefas, o que possibilita um atendimento em função de critérios mais convenientes para as conselheiras. O atendimento tanto pode ser feito por ordem de chegada como em função dos casos mais simples e que demoram menos a atender, como casos de queixa ou de apresentação ou solicitação de uma informação. Pode ainda ficar ao critério de cada conselheira.

---

[10] Entrevista realizada a 18 de Outubro de 2009.

[11] Contrariamente ao que se observa com o Gabinete Jurídico da Sala de Aconselhamento do Cazenga, onde apenas trabalham conselheiros masculinos, no Município do Kilamba Kiaxi as conselheiras são exclusivamente mulheres.

Durante o trabalho realizado junto da Secção observou-se que o atendimento acontece quando as partes envolvidas num dado conflito se apresentam na Secção (eventualmente acompanhadas por testemunhas). Após a avaliação do caso a conselheira, depois de dialogar com as partes, pode concluir pela impossibilidade da sua resolução consensual. Todavia, para chegar a esta conclusão a conselheira tem de avaliar as estratégias de retórica utilizadas pelas partes, detectando elementos de discordância.

3.1. O acesso à Secção da Família e Promoção da Mulher do Kilamba Kiaxi para a apresentação da queixa

O acesso à Secção da Família e Promoção da Mulher é livre e gratuito. Existe, como referido, um horário de entrada e de saída estabelecido, assim como existem regras estabelecidas pela instância e pelos próprios beneficiários dos serviços aí prestados. A variação do sistema de atendimento é determinada pelos utentes e conselheiras o que, em certos momentos, é gerador de conflitos. Dadas as irregularidades de atendimento, os utentes são obrigados a chegar cedo a fim de ocupar um lugar que lhes permita serem dos primeiros a ser atendidos. Para aceder à Secção, os utentes esperam pela chamada da conselheira, que se dirige primeiro à sala de espera e só mais tarde vai ao encontro dos utentes que estão fora do edifício. Por outro lado, a noção de livre acesso é limitada, na medida em que se circunscreve a um determinado espaço geográfico e a um determinado tipo de conflito ou de problema.

Em relação ao espaço geográfico, esta Secção apenas lida com os casos dos moradores do Município do Kilamba Kiaxi. Qualquer queixoso(a) ou partes provenientes de outros municípios não são atendidos, salvo se uma das partes tiver moradia no município. Aplica-se, pois, o critério da delimitação da área geográfica de competência. No entanto, foi possível constatar, durante o trabalho aqui realizado, que este critério não é aplicado de forma rigorosa, pois as conselheiras raramente solicitam documentos aos utentes, quer no sentido de verificar a sua identidade, quer de confirmar as suas moradas. Tendo questionando aleatoriamente vários destes utentes sobre o seu cartão ou atestado de residência, ou mesmo sobre a posse de um documento que os identificasse como morador do município, concluiu-se que, na grande maioria, não dispunham de qualquer destes documentos, quer aquando da apresentação da queixa, quer durante a audiência, bem como no acto de mediação. Verificou-se também que o endereço da morada que consta no Bilhete de Identidade de muitas das pessoas não corresponde à localidade onde residem actualmente. Confrontada com esta situação a coordenadora do serviço defende que, face ao processo de descentralização que os municípios conhecem em Luanda, cada munícipe deve ser atendido no seu Município. Esta opção facilita o controlo da população e dos recursos que são aplicados na actividade, assim como promove a actuação de outras instâncias locais, a nível do município, sempre que seja necessário. Deu como exemplo que se for necessário o envolvimento da polícia, a polícia do outro município não aceitará actuar num município alheio. Finalmente há a referir as deslocações, quer para as partes em conflito como para as conselheiras, quando há necessidade de se fazer um acompanhamento do caso.

Relativamente aos tipos de conflitos atendidos pela instituição, a Secção da Família e Promoção da Mulher do Kilamba Kiaxi é uma instância especializada no atendimento de casos relacionados com conflitos domésticos, sem que haja qualquer tipo de agressões físicas. Enquadram-se nesta tipologia os conflitos de natureza sexual, laboral, económica, psicológica e de agressões físicas simples. Todo e qualquer caso que necessite de envolvimento multi-sectorial pode ser tratado de forma separada, isto é, a Secção resolve o que lhe compete e de seguida encaminha ou articula com outras instâncias para que resolvam a componente do problema que lhes cabe. A selecção e o encaminhamento dos casos são feitos graças ao processo de triagem realizado logo no dia da apresentação da queixa. A triagem é a estratégia a que recorrem de forma a decompor o caso, para de seguida proceder à sua caracterização e catalogação.

3.2. A organização do atendimento

A apresentação da queixa, depois de feita a triagem, é seguida da formalização, que é feita através do preenchimento de uma *Ficha de Atendimento* e da elaboração de um *Pedido de Comparência*, anteriormente designado de 'convite'.

A Ficha de Atendimento compreende três grandes blocos de informações: 1) dados da vítima e a tipologia de violências; 2) dados do agressor; e 3) resolução do caso. Cada um dos grupos é preenchido de forma a caracterizar detalhadamente os protagonistas do conflito. A existência de itens vazios ilustra situações em que o queixoso/a desconhece os seus dados e/ou do agressor/acusado/a por ser a única pessoa que presta declarações na altura da queixa. Normalmente, no acto da apresentação da queixa apenas a vítima está presente e, na maioria dos casos, os acusados/agressores não têm conhecimento da denúncia, o que lhes causa espanto aquando da entrega do Pedido de Comparência. Acontece também, em alguns casos, que a conselheira, por pressa ou por outros motivos, espera obter estas informações no dia da audiência e mediação. Os dados recolhidos servem, por um lado, para compreender a relação entre os envolvidos, possibilitando uma melhor caracterização do caso em disputa e, por outro lado, para preparar a actuação – métodos e procedimentos – a ser utilizada durante a mediação. A queixa é a única fase que se realiza com as partes separadas.

As declarações do queixoso, apesar de não estarem registadas quer na Ficha de Atendimento, quer no Pedido de Comparência, são tidas em consideração pelas conselheiras graças à grande capacidade que têm de reter informações, transformando-se numa espécie de memória institucional desta Secção.

Antes mesmo de chegar à queixa, alguns indivíduos afirmam ter recorrido a várias instâncias do foro familiar: o conselho de amigos, familiares ou padrinhos. Mas acontece que, em certos momentos, não é possível oferecer a solução desejada, pois os conflitos permanecem e as possibilidades de encontrar solução são remotas. Ou seja, nem sempre o interesse do queixoso é satisfeito. A resolução de um conflito na base da mediação/aconselhamento depende da receptividade por parte do acusado. Os cenários mais prováveis do queixoso diante do acusado são os seguintes: 1) se a instância de mediação actuar sobre o acusado e o conseguir convencer a respeitar as regras de convívio social dentro do espaço familiar, o queixoso sentir-se-á satisfeito e considerará a instância como competente, responsável e justa; 2) se a instituição não conseguir fazer comparecer o culpado, a fim de procurar dissuadi-lo a repetir as situações que estiveram na origem do conflito, e comprometer-se a cumprir as decisões ai tomadas, o queixoso/a poder-se-á sentir injustiçado e por conseguinte considerará a instância como incompetente, parcial e injusta.

Na altura de recebimento da queixa, ou ainda durante a pré-mediação, para além de se recolherem os dados pessoais da queixosa e do acusado, procuram-se aprofundar as verdadeiras causas do conflito e a sua relação com a razão da queixa. Para ilustrar esta abordagem, incluem-se exemplos de situações de apresentação de queixas.

Conflito entre esposas por causa da casa

Razão do conflito: A esposa mora no Rocha Pinto e veio ocupar a casa construída pelo marido para a segunda esposa. A primeira esposa considera a casa sua, uma vez que o terreno onde foi construída a casa foi comprado com o dinheiro do seu esforço. Esta nova casa fica no bairro da Lixeira por trás do Projecto Nova Vida.

Depoimento do queixoso, esposo: Antes de viver com a primeira esposa construí uma casa no Rocha Pinto e arranjei esta senhora e ficou como minha esposa e passamos a viver naquela casa. Apareceram dois bebés; depois fomos morar no Morro Bento na casa da empresa. Um tempo depois o nosso relacionamento já não andava bem. Em função desta situação decidimos se separar. Ela foi a casa dos pais e as filhas ficaram em casa dos meus familiares. Mais tarde a senhora decidiu ir para a casa do Rocha Pinto. A minha família disse que ela tinha razão porque nós temos filhos. Ela fica com a casa do Rocha Pinto e eu continuei a viver no Morro Bento, na casa do serviço. Depois arranjei outra mulher com quem tenho uma filha. Como tínhamos comprado um terreno, construí a casa na Lixeira para esta outra mulher. A senhora aqui quando soube que a casa da lixeira estava pronta e estava livre, depois do inquilino que estava lá a viver ter saído, ela saiu a correr com as suas coisas e meteu-se novamente nesta casa da outra senhora embora tenha comprado o terreno quando estava já a viver com esta segunda senhora.

Depoimento da acusada, primeira esposa: Eu vivi com ele e encontrei o terreno e um quarto no bairro do Rocha Pinto. Estava concebida da nossa primeira filha. Nesta altura ele não trabalhava e eu é que sustentava a casa, e por cima grávida, até quando fui dar de nascer. Se a minha família não dê-se ajuda, nós ficaríamos sem comer. Depois vi que a situação estava cada vez mais complicada, dei 500 kwanzas para ele começar a fazer negócios na praça do Rocha Pinto. Assim continuamos a viver. Depois arranjou emprego; quem lhe arranjou é tio Cardoso e ganhava 700.[12] E continuamos a trabalhar. E o tio Cardoso nos falou que na lixeira estão a vender terreno e compramos. O outro não queria construir porque decidiu que ia tirar carta [de condução]. Ele enviou 250 dólares para o pai e lhe conseguiu comprar as cartas. Depois disse que não queria construir porque tinha que conseguir comprar um turismo que estava no quintal.[13]

Uma vez recebida a 'queixa', a conselheira convoca a outra parte em conflito, para promover a discussão do problema em causa. Pode, ou não, solicitar-se o acompanhamento de familiares, mas em grande parte dos casos, as partes fazem-se acompanhar por alguém da família. Para tal recorre-se ao Pedido de

---

[12] Não especificou se se tratava de kwanzas ou de dólares.
[13] Observação realizada a 11 de Junho de 2008.

Comparência[14], preenchido com o nome da pessoa e a data, o horário e o local em que deve comparecer para discutir um problema. A Secção possui um modelo que é reproduzido em várias cópias e cada conselheira possui o seu exemplar. Cada Pedido de Comparência, para além de apresentar a assinatura da conselheira, é autenticado com carimbo em uso na Secção.

A data do atendimento é marcada em função da disponibilidade das partes e da conselheira. Na prática, apesar de o Pedido indicar a hora do atendimento, esta não é respeitada. Verifica-se, também, uma considerável flexibilidade no modo de fazer chegar este Pedido ao destinatária/o. Normalmente é entregue ao acusado por intermédio do queixoso/ofendido/vítima devido à falta de funcionários especializados para fazê-lo. Quando o acusado se recusa a recebê-lo, o destrói ou se recusa a comparecer, a Secção pode solicitar o apoio da polícia. No formulário do Pedido de Comparência não há menção de nenhuma advertência ou sanção no caso de não comparecimento.

3.3. O processamento da queixa

O processamento efectivo da queixa acontece na presença das partes em conflito. A ausência de uma das partes envolvidas num conflito é condição suficiente para transferir o caso para outro dia: *"Nós não podemos atender o seu caso com a ausência da outra parte"*, conforme repetidas vezes afirmou uma das conselheiras da Secção da Família e da Promoção da Mulher do Município do Kilamba Kiaxi.

Quando as partes estão presentes e chega o momento do seu atendimento, os envolvidos são convidados a sentar-se no Gabinete da Secção, ocupando as cadeiras que ficam à frente da conselheira. Caso se trate de um casal, o homem senta-se normalmente no lado mais exposto e de fácil mobilidade, reproduzindo-se as normas 'tradicionais' onde o homem tem o papel de proteger a esposa e/ou a sua família. Os membros da família e testemunhas, quando são convidados a estar presentes, ocupam os lugares laterais em função das partes que acompanham. Sendo o espaço muito reduzido, torna-se difícil a circulação das pessoas e sentar todos os elementos. Antes de a sessão ter início a conselheira, para garantir a privacidade, fecha a porta do Gabinete. Porém, as interrupções de colegas de outras secções, de utentes em situação de conflito que queiram apresentar queixa ou pedir informações e de pessoas conhecidas da conselheira são frequentes.

---

[14] A Foto 6 (consultar anexo do presente capítulo) apresenta um Pedido de Comparência.

A sessão é aberta pela conselheira e começa com uma simples apresentação da instituição. A conselheira apresenta-se dizendo o seu nome, explicando a sua função de conselheira e terminando esta introdução com a confirmação[15] dos dados das partes em conflito: o nome, ocupação e tipo de relacionamento que os envolve. Terminada a fase de apresentação, a conselheira dá a palavra a/o queixosa/o para que este/a explicar as razões da acusação. Só depois é dada a palavra ao acusado/a para apresentar as suas razões. Caso não confirme a acusação que lhe é feita, a/o queixosa/o com autorização da conselheira pronuncia-se criando assim uma interacção entre queixoso e acusado.

Terminada a fase de apresentação, a conselheira dá a palavra a/o queixosa/o para que este/a explique as razões da acusação. Só depois é dada a palavra ao acusado/a para apresentar as suas razões. Caso não confirme a acusação que lhe é feita, a/o queixosa/o com autorização da conselheira pronuncia-se criando assim uma interacção entre queixoso e acusado.

As conselheiras, procurando avaliar a dimensão dos conflitos e conter o problema, contam com a colaboração da família e/ou vizinhos, solicitando a sua presença através dos Pedidos de Comparência/Convites. As testemunhas e os acompanhantes intervêm quando são solicitados a falar pela conselheira; quando não é a sua vez de depor, intervêm sempre pedindo permissão para falar. As testemunhas[16] e os acompanhantes desempenham o papel de conselheiros da(s) parte(s) quando estes últimos está/estão fortemente comovido(s). Como foi observado ao longo do trabalho realizado junto desta Secção, as partes entram frequentemente em confronto quanto à versão e interpretação dos factos que estão na origem do conflito, descontrolando-se emocionalmente; por vezes, tomam mesmo posições que entram em contradição com os hábitos, usos e costumes da família ou da comunidade a que pertencem, desafiando qualquer

---

[15] Esta confirmação é feita no sentido de verificar se os dados pessoais já fornecidos pela/o queixosa/vítima no dia da apresentação da queixa estão correctos.

[16] Nesta instância de mediação de conflitos as testemunhas jogam um grande papel, como já foi brevemente aflorado. Se teoricamente a Secção da Família e Promoção da Mulher existe mais para produção de consenso, e não para a produção da verdade, nem sempre este consenso é obtido de forma natural. Fruto de longas e múltiplas negociações, deriva da forma como os protagonistas encaram o problema. O recurso a testemunhas, embora em menor escala, tem contribuído, nalguns casos, para o reencontro das famílias embora nem sempre estes apareçem para assumir o papel que lhes é solicitado. O depoimento da testemunha serve, em princípio, para compreender melhor o problema e esclarecer/antecipar as dúvidas. Simultaneamente, as testemunhas devem jogar um papel de aconselhamento junto das partes em conflito no sentido de aceitarem as decisões sejam elas a seu favor ou contra. Ajudam a fazer compreender às partes que acompanham as vantagens e desvantagens dos pontos que defendem.

possibilidade de consenso. Por outro lado, é de referir que as testemunhas e outros acompanhantes normalmente não são convidados a assistir à sessão de mediação ou de aconselhamento. Esta opção explica-se quer pelo facto de a sala ser pequena, quer por tomarem, nas palavras das conselheiras, parte no conflito, influenciando as partes quanto às decisões a tomar.

De referir igualmente que as sessões de mediação são feitas em português. Quando um dos declarantes – parte do conflito ou testemunha – não sabe exprimir-se nesta língua, as conselheiras recorrem à tradução, sempre que dominam a língua que essa pessoa usa.

Na mediação de cada caso intervém, normalmente, apenas uma conselheira, face à exiguidade de pessoal com que esta instância se debate, sendo que tal situação, como nos foi dado a observar, dificulta muito o trabalho. O recurso à opinião de uma outra conselheira acontece raras vezes, como por exemplo quando a conselheira de serviço encontra dificuldades em produzir um acordo com as partes ou ainda quando uma outra conselheira presente conhece já o problema e se sente em condições de tratá-lo.

A apresentação do conflito não estabelece, em definitivo, o objecto do mesmo. A conselheira joga um papel importante na (re)construção do objecto de discussão, procurando avaliar e identificar as verdadeiras causas do conflito, ainda que estas não sejam expressas de imediato. Deste modo, procura eliminar as disparidades entre o 'conflito processado' e 'conflito real', intervenção central para a resolução efectiva do problema.

O êxito da mediação de um conflito depende, sobretudo no caso desta Secção, da participação activa e calma das partes. A forma de resolução de conflitos pelas conselheiras assenta, em grande parte, na mediação. Depois de compreender o problema, a conselheira procura desenvolver a construção de soluções consensuais que envolvam cedências e ganhos recíprocos. Nesse sentido, vai auscultando e avaliando a opinião das partes sobre soluções possíveis, formulando propostas de decisões que vão sendo negociadas. As conselheiras, ao longo da mediação, estão atentas à qualidade dos argumentos expostos, prestando muita atenção ao comportamento das partes, à coerência dos seus depoimentos, bem como ao papel das testemunhas apresentadas por cada parte, que procuram utilizar com a maior eficiência possível. Sendo conhecedoras do problema/conflito em causa, e assegurando que a sua missão não é a de separar as partes, as conselheiras recorrem a uma retórica de persuasão. Isto verifica-se quando, no seu discurso, durante a audiência, vão identificando as fragilidades dos argumentos das partes, com intuito de produzir um equilíbrio e restabelecer o diálogo, aspecto fundamental para restaurar a coesão social, e obter um consenso alargado em torno do caso. É justamente esta atitude que é interpretada pelas partes como assegurando a sua imparcialidade, pois que a conselheira pode, nalguns momentos contrariar uma das partes, para no momento seguinte fazer o mesmo em relação à outra, legitimando assim a sua presença e acção. Todavia, convém referir que a posição das conselheiras nem sempre é neutra. Muitas vezes, a conselheira orienta os litigantes ou pode intervir impondo limites à discussão e procurando retomar o equilíbrio das posições, apelando ao respeito de normas de boa vizinhança e de convivência familiar.

3.4. A decisão sobre o caso

Na prática, segundo o que foi observado, um caso está resolvido quando as partes, para além da assinatura do Termo de Compromisso, chegam a um entendimento, com apoio da conselheira, sobre a natureza do diferendo que os envolve. A produção do Termo de Compromisso é feita com o intuito de preservar as decisões tomadas em relação ao conflito. Como sublinhou a coordenadora deste serviço público, *"antes da assinatura eu peço primeiro que as pessoas leiam o documento. Quando há testemunhas estes também assinam"*.[17]

Identificado o problema que opõe as partes, e produzido o Termo de Compromisso[18], este é lido pela conselheira em voz alta a fim de que as partes contestem ou aceitem o conteúdo que nele consta. De seguida é solicitado às partes, e as testemunhas se as houver, que assinem o documento como forma de concordância com o conteúdo, mas sobretudo como concordância da sua aplicação.

Para ilustrar melhor a produção de soluções de consenso, apresentamos alguns exemplos de deliberações tomadas em torno de casos de separação de casais. No centro destes casos estava a falta de mesada ou privação de bens. Nestes conflitos de natureza familiar, as conselheiras recorrem principalmente às normas da comunidade e do espaço doméstico. Na lógica do direito da comunidade, as conselheiras frequentemente atribuem papéis diferentes à mulher e ao homem, colocando em causa a igualdade de direitos entre as partes. Ambas as partes possuem, contudo, margem de reivindicação e de negociação e são igualmente aconselhadas sobre os direitos e as responsabilidades que têm.

---

[17] Entrevista realizada a 15 de Setembro de 2009.

[18] Para visualizar um exemplo de Termo de Comparência, consultar o anexo ao presente capítulo (Foto 7).

Embora a maior parte dos casos observados tenha conhecido a solução mais adequada ao conflito, nem todos os casos conhecem este desfecho. Estes casos, embora em menor número, podem ser, dependendo do interesse das partes em dar continuidade ao processo por via das instâncias legais, transferidos ou para a Direcção Provincial dos Assuntos da Mulher e Família ou ainda para o conselho familiar.

Fazer-se acompanhar de crianças nas instâncias de mediação é uma prática corrente das mães que procuram aqueles serviços. Porém, as conselheiras criticam esta atitude, afirmando que as crianças são irrequietas e perturbam as audiências, como também se torna difícil acomodá-las quando, por exemplo, têm sono.

As conselheiras, ao longo das suas intervenções, dificilmente apontam uma das partes como culpada. Pelo contrário, a linguagem utilizada revela ponderação e a tentativa de aproximar as partes envolvidas no conflito. Seguindo atentamente o decorrer dos processos de mediação, a intervenção da conselheira vai no sentido de conseguir conjugar as normas estatais com as regras e costumes utilizados pela comunidade, apelando repetidamente ao bom senso das partes e dos seus acompanhantes. O excerto que se segue é um exemplo da posição assumida pelas conselheiras, como foi sublinhado durante várias das entrevistas realizadas:

Nós somos conselheiras e o nosso papel é de aconselhar e não de separar os casais como acontece com muitos casais que aqui aparecem. Há pessoas que vêem aqui já com decisão de se separar mas o nosso papel é de mostrar várias possibilidades de resolver o problema e, em certos casos, o casal encontra solução. Se houver insistência na separação primeiro, nós não temos direito de impedi-los de fazer aquilo que acham melhor para eles e [segundo] é porque é isso que eles querem. A prioridade é saber a questão dos filhos porque eles não deixam de ser filhos. A gente regula a questão dos filhos e dos bens que adquiriram durante o tempo que viveram juntos. Normalmente na separação há filhos. Para aqueles que não têm filhos, a ideia é analisar a finalidade dos bens e a maior preocupação é sobretudo a casa. Há casos que terminam com a decisão de vender ou alugar a casa. Os que têm possibilidades [financeiras] criam condições de alugar ou construir uma outra casa. Quando há falha [no cumprimento dos acordos] eles voltam aqui com intuito de rever o processo.[19]

---

[19] Entrevista realizada em 11 de Outubro de 2009.

Durante a observação, foram raras as vezes em que se viu alguma das conselheiras recorrer aos códigos legais para procurar resolver uma contenda. Como exemplo apresentamos o processo de mediação do caso de Isabel C. e António M., envolvidos num conflito relacionado com a falta de assistência e a guarda dos filhos, após a separação do casal. Apresentado o caso a esta Secção, a conselheira propôs que as crianças ficassem entregues à mãe, sem, em momento algum, fazer menção à legislação de Família: *"Vamos fazer o seguinte: as crianças vão ficar com ela mesmo porque são menores. Esses são pequenos, ficam com ela mas vamos fazer o seguinte. [Dirige-se ao esposo] Você é que vai ser o nosso porta-voz, você vai vendo, vais acompanhar. Se ela não tiver a cuidar bem dos filhos, ai sim! Aí, nós estaremos em cima dela".*[20]

Outro elemento que chamou a nossa atenção é o facto de na maioria dos casos a que assistimos estes terem sido resolvidos no dia em que a audiência teve lugar, salvo nas situações que exigiam a presença de testemunhas ou de dados adicionais para completar o caso. Esta justiça expedita contrasta com situações detectadas noutras instituições, onde a mediação pode acontecer ao longo de várias sessões.

3.5. O recurso a outras instâncias
A eficácia das soluções das conselheiras depende da vontade das partes, não havendo lugar ao cumprimento forçado. O envio de casos para outras instâncias é feito de forma indistinta, sem aparentes critérios orientadores.

O encaminhamento processa-se, regra geral, de duas formas – 'articulação' e 'encaminhamento'. A primeira forma compreende aqueles casos que são enviados a outras instâncias do município. A segunda forma tem a ver com os casos tratados na Secção da Família e Promoção da Mulher e que, por várias razões, são orientados para outras instâncias da província de Luanda, procedimento que é designado por 'encaminhamento'. A responsável reforçou a diferença entre os dois procedimentos, ilustrando-os com exemplos:

Quando um indivíduo é solicitado várias vezes e não comparece, nós fizemos um documento pedindo apoio da polícia para ver se eles apanham o indivíduo, ou se lhe entregam o documento para lhe fazer chegar aqui. A isto nós chamamos de <u>articulação</u>. O <u>encaminhamento</u> é quando dada a especificidade do caso acharmos que o mesmo

---

[20] Observação realizada a 17 de Agosto de 2008.

não é da nossa competência e transferirmos o mesmo para outra instituição" (nosso sublinhado).[21]

Conforme explicou uma das conselheiras, *"acontece que nesta circulação de casos de uma secção para a outra ou de uma instituição à outra dificilmente são feitos com acompanhamento de documentos. A nível das secções, porque trabalhamos no mesmo edifício, nós só chamamos os colegas e dizemos assim: 'Colega X, tem mais um caso para si'.*[22] Importa esclarecer que a articulação de secções tem lugar unicamente em casos envolvendo crianças. Isto é, em vez de se encaminhar o caso, convidam-se

> *[...] os colegas do INAC e do Centro de referência do Julgado de menores em função da especificidade do caso, a comparecer afim de seguir o caso e tratarmos o caso em conjunto mas isso só acontece quando o caso é complicado. Para casos simples trata-se o caso com a família e só depois o encaminhamos para as outras áreas quando é necessário e sem formalismo devido a vizinhança das secções. Porque se as partes chegam ao entendimento sobre a questão dos filhos, nós, não precisamos de encaminhá-lo.*[23]

A formalização da circulação de processos só se cumpre quando os casos são redireccionados à polícia, e acontece unicamente nos casos em que a Secção solicita o apoio da Polícia para ir buscar um dado indivíduo, ou então para a entrega de Pedido de Comparência (convite) nas situações em que o destinatário se nega a recebê-lo. *"Nós já o fizemos com documentos. Não temos modelo de encaminhamento mas o que acontece é que nós fizemos uma observação no Pedido de Comparência modelo que substituiu o Convite. Eles* [as unidades policiais] *têm sido muito compreensíveis connosco".*[24] Esta cooperação com a Polícia vai no sentido de promover, coercivamente, a participação das partes.

Nos casos de crime, ou, por exemplo, de feitiçaria, ou mesmo em solicitações de apoio material ou para registo da criança, a Secção encaminha as vítimas ou as partes envolvidas nos conflitos, sem capacidade de acção às instâncias competentes, embora este reencaminhamento aconteça sem ser acompanhado de quaisquer documentos ou sem elaboração de um ofício que

---

[21] Entrevista realizada a 17 de Novembro de 2009.

[22] Entrevista realizada a 12 de Setembro de 2008.

[23] Entrevista realizada em 2 de Agosto de 2009.

[24] Ibidem.

explique o tratamento que foi dado ao caso e as razões que estiveram na base da transferência.

A conselheira orienta oralmente a vítima a dirigir-se à esquadra mais próxima ou ao Comando de Divisão do Município para casos de violência doméstica, ao soba para casos de feitiçaria ou a Conservatória de Registo Civil para o registo da criança. Esta 'divisão de tarefas' aponta para a especialização de instâncias quanto ao tratamento dos casos, para além da Secção da Família e Promoção da Mulher do Kilamba Kiaxi.

Do mesmo modo, os casos quando dão entrada nesta Secção nunca são assumidos como não tendo sido anteriormente tratados noutra instância. A tomada de conhecimento por parte da conselheira é feita graças ao cuidado que estas têm em averiguar se o caso já passou por uma outra instância de resolução de conflitos:

Nós ficamos a saber porque em função do caso, isto depois da triagem, perguntamos se já passaram pela polícia mas o certo é que eles vêem sem documentos. Há casos que são provenientes de outras instâncias mas nunca se acompanham de documentos. Houve apenas um caso acompanhado de documento e era proveniente da Comissão de Moradores.[25]

O encaminhamento de casos para instâncias da província – embora teoricamente válido para todas instituições, isto é da Secção para outras instituições – só funciona, na prática, para os casos que são dirigidos à Direcção Provincial do Ministério da Família e Promoção da Mulher. *"Nós nunca encaminhamos o caso para o tribunal. Eu encaminho para a minha Direcção e este ano, encaminhamos dois"*, conforme esclareceu a Chefe de Secção.[26] Esta observação revela a reprodução hierárquica da estrutura burocrática, que funciona nos dois sentidos, conforme revelou a mesma fonte: *"Há casos que saem daqui para as outras instâncias, assim como de saem de outras instâncias para aqui* [refere-se a Secção]. *Este movimento existe e posso dar exemplos".*[27]

1º Caso: No ano passado houve um caso de um casal morador daqui do município cujo conflito tem a ver com o incumprimento da mesada. O esposo

---

[25] Entrevista realizada a 15 de Setembro de 2009.

[26] Ibidem.

[27] Entrevista realizada a 17 de Novembro de 2009.

é funcionário da repartição municipal da educação. A esposa foi queixar-se à Direcção Provincial [refere-se à Direcção Provincial da Família e Promoção da Mulher]. A direcção mandou dois convites ao senhor, e este não compareceu. No último convite tentaram faze-lo com apoio da polícia mas como a documentação [refere-se ao Convite ou Pedido de Comparência] estava Direcção Provincial, e esta está situada na Ingombota, ao passo que o problema aconteceu aqui no Kilamba Kiaxi, as autoridades policiais da Ingombota acharam que isso seria trabalho da polícia daqui e os daqui não aceitaram porque o caso está ser tratado na Ingombota.

Devido a esta complicação, a Direcção Provincial decidiu encaminhar o caso para o Município. Os dois não concordaram com a proposta, porque o senhor ocupa um posto importante na Repartição Municipal e este influenciou a esposa a não aceitar a proposta de resolver o seu problema a nível do Município. A senhora disse que 'o meu marido não vai aparecer por vergonha: 'você assim quer me fazer envergonhar''. A Secção tomou conhecimento na base das relações que existem com a Direcção Provincial, na vertente de resolução de conflitos. O objectivo da informação era de elaborar o Pedido de Comparência, o Convite, a nível do município de maneira que a polícia pudesse intervir. Mas, as partes não se mostraram interessadas e até a data presente não temos outra informação sobre o caso. Não sei se o caso continua na Direcção, se foram ao tribunal ou se encontraram solução por outra via.

2º Caso: Este caso partiu daqui. O conflito que envolvia as partes tem a ver com a casa. O marido queria que a esposa não voltasse mais à casa, depois de vários problemas que viveram que provocaram a morte do filho que ficou doente durante muito tempo. O marido proibiu a esposa de voltar a casa porque considera a esposa como culpada pela morte do filho. Ele justifica a sua atitude dizendo que a esposa tirou a criança do hospital sem obter alta dos médicos e, por outro lado, em vez de levar a criança em casa, levou-lhe à Petrangol, em casa da sua mãe, sogra do marido para fazer tratamentos caseiros. O esposo acha que o filho devia permanecer ainda no hospital por esta razão acusa a esposa de autoritária por ter decidido levar a criança à Petrangol sem consultar a opinião o marido.

A esposa acusa o marido de homem ausente. Durante o tempo que ficamos no hospital, ele nunca apareceu lá para saber do estado da criança pelo menos. A esposa afirma que o marido não gostava da criança e levou o filho a casa da mãe, que é a única pessoa a quem tinha apoio. A senhora afirma ter levado o filho à Petrangol em casa da sua mãe porque acha que o filho tinha maculo[28] e a mãe conhecia alguém que tratava desta doença. A esposa ligava ao marido para informar o estado de saúde do filho, mas este não atendia. Depois da morte do filho a senhora ligou ao marido a fim de ir lhes buscar e realizar o óbito em sua casa. O marido não só negou, mas decidiu em não comparecer no óbito e nem assistir ao funeral da criança.

Devido a falta de entendimento entre o casal decidimos enviar o caso a Direcção Provincial onde temos um colega Jurista que se calhar ajudará as partes a chegar à um consenso.

A princípio a senhora quis que o caso fosse tratado aqui, e não no tribunal como pretendia o marido. Ele afirmava que o caso tinha de ser encaminhado ao tribunal porque a esposa matou o seu filho.

No início dissemos que houve vários problemas a volta do caso. Um dos problemas está relacionado com o facto de o senhor pretender separar-se da esposa, proposta que não foi aceite pela esposa. O segundo problema tem a ver com os negócios que faziam. Eles faziam negócios de carros mas como não tinham dinheiro para começar a actividade, tiveram que contar com o apoio da mãe da esposa, sogra do senhor. Até antes da separação não tinham devolvido o dinheiro emprestado pela senhora para o arranque das suas actividades.

Portanto, a morte do filho veio dissipar as coisas para o marido e complicar a situação para a esposa. O esposo aproveitou a ocasião para reforçar a sua pretensão de separar-se. A senhora, embora não seja seu interesse, predispôs-se a colaborar se o esposo devolver o dinheiro da mãe e se a casa tiver em sua posse. Segundo a Chefe de Secção, sabe-se que o senhor aceitou devolver o dinheiro, mas não sabe se também aceitou entregar a casa a esposa.

A queixa havia dado entrada na Secção em Julho do ano em curso e na altura em que as partes foram entrevistadas, dois meses depois, não havia ainda qualquer informação ou decisão sobre o caso.

Os motivos que estão na base do encaminhamento de um caso são vários. Conforme pudemos observar, podem ser agrupados em três categorias:

---

[28] Doença que ataca o ânus da criança deixando-o avermelhado e cheio de borbulhas. Manifesta-se através de febre e de comichões produzidas pelas borbulhas.

1. *"Por não termos encontrado aqui a solução do problema";*
2. *"Porque os munícipes não consideram as instâncias do município; acham que a Secção não tem competência para resolver o problema", como aconteceu num caso acima explicado;*
3. *"Pelo facto de na Direcção Provincial haver jurista e termos certeza que este ajudará a esclarecer aqueles aspectos que se calhar não conseguimos passar as partes para que se pudesse encontrar consenso".*

A questão que se coloca é saber exactamente quando é que um caso é da competência desta ou daquela instituição. Dada a semelhança de funções entre as instituições, torna-se difícil compreender as opções, sobretudo por parte da população que recorre a estas instâncias procurando uma solução do seu problema. Esta indefinição perpassa a própria Secção, como reconheceu a sua coordenadora: *"eu só sei que a Secção é mais abrangente, porque trata de casos que envolvem a família, mas há momento que chamamos apoio do INAC para casos em que as pessoas não querem entender a decisão. Então nós pedimos o apoio ao INAC para explicar os direitos que a criança tem".*[29]

O objecto social, a natureza jurídica, as competências e/ou os programas da Secção da Família e Promoção da Mulher coincidem com as competências e/ou programas do INAC, assim como do Centro de Referência do Julgado de Menores na vertente da criança, e com o MINARS na vertente da família. Segundo o que podemos observar, a diferença entre MINARS e Secção da Família e Promoção da Mulher está nas finalidades das suas acções. O propósito do MINARS é apoiar com bens materiais as famílias em situação de precariedade, enquanto a Secção da Família e Promoção da Mulher procura proteger as famílias através de acções de advocacia e prevenção de conflitos. Relativamente à vertente criança, esta Secção actua quando o problema da criança aparece associado aos pais ou demais membros da família.

4. Tipo, volume de casos e mobilizadores desta instância
Fazendo uma análise do arquivo referente a 2008, foram contabilizados 141 processos repartidos entre preenchidos e semi-preenchidos. Na categoria de processos preenchidos incluem-se todos aqueles em que as três categorias de questões da Ficha de Atendimento foram respondidas. Já no caso dos semi-

---

[29] Ibidem.

-preenchidos, os processos apresentam Fichas de Atendimento com alguns itens por preencher.

A primeira categoria de questões contempla os dados da vítima/queixoso e a tipologia de violência cometida pelo acusado; a segunda compreende os dados do agressor/acusado; a terceira categoria ilustra o tratamento que o caso teve, i.e., a sua resolução, ou seja, se foi resolvido pela Secção, se a resolução aconteceu a nível da Direcção Provincial, junto da Polícia, da Ordem dos Advogados, se foi a tribunal ou se está ainda pendente. É também nesta categoria que se descreve a decisão tomada.

Preenchido ou semi-preenchido, o processo pode ser caracterizado como findo ou não-findo. Entende-se por findo qualquer processo que, depois de dar entrada, seguiu o procedimento normal de atendimento, isto é, se houve apresentação da queixa, mediação do caso e assinatura do Termo de Compromisso entre as partes envolvidas no conflito. *"Vezes há que, apesar da assinatura do Termo de Compromisso, o caso exige um acompanhamento nosso. Chamamos a estes casos de delicados"*, explicou a Chefe da Secção.[30] Os casos não-findos são aqueles em que, após a abertura do processo, ou durante o decurso do mesmo na fase de resolução do conflito, as partes deixam de comparecer ou pedem que o caso termine por aí, sem assinatura do Termo de Compromisso. Nesta categoria dos casos semi-preenchidos encontram-se os processos de utentes que têm apenas os dados dos queixosos e outros casos, de forma muito incompleta. Isto acontece ou porque o queixoso ou as partes não apresentaram documentos, ou porque não sabe(m) ler e escrever. Esta situação dificulta bastante o tratamento dos dados.

---

[30] Entrevista realizada a 17 de Novembro de 2009.

4. 1. Tipologia e análise dos casos

Quadro 1 – Tipologia e volume de casos registados na Secção em 2008

Tipologia de casos	Volume de casos		
	Colocados por Mulheres	Colocados por Homens	Total
Abandono do lar	5	2	7
Abandono do lar e desalojamento	1	1	2
Ameaça de morte	2	3	5
Ameaça de morte e desalojamento	1	-	1
Ateamento de fogo aos bens	1	-	1
Chantagem	1	1	2
Desalojamento	16	-	16
Desalojamento e ofensas corporais	1	-	1
Desentendimento	7	6	13
Dívida	-	1	1
Falta de apoio	4	-	4
Fuga a paternidade	7	-	7
Incumprimento da mesada	17	2	19
Incumprimento de mesada e abandono lar	4	-	4
Incumprimento de mesada e ofensas corporais	5	-	5
Maus-tratos	1	-	1
Ofensas corporais	6	-	6
Ofensas corporais e morais	12	1	13
Ofensas morais	1	1	2
Ofensas morais e desalojamento	2	-	2
Pretende receber seus filhos	-	1	1
Privação de bens	7	5	12
Traição conjugal/adultério	-	2	2
Não especificou	5	-	5
Total	106 Casos	26 Casos	132 Casos

Fonte: Secção da Família e Promoção da Mulher do Kilamba Kiaxi

Dos 141 processos conferidos, 132 referem-se a situações de violência praticada pelo parceiro/parceira, sendo que destes 106 queixas foram apresentadas por mulheres e apenas 26 queixas por homens (Quadro 1).

Figura 4 – Perfil de Género dos Queixosos nos Casos de Violência

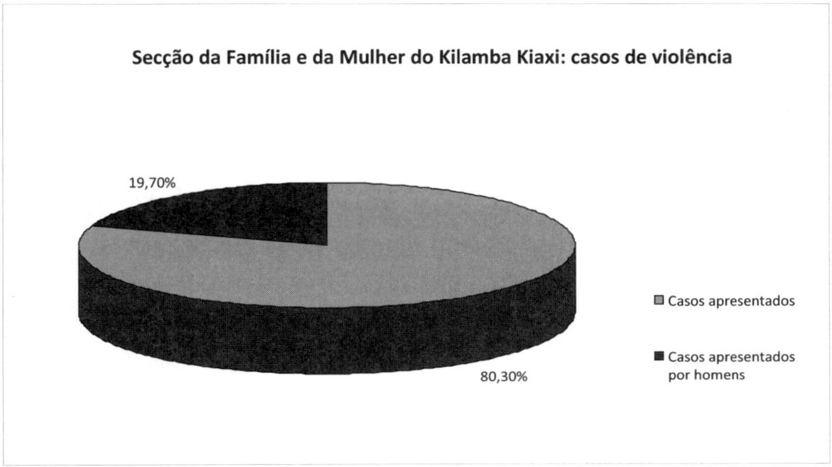

Secção da Família e da Mulher do Kilamba Kiaxi: casos de violência

19,70%

80,30%

▨ Casos apresentados

■ Casos apresentados por homens

Idade

A idade do principal grupo de queixosas e queixosos situa-se na faixa etária entre 26 e 35 anos de idade, correspondendo a 50 casos, sendo que 37 queixas foram apresentadas por indivíduos do sexo feminino e 13 queixas apresentadas por indivíduos do sexo masculino. A este segue-se o grupo de pessoas com idade até 25 anos, assim como o grupo de pessoas com idades compreendidas entre os 36 e 45 anos. Para ambos os casos verificaram-se 27 queixas, sendo que a representação masculina é de 9 casos para o primeiro grupo e 4 para o segundo. Todavia, estes dados devem ser vistos com alguma precaução, pois que, como detectado, nem sempre as queixas apresentadas foram contra indivíduos do sexo oposto (i.e., de mulher contra homem ou vice versa) e nem sempre as partes em conflito mantinham uma relação conjugal. Entre os casos analisados encontram-se queixas de filhas contra o pai, de uma mulher contra outra mulher, assim como de homem contra outro homem, estando na origem destas queixas razões de vária ordem.

Perfil de género dos acusados

Relativamente aos **acusados**, dos 141 processos conferidos nem todos apresentavam preenchida a informação relativa ao agressor(a) ou do acusado(a).[31] A maioria das acusações – 106 acusações, correspondendo a 80,3% – recaíam sobre homens, e apenas 26 (19, 7%) sobre mulheres. Analisando estes dados em função da idade, verifica-se que a maioria dos acusados do sexo masculino se distribui por dois grupos etários: entre os 26 e 35 anos e entre 36 e 45 anos, correspondendo a 26 e a 27 casos, respectivamente. Para o sexo feminino, a maioria dos casos situa-se no grupo mais jovem, quer com idades compreendidas até 25 anos (5 casos), quer no grupo de 26 a 35 (correspondendo a 10 casos).

Ocupação

Os dados analisados mostram que os utentes da Secção, do ponto de vista da **ocupação**, se situam predominantemente no sector informal da economia, com baixos rendimentos. No caso das mulheres, cerca de 73,78% corresponde à categoria de vendedoras (44), domésticas (24) e empregadas domésticas (8), num universo de 106 mulheres. Verifica-se um número insignificante de mulheres com empregos qualificados.

No caso dos homens a imagem é semelhante, apesar de a taxa de ocupações não qualificadas ser relativamente inferior. A profissão de pedreiro é a que mais absorve o maior número de queixosos e acusados, representando 26 casos (sendo 7 casos de queixosos e 19 casos de acusados); de seguida surgem as categorias de vendedores (14) e de motorista/taxista/camionista (13). A categoria dos vendedores representa 4 casos de queixosos e 10 casos de acusados, enquanto a categoria motorista/taxista/camionista representa 4 de casos queixosos e 9 de acusados.

Importa referir que, apesar de os homens estarem aparentemente mais ocupados e terem melhores remunerações, as queixas que pesam sobre eles indicam o contrário: são os que menos contribuem para a renda familiar e os que mais se queixam de não ter dinheiro. As razões são várias: têm mais de uma casa para sustentar e têm filhos fora da relação conjugal, a que se somam as despesas relacionadas com o sustento de vícios e problemas familiares.

---

[31] Apenas 132 processos tinham todos os campos preenchidos.

Escolaridade

Relativamente à **escolaridade**, dos 132 processos analisados verifica-se que a taxa de queixosas e queixosos com nível de ensino médio terminado ou ainda a frequentar é duas vezes inferior à taxa daqueles que possuem o ensino primário e secundário até à 8ª classe. Esta última categoria compreende 81 casos, contra 18 casos com curso médio e universitário. Não estão incluídos os 22 casos de processos que na altura do preenchimento não especificaram o seu nível de escolaridade. Em termos comparativos, o nível de escolaridade dos agressores ou acusadas aproxima-se do valor percentual dos queixosos ou vítimas. O número dos que nunca estudaram, ou apenas possuem a 8.ª classe, compreende 59 casos para ambos sexos, enquanto os que têm nível médio e universitário (homens e mulheres) correspondem a 19 casos. De referir que em 54 casos analisados não há qualquer menção quanto às habilitações.

Relações familiares

Analisando as **relações familiares** que envolvem as partes dos 141 casos em conflito, em 82 casos as partes mantêm uma relação conjugal. Com excepção de 9 processos que não especificam a relação que envolve as partes, e de 2 em que as partes têm relações de parentesco, 39 casos envolvem casais na condição de separados, namorados ou ex-namorados. A maior parte das razões de queixa está relacionada com esta condição, sendo que a separação faz com que os pais não cumpram com a mesada, que surjam situações de privação de bens e que os apoios fornecidos não sejam suficientes.

Os Tipos de Violência

A partir desta tipologia de conflitos, e para compreender de forma detalhada a razão dos mesmos, dividimo-los em função de duas categorias de violência doméstica: física e psicológica.

A Violência física

A violência física é entendida como toda acção que implica o uso da força contra alguém, seja esta feita com as próprias mãos ou com recurso a qualquer objecto que atente contra a integridade física da mulher ou do homem, seja criança, adulto ou idoso, produzindo ou não lesões graves no corpo (e que em certos casos pode conduzir à morte). Os motivos de apresentação da queixa variam de caso para caso.

Quando as vítimas são homens, a violência física não é arquitectada e praticada necessariamente pelas esposas ou vítimas. Temendo a força física do homem, as agressões são por vezes praticadas por terceiros, como parentes, amigos, vizinhos ou mesmo pessoas contratadas especialmente para este efeito.

A Violência psicológica

A violência psicológica consiste num comportamento específico que o agressor provoca e ofende a vítima sem o uso da força física, sem deixar marcas imediatamente visíveis. Segundo os depoimentos das vítimas, os agressores prejudicam-nas quer através da rejeição, pelo desrespeito, discriminação, quer por punições exageradas. Portanto, trata-se de agressões que não deixam marcas corporais visíveis, mas que afectam, de forma traumatizante, quem é alvo delas, marcando-as, por vezes, para toda vida.

Segundo foi possível compreendemos, para o caso dos conflituantes, agressores e vítimas, acontece que em alguns casos o agressor protagoniza uma acção sem imaginar que ela pode prejudicar a outra parte. De igual modo, a vítima aceita uma dada proposta sem se aperceber, desde o início, das consequências da cumplicidade ou do acordo que assumiu.

As vítimas, sobretudo no caso das que sofrem às mãos dos acusados, têm comportamentos que nalguns momentos podem ser prejudiciais aos parceiros e parceiras, por gerarem situações de rejeição, desconsideração, discriminação ou pelas punições físicas que aplicam ou recebem. Para uma melhor análise face a esta forma de proceder e de encarar o outro – esposa(o) ou ex-esposa(o), filho, vizinho, namorada, parente ou amigo –, foi criada uma classificação estruturada em três níveis de violência psicológica: chantagem, ameaças e situações de abuso.

> - *A chantagem*: acontece através de situações de abandono do lar, traição conjugal, ateamento de fogo aos bens comuns, fuga à paternidade; desalojamento, privação de bens;
> - *As ameaças*: incluem ameaça de morte, a ameaça de retirar os filhos, etc.;
> - *O abuso económico*: incumprimento da mesada; não pagamento de dívidas e ausência de apoio económico à família.

Os casos expressos em cada uma dessas categorias constam da lista de conflitos que deram entrada na Secção da Família e Promoção da Mulher do Kilamba Kiaxi em 2008 (Quadro 1).

4.2. Mobilizadores desta instância

Vários são os indivíduos que contribuem para que, de forma activa ou passiva, os conflitos familiares cheguem à Secção. A sua Chefe, numa das entrevistas realizadas, explicou que:

> [...] o conhecimento do nosso trabalho é feito por aqueles que já tiveram acesso aos nossos serviços. Depois de se confidenciarem os seus problemas, eles se perguntam onde resolveram o vosso problema. Exemplo: houve o caso de um senhor que teve conflito com a sua segunda esposa. O filho como estava ocorrente e este, por sua vez, estava a viver problemas quase semelhantes, o pai deu a conhecer ao seu filho para que viesse tratar aqui o seu problema.[32]

Outro importante mobilizador é a polícia. A relação que existe entre as duas instâncias tem um carácter informal, mas eficiente, na medida em que sempre que a Secção precisa dos serviços da polícia a resposta desta instância é imediata. Esta sensibilidade aos problemas da Secção deve-se, segundo a sua coordenadora, ao volume de casos que esta última instância recebe quando não há cooperação com a Secção e, por outro lado, aos seminários promovidos pela sua Direcção ou outras actividades afins onde sempre se procurou envolver a polícia. Estando subscrita a relação na base de um 'contrato informal', os seminários envolveram apenas alguns especialistas, particularmente da Direcção Provincial da Investigação Criminal que veio evoluir com a criação de uma categoria de polícia especializada para casos de violência doméstica. A relação entre as duas instâncias também funciona na luta contra os acusados ou agressores.

Quando confrontados com um conflito, é comum, em qualquer bairro de Luanda, nos últimos anos, que os moradores se dirijam à Polícia. Isto acontece por uma série de motivos: a) não existe qualquer outra forma de resolução de conflitos domésticos, à excepção do espaço da família ou da comunidade/tradição (sobas); b) estas instâncias detêm um papel pedagógico, independentemente do papel coercivo; c) a lógica de fazer justiça é entendida apenas através da aplicação de penas duras; e d) estando a sociedade crescentemente criminalizada, o recurso à polícia surge como forma de remover da comunidade as pessoas consideradas 'perigosas'.

---

[32] Entrevista realizada a 15 de Setembro de 2009.

Na prática, a Secção recorre aos serviços da Polícia por duas razões. A primeira acontece quando se está em presença de alguém que foi acusado de agredir fisicamente a parceira ou outro membro da família. A segunda é mais vaga, e pode compreender qualquer caso em que o acusado/a, que nem sempre é vítima, se recusa a comparecer na Secção da Família e Promoção da Mulher; nestas circunstâncias, a Secção necessita do apoio da Polícia para o/a fazer estar presente. No que concerne a primeira razão, e caso as lesões sejam graves, a Secção envia o caso automaticamente a Polícia, sendo que este envio é feito de modo informal. As conselheiras explicam às vítimas onde se situa a Esquadra mais próxima da residência da/o queixosa/o, onde esta/e poderá colocar a sua queixa. Noutros casos as/os agredidas/os vão directamente à polícia sem necessariamente passar pela Secção da Família e Promoção Mulher.

> *Quando há agressões as senhoras vão à polícia para apresentar queixa mas na realidade a polícia não regista as queixas, porque as senhoras não assumem certas medidas que a polícia venha a aplicar. As senhoras dizem que têm medo das consequências que possam ter junto dos maridos ou dos familiares destes. Como não querem assumir, elas decidem vir para aqui ou são enviadas aqui. A polícia manda as senhoras para aqui sem um papel que informe que já tinha passado lá.*[33]

Relativamente à segunda razão, a Secção, enquanto instância mediadora do conflito e vendo a sua autoridade colocada em causa, dirige-se à Polícia com o Pedido de Comparência rejeitado, de modo a obter o apoio desta instância na procura do cidadão faltoso. Importa referir que o objectivo desta acção é somente forçar o indivíduo a comparecer no local de mediação.

De facto, as instituições públicas angolanas particularmente a Polícia Nacional, assim como os tribunais, estão cada vez mais apostadas na descentralização de certas competências relacionadas com casos de natureza cível – quer por via negocial, quer por interesse próprio – para outras instâncias. Esta aposta prende-se com a elevada densidade populacional dos bairros e a falta de instâncias de proximidade de resolução de conflitos. São estes tipos de casos que chegam à Secção, encaminhados pela Polícia Nacional. A Chefe da Secção referiu-se à rede que este serviço partilha com outros mobilizadores de conflitos. Estes são

---

[33] Ibidem.

núcleos e associações de jovens, de adultos que trabalham nos bairros e que, encontrando dificuldades na realização do programa de actividades, solicitam apoio à Secção. A relação destas instâncias com a Secção está associada aos serviços que prestam conjuntamente à população.

Eles pedem apoio de palestrantes ou para testemunhar algumas das suas actividades. Por exemplo já fui convidada várias vezes para falar sobre a violência doméstica. Eles são conhecedores do bairro e quando tomam conhecimento de casos de violência doméstica orientam as partes para se dirigirem à Secção da Família. Por exemplo, o presidente da Comissão de Moradores do S. telefonou-me para informar um caso que deu entrada na Comissão. Tratava-se de um caso de abandono do lar e de falta de assistência a família. Reconhecendo que é um problema de família, o presidente da Comissão decidiu encaminhar para a Secção.[34]

A Secção da Família e Promoção da Mulher tem um poder quase que legitimado, seja pelos meios de comunicação social, pela polícia ou pelo impacto produzido pelos próprios beneficiários. O convite simboliza um documento proveniente do Estado e ninguém está interessado em ter problemas com esta instituição. Contudo, e apesar do papel que esta instância tem protagonizado, existem agressores/acusados ou vítimas/queixosos que subestimam o papel desta instância por duas razões: a primeira está relacionada com os utentes, pois consideram que a Secção não tem competência para coagi-los, uma vez que nunca viram ou ouviram alguém ser punido. Pedagogicamente, algumas medidas que são tomadas contra eles (agressores), procurando garantir que nunca voltará a agredir, que apoiará a casa, que pagará alimentos aos filhos, etc., dependem, para serem executadas, da boa fé do acusado, o que tira o poder e a autoridade a esta instância.

5. Outras actividades em que a secção participa

5.1. Palestras e seminários
De entre as muitas outras actividades em que esta Secção está envolvida, destaca-se a realização de palestras e seminários, que são actividades que se

---

[34] Ibidem.

enquadram na componente preventiva de conflitos. São programadas pela Secção, embora, em caso de dificuldade de abordagem, as conselheiras recorram a especialistas locais. *"Imaginemos que queremos fazer uma palestra sobre doenças sexualmente transmissíveis por exemplo. Eu faço uma carta dirigida ao Chefe da Repartição* [saúde] *e este indica alguém especializado para tratar do tema."*[35]

Estas palestras e seminários procuram alertar para os problemas, mas funcionam também como estratégia para se aproximar dos munícipes, procurando estimulá-los ao diálogo, alargando a esfera de participação cidadã.

> *Por exemplo, houve um caso em que depois da palestra uma senhora aproveitou a ocasião para denunciar os problemas que tem vivido em casa. Nós aproveitamos a ocasião para informar aos participantes sobre o papel da Secção nas suas diferentes vertentes. Eram dirigidas às famílias, juventude, sobre temas variados tais como violência doméstica, SIDA, competências profissionais, etc. Estas actividades têm sido realizadas em parceria com as igrejas, organizações não-governamentais e mercados.*[36]

As palestras e seminários são meios e estratégias que servem, por um lado, para medir a pulsação dos conflitos domésticos na comunidade, servindo também para influenciar ou mesmo incitar a população a assumir um papel activo na denúncia de casos envolvendo situações de violência doméstica. Conforme exposto pelas conselheiras, os casos mediados pela instância foram sempre colocados pelas próprias vítimas. Face à insuficiência de conselheiros e outros especialistas, *"a Secção da Família utiliza estratégias de valorização de recursos locais utilizando o que chamamos por pontos focais"*. São pessoas colectivas (associações, igrejas e outras formas de organização das pessoas existentes no bairro) ou individuais que vêm apresentar de forma directa ou indirecta as suas preocupações. Relativamente à comunidade, *"recorremos a eles em função das necessidades e dos planos que temos. O nosso interesse, com esta estratégia de intervenção, consiste no facto de que se poupa esforços e recursos financeiros"*.[37]

---

[35] Ibidem.
[36] Ibidem.
[37] Ibidem.

5.2. O micro-crédito

Uma parte significativa dos conflitos familiares acompanhados pela Secção da Família e Promoção da Mulher está relacionada, de forma directa ou indirecta, com a pobreza que grassa na sociedade angolana. A limitação do poder financeiro da família dificulta que os pais ou chefes de família assumam o seu real papel de assegurar o bem-estar social e económico da família.

O Ministério da Família e Promoção da Família e a Administração Municipal do Kilamba Kiaxi, atentos a esta realidade, decidiram apoiar um certo número de famílias atravessando conflitos através de diferentes projectos, sendo exemplo o micro-crédito, para procurar restituir a dignidade e harmonia social destas famílias, de modo a que pudessem reconquistar os seus direitos. O programa do Ministério tem um carácter nacional e integra todas as categorias da população desde que estejam economicamente activas (i.e., desde que reúnam condições para o reembolso). Já o programa da Administração Municipal funciona a nível local e visa, em função das possibilidades que vão surgindo, incentivar as famílias, particularmente as mulheres, a encontrarem formas de geração de rendimentos, diminuindo a sua dependência económica face aos maridos. Os dois programas são uma alternativa ao modelo padrão de concessão de crédito dirigido a pessoas que não têm acesso a formas convencionais de crédito por não possuírem critérios que satisfaçam os interesses dos credores formais, ou seja, os bancos. Neste contexto, o micro-crédito é a acção de concessão de empréstimos informais de baixo valor financeiro a mulheres com objectivo de pôr fim à pobreza, esse flagelo que humilha e destrói tudo o que um ser humano representa (Yunus, 2008).

Embora seja um objectivo económico, do ponto de vista estratégico este programa tem produzido um impacto social importante, contribuindo significativamente para a diminuição dos conflitos familiares. O critério fundamental de acesso a este tipo de crédito, independentemente de declarar o seu estado de pobreza, é, sem sombras de dúvida, o exercício de uma actividade económica. Reconhece-se que estas pessoas possuem competências e capacidades produtivas, seja no sector formal ou informal, o que lhes permitirá criar o seu próprio posto trabalho ou uma forma de obter rendimentos. São mulheres que, por norma, já possuem ideias claras sobre o negócio a que gostariam de se dedicar ou que já têm ou tiveram uma actividade económica activa, mas por motivos vários precisam de alguns inputs para que o negócio tenha os rendimentos desejados. Dada a complexidade deste sector – segurança dos locais, instabilidade dos preços e falta de protecção deste tipo de serviço mesmo sendo uma actividade promovida pelo estado – o reembolso dos fundos nem sempre é feito nos prazos acordados. Para superar estas dificuldades,

> *[...] houve uma actividade de preparação dos grupos que consiste na organização dos grupos. Para a organização dos grupos, trabalhamos com as associações e comissões de moradores e no fim o dirigente da associação ou comissão de moradores traz a lista dos componentes do grupo. Cada grupo tem uma líder cuja função é de coordenar o grupo, servir de interlocutora válida junto da Secção e de recolher o dinheiro com finalidade de fazer o reembolso.*[38]

Todavia, existem casos de beneficiárias que – seja por natureza da actividade, pela falta de domínio, ou mesmo por mera intenção – não aceitam ou não assumem as responsabilidades assumidas de reembolso das suas dívidas ou remanescentes. Segundo uma das conselheira,

> *[...] o não reembolso tem a ver com a falta de compromisso por parte das beneficiárias. As beneficiárias, quando não querem pagar, ameaçam a líder do grupo o que faz com seja acusada pela Secção da Família e pelo Banco de irresponsável. A Secção toma conhecimento da realidade graças aos mecanismos por eles criados para facilitar o feedback entre o Banco e a Secção, e a Secção e a líder. Na primeira relação particularmente no Banco existe uma pessoa especializada para o efeito. O banco só telefona quando as beneficiárias estão em dívida.*[39]

Quais os benefícios sociais que se esperam do micro-crédito? Por um lado, o micro-crédito funciona como um mecanismo de estabilidade social da família. Um outro benefício está na forma de adquiri-lo, já que há uma diminuição de burocracia e redução de custos de transacção (via banco da administração, que não exige o pagamento destes custos). O interessado não precisa de se deslocar à Administração Municipal, sendo o agente de crédito que vai ao encontro do beneficiário.

---

[38] Entrevista realizada a 3 de Dezembro de 2009.
[39] Ibidem.

A construção de regras para o relacionamento dos membros de cada grupo, especialmente sobre como para honrar os compromissos estabelecidos, ajudam as mulheres e suas famílias na criação de atitudes e na observância de novas regras/valores de convivência, contrariamente aos que criam ou incitam a violência. Esta forma de organização coloca-as numa dupla posição: agentes e beneficiários de crédito. Isto é, cada membro do grupo assume o papel de fiscal e é fiscalizado, de modo que todos recebam o empréstimo, pois eles dependem da correcta aplicação dos fundos e do reembolso total dos fundos lhes foram creditados.

5.3. Formação e divulgação dos direitos humanos

O ambiente de mal-estar, que caracteriza a ausência de valores entre largos sectores da sociedade angolana, e a emergência e reprodução de valores que discriminam outros segmentos da população em Angola, tem sido razão de preocupação de muitas instituições, quer do Estado, quer da sociedade civil. Os direitos humanos são direitos individuais, inerentes à pessoa humana. O Ministério da Família e Promoção da Mulher através da sua Secção Municipal em Kilamba Kiaxi é uma das instituições envolvidas neste desafio. Para o efeito procurou, através da criação da Rede Mulher reforçar a sensibilidade para as questões de género a nível do Município, reforçando a intervenção política no campo dos direitos humanos das mulheres.

A criação da Rede Municipal da Mulher

A criação desta rede teve como objectivos: a) identificar e levar os problemas das mulheres para junto de espaços de diálogo e decisão; b) sensibilizar a mulher para a mudança de mentalidade no que diz respeito à sua atitude e responsabilidade perante a família; e c) reforçar os laços de solidariedade das mulheres através da troca de experiências.

Os critérios de integração estão abertos a qualquer mulher, desde que habite um dos bairros que integram o Município, trabalhe na área onde se encontra a Rede Municipal e se comprometa a trabalhar para promover o desenvolvimento da mulher do Kilamba Kiaxi e a contribuir para alcançar as metas mediante a participação activa.

O surgimento desta rede teve uma dupla vantagem para a Secção: por um lado, serviu como espaço para a divulgação de métodos e estratégias de prevenção contra a violência doméstica e, por outro lado, constituiu-se como espaço intermédio entre a Secção e as mulheres, transformando-se num dos seus pontos focais e num parceiro engajado na luta pela igualdade de direitos, oferecendo de maneira geral inputs para a transformação do estatuto de inferioridade da mulher, muito comum em Luanda. Após o casamento as mulheres ficam frequentemente na dependência dos maridos, que dispõem das suas vidas tal como confirmou uma das senhoras, quando questionada sobre as razões que levam as mulheres a não denunciar os maridos ou homens que as maltratam: *"como é que vou fazer isso, meu filho, se ele é que traz o pão das crianças, se ele é o pai e chefe da família."*[40]

Investir na educação e formação da mulher constitui uma alavanca central do processo de libertação da mulher da discriminação, momento fulcral para alargar o desenvolvimento da sociedade. Deste modo, o Ministério, nas suas secções, delineou normas fundamentais para o atendimento das vítimas de violência doméstica. Considera-se importante: 1) dar prioridade e segurança à vítima e seus filhos; 2) respeitar a sua integridade e as suas acções; 3) responsabilizar o agressor pela violência e zelar pela cessação da violência; e 4) defender e interceder a favor das vítimas e dos seus filhos.

Contudo, a visão estratégica do Ministério, as suas representações e capacidade de intervenção são mais profundas, pois as acções não se limitam ao levantamento de problemas e à produção de normas reguladoras. Pelo contrário, prevêem-se medidas a tomar nas diferentes áreas que compõem a vida pública da sociedade angolana. A Secção Municipal, com apoio metodológico do Ministério de Tutela, através da sua Direcção Provincial prevê:

1) Na área da educação: criar centros de alfabetização junto às associações femininas, instituições religiosas e organizações não governamentais, permitindo assim que um maior número de mulheres e jovens sejam alfabetizadas; criar um centro de formação profissional – corte e costura, culinária e panificação, artes plásticas – para garantir formação às jovens que ficaram fora do ensino; realizar palestras com temas sobre educação cívica, violência de género e a preservação do património público; realizar campanhas de sensibilização aos pais e encarregados de educação sobre a importância da distribuição igualitária das tarefas do lar, evitando a sobrecarga das raparigas, possibilitando um maior acesso de raparigas e mulheres ao sistema de ensino.

---

[40] Observação realizada a 8 de Dezembro de 2008.

2) Na área de saúde: criar centros de aconselhamento familiar onde, através de um programa de palestras, deverão se abordadas questões relacionadas com a saúde reprodutiva, prevenção de mortes maternas perinatais; prostituição e HIV/SIDA, saúde da mulher e do idoso; realizar campanhas de sensibilização e prevenção do cancro do útero e do cancro da mama, assim como do problema do uso de álcool e tabaco em fase de gestação; elaborar um programa que visa aumentar as competências familiares, garantindo melhores cuidados que permitirão um normal desenvolvimento da primeira infância;

3) Violência de género: implementar um programa de informação e educação para promover atitudes, métodos e competências que visem a participação activa das mulheres nos diferentes domínios da sociedade; elaborar e exercer políticas dirigidas às mulheres provenientes das áreas rurais; formular e desenvolver políticas de acção afirmativa no emprego para que as mulheres sejam agentes e beneficiárias das políticas, programas e projectos de desenvolvimento (micro-crédito); realizar campanhas de informação e sensibilização mantendo a mulher, homem e criança informados sobre os seus direitos e a forma de os exercer; desenvolver actividades em prol da definição da política nacional de género.

A divulgação dos direitos da mulher

A educação é um direito humano e constitui um instrumento indispensável para o alcance da igualdade e desenvolvimento social da mulher, em particular, e da sociedade em geral (Sebastião, 2007). A luta pela conquista dos seus direitos passa necessariamente pela luta contra a discriminação da mulher. O artigo 1.º da Convenção da ONU sobre a eliminação de todas as formas de discriminação contra as mulheres descreve como discriminação:

> *qualquer distinção, exclusão ou limitação imposta com base no sexo que tenha como consequência ou finalidade prejudicar ou invalidar o reconhecimento, gozo ou exercício por parte das mulheres, independentemente do seu estado civil, com base na igualdade de homens e mulheres, dos direitos humanos e liberdades fundamentais no domínio político, económico, social, cultural, ou qualquer outro domínio.*

A sua divulgação requer estratégias e meios para que a mensagem alcance de forma eficaz as famílias e com maior realce a mulher. Porém, a Secção da Mulher tem aproveitado as 'jornadas da mulher' para a divulgação de seus direitos. Neste sentido a Secção tem organizado a *Jornada Março Mulher*. Divididas em quatro sessões, estas jornadas contam com a participação de todos os actores sociais que trabalham neste sector. No âmbito desta jornada realizam-se campanhas de sensibilização da população em prol da melhoria das questões de género e da igualdade entre os sexos, realizadas através de oficinas, mesas redondas, palestras, actividades culturais, recreativas e desportivas. Há lugar, igualmente, a visitas aos hospitais, cadeias e outras instituições de carácter social. Estrategicamente, apesar de serem acções que visam a formação e educação da população, são sobretudo acções de divulgação da realidade das mulheres servindo assim de meio de reflexão para cada angolano sobre a importância da data. Neste período, o Conselho Provincial multi-sectorial de género, um órgão de consulta da Direcção provincial, realiza uma reunião que tem por objectivo contribuir e acompanhar a evolução das questões de género ao nível da província; emitir pareceres sobre os mecanismos internacionais a implementar no país assim como fazer avaliação do grau de cumprimento das questões de género. Estes encontros permitem à Direcção obter o ponto de vista das diferentes associações e instâncias que constituem o mosaico da sociedade civil angolana e que são parceiras da Secção/Direcção/Ministério na definição e materialização de iniciativas relativas à mulher e à família em geral.

Conclusões

Dado que as mulheres constituem mais de metade da população de Angola, importa perceber as razões que estão na base das situações de discriminação de que são alvo, das indignidades e violências que as marcam no seu quotidiano como mulheres, o modo como se vão organizando para mudar esta situação e, mais importante ainda, a forma como articulam os seus direitos enquanto e como direitos humanos.

Como este capítulo demonstra, a Secção da Família e Promoção da Mulher no Município Kilamba Kiaxi é exemplo de uma experiência que procura mobilizar esforços e processos legais para defender os interesses das mulheres, assim como as iniciativas desenvolvidas, envolvendo actores estatais e não-estatais cuja acção visa lutar contra a violência de que as mulheres são alvo, incluindo o direito à saúde e à família (violência doméstica, feminização do HIV-Sida e o impacto da violência sobre a saúde e a família, etc.). A precariedade económica que afecta as mulheres reflecte-se nos principais tipos de casos que demandam a Secção na busca de uma solução (Quadro 1): desalojamento; desentendimentos; incumprimento, por parte do pai, do pagamento da mesada; e a violência física. Apesar de vários homens o procurarem também, o que os números ilustram é que a violência em Angola, a exemplo do que Luanda apresenta, fala a linguagem de género.

A Secção da Família e Promoção da Mulher é um caso interessante no panorama das instâncias extra-judiciais de resolução de conflitos de Luanda. Vários trabalhos têm vindo a argumentar, ao analisar outros contextos africanos (Burman e Schärf, 1990; Osório *et al.*, 2002), que nas instâncias locais a resolução de conflitos é sustentada pela moral, pela lei e pela legitimidade dos seus representantes. Neste sentido, estas instâncias, através dos mediadores que aí operam, assumem posições que procuram 'repor' e reconstituir a ordem estabelecida, agindo portanto como uma forma de controlo social. Neste sentido, os conflitos em que as mulheres se vêm envolvidas passam, necessariamente, pelo reconhecimento das formas e do modo como se realiza a construção social da identidade feminina, e dos direitos das mulheres. No estudo realizado, torna-se claro que de entre os que recorrem à mediação de instâncias locais, a maioria é do sexo feminino. Na busca de conciliação, as mulheres dirigem-se a estas instâncias locais pois o seu objectivo, ao procurarem estas instâncias, coaduna-se com a perspectiva que orienta o trabalho de mediação, que aposta na reconciliação das partes em conflito. As mulheres e os homens que aí se dirigem querem melhorar a situação em que vivem e ter paz em casa. Procurando evitar rupturas dramáticas, procuram a Secção para poder, num ambiente de diálogo, colocar os seus problemas e serem ouvidas, sem por isso serem vistas como 'mulheres que denunciam o marido'.

Embora a violência física e psicológica constitua o panorama de fundo no qual se desenvolvem os conflitos (Green, 1999), outros argumentos são usados para dar mais força a outras denúncias consideradas mais 'legítimas': tutela parental, direito a alimentos, herança e partilha de bens. Num contexto em que a questão da violência experimenta dificuldades em passar da teoria à prática (no sentido de limitar e condenar os seus perpetradores), esta Secção constitui um exemplo do que é possível fazer no campo da educação e promoção dos direitos da mulher e da família, ao se *fazer caminho aprendendo*" (Hellun e Stewart, 2007).

Referências bibliográficas

Burman, Sandra; Schärf, Wilfried (1990), "Creating People's Justice: Street Committees and People's Courts in a South African City", *Law & Society Review*, 42 (3): 693-744.

Channock, Martin (2000), "Culture" and human rights: orientalising, occidentalising and authenticity", *in* Mamdani, M. (org.), *Beyond rights talk and culture talk. Comparative essays on the politics of rights and culture*. Cidade do Cabo: David Philip Publishers.

Green, December (1999), *Gender Violence in Africa: African Women's Responses*. Nova Iorque: Palgrave Macmillan.

Hellum, Anne; Stewart, Julie (orgs.) (2007), *Human Rights, Plural Legalities, and Gendered Realities: Paths Are Made by Walking*. Harare: Southern and Eastern African Regional Centre for Women's Law, University of Zimbabwe/Weaver Press.

Osório, Conceição; Andrade, Ximena; Temba, Eulália; Cristiano José, André; Levi, Benvinda (2002), *Poder e violência. Homicídio e femicídio em Moçambique*. Maputo: WLSA Moçambique.

Sebastião, Luzia (2007), "Género e Responsabilidade Paternal", *in* CEAST (org.), *Justiça Social*. Luanda: Centro Cultural Mosaiko.

Silva, Terezinha da (2003), "Violência Doméstica: factos e discursos", *in* Santos, B.S.; Trindade, J.C. (orgs.), *Conflito e Transformação Social: uma Paisagem das Justiças em Moçambique*. Porto: Afrontamento.

Wacussanga, Padre Jacinto Pio (2003), *Questões da reconciliação nacional e dos direitos humanos: Perdão v. Justiça*. Workshop provincial sobre as propriedades da reconciliação nacional. Lubango: 18 a 20 de Setembro de 2003.

Yunus, Muhammad (2008), *Creating a World without Poverty: Social Business and the Future of Capitalism*. Nova Iorque: PublicAffairs.

Anexo

Foto 5

O QUE É O CENTRO DE ACONSELHAMENTO FAMILIAR?

O Centro de Aconselhamento Familiar é um lugar de atendimento dos casos de violência e do Aconselhamento às famílias no que diz respeito à resolução dos conflitos familiares, cujo objectivo é a harmonização da sociedade angolana.

O Centro tem entre outros, os seguintes objectivos :

- Aconselhar as famílias sobre as suas funções, direitos e deveres, bem como o seu papel na consolidação da Paz e tolerância na família.

- Sensibilizar as famílias no sentido de se absterem de quaisquer actos de violência, incentivando o dialogo construtivo.

- Estimular a realização de acções que protejam as mulheres e jovens contra a violência na família e na sociedade.

- Desenvolver acções que visem eliminar situações de discriminação contra as mulheres e jovens em todos os domínios.

- Mobilizar a sociedade para engendrar mudanças de comportamento e de atitudes, para com as mulheres jovens, idosos e deficientes.

- Contribuir para a aplicação das leis com base nas convenções e declarações internacionais às quais Angola aderiu, bem como na legislação nacional.

- Trabalhar em estreita colaboração com os órgãos de comunicação social para denunciar os casos de violência.

- Formar e informar todos os actos que intervêm em casos de violência (corpo, medico, policia, pessoal jurídico, etc.).

- Esclarecer e informar as mulheres e jovens sobre os seus direitos civis, políticos, sociais, econômicos e culturais.

- Trabalhar com as estruturas ligadas aos programas de alfabetização, para a inserção dos conceitos dos direitos humanos.

- Trabalhar em parceria (estabelecer acordos de cooperação) com os órgãos de justiça para a resolução de actos de violência perpetrados na família, particularmente contra as mulheres e jovens.

Anexo

Foto 6

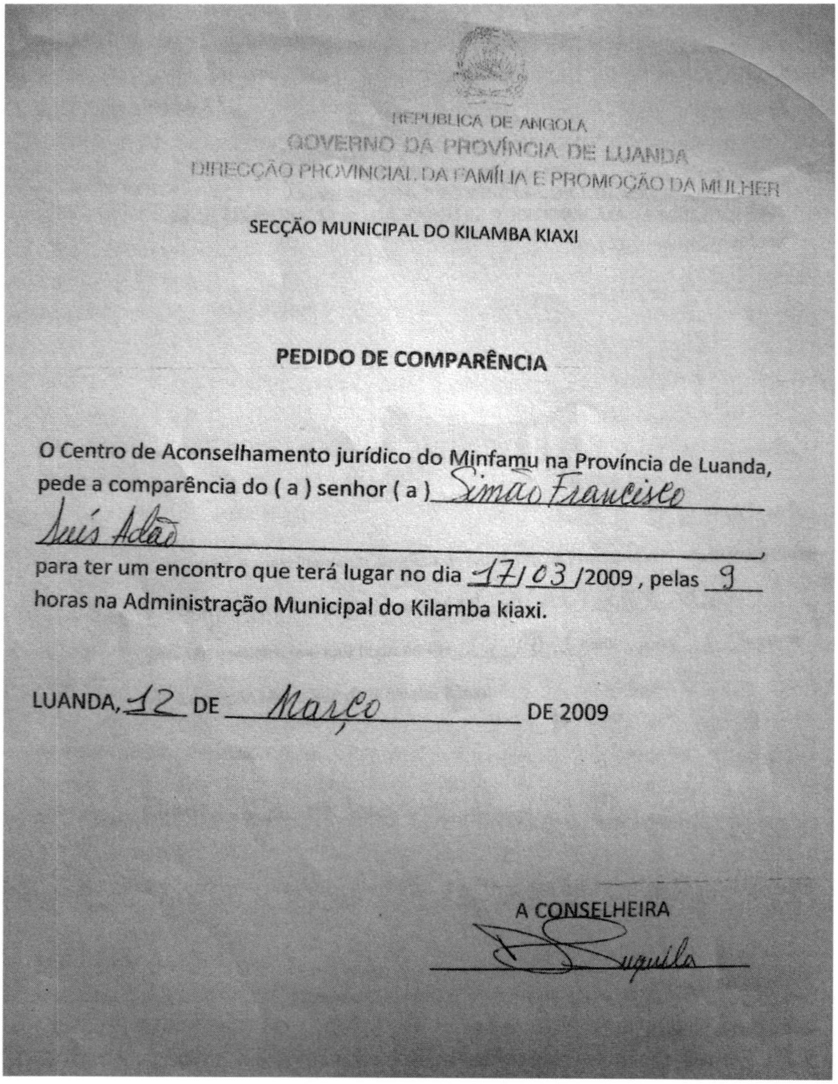

REPÚBLICA DE ANGOLA
GOVERNO DA PROVÍNCIA DE LUANDA
DIRECÇÃO PROVINCIAL DA FAMÍLIA E PROMOÇÃO DA MULHER

SECÇÃO MUNICIPAL DO KILAMBA KIAXI

PEDIDO DE COMPARÊNCIA

O Centro de Aconselhamento jurídico do Minfamu na Província de Luanda, pede a comparência do (a) senhor (a) *Simão Francisco Luís Adão* para ter um encontro que terá lugar no dia *17/03*/2009, pelas *9* horas na Administração Municipal do Kilamba kiaxi.

LUANDA, *12* DE *Março* DE 2009

A CONSELHEIRA

Anexo

Foto 7

REPUBLICA DE ANGOLA
GOVERNO DA PROVÍNCIA DE LUANDA
ADMINISTRAÇÃO DO MUNICIPIO DE KILAMBA KIAXI
SECÇÃO MUNICIPAL DA FAMÍLIA E PROMOÇÃO DA MULHER

TERMO DE COMPROMISSO

EU _____, filho

de _____

e de _____ nascido (a)

aos __/__/__. Bi nº _____, Passado pelo arquivo de

Identificação de _____, aos __/__/_____.

Em conformidade com a audiência e gozando das minhas faculdades mentais diante

deste órgão, venho por este meio assumir o termo de Compromisso de:

_____

_____

_____

SECÇÃO MUNICIPAL DA FAMÍLIA E PROMOÇÃO DA MULHER DO
KILAMBA KIAXI EM LUANDA, AOS 08 de Dezembro de 2008.

O Munícipe

A (s) Testemunha (s)

A Chefe de Secção

Dorcas Suquila

"TRABALHEMOS UNIDOS PARA MUDAR LUANDA".

CAPÍTULO 6
A POLÍCIA NACIONAL DE ANGOLA E A RESOLUÇÃO DE CONFLITOS
A 31.ª ESQUADRA POLICIAL DO PALANCA II DO COMANDO MUNICIPAL DA POLÍCIA DO KILAMBA KIAXI (V.ª DIVISÃO)

André Kaputo Menezes, Maria Paula Meneses e Júlio Lopes

1. Polícia, Estado e justiça: controlo e conflito social

A polícia, quer por ignorância, quer por esquecimento, tem estado afastada dos debates e investigações realizadas sobre instâncias alternativas de resolução de conflitos (Hinton, 2006; Baker, 2008; Alemika, 2009). Embora no contexto africano se conheçam já vários trabalhos que analisam o papel da polícia na mediação e resolução de conflitos, no caso de Angola poucos são os trabalhos de investigação sobre este tema,[1] reflectindo o facto de a esfera de actuação da própria polícia ter conhecido um insuficiente acolhimento constitucional.[2]

Procurando compreender, num contexto mais amplo, as raízes do desinteresse por esta temática, David Bailey (1975) identifica quatro factores: em primeiro lugar, a polícia raramente actua como protagonista em grandes momentos históricos, sendo a sua acção normalmente de âmbito rotineiro, sendo o policiamento considerado pouco profissional na maioria dos países; em segundo lugar, pelo facto de o policiamento não envolver prestígio nem fascínio, nem sequer mesmo nas actividades relacionadas com a investigação policial; em terceiro lugar, o policiamento é muitas vezes classificado como moralmente repugnante e, em quarto e último lugar, a escassa disponibilidade de bibliografia e de dados. No quadro destes factores apontados por David Bailey, quando se olha para a polícia como instituição, a primeira referência recai sobre

---

[1] Importa fazer referência à uma iniciativa da Universidade Agostinho Neto, mais concretamente das Faculdades de Direito e de Letras e Ciências Sociais, que, em conjunto com o Comando Geral da Polícia Nacional, realizaram um workshop em Dezembro de 2009 subordinado ao tema *"O Estado Actual da Criminalidade em Angola e Medidas para o seu Combate"*, juntando académicos, estudantes e membros da polícia nacional.

[2] Desde a sua criação e institucionalização, a Polícia Nacional, nos seus quase 35 anos de existência, só recentemente teve acolhimento constitucional, com aprovação da Constituição da III.ª República. Quanto ao quadro legal do seu funcionamento, veja-se o 'Estatuto Orgânico da Polícia Nacional' (Decreto-Lei nº 20/93, de 11 de Junho de 1993), assim como o 'Regulamento do funcionamento disciplinar da Polícia', aprovado em 1996 (Decreto n.º 41/96, de 27 de Dezembro).

as suas acções, particularmente aquelas dignas de não serem esquecidas pelos cidadãos. Muitas dessas acções policiais contêm elementos de excesso, exageros que, longe de serem uma excepção, são a regra em Angola.[3]

Não obstante a escassez de estudos sobre a temática, as questões relacionadas com a participação da polícia na resolução de conflitos, sobre o exercício da sua actividade na luta contra a violência e a criminalidade e pela defesa da segurança conhecem uma ampla mediatização, questionando-se cada vez mais o seu papel, a sua estrutura e até mesmo as políticas definidas para si.

A polícia ocupa um papel central no contexto do poder do Estado, porque a sua actividade se traduz numa das formas de controlo social e de acompanhamento dos cidadãos na observação das regras definidas pelo Estado. Neste sentido, seguindo de perto, a acepção weberiana, o Estado manifesta-se sob a forma de uma autoridade colectiva que, dentro de um determinado território, reivindica com êxito o monopólio legítimo da coacção física (2000: 34). Ou seja, aquele que define as regras da utilização da força, portanto das formas de controlo social para dirimir os conflitos resultantes das relações sociais. Mesmo em sistemas democráticos consolidados, a polícia funciona assente numa contradição: de facto, o policiamento, um componente coercivo da acção estatal, exige também a protecção e a defesa da vida e da propriedade, justificando mesmo o recurso a ameaças e ao uso da força.

Pode, pois, dizer-se que o controlo social existe por necessidade de resolver ou mediar a conflituosidade das relações sociais. Neste sentido, e como vários autores acentuam, *"o controle social refere-se à capacidade de uma sociedade se auto-regular de acordo os princípios e valores desejados"* (Costa, s/d: 95). Para Durkheim, a ideia de controlo social ajuda a perceber a estrutura de funcionamento social, onde o Estado é o órgão central de controlo. Como afirma Marco César Alvarez, o controlo social, "está voltado para o conjunto de recursos materiais e simbólicos de que uma sociedade dispõe para assegurar a conformidade do comportamento de seus membros a um conjunto de regras e princípios prescritos e sancionados" (2004: 169). Neste caso, o problema não é o conflito em si, nem as suas formas derivadas, mas sim os mecanismos disponíveis para dirimi-lo. E sempre que um dado conflito atenta contra a ordem, contra a segurança pública, impõe-se a necessidade do controlo social, efectuado através de uma

---

[3] Estes problemas não são, de longe, exclusivos de Angola. Cf. as análises de Marenin, 1985; Kant de Lima, 1995, 2003; Ake, 1997; Goldsmith e Lewis, 2000; Hills, 2000; Caldeira, 2000; Pinheiro, 2000; Berg, 2005 e Hinton, 2006.

estrutura do Estado, usada para conter esse conflito. A necessidade de justiça justifica e legitima a tentativa de dirimir os conflitos, para a manutenção dos valores prescritos pelo Estado.

O papel da polícia depende, em grande medida, do contexto no qual está inserida e que dele é resultado. Seguindo de perto a proposta de Arthur Costa, *"o papel das polícias na realização do controle social varia de Estado para Estado. [A] forma de controle social e o papel das polícias dependem de factores políticos, sociais e económicos"* (s/d: 95). Em contextos de conflito armado, por exemplo, a função da polícia difere significativamente das suas funções em contexto de paz, porque a polícia não está isolada da realidade à sua volta, como acontece em vários cenários africanos (Berg, 2005; Baker, 2006). Mesmo em contextos democráticos, as funções da polícia diferem de acordo com o modelo de sistema de justiça criminal definido, já que as polícias têm como principal objectivo administrar os conflitos sociais. Associadas a diferentes tradições culturais, as polícias *"ora vêem nos conflitos fonte de desordem e quebra da harmonia social, a ser reprimida ou exemplarmente punida, ora vêem nos conflitos, considerados inevitáveis para a vida social, fonte de ordem quando devidamente solucionados"* (Kant de Lima, 1997: 170).

Roberto Kant Lima, debruçando-se sobre a questão do funcionamento das polícias, distingue dois modelos principais: o modelo piramidal e o modelo de paralelepípedo. No primeiro caso a polícia tem *"a seu cargo a tarefa de identificar conflitos visando não a sua prevenção e resolução, mas a sua supressão: inicialmente forçando a sua conciliação e, posteriormente suprimindo-os"* (2003: 251). Já o modelo em paralelepípedo assume a polícia como uma força legítima para forçar o cumprimento da lei. A grande diferença tem a ver, sobretudo, com a forma como espaço público é entendido, pois no modelo de paralelepípedo, o espaço público *"é um espaço ordenado, onde todos têm de se submeter às mesmas regras explícitas, que devem ser literalmente obedecidas. O pressuposto é que todos os elementos constitutivos deste espaço se opõe, mas têm igual voz e voto na elaboração das regras para sua utilização"* (Kant de Lima, 2003: 248). No modelo piramidal,

> *[...] o espaço é de apropriação do Estado, é este que é responsável, em princípio, pela definição das regras para a sua utilização e pelo zelo para que se cumpram. O espaço público não se define como resultante de um contrato negociado entre iguais, mas de um acordo em que as partes não só são diferentes, mas desiguais, pois possuem peso diferenciado (2003: 246).*

A polícia é, pois, crucial para analisar como os africanos experimentam as liberdades democráticas adquiridas e/ou em consolidação, determinando igualmente o tipo de investimento e crescimento e de desenvolvimento socioeconómico presente. De facto, o policiamento em contextos africanos está intimamente relacionado com negócios que envolvem comunidades que habitam bairros, grupos culturais, diferentes organizações, figuras políticas e governantes (Berg, 2005). Como os estudos que têm vindo a ser realizados apontam (Ake, 1997; Goldsmith e Lewis, 2000), as práticas de funcionamento das polícias na maioria dos contextos africanos não são adequadas, tendo por isso vindo a ser crescentemente questionadas face aos atropelos e violações dos direitos humanos e das normas democráticas que realizam.[4] A investigação, ainda que incipiente, que tem vindo a ser levada a cabo sobre as formas de funcionamento e sobre as práticas das polícias no continente africano, especialmente no contexto subsaariano, aponta os hiatos existentes entre as propostas de mudanças e as práticas continuadas de funcionamento das polícias.[5]

A função da polícia não se limita apenas à regulação social. Arthur Costa critica, assim, a redução da função da polícia ao seu papel coercivo, facto que oculta muitas outras funções também desempenhadas pela polícia, *"como socorro, assistência às populações carentes e apoio às actividades comunitárias"*, entre outras (s/d: 94).

Procurando analisar a evolução da polícia nacional em Angola, este capítulo incide especialmente sobre o papel desempenhado pela polícia na mediação de conflitos, tendo como exemplo o caso da 31ª Esquadra do Município do Kilamba Kiaxi (Palanca).[6]

2. A Polícia Nacional de Angola: percursos e contextos de funcionamento
Em Angola, a Polícia Nacional (PNA) é a força de segurança pública que concentra vários ramos de actividade policial, desde a ordem pública à investigação criminal. A actual Polícia Nacional de Angola conheceu um percurso histórico

---

[4] Especificamente para o caso angolano, e como vários dos relatórios da Amnistia Internacional referem (2007, 2008, 2009), o país ainda não ratificou a Convenção da ONU contra a Tortura e, apesar de presente Constituição angolana proibir a tortura, o Código Penal vigente não a impede.

[5] Sobre este tema cf. Hills, 2000; Baker, 2006 e, para o contexto angolano, AJPD, 2005; Ventura, 2008; Cavula, 2009; Mário 2009; Miranda, 2009 e Ramos, 2009.

[6] Funcionam igualmente em Angola vários corpos policiais privados, sob a forma de companhias de segurança. De acordo com Schreier e Caparini (2005), funcionam em Angola mais de 80 companhias privadas de segurança, associadas especialmente à protecção das acções de extracção de petróleo e de diamantes.

complicado, que reflecte as várias metamorfoses que o país atravessou, desde a fase da transição para a independência até à fase de institucionalização da polícia. Tal como funciona hoje, é, de alguma maneira, herdeira de algumas funções da antiga Polícia de Segurança Pública (PSP) de Angola, a principal força de segurança uniformizada durante a administração colonial portuguesa.[7]

Com a criação do Estado Angolano independente impôs-se a reformulação do recém-criado Corpo de Polícia de Angola. Assim, a 28 de Fevereiro de 1976, e fruto de uma reestruturação interna, o CPA transformou-se no Corpo de Polícia Popular de Angola (CPPA), sob direcção de André Pitra Petroff. Até 1977, mais concretamente, a 26 de Maio, com a criação da Secretaria de Estado para Ordem Interna, a CPPA manteve-se sob dependência do Ministério da Defesa, enquanto a Polícia Judiciária e a Inspecção de Polícias passaram a estar na dependência do Ministério da Justiça, enquanto o Centro de Observação de Menores passava a depender directamente da Secretaria de Estado dos Assuntos Sociais. A Direcção dos Serviços de Viação e Trânsito, o Corpo de Guardas Privativos dos Portos, Caminhos-de-Ferro e Transportes passaram a subordinar-se à recém-criada Secretaria de Estado para a Ordem Interna (MINT, 2009: 28-29).[8]

Até 1989 vários factos marcaram o contexto de desenvolvimento da polícia em Angola, com destaque, em primeiro lugar, para criação da Direcção Nacional da Polícia Popular de Angola (DNPP), em Maio de 1979, por via da extinção da CPPA. Em segundo lugar, a criação do Ministério do Interior, por via da extinção da Secretaria de Estado para a Ordem Interna. A estas transformações seguiu-se, na década de 80,

> *[...] um amplo trabalho de reorganização da polícia [...]. Deu-se início ao reajustamento das estruturas policiais à divisão político-administrativa na nação e definição das unidades municipais e de base [...]; deu-se forma legal à integração de todos órgãos policiais num organismo único [...]. A Policia Popular de Angola passou a ser dirigida por um Comando Geral, integrando como órgãos de direcção operativa, as direcções nacionais de Ordem Pública, de Investigação Criminal, de Investigação e Inspecção*

---

[7] Foi através da Lei n.º 24/75 que o Governo de Transição, em Abril de 1975, procedeu à alteração da designação de PSP para Corpo de Polícia de Angola – CPA.

[8] Com excepção da CPPA, os outros órgãos apenas passaram à subordinação da secretaria, quando passaram a integrar a Direcção Nacional da Polícia Popular (DNPP), criada apenas em 1979.

das Actividades Económicas, de Instrução Processual e de Viação e Trânsito,[9] com representatividade executiva a nível provincial e municipal[10] (MINT, 2009: 29).

No período da transição para a democracia, mais concretamente da transição para o multipartidarismo, no início da década de 1990, a Polícia Popular sofreu diversas alterações, dando-se início, *"a mais um processo de reestruturação e de re-equipamento das forças policiais, tudo tendente a fazer com que a polícia corresponda a nova fase da vida da nação e que possa ser o garante da ordem e da tranquilidade pública dos cidadãos."* É nesta altura que, de acordo com o mesmo documento, *"é alargado o conceito de polícia a toda a extensão do país"*[11] (2009: 30).

Em 1993, e após as primeiras eleições multipartidárias, a DNPP dá lugar à Polícia Nacional de Angola - PNA, com a integração de diversos organismos policiais e não-policiais. O Decreto-Lei nº 20/93[12] define o quadro orgânico da Polícia, bem como os propósitos desta instituição, a partir dos seguintes pontos: 1) Defesa da legalidade democrática; 2) Manutenção da ordem e tranquilidade pública; 3) Respeito pelo regular exercício dos direitos e liberdades fundamentais dos cidadãos; 4) Defesa e protecção da propriedade privada, colectiva e estatal; 5) Prevenção da delinquência e o combate à criminalidade; 6) Investigação dos crimes e dos seus autores e a instrução preparatória dos processos; e 7) Colaboração na execução da política de Defesa Nacional (Amnistia Internacional, 2007: 3).

Estas tarefas da Polícia Nacional de Angola encontraram eco na nova Constituição, recentemente aprovada (2010). De acordo com a nova Constituição, a Polícia Nacional é uma *"instituição nacional policial, permanente, regular e apartidária, organizada na base da hierarquia e da disciplina, incumbida da protecção e asseguramento policial do País, no estrito respeito pela Constituição e pelas leis, bem como pelas convenções internacionais de que Angola seja parte"* (artigo 210.º).

Estas reformas, com relação a uma polícia que funcionava no contexto de um partido-estado, marcam uma mudança profunda para um contexto de democracia multipartidária. Isto significou uma mudança profunda, passando-se de um enfoque centrado na defesa da unidade do Estado para a protecção dos direitos e das liberdades individuais, incluindo a imparcialidade da polícia,

---

[9] Esta actuação a nível municipal constitui uma situação de excepção.

[10] Destaca-se ainda a dependência directa e a sua cessação do comando-geral da Polícia Nacional ao Presidente da República no período entre 1988 e 1989.

[11] É ainda criada a polícia intervenção rápida (paramilitar) e outras unidades especiais da polícia.

[12] De 11 de Junho de 1993, que define o 'Estatuto Orgânico da Polícia Nacional'.

restrições mais profundas em torno das detenções, entre outras alterações. Num outro patamar, estas reformas trouxeram consigo a supressão de outras formas policiais e paramilitares funcionando a nível local.[13]

A estrutura organizativa da Polícia Nacional compreende serviços de apoio consultivo, de apoio técnico, de apoio instrumental, executivos centrais e executivos locais (MINT, 2009: 6). A polícia nacional faz parte dos serviços executivos centrais,[14] dotados de autonomia administrativa, cuja função assente na sua missão consiste em *"assegurar a ordem e tranquilidade pública, investigar indícios de crimes e adoptar medidas de prevenção da desordem, da criminalidade, bem como reprimir transgressões"* (MINT, 2009: 19). A sua estrutura orgânica compreende ainda os Comandos Provinciais e Comandos de Divisão (existentes em todas as províncias, incluindo Luanda), assim como as estruturas de controlo a nível municipal.[15]

Em função do novo contexto de paz e dos desafios à uma nova convivência social, a Polícia Nacional lançou, em 2003, o *Plano de Modernização e Desenvolvimento*, definindo como tarefas centrais o profissionalismo, a responsabilidade cívica e a transparência no trabalho a realizar em estreita colaboração com as comunidades (Amnistia Internacional, 2007: 2). Esse plano, de acordo com o ministério de tutela, define *"os principais rumos que se propõe seguir até 2013, para*

---

[13] O enfoque no monopólio do Estado em relação à segurança significa também que estas reformas têm ignorado actores não-estatais, como as autoridades tradicionais e comissões de moradores, cujo papel é preponderante no policiamento das zonas rurais e peri-urbanas. No seu conjunto, estes actores não-estatais, que eram parte da estrutura de base de apoio ao MPLA, partido-estado, na resolução de conflitos a nível local, encontram-se agora excluídos do processo de reformas em curso. Com efeito, embora a constituição de 2010 reconheça as autoridades tradicionais (artigos 223.º-225.º), estas, embora personifiquem e exerçam o poder *"no seio da respectiva organização político-comunitária tradicional"*, devem funcionar *"de acordo com os valores e normas consuetudinários e no respeito pela Constituição e pela lei"* (artigo 224.º), sem se fazer qualquer outra menção à complexa e hierárquica estrutura em que estas autoridades, na sua diversidade, funcionam. As reformas já realizadas e as que estão em curso procuram não apenas democratizar, mas também tornar o sistema formal do Estado mais efectivo, estendendo e expandindo as instituições estatais e o Estado de direito para territórios em que tais instituições ou nunca tinham sido implantadas, ou haviam desaparecido devido à longa guerra. No conjunto, as instituições não-estatais e os seus actores têm estado praticamente ausentes do debate político em torno destas reformas, porque são vistos como um impedimento ao desenvolvimento. No fundo, estas autoridades continuam a ser toleradas enquanto o sistema estatal legal não estiver implantado, devendo, a partir de então, colaborar e funcionar em ligação e em função da 'lei e da Constituição'. Assim, não é de surpreender a ausência de qualquer ligação dos grupos de apoio miliciano às estruturas de base a nível local, com o enfoque na segurança pública centrada unicamente na Polícia.

[14] Para além da Polícia Nacional, integram também o Ministério do Interior os Serviços de Migração e Estrangeiros, os Serviços Prisionais e Serviços de Protecção Civil e Bombeiros.

[15] Os comandos provinciais são responsáveis pela direcção, coordenação e fiscalização dos órgãos e serviços da Polícia Nacional em cada província. Os Comandos Provinciais incluem a) os Comandos de Divisões em Luanda e Comandos Municipais nas restantes províncias; b) as Esquadras Policiais e c) os Postos Policiais.

alcançar a modernização técnica logística, das infra-estruturas e das mentalidades" (MINT, 2009: 30).

Assumido como *"um imperativo fundamental"*,[16] o referido plano de dez anos já produziu alguns resultados, considerados satisfatórios para vários dos actores que o têm vindo a avaliar. De acordo com a Amnistia Internacional[17] (2007: 2), das reformas introduzidas entre 2003 e 2006 merecem destaque o estabelecimento dos guichets de reclamação, em Luanda e noutras províncias, para reclamações sobre a conduta da polícia; a reestruturação do Comando Provincial de Luanda em sete divisões, cobrindo cada uma delas uma área específica; a criação de um programa de reciclagem em massa dos agentes da polícia no activo em institutos de polícia; e a elevação das habilidades académicas (8º e 10º anos) exigidas no recrutamento de novos agentes policiais.

Outra questão mencionada tem a ver com a introdução de cursos de direitos humanos como parte da formação da polícia e a realização de sessões e seminários esporádicos em direitos humanos e direito humanitário através de parcerias estabelecidas entre a PNA e várias instituições. Enquadram-se nesta cooperação vários cursos realizados com o apoio de algumas organizações não-governamentais locais.[18]

Tal como a polícia se procurou adaptar às mudanças ocorridas nos diferentes contextos da vida política, económica e social, a violência e os conflitos sociais também conheceram novos contornos em função dessa realidade, resultando, como veremos adiante, num aumento da criminalidade. Para Alberto Lisboa Mário, essa realidade é também resultado do longo período de colonização e de conflito armado, cujo impacto deu origem a

> *[...] uma crise de valores culturais e religiosos; uma crise de valores morais (desvio comportamental, consumismo, droga, alcoolismo, espontaneidade, imediatismo e*

---

[16] Consulte-se o documento *"Polícia Nacional: Plano de Modernização e Desenvolvimento"*, disponível em www.angolaacontece.com/full.php?id=601.

[17] Como os relatórios da Amnistia Internacional referem, *"tem-se registado algumas melhorias na conduta da polícia, como o decréscimo no número de casos de prisões e detenções arbitrárias e no número de casos relatados de tortura e de execuções extrajudiciais de suspeitos da prática de crime* (Amnistia Internacional, 2007: 1). O relatório de 2009 realça que *"houve melhorias nas políticas policiais, entre as quais a aprovação de um modelo de policiamento que regulamenta o uso da força. A polícia pareceu não agir de modo partidário e registaram-se poucas denúncias de violência ou de violações de direitos humanos durante as eleições* (Amnistia Internacional, 2009: 3).

[18] Neste âmbito importa referir, por exemplo, a realização de seminários de capacitação em matéria de direitos humanos e acção policial (2008: 5), cooperação realizada no âmbito do projecto *"Esquadras de Polícia Segura (2005)"*, envolvendo a Associação Justiça, Paz e Democracia (AJPD) e o Comando da Polícia Nacional.

estereotipo); deterioração da instituição familiar; desemprego e levado número de jovens fora do sistema de ensino; crescimento desordenado das cidades; êxodo rural e legislação desajustada à dinâmica social (2009: 2).

O controlo sobre o espaço público na Luanda do pós-guerra acontece num ambiente distinto, onde o crime e a insegurança estão em alta. De facto, como os dados que se seguem apontam, Luanda conhece um aumento das taxas de crimes, os quais acontecem especialmente nas zonas menos protegidas (subúrbios e áreas peri-urbanas). Nos últimos cinco anos, os dados disponibilizados pelo Ministério do Interior permitem caracterizar Luanda como a província que apresenta o maior número de casos criminais (mais de 50% do total do país).

Quadro 1 – Crimes mais frequentes em Angola

Crimes	2004	2005	2006	2007	2008	Total
Homicídios voluntários	1.142	1.118	1.165	1.188	1.143	5.756
Ofensas corporais voluntárias	7.208	6.667	6.928	11.637	11.858	44.298
Roubos	1.278	1.776	1.238	3.805	5.596	13.693
Furtos	5.128	5.356	5.427	7.699	8.799	32.409
Violações	778	652	681	967	1.175	4.253
Outros Crimes	12.890	15.503	17.563	15.005	18.495	79.454
Total	28.424	31.072	33.002	40.301	47.066	179.863

Fonte: Lisboa (2009)

O Ministério do Interior refere ainda que os principais autores de práticas de delitos – e responsáveis pelo clima de insegurança no país – são menores, com idade inferior a 16 anos. Este mesmo documento regista a existência de um elevado número de homicídios voluntários em residências, ocasionadas por desavenças, ciúmes, crença em feitiçaria, violações e consumo excessivo de álcool (MINT, 2009: 31).

Como o quadro acima aponta, se o número de homicídios se manteve mais ou menos estável, já os furtos, roubos e violações conheceram um aumento significativo, especialmente a partir de 2007. De facto, no período que se seguiu ao Acordo de Paz (2002) embora Angola tenha conhecido um forte crescimento económico, este não foi acompanhado por um desenvolvimento correspondente, não tendo sido incrementadas as medidas necessárias para combater a exclusão social e criar empregos e condições sociais dignas (habitação, cuidados de saúde, educação básica, etc.) para todos. Num outro momento, embora os efectivos da Polícia tenham aumentado, também o território sob sua alçada aumentou consideravelmente, agora que Angola vive um clima de paz. Isto ajuda a explicar (mas não a resolver), o aumento da taxa de crimes em Luanda, especialmente de crimes contra a propriedade e contra a vida. Sendo de referir que a maioria destes crimes envolve o uso de armas de fogo.[19]

Para além dos crimes praticados com armas de fogo, registam-se também crimes contra a ordem e tranquilidade pública, sendo de destacar os crimes relacionados com o uso e comercialização de drogas ilícitas e os acidentes rodoviários, sobretudos os atropelamentos. De facto, os acidentes de viação surgem como um dos principais responsáveis pela morte e ferimentos à população, situação que alguns investigadores têm vindo a apelidar de autêntico flagelo urbano (Macamo, 2005; Ritsema, 2008).

Contudo, e não obstante as melhorias introduzidas no seu funcionamento, a acção da polícia nacional continua a ser marcada por violações dos direitos humanos e pela impunidade dos agentes indiciados dessa prática (Amnistia Internacional, 2007). Agressões constantes contra vendedores ambulantes, bem como o recente caso que envolveu a morte de oito jovens no município do Sambizanga[20] são alguns dos exemplos que alertam para a necessidade destas mudanças serem mais profundas. A esta situação acresce ainda o facto de muita da legislação das instituições com as quais a Polícia se articula na realização da sua função – as instituições judiciais (Tribunais e a Procuradoria-Geral da República) – estar desactualizada. As implicações do uso desta legislação são gritantes, face ao desfasamento com o actual contexto social, económico e político. A AJPD, uma das ONGs que mais se tem destacado na denúncia da violação dos direitos dos cidadãos pela polícia, identifica os principais elementos legais que clamam por mudança, ao referir que:

---

[19] Fruto do longo conflito armado e da posse de armas de fogo por civis, o governo angolano criou o Programa de Acção do Governo para o Desarmamento da População Civil, cujo objectivo se traduz na recolha, armazenamento e custódia de todas armas ligeiras e de pequeno porte possuídas de forma ilícita. Este programa tem procurado incidir sobre o desarmamento dos delinquentes, de civis, de militares e polícias que possuem armas de guerra sem a devida autorização, assim como na substituição do tipo de armas de guerra usadas pelas empresas privadas e de segurança e a retirada de armas de guerra de esconderijos (MINT, 2009: 41).

[20] Trata-se do 'Caso Frescura', em que oito jovens foram mortos em circunstâncias estranhas por agentes afectos à 9ª Esquadra do Município do Sambizanga. O julgamento já teve lugar e a maioria dos agentes da polícia que tinham sido indiciados foram dados como culpados e condenados a penas de prisão.

a esmagadora maioria e aspectos de relevância substancial da legislação estruturante do sistema judicial e do Estado de direito, está desajustada e/ou é inconstitucional. Referimo-nos à Lei nº 18/88, de 31 de Dezembro – Lei do Sistema Unificado de Justiça; ao Código Penal de 1886; ao Código de Processo Penal de 1929; à Lei da Procuradoria--geral da República e à Lei da Prisão Preventiva (AJPD, 2005: 1).

Para Grandão Ramos, *"a publicação, a curto ou a médio prazos, do Código Penal, do Código do Processo Penal e de uma lei de organização judiciária que colmate as insuficiências da Lei do Sistema Unificado de Justiça poderão alterar profundamente o panorama actual da justiça penal angolana e elevá-la a patamares superiores de eficiência e qualidade"* (2009: 16).

Afigura-se necessário, pois, um maior esforço para ultrapassar essa situação, para que Angola possa ter uma polícia cada vez mais virada para a protecção do cidadão, já que continua a ser uma das instâncias mais solicitadas em contexto de violência urbana.

3. A 31.ª Esquadra Policial do Palanca

Em Luanda as esquadras policiais constituem, tal como noutros locais do continente, um espaço desejado pelas populações que procuram mediar conflitos em que se encontram envolvidos.[21]

Desde 2003 que o Comando da Polícia Nacional da província de Luanda está organizado em sete divisões, que integram 49 esquadras policiais, num total de 11 mil efectivos. Todavia, de acordo com o Comandante Provincial de Luanda, o número ideal de efectivos deveria rondar os 25 mil polícias, já que o número de efectivos da polícia, na província, não é proporcional ao número de habitantes.

O Plano de Modernização e Desenvolvimento da Polícia também abrangeu a província de Luanda. No âmbito deste plano várias esquadras foram reabilitadas e ampliadas, tendo sido dotadas de meios modernos de comunicação e informatização. Criou-se igualmente a Brigada Motorizada da Unidade Operativa de Luanda, destinada à prevenção e combate à criminalidade violenta, em particular nos casos de roubos de viatura à mão armada. Criou-se, ainda, a Brigada Escolar, destinada à prevenção e combate à criminalidade nas escolas.

---

[21] Cf., por exemplo, em relação ao contexto africano, os trabalhos de Burman e Scharf, 1990; Scharf e Nina, 2001; Anderson, 2002; Shaw, 2002; Baker, 2003, 2006, 2008; Demombynes e Ozler, 2005, Wisler e Onwudiwe, 2008; Scharf, 2009 e Alemika, 2009.

A 31.ª esquadra Policial do Palanca II, do Município de Kilamba Kiaxi, surgiu *"no acto de criação das divisões municipais, da descentralização dos serviços da polícia, uma vez que no processo de modernização da polícia, já havia uma esquadra, a esquadra do controlo".*[22] Para além destas estruturas que o estabelecimento da 31.ª Esquadra controla, existem ainda mais dois postos policiais, que estão sob sua dependência directa. Estes postos funcionam no espaço da comuna: um localiza-se no Capolo II e o outro está situado junto ao Controlo do Golfe I. Qualquer destes postos possui uma estrutura semelhante, em termos de agentes: dispõem de um chefe policial, um especialista em operações, três (3) graduados e um auxiliar de expediente.

3.1. Localização da 31.ª Esquadra e Recursos Humanos

Do ponto de vista geográfico, a 31.ª Esquadra do Palanca II está localizada no centro-oeste do Kilamba Kiaxi, no Palanca II, sector 4, quarteirão 7, Rua 12, casa número 120. Em termos de cobertura territorial, a 31.ª Esquadra cobre uma extensão de 9 quilómetros quadrados. O seu território de intervenção faz fronteira a Norte e Este com a área de intervenção da 30.ª Esquadra (que corresponde ao espaço de Palanca I e ao Sapú); a Norte e Oeste com a zona de intervenção da 28ª Esquadra (que corresponde a espaço de Neves Bendinha, Mamã Gorda, Zona 15 e Havemos de Voltar); a Sul, com a zona de cobertura da 33ª Esquadra (que corresponde ao Calemba II) e com a 35ª Esquadra (que corresponde ao Sapú).

A 31.ª Esquadra do Palanca II está situada num espaço facilmente identificável para a população local, próximo à Administração Municipal, onde se situa hoje a nova Administração do Palanca. Nas proximidades situa-se um mercado local, assim como outros pólos económicos e sociais. Em frente à entrada da esquadra existe um pequeno largo e um parque de estacionamento. Mais à direita de quem se encontra de frente para a esquadra está a guarita da sentinela, e à esquerda, cravada na parede com tinta a azul, o símbolo da Polícia Nacional, e mais abaixo a seguinte descrição: CPL[23], V.ª Divisão, 31.ª Esquadra, Palanca II. Dentro do recinto da esquadra, existe um espaço para estacionamento. Há ainda dois outros edifícios onde se situam as residências dos polícias de serviço e a cozinha da esquadra. No extremo directo do recinto estão localizados os balneários.

---

[22] Entrevista realizada a dia 27 de Setembro de 2009.

[23] Comando Provincial de Luanda.

O edifício da esquadra propriamente dita possui nove compartimentos, correspondendo a diversas áreas de actuação. Compreende a sala do Comandante da esquadra; o posto de comando, onde funciona o adjunto do Comandante, o chefe das tropas da unidade; a sala dos especialistas dos serviços do sector e, finalmente, a sala de material militar. O conjunto dos edifícios da esquadra dispõe ainda de um piquete geral, de uma caserna, de um piquete de investigação criminal[24] (que trata de todo procedimento criminal de investigação), de uma secretaria-geral (que trata da informação, análise e recursos humanos), e de uma sala operativa (onde se preparam todas as operações da esquadra, desde os mapas, escalas de serviços à descrição do próprio território).

De acordo com a sua estrutura orgânica, esta unidade policial deveria possuir 272 efectivos; na prática, porém, a realidade é bem diferente. A 31.ª Esquadra conta apenas com 76 efectivos, cerca de um terço dos necessários. De referir que este número inclui os agentes presentes nos postos policiais adstritos à unidade, como é o caso do Posto Policial do Golfe I, comummente designado Posto do Controlo, e o Posto Policial do Capolo II. Ou seja, a 31.ª Esquadra dispõe, para si, de 38 agentes, sendo a larga maioria do sexo masculino (33), contando apenas com 5 agentes do sexo feminino (15% dos efectivos). Os agentes são bastante jovens, com idades compreendidas entre os 30 e os 40 anos.

4. A mediação e a resolução de conflitos

Uma esquadra policial desempenha variadíssimas funções. No presente caso da 31.ª Esquadra, as suas funções dependem não apenas das tarefas que lhe são conferidas por lei, como também das situações com que os agentes policiais se deparam, bem como da sua preparação técnica e social. Do que foi possível observar, fruto de uma presença quase constante no Palanca durante mais de seis meses (entre Janeiro e Setembro de 2008), assim como através de informações recolhidas em entrevistas e em conversas informais, foram apresentados vários tipos de conflitos, onde se destacam: a) Violência doméstica e familiar, envolvendo a agressão não apenas de homens sobre mulheres, mas também de familiares femininas sobre membros jovens do agregado familiar; b) Situações de prostituição feminina, especialmente durante o período nocturno; c) Tráfico

---

[24] A área de investigação criminal da esquadra integra três investigadores, os quais dependem, em termos operativos, do Comandante da esquadra, embora em termos administrativos estejam na dependência do Piquete da Investigação Criminal, facto que, por vezes, gera alguma confusão. Todos os casos que dão entrada na esquadra e que, pela sua natureza, requerem uma investigação mais profunda, *"mais investigativas"*, são canalizados aos investigadores presentes.

e consumo de drogas, de que resultam, com alguma frequência, situações de conflitos familiares, entre gangs, etc.; d) Comércio informal que é, periodicamente, apreendido pela polícia; ou ainda os conflitos entre comerciantes; e) Roubos, burlas e outros actos violentos, incluindo assaltos à mão armada.

Face a estes actos, a presença dos agentes da autoridade é efectivamente necessária para assegurar uma certa regularidade da convivência pública. O quadro que se segue apresenta, de forma ampla, as principais acções em que os agentes da esquadra estiveram envolvidos em 2008.

Quadro 2 – Actividades Realizadas (Janeiro-Setembro de 2008)[25]

Actividades Desenvolvidas	*Jan.-Mar.*	*Abr.-Jun.*	*Julh. -Set*	*Total*
Detenções	18	24	12	75
Apreensões	36	24	30	90
Enfrentamentos	453	450	463	1.366
Informe dos serviços do Sector	155	150	157	562
Chamadas Terminais	200	210	214	624
Entregas Voluntária de armas	82	91	93	266
Asseguramentos	15	13	17	45
Recuperação	1	0	0	1
Recolhidos e Revistados	1.526	1.526	1.590	4.642
Outros casos	3	2	4	9
Total	2489	2490	2580	7559

Fonte: Relatórios Trimestrais da 31.ª Esquadra

---

[25] Este quadro procura sumariar as informações contidas nos relatórios trimestrais elaborados na esquadra, aos quais se teve acesso. A leitura do quadro requer o esclarecimento de alguns dos conceitos utilizados nos relatórios trimestrais, possível graças aos contactos mantidos com os oficiais e agentes afectos à esquadra. A *detenção* refere-se aos cidadãos indiciados na prática de crimes diversos, que se encontram detidos preventivamente; já a *apreensão* refere-se aos bens apreendidos e que se encontram à guarda da esquadra. Quanto aos *enfrentamentos*, estes traduzem-se no número de actividades de giro e/ou patrulhamento realizadas pelos agentes. Por *patrulhamento* entende-se os grupos de agentes em serviço, com liberdade de circulação na zona adstrita sob controlo da esquadra, ou seja, não estão limitados a uma determinada zona específica. Os *informes dos serviços do sector* correspondem aos comentários e opiniões colhidas junto populares pelos especialistas, na área de jurisdição da esquadra, sobre todas as questões delituosas ou passíveis disso. Normalmente trabalham disfarçados, à civil, relatando posteriormente a situação observada. Em caso de forte suspeita, as informações são enviadas ao Gabinete do Comandante, que os analisa. Se as mesmas justificam que se realize uma operação, este pedido, juntamente com as informações, é remetido ao GEA, para informação do Comandante de Divisão, que remete ao Piquete de Investigação. Este funciona em conexão com a investigação da esquadra. O *asseguramento* refere-se às actividades de protecção de espectáculos musicais e culturais, de movimentações desportivas e políticas que são levados a cabo em espaços públicos. Inclui ainda a remoções de cadáveres, relatos de mortes súbitas e de incêndios registados. Os *revistados e recolhidos* correspondem às actividades de intercepção de pessoas suspeitas, encontradas nas proximidades de locais propensos à prática de delitos.

Como o quadro acima indica, a 31.ª Esquadra realiza um número importante de *apreensões,* superiores ao volume das *detenções.* Estes dados reflectem o facto de se registar um número superior de actividades ilícitas, dignas de registo criminal. Mesmo em relação aos bens apreendidos durante o período de observação, o destaque recai sobre as motorizadas, em detrimento das armas de fogo. Apesar de poucas serem as armas apreendidas, muitas das que o foram estavam implicadas indirectamente em actos criminosos.

A procura de solução para os casos que dão entrada na 31.ª Esquadra varia, em grande medida, do tipo de conflito, da gravidade e do impacto dos casos. Em regra, os casos considerados graves ou relevantes obrigam a que sejam observados *"os procedimentos jurídicos–legais,* [os quais] *assentam na acção jurídico-penal através dos órgãos de investigação, que realizam o primeiro tratamento crime e encaminham aos magistrados afectos à V.ª Divisão."*[26]

De acordo com a Lei[27] que instituiu a Procuradoria-Geral da República, e no contexto específico das esquadras, junto das mesmas (mais concretamente junto aos Comandos de Divisão) temos magistrados judiciais que têm por função instruir os processos iniciados pela Polícia. Estes magistrados, com base nos atributos legais e nos conhecimentos e competências de que dispõem, cooperam na instrução de processos criminais, colaborando e requisitando diligências complementares de prova sobre os casos, legalizando situações de detenção preventiva ou de ordenação de soltura, assim como de outras medidas legais disponíveis. Neste sentido, os magistrados públicos articulam com as outras estruturas funcionais presentes nas esquadras, particularmente com os investigadores criminais.

Nos casos que envolvem danos corporais graves, o caso conhece uma solução necessariamente feita por via judicial. A queixa é apresentada junto à esquadra, a qual dá seguimento ao caso junto dos juízes de instrução criminal afectos à Divisão.

---

[26] Entrevista realizada a 5 de Junho de 2008.

[27] Lei n.º 5/90, de 7 de Abril de 1990. A Procuradoria desempenha funções específicas, que se traduzem especialmente nos seguintes pontos: 1. Ordenar e validar a prisão preventiva em instrução preparatória e fazer cumprir a prisão ordenada pelos tribunais; 2. Ordenar a soltura dos arguidos detidos e substituir a prisão preventiva por outras medidas estabelecidas por lei; 3. Fiscalizar a instrução dos processos criminais, velando pelo respeito aos detidos e às garantias de defesa; 4. Instruir processos criminais, colaborar na instrução e requisitar diligências complementares de prova; 5. Efectuar inquéritos preliminares destinados averiguar a existência de infracções criminais, enviando-os aos órgãos de investigação criminal quando se apurem indícios suficientes para procedimento criminal.

Contudo, e nos casos considerados simples[28], isto é, que não necessitam de passar pelo Piquete de Investigação[29], a função do piquete da polícia é a da mediação, procurando uma solução para um conflito considerado menos grave, e que os polícias preferem resolver localmente. Tal como nos foi explicado, trata-se de situações que envolvem ofensas corporais simples:

> *Existem casos que não necessitam de passar pelo piquete de Investigação, uma vez que não apresentam condições suficientes, são ofensas corporais simples, em que a pessoa que agrediu paga o tratamento ou assume a responsabilidade do que foi destruído e acabam todos por ir para casa; são casos de violência doméstica onde se regista uma ofensa corporal simples e aconselha-se o agressor a proceder de maneira diferente e acabam por ir para casa.[30]*

Nestes casos, e quando a pessoa que agrediu aceita pagar o tratamento ou assume a responsabilidade pelos bens destruídos, assume-se que foi alcançado consenso. Isto significa que ambas as partes aceitam ir para casa, não apresentando queixa ou retirando a queixa já feita. Nesta situação encontramos o seguinte tipo de casos: a) de violência doméstica, em situações em que a agressão é considerada menor,[31] ou ainda quando a esposa recorre à esquadra policial para procurar impor ao marido uma mudança no seu comportamento violento; b) casos de roubos[32] e furtos de pequenas quantias monetárias e telemóveis; e

---

[28] Nos casos considerados simples a avaliação realizada pelo Oficial Graduado de serviço é determinante para o seguimento da queixa. Com efeito, cabe a este oficial graduado registar o caso e, em função do julgamento da gravidade do mesmo, encaminhá-lo para os investigadores presentes (com conhecimento do Comandante) no Piquete Geral afecto ao Comando da V.ª Divisão. Caberá a estes remeter o caso aos magistrados, que deverão legalizar a detenção do prevaricador. Caso contrário, o caso será encaminhado através do Piquete, sempre que não haja razão suficiente, partindo-se assim para uma solução local, por aconselhamento ou por negociação, onde a retórica jurídica se mistura com a experiência do Oficial. De referir que, para além dos Piquetes Gerais em funcionamento nas nove esquadras que dependem do Comando de Divisão, há ainda um Piquete Geral que funciona no mesmo Comando. Todas as detenções que são feitas nas referidas esquadras são obrigatoriamente remetidas para o Piquete Geral. É este órgão que remete os detidos pata os magistrados locais, caso a situação careça de uma solução judicial.

[29] Entre o Graduado de Serviço e o Piquete de Investigação existe uma comunicação permanente. Qualquer informação adicional sobre o caso ajuda a esclarecê-lo, obrigando à interacção e articulação entre as duas polícias. A mesma relação acontece entre o Piquete de Investigação e os Magistrados que funcionam junto da V.ª Divisão. Neste caso a articulação é mais ampla, pois qualquer esclarecimento adicional à constituição judicial do caso depende, em grande medida, do trabalho desenvolvido pelo Piquete de Investigação.

[30] Entrevista realizada a 19 de Junho de 2008.

[31] Não foi possível perceber quais os parâmetros utilizados para definir as situações de violência de menor grau.

[32] A prática de roubos constitui a acção criminal mais comum em Luanda (97%), quando comparada com as restantes províncias (3%). Para o Ministério do Interior esta diferença explica-se pelo facto de os crimes ocorrerem

c) questões civis, como casos de burlas e conflitos contratuais decorrentes de arrendamento ou de outros tipos de acordo (que tanto pode dizer respeito à prestação de um serviço, como à não restituição de um valor monetário ou de um bem).[33] Nos casos de crime, a polícia procura mediar no processo de restituição dos bens ou serviços afectados, enquanto nos casos de burlas, e como nos foi referido, tal "*depende dos valores em causa. Se forem avultados, remete-se para o Piquete Geral, se não for o caso (se os valores não forem avultados), o Graduado de Serviço procura resolver mediante um entendimento, consenso entre as partes.*"[34]

Como foi observado durante o nosso trabalho em campo, a procura de uma resolução consensual para a solução do problema é feita através de um aconselhamento das partes. Nestas situações, normalmente, participa um oficial graduado, a pessoa que apresentou a queixa (na maioria das vezes) e frequentemente, ainda, as outras partes e/ou os familiares das partes envolvidas no conflito/problema. A solução normalmente proposta passa pela auscultação das partes e pela proposta de uma solução – por negociação ou aconselhamento, havendo lugar à restituição dos bens ou dos valores. Nos casos em que não se regista um acordo, verifica-se uma pressão exercida pela Polícia sobre uma das partes envolvidas no conflito, no sentido de esta se considerar responsável pelo problema e, assim, assumindo a culpa e a reparação dos danos causados. Em algumas situações, até, a polícia acaba por deter o/a prevaricador/a temporariamente, como castigo exemplificativo, procurando levá-lo a proceder de maneira diferente no futuro. Normalmente nestes casos, ambas as partes acabam por ir para casa, mas, e como referiu um oficial afecto à esquadra, a solução final dos casos de agressão depende da sua gravidade e da *"boa vontade"* do lesado. Já nos casos de burlas em que estão envolvidos valores avultados a situação pode agravar-se pois, como sentenciou um oficial, *"se há razões para detenção detém-se a pessoa."*[35]

---

na área periférica de Luanda, em ambientes facilitados pela falta de iluminação e pela construção desordenada, sem infra-estruturas de apoio (MINT, 2009: 35).

[33] De facto, recorre-se à polícia também nos casos em que uma das partes não cumpre um determinado acordo. Esses contratos nem sempre são escritos e nem sempre obedecem aos requisitos exigidos por lei. O acordo tanto pode dizer respeito à prestação de um serviço, como à não restituição de um valor monetário ou de um bem. Estes casos são frequentemente tipificados como burla, o que leva as pessoas que se acham lesadas a colocar o problema junto da polícia, procurando uma solução para o mesmo. Tal revela um conhecimento crescente, por parte da população de Luanda, dos seus direitos, procurando junto da Polícia uma forma de resolver os seus diferendos.

[34] Entrevista realizada a 5 de Junho de 2008.

[35] Entrevista realizada a 27 de Setembro de 2009.

Em suma, nos casos em que se verifica a inexistência de 'condição suficiente', isto é, de uma 'queixa forte' que permita dar andamento judicial ao processo, a Polícia recorre preferencialmente ao aconselhamento e à negociação, pelo que, nestes casos, a Polícia funciona como mediador, procurando pôr termo aos conflitos que afectam as partes. O aconselhamento é especialmente habitual quer nos casos de conflitos familiares, quer nos casos que envolvam disputas entre cônjuges, quer, ainda, nos casos que opõem vários membros de uma mesma família. Já a negociação é utilizada preferencialmente nos casos que envolvem bens materiais ou agressões físicas simples. Foram também identificados casos em que as duas formas funcionaram em estreita associação: se, por um lado, as partes são aconselhadas a adoptar um determinado comportamento, por outro lado são persuadidas a chegar a um acordo sobre determinada relação ou determinado bem.

Nos casos observados, os agentes envolvidos recorreram a uma lógica de maior informalidade, empenhando-se na promoção da conciliação. É de salientar que os casos que são apresentados à esquadra são resolvidos de forma célere. Na verdade, a Polícia parece ser eficaz em várias das suas decisões, na medida em que procura resolver o problema real. Para tal, verificou-se que os agentes recorrem quer ao direito estatal, quer a experiências locais, quer ainda a normas vigentes na comunidade para alcançar soluções para os conflitos.

É de realçar, porém, que em vários dos casos observados as partes que participaram nos processos de mediação mostraram pouco interesse na discussão, ao mesmo tempo que era visível a centralidade jogada pelo mediador em detrimento das partes. Observou-se, ainda, o recurso, por parte da Polícia, à detenção extra-judicial como forma de atemorizar as pessoas envolvidas em conflitos. Nos casos em que o processo tramitou para os magistrados do Ministério Público – situações envolvendo conflitos avaliados como graves – se estes casos envolviam alguma detenção, coube aos magistrados torná-la legal.

5. O processo de apresentação das queixas e a organização do atendimento

A 31.ª Esquadra, a exemplo de outras, está aberta vinte e quatro horas, sendo que qualquer pessoa pode aí apresentar queixa em relação a um conflito em que esteja envolvida. Na maioria dos casos observados, assistiu-se à apresentação voluntária da queixa por parte do lesado. Durante a observação foi possível perceber que os cidadãos não têm dificuldades em ter acesso à esquadra, quer pela sua fácil localização, quer pela divulgação do papel que desempenha, o que é feito através de várias acções programáticas de explicação do papel da polícia e que procuram esclarecer a área de acção da 31.ª Esquadra no Município do Kilamba Kiaxi.

O processo de apresentação da queixa é feito de diversas maneiras, dependendo sobretudo do conhecimento que a(s) pessoa(s) detêm sobre o papel da esquadra no contexto da sociedade angolana. Nas situações em que as pessoas possuem reduzida informação e conhecimento sobre o funcionamento da esquadra e o seu papel, ao chegarem procuram geralmente informar-se junto do polícia que está de plantão sobre como proceder, fazendo já uma primeira exposição do seu problema, sendo encaminhadas para o gabinete de atendimento. Noutras situações, muitos cidadãos conhecem já o funcionamento da esquadra e o papel social que esta desempenha. Estes, norma geral, quando chegam para apresentar um problema, entram no recinto e dirigem-se directamente ao corredor onde funciona o gabinete de atendimento, esperando a sua vez para serem atendidos.

O atendimento é feito por ordem de chegada, assistindo-se, com frequência, a um processo de auto-organização das pessoas, que procuram chamar a atenção do oficial graduado para a ordem das prioridades. É frequente o uso de expressões como *"quem ainda não foi atendido está aqui"* ou *"essa senhora já foi atendida"*. Quando chega a vez de a pessoa apresentar o seu caso/problema, o atendimento inicia-se com um interrogatório conduzido pelo oficial graduado. Este interroga a(s) pessoa(s) sobre a razão da sua presença, ou seja, sobre o tipo de queixa que os levou à 31.ª Esquadra.

Como a sala de atendimento[36] é também a sala de espera, nos casos que requerem alguma intimidade torna-se mais difícil e confrangedor apresentar o caso (como nos casos em que possa ter ocorrido uma agressão sexual). Esta situação faz com que, por um lado, as pessoas presentes ouçam a narração do caso, comentando-o entre si, avançando com palpites, o que gera um ambiente de solidariedade colectiva quando esses comentários favorecem quem está a apresentar queixa. Por outro lado, é notório o desconforto nas situações em que as pessoas procuram manter sigilo em relação ao caso que as trouxe à polícia, particularmente nos casos de violência doméstica.

---

[36] A sala de atendimento do público é comprida e estreita, com paredes feitas de blocos abertos, semelhantes a um gradeamento. As pessoas que se encontram no exterior não têm dificuldade em ouvir e ver quem coloca os casos e em saber a natureza dos mesmos. A própria janela da cela onde se encontram os detidos fica próximo ao graduado de serviço, sendo-lhes possível ouvir o que se passa durante a apresentação dos casos. Como na prática esta sala é um espaço de passagem, há muito movimento, com pessoas a andar de um lado para o outro.

As pessoas que procuram a polícia para apresentar queixa sobre um dado caso, apresentam normalmente muitas dificuldades em expor a situação. Isto decorre do facto de procurarem manter um certo sigilo face ao seu caso ou de terem pejo em expor publicamente aspectos da sua vida privada. Essa situação, extraordinariamente constrangedora para as pessoas que procuram a 31.ª Esquadra em situações já de si normalmente dramáticas, pode ser revertida se o graduado de serviço for sensível ao problema.

6. Tipo e volume de casos e principais mobilizadores das queixas

O quadro geral da criminalidade em Angola (2004 – 2008) apresentado anteriormente (quadro 1) indica que as ofensas corporais voluntárias apresentam uma tendência crescente, correspondendo a 25% do total de crimes praticados neste período. Os furtos (18%) e roubos (7,6%) seguem-se como actividades criminosas em ascensão. Os factores que ajudam a explicar estas cifras são os seguintes: as agressões decorrentes do crescente número de gangs, das lutas entre si e contra outros cidadãos, bem como de agressões decorrentes do roubo, de furto e a violência no lar (MINT, 2009).

Estes tipos de crime estão no cerne das preocupações das estruturas de direcção da esquadra, facto confirmado por um dos Comandantes Gerais da Polícia:

> *Nós hoje estamos com certa apreensão em algumas situações que ocorrem, sobretudo nas grandes cidades, Luanda, Benguela, Lubango, Huambo e Cabinda. Estamos a falar dos crimes de violação, ofensas corporais, homicídios e roubos, que embora não sejam números altos, têm sempre um impacto bastante negativo na sociedade.*[37]

O quadro da criminalidade atestou também que grande parte dos crimes que envolvem armas de fogo são praticados em Luanda, não obstante ter-se registado um grande envolvimento e aceitação das pessoas ao programa de desarmamento da população civil. Do total de 1.643 crimes praticados com armas de fogo, a larga maioria, 84% (1.378 casos), acontecem em Luanda; já ao resto do país correspondeu a cifra de 265 crimes, ou seja, menos de 20%. Em Luanda, do número total de crimes praticados com arma de fogo, 84% (1.153) envolvem crimes de roubo, o que torna Luanda numa cidade violenta e insegura,

---

[37] Entrevista disponível no *Jornal O País*, em http://www.opais.net/opais/?id=1647&det=4584&mid.

se comparada ao resto do país. Este dado é reforçado quando se analisam as cifras dos homicídios voluntários, que correspondem a 11% do valor total de crimes envolvendo o uso de armas de fogo, um valor acima das ofensas corporais voluntárias (apenas 5% dos casos).

No caso concreto da 31.ª Esquadra do Palanca a realidade não é muito diferente, embora esta esquadra possua algumas características próprias, reflexo do local onde funciona. O quadro que se segue espelha a percepção da polícia face à complexidade dos problemas relacionados com a alteração da ordem pública – dados para 2008.[38]

Quadro 3 – Principais Crimes Registados - Agrupados (2008)

Tipo de crimes	Jan.-Març.	Abr.-Jun.	Julh. -Set.	Total
Violação	3	1	2	6
Ofensas Corporais	5	11	4	20
Roubos	8	6	16	30
Furtos	3	5	3	11
Homicídio Voluntário	-	-	1	1
Aborto Criminal	-	-	1	1
Estupro	-	-	1	1
Danos materiais	3	6	1	10
Tentativa de furto de motorizada	-	-	1	1
Ameaça de morte com arma de fogo	2	1	1	4
Total	24	30	31	85

Fonte: Relatórios Trimestrais da 31.ª Esquadra

Os dados deste quadro mostram que os roubos constituem a actividade criminosa com maior número de registos. As ofensas corporais[39] constituem, logo a seguir ao crime de roubo, a actividade criminosa mais registada pela 31.ª Esquadra. Muitas destas ofensas decorrem de agressões nos lares, nos mercados e nas escolas, e, embora o fenómeno dos gangs, na opinião da polícia, esteja em declínio, na prática a acção dos gangs continua a gerar um clima de insegurança

---

[38] Este quadro contém apenas os crimes registados entre Janeiro e Setembro de 2008.

[39] No caso das agressões predominam as situações de violência doméstica. A estes casos seguem-se, em menor quantidade, casos de agressão a vizinhos em que se verificaram também situações de violência física. Todavia, convém referir aqui que o registo abrange em grande medida as acções consideradas graves e imputáveis criminalmente, em detrimento de outros casos que são considerados mais simples e passíveis de resolução local (mediação), como já referido.

na zona.[40] Os furtos, fruto da intensa actividade comercial que se desenvolve na zona que a 31.ª Esquadra cobre,[41] constituem, também, uma das prevaricações mais frequentemente registadas pela esquadra.

Importa ter em atenção que o preenchimento do relatório na 31.ª Esquadra varia de acordo com o número e o tipo de crimes cometidos. Assim, as actividades criminosas repartem-se em *principais* (aquelas que ocorrem com maior regularidade e em maior número) e *secundárias* (aquelas que ocorrem com menor regularidade e em menor número). As actividades criminosas principais, de acordo com informação recolhida, estão associadas a roubos em residências, furtos de telemóveis, de viaturas, danos materiais, ofensas corporais simples, assim como ofensas graves e violações. Por sua vez, as actividades criminosas secundárias incluem, entre outros, casos de homicídio, ameaças de morte com arma de fogo, situações de estupro e abortos.

Quadro 4 – Actividades criminosas principais e secundárias

Actividades Criminosas	Nº	(%)
Actividades criminosas principais	67	79
Actividades criminosas secundárias	18	21
Total	**85**	**100**

Fonte: Estimativa a partir das ocorrências observadas

Apontadas como possíveis causas da forte incidência destes crimes temos, por um lado, a definição local dos elementos 'não desejados', que incluem pessoas oriundas de grupos etnolinguísticos considerados como estrangeiros (caso dos *bakongo*), assim como pessoas mais pobres, vistas como potenciais criminosos. Num outro plano, a falta de iluminação é apresentada como um factor que propicia actos criminosos.

7. A articulação em rede

Para a realização de muitas das actividades em que a 31.ª Esquadra se encontra envolvida, os agentes contam com o apoio de outras instâncias do sector, parti-

---

[40] De acordo com a opinião de diversos agentes, quando confrontados com casos de agressões e assaltos praticados por gangs, o consenso geral na esquadra, era de que o fenómeno havia sido ultrapassado.

[41] No Kilamba Kiaxi funcionavam vários mercados oficiais e praças informais. De entre os mercados é de referir o Golfe 1, Golfe 2, Bairro Popular, Palanca 2, Ana Ngola, Imbomdeiro, Titanic, Sinhá Moça, Mandongo e o da Feira Popular.

cularmente das Comissões de Moradores. Estas instâncias, de acordo um oficial afecto à 31.ª Esquadra, *"ajudam o próprio trabalho da polícia, prestam informações dos locais, das pessoas perigosas, dos actores de práticas delituosas, ajudam na definição do mapa criminal do bairro, no aconselhamento dos actores, etc."*[42]

A Administração Comunal é um outro órgão de referência na rede de instituições com que a polícia trabalha a nível local, conforme referiram vários oficiais: *"a administração comunal tem cooperado e auxiliado em todas situações administrativas, operativas para que não haja suspensão do ritmo de policiamento, quando os meios estão indisponíveis."*[43]

Nas comunas e nos bairros as pessoas funcionam com um forte sentido de controlo comunitário, o qual está a ser substituído pela intervenção da acção do Estado, sob a forma da polícia e de estruturas municipais, implementando, em teoria, os procedimentos previstos na lei e na Constituição. Neste contexto, dispositivos em funcionamento, como os enfrentamentos, as patrulhas, as próprias revistas e as entregas de armas, e que combinam elementos formais e informais, permitem controlar o crime a nível local (Scharf e Nina, 2002). Com o aumento da insegurança, e sentido a perda de controlo sobre o ambiente em que vivem, muitas pessoas recorrem a novas instâncias – como a polícia – que combinam a possibilidade de resolver conflitos com a capacidade de implementar a decisão tomada, pelo uso coercivo da força.

No município de Kilamba Kiaxi, na ausência de um tribunal judicial, tal como acontece para o Cazenga, assiste-se a uma articulação entre várias instâncias envolvidas no reforço e reestruturação da coesão social, como é o caso de autoridades tradicionais, comissões de moradores, autoridades comunais ou igrejas. Apesar de receberem vários tipos de casos, esta intervenção é particularmente visível em situações de 'casos familiares', envolvendo conflitos que ocorrem na esfera doméstica, entre vizinhos ou conhecidos. Nesta categoria integram-se casos de adultério, agressões físicas 'leves' e verbais, desentendimentos e insultos. Normalmente a polícia, confrontada com um caso, procura esclarecer a raiz do problema e promover o diálogo entre as partes, com vista à obtenção de consenso.

Finalmente, é de referir que muitos dos casos que envolvem conflitos conjugais ou situações de violência contra a mulher são encaminhados para esquadras

---

[42] Entrevista realizada a 27 de Setembro de 2009.

[43] Ibidem.

onde funcionam balcões de apoio às vítimas de violência. A violência doméstica[44] permanece um problema endémico à sociedade angolana, apesar das campanhas e das fortes medidas de denúncia e de apelo à luta contra a violência.[45] As vítimas procuram na Polícia o agente dissuasor que poderá, assim, assegurar alguma estabilidade e evitar novas situações no futuro. Em situações de grande violência, a 31.ª Esquadra envia o caso directamente ao piquete de investigação criminal, tramitando depois o caso para o Ministério Público. Em todas estas situações é notória a forte presença da interlegalidade (Santos, 2003: 49-50) na resolução de conflitos.

Conclusões

Para os habitantes do Kilamba Kiaxi a Polícia é vista como uma instituição de manutenção da ordem pública, dotada de autoridade suficiente para intervir na resolução de conflitos que ocorrem no seio da comunidade. Por mais pequeno que seja o incidente em que estejam envolvidas duas ou mais pessoas, quando o entendimento falha a opção pela Polícia é cada vez mais frequente no panorama de Luanda, sendo crescentemente vista como uma instância onde é possível encontrar uma solução para os conflitos que afectam a sociedade.

A 31ª Esquadra cobre uma extensão territorial significativa, ocupada por uma população extremamente diversa. Em termos orgânico-funcionais apresenta uma estrutura hierárquica: a actuação de um agente representa, pelo menos teoricamente, uma certa anuência dentro de um quadro pré-estabelecido.

Num contexto como o da cidade de Luanda, onde o crime e os conflitos são crescentes, torna-se difícil encontrar um equilíbrio harmonioso entre os princípios, os direitos e as garantias democráticas e a resolução de conflitos, muitos dos quais envolvendo violência. Localmente, a nível do Palanca, é crescente o número de pessoas que recorre à polícia enquanto instância reguladora de conflitos. Esta opção é problemática, pois se parece funcionar para os casos que permitem uma rápida resolução, já para nos casos que implicam uma maior interacção e continuidade, a sua capacidade de resposta suscita dúvidas.

O comportamento dos polícias envolvidos na mediação dos conflitos, na procura de uma solução para estes, aproxima-se do observado nas comissões

---

[44] Para além dos casos em que estão envolvidos membros de uma mesma família, verificam-se também casos de violência doméstica entre namorados.

[45] De referir, ainda, a participação da Polícia em casos de desaparecimento de menores e de crianças perdidas, colaborando com os CSRJM.

de moradores. Os agentes recorrem quer a referências ao direito e à burocracia, quer à violência (ameaças ou mesmo actos físicos), procurando preencher o défice de legitimidade sentido (Santos, 2003).

Do que foi possível observar, existem casos que são resolvidos internamente através da auscultação e aproximação das partes, embora o grau de participação das partes na decisão seja, regra geral, reduzida. Nestas situações, a retórica é o elemento estrutural dominante e a burocracia e a violência são elementos recessivos. Todavia, nas situações de maior complexidade e que geraram controvérsia, tornou-se difícil chegar a soluções de consenso. Face ao desacordo das partes, verifica-se um aumento do uso da violência em detrimento da retórica. Em vários dos casos observados a 'resolução' não foi negociada; pelo contrário, foi imposta e a sua aceitação foi questionada (implicitamente) por uma das partes envolvidas. No entanto, este facto não anula a forte presença da Polícia no espaço público enquanto elemento de dissuasão – nalguns dos casos envolvendo episódios de violência física e de intimidação – e como elemento mediador de conflitos.

A experiência analisada no Palanca sugere que a Polícia Nacional procura, a nível local, encontrar um balanço entre práticas mais radicais e momentos de mediação e busca de consenso. Independentemente da complexidade da solução alcançada, o envolvimento da polícia a nível dos bairros parece ser crescente, olhando-se a polícia não mais como um agente regulador dos conflitos, mas como um agente social, que partilha os conflitos que surgem no lugar em cada momento específico da vida colectiva. A polícia é, pois, solicitada a intervir no meio em que está inserida, procurando solucionar todos os problemas em que a sua presença ou participação são necessárias.

Referências bibliográficas

AJPD (2005), *Relatório dos Direitos Humanos*. Disponível em www.africafiles.org/printableversion.asp?id=11928 (acedido em Março de 2010).

Ake, Claude (1997), "Dangerous Liaisons: The Interface of Globalization and Democracy", in Hadenius, A. (org.), *Democracy's Victory and Crisis*. Cambridge: Cambridge University Press.

Alemika, Etannibi E. O. (2009), "Police Practice and Police Research in Africa", *Police Practice and Research*, 10 (5): 483-502.

Alvarez, Marcos César (2004), "Controle Social: notas em torno de uma noção polémica", *São Paulo em Perspectiva*, 18 (1): 168-176.

Angola Acontece (2009), *Polícia Nacional: Plano de Modernização e Desenvolvimento*. Disponível em www.angolaacontece.com/full.php?id=601 (acedido em Fevereiro de 2010).

Amnistia Internacional (2007), *Acima da Lei, Responsabilização da Polícia em Angola*. Londres: International Secretariat, United Kingdom. Disponível em www.amnesty.org (acedido em Março de 2010).

Amnistia Internacional (2008), *Angola – Amnesty International Report*. Londres: International Secretariat, United Kingdom. Disponível em www.amnesty.org (acedido em Fevereiro de 2010).

Amnistia Internacional (2009), *Angola – Amnesty International Report*. Londres: International Secretariat, United Kingdom. Disponível em www.amnesty.org (acedido em Fevereiro de 2010).

Anderson, David M. (2002), "Vigilantes, violence and the politics of public order in Kenya", *African Affairs*, 101: 531-555.

Baker, Bruce (2003), "Policing and the Rule of Law in Mozambique", *Policing and Society*, 13 (2): 139-158.

Baker, Bruce (2006), "The African post-conflict policing agenda in Sierra Leone: an analysis", *Conflict, Security & Development*, 6 (1): 25-49.

Baker, Bruce (2008), *Multi-Choice Policing in Africa*. Uppsala: The Nordic Africa Institute.

Bayley, David H. (1975), "The Police and Political Development in Europe", in Tilly, Ch. (org.), *The Formation of National States in Western Europe*. Princeton: Princeton University Press.

Bénit-Graffou, Claire (2009), "Who Control the Streets? Crime, 'communities' and the state in post-apartheid Johannesburg", *in* Locatelli, F.; Nugent, P. (orgs.), *African cities: competing claims on urban spaces*. Leiden: Brill.

Berg, Julie (2005), *Overview of Plural Policing Oversight in Select Southern African Development Community (SADC) Countries*. Cape Town: Institute of Criminology / University of Cape Town.

Burman, Sandra; Scharf, Wilfried (1990), "Creating People's Justice: street committees and people's courts in a South African city", *Law and Society Review*, 24: 693-745.

Caldeira, Teresa (2000), *City of Walls: Crime, Segregation, and Citizenship in São Paulo*. Berkeley: University of California Press.

Carvalho, Paulo de (2003), "Exclusão Social em Angola", *in* M. Newitt; P. Chabal e N. Macqueen (orgs.), *Community and the State in Lusophone Africa*. Londres: King's College.

Cavula, Benção (2009), *O Estado da Criminalidade em Angola: reflexão psicológica*. Trabalho apresentado ao Workshop sobre o Estado da Criminalidade em Angola, Luanda, Faculdade de Direito da Universidade Agostinho Neto, Dezembro de 2009.

Costa, Arthur T. M. (s/d), " Polícia, Controle Social e Democracia", Trabalhos do *Núcleo de Estudos da Cidadania, Conflito e Violência Urbana*, 5. Disponível em www.necvu. tempsite.ws/arquivos/texto (acedido em Fevereiro de 2010).

Demombynes, Gabriel; Ozler, Berk (2005), "Crime and local inequality in South Africa", *Journal of Development Economics*, 76: 265–292.

Durkheim, Émile (1964 [1895]), *The Rules of Sociological Method*. Chicago: University of Chicago Press.

Goldsmith, Andrew; Lewis, Colleen (orgs.) (2000), *Civilian Oversight of Policing: governance, democracy and human rights*. Oxford: Hart Publishing.

Hills, Alice (2000), *Policing Africa: Internal Security and the Limits of Liberalization*. Boulder, CO: Lynne Reinner.

Hinton, Mercedes S. (2006), *The State on the Streets: Police and Politics in Argentina and Brazil*. Boulder, CO: Lynne Rienner.

Kant de Lima, Roberto (1995), *A Policia da Cidade de Rio de Janeiro: seus dilemas e paradoxos*. Rio de Janeiro: Forense.

Kant de Lima, Roberto (1997), "Polícia e exclusão na cultura judiciária", *Tempo Social*, 9 (1): 169-183.

Kant de Lima, Roberto (2003), "Direitos Civis, Estado de Direito e Cultura Policial: a formação policial em questão", *Revista Brasileira de Ciências Criminais*, 11 (41): 241-256.

Lopes, Carlos M. (2007), *Roque Santeiro: entre a ficção e a realidade*. Lisboa: Principia.

Macamo, Elísio (2005), *Os Desafios da Modernidade: 3º Curso Livre de Orientação sobre Moçambique*. Maputo, Setembro de 2005.

Marenin, Otwin (1985), "Policing Nigeria: control and autonomy in the exercise of coercion", *African Studies Review*, 28 (1): 73-93.

Mário, Alberto Lisboa (2009), *O Estado da Criminalidade em Angola: Reflexão do ponto de vista da Polícia Nacional*. Trabalho apresentado ao Workshop sobre o Estado da Criminalidade em Angola, Luanda, Faculdade de Direito da Universidade Agostinho Neto, Dezembro de 2009.

Ministério do Interior (2009), *30 Anos ao Serviço da Nação*. Luanda: MINT e GEIA.

Miranda, Bernardes de (2009), *O Estado da Criminalidade em Angola: Reflexão Sociológica*. Trabalho apresentado ao Workshop sobre o Estado da Criminalidade em Angola, Luanda, Faculdade de Direito da Universidade Agostinho Neto, Dezembro de 2009.

Pinheiro, Paulo Sérgio (2000), *Democracia, Violência e Injustiça (o não-Estado de Direito na América Latina)*. São Paulo: Paz e Terra.

Ramos, Grandão (2009), *O Estado da Criminalidade em Angola: Reflexão Jurídica*. Trabalho apresentado ao Workshop sobre o Estado da Criminalidade em Angola, Luanda, Faculdade de Direito da Universidade Agostinho Neto, Dezembro de 2009.

Ritsema, Mieka S. (2008), "Gaborone is Growing like a Baby: life expectancies and death expectations in urban Botswana", *Africa Development*, 33 (3): 81-108.

Rodrigues, Cristina U. (2006), *O Trabalho Dignifica o Homem: estratégias de sobrevivência em Luanda*. Lisboa: Colibri.

Rodrigues, Cristina U. (2007), "Survival and Social Reproduction: Strategies in Angolan Cities", *Africa Today*, 54 (1): 91-105.

Santos, Boaventura de Sousa (2003), "O Estado heterogéneo e o pluralismo jurídico", *in* Santos, B. S.; Trindade, J. C. (orgs.), *Conflito e Transformação Social: Uma Paisagem das Justiças em Moçambique*, vol. I. Porto: Afrontamento.

Scharf, Wilfried (2009), "Community Justice and Community Policing in Post-Apartheid South Africa", *IDS Bulletin*, 32 (1): 74-82.

Scharf, Wilfried; Nina, Daniel (2001), *The Other Law: Non-State Ordering in South Africa*. Landsdowne, Cape Town: Juta & Co.

Schreier, Fred; Caparini, Marina (2005), "Privatising Security: Law, Practice and Governance of Private Military and Security Companies", *DCAF Occasional Paper*, 6.

Shaw, Martin (2002), *Crime and Policing in Post-Apartheid South Africa: Transforming Under Fire*. Bloomington, IN: Indiana University Press.

Simmel, Georg (1955[1922]), *Conflict and the Web of Group Affiliations* (transl. K.Wolff). Glencoe, IL: Free Press.

Toigo, Marceu Dornelles (2003), "Polícia como Objecto de Estudo: onde está o reconhecimento académico", *Revista Espaço Acadêmico*, III (25), disponível em www.espacoacademico.com.br (acedida em Fevereiro de 2010).

Ventura, António (org.) (2008), *Direitos Humanos e Acção Policial em Angola: rumo a uma nova ética policial*. Luanda: Edição da AJPD.

Weber, Max (2000), *Economia e Sociedade*. Brasília: Edição da Universidade de Brasília.

Wisler, Dominique; Onwudiwe, Ihekwoaba D. (2008), "Community Policing in Comparison", *Police Quarterly*, 11: 427-446.

CAPÍTULO 7
AS 'MÃOS LIVRES' NO CAZENGA: A SOCIEDADE CIVIL E A
DEFESA DOS DIREITOS HUMANOS

André Kaputo Menezes, Maria Paula Meneses e Júlio Lopes

1. O desenvolvimento do associativismo na história recente de Angola

A reivindicação política e social em Angola possui uma longa história, que remonta aos tempos da colonização e à luta contra as práticas discriminatórias que lhe estavam associadas.[1] No contexto da movimentação nacionalista que Angola conheceu é de realçar o *"papel preponderante no processo de reivindicação e contestação do regime colonial* [que] *tiveram as associações culturais e desportivas surgidas na década 20 e 30, as quais, através de escritos em boletins, revistas, jornais, etc. contribuíram para o despertar da consciência política, uma vez que estes tinham por detrás das suas actividades recreativas (dança, música, jornais etc.) reivindicações políticas"* (Meneses, 2007:42). Neste sentido, importa explorar brevemente alguns dos percursos destas reivindicações, de forma a contextualizar o seu ressurgimento em tempos mais recentes, face à abertura multipartidária que o país conhece.

Esse ressurgimento foi marcado por factores político-institucionais, com destaque para a assinatura dos Acordos de Paz de Bicesse,[2] que puseram fim ao conflito armado que dilacerou a sociedade angolana e que preconizaram a realização de eleições pluripartidárias. Outro vector importante no campo legislativo foi a Lei de Revisão Constitucional (Lei nº 12/91, de 6 de Maio)[3], que introduziu alterações significativas na estrutura política angolana, criando condições para uma ampla abertura democrática. Neste sentido, incidindo na análise do período de transição político-económica desde 1991, importa avaliar até que ponto as mudanças político-constitucionais que consagraram o plu-

---

[1] Este tema tem sido alvo de análise quer por parte de investigadores angolanos, quer de investigadores estrangeiros que pesquisam esta temática em Angola. Cf., por exemplo, Andrade, 1998; Birmingham, 2002; Pestana, 2003; Medina, 2003; Rocha, 2003; Andrade, 2008; Wheeler e Pélissier, 2009.

[2] Acordo assinado a 31 de Maio de 1991 entre as duas partes envolvidas no conflito armado, a saber, o governo liderado pelo MPLA e o movimento armado – UNITA.

[3] De referir que, tal como noutros contextos de transição política, a Lei de Revisão Constitucional (Lei n.º 12/91) surgiu acompanhada por um pacote legislativo, onde se incluía a Lei da Nacionalidade (Lei n.º 13/91); a Lei das Associações (Lei n.º 14/91); a Lei dos Partidos Políticos (Lei n.º 15/91); a Lei sobre o Direito de Reunião e de Manifestação (Lei n.º 16/91) e a Lei sobre o Estado de Sítio e Estado de Emergência (Lei n.º 17/91).

ralismo político, a liberdade de manifestação e opinião se transformaram em actividades e expressões políticas com elevado valor e práticas democráticas.

Apesar de o conceito de 'sociedade civil' ser um conceito estabelecido, a sua utilização na esfera pública em África torna-se particularmente importante como agente mobilizador de esforços e movimentos na luta pela democratização. No caso Angolano, e de acordo com Amundsen e Abreu (2007: 1) *"apenas em princípios de 1990 a sociedade civil se tornou um factor com significado político, quando a longa história do regime autoritário de partido único conheceu alguma forma de moderação na primeira abertura democrática"*. Ainda assim, na sociedade civil angolana - uma experiência democrática 'ainda em transição' - tem estado presente no campo da democratização da justiça, particularmente no que concerne ao aumento e reforço do acesso à justiça. Esta posição é defendida por vários autores angolanos[4], como Fernando Pacheco, que defende que *"em Angola, não existe, em termos genéricos, uma cultura democrática e isso é patente no funcionamento dos partidos políticos, do aparelho do Estado e das organizações da sociedade civil"*. Este autor explica ainda que esta situação *"é resultado do peso da nossa história: a nossa cultura de raiz não é verdadeiramente democrática; as lideranças dos movimentos de libertação nacional não tinham referências democráticas... vivemos quase todo o século XX sob regimes totalitários, primeiro fascista e depois leninista"*. Por seu lado, Benjamim Castelo defende que *"a sociedade civil é o parente pobre deste país que se chama Angola e isso reflecte-se na qualidade da nossa classe política e do nosso Estado. Não pode haver um Estado forte sem uma sociedade civil forte"*. Simão Helena observou, por seu turno, que *"estamos num sistema democrático emergente [...] e obviamente também a sociedade civil é emergente, está em fase de organização e consolidação"* (Castelo *et al*, 2009: 20). Ou seja, a sociedade civil é vista sob diferentes perspectivas e avaliada sob diferentes critérios.

Sem a pretensão de analisar em detalhe os múltiplos ângulos que estas avaliações reportam, fica a ideia geral de que as organizações não governamentais, particularmente as de âmbito nacional, permanecem intimamente ligadas a interesses políticos, i.e., funcionando como antenas de partidos e instituições políticas angolanas, situação que vários autores designam de 'sociedade civil íntima' do poder. Ou seja, uma sociedade civil criada e mantida pelas estruturas detentoras do poder político, sendo possível identificar uma forte presença de

---

[4] São exemplo as apresentações realizadas no âmbito da Primeira Conferência Internacional e do lançamento do livro *"O Processo de Transição para o Multipartidarismo em Angola"*, realizada na Universidade Católica de Angola, em Luanda, em 2004.

vectores de continuidade e de recomposição das formas de exercício de poder e de governação de cariz autoritário, não participativo e excludente (Méssiant, 1999, 2006; Mabeko-Tali, 2000, 2006; Vidal, 2006; Amundsen e Abreu, 2007). O valor da aproximação do sistema de poder à esfera social encontra-se referido, inclusivamente, em documentos do MPLA, o partido no poder:

> *A constituição consagra o direito de associação. Porém, o Partido deve ter uma atitude activa em relação às diversas organizações sociais, inclusivamente trazendo a si as organizações que tenham uma ideologia progressista e promovendo a criação de organizações que, no seio da sociedade, possam veicular e mesmo concretizar o programa do Partido, tornando-se em bases seguras de apoio do mesmo. Através das organizações sociais, o Partido pode dispor de um instrumento fundamental para a execução da sua política* (MPLA, 1997).

Como consequência, Angola tem vindo a conhecer a proliferação de organizações da sociedade civil em íntima associação com o poder político, sendo disso exemplo, no caso do MPLA, o Movimento Nacional Espontâneo e a AJAPRAZ,[5] entre muitos outros. Estas associações são exemplo de organizações ao serviço de uma determinada força política, ou seja, organizações que têm, entre os seus objectivos, realizar acções de propaganda política a favor de um determinado partido político.

A lógica de controlo do MPLA, como Christine Méssiant sublinhou, foi utilizada como um meio para neutralizar a autonomia civil e social:

> *Não se podem eliminar as ONGs independentes, nacionais ou internacionais, as associações ligadas a igrejas – que em todo o caso prestam o serviço (e sem custo para o governo) de minorar as dificuldades de muitas populações e mitigar potenciais riscos políticos ligados à gravidade da crise social -, mas é possível limitar os riscos da sua autonomia: criando pura e simplesmente outras ONG, tendo para com muitas delas, sem credibilidade nem meios, uma política de compra e satelização; tentando neutralizar relativamente (através de subvenções oficiais por 'utilidade pública' e outras 'atenções' individualizadas para organizações ou dirigentes) as mais credíveis dentre as angolanas, que o regime considera não hostis – isso com maior ou menor sucesso; tendo, ainda, uma política modulada em relação às actividades de várias igrejas* (2006: 151).

---

[5] Associação dos Jovens Provenientes da Zâmbia.

Na mesma linha, qualquer organização política cujos objectivos e linhas de acção não coincidam com a lógica da acção política do MPLA, ou a desafie, é frequentemente avaliada pelos órgãos do governo (incluindo os *media*), como tratando-se de uma estrutura política de oposição, descaracterizando-se o seu envolvimento e acção cívicas. Esta situação é agravada pelo facto de muitos actores cívicos integrarem várias lideranças político-partidárias,[6] o que os expõe politicamente, por fazer sobrepor as suas actividades políticas a actividades associativas.

A discussão das fronteiras entre o cívico e o político tem animado inúmeros encontros realizados em Angola, onde o debate se tem centrado no papel das organizações da sociedade civil, na sua importância na questão dos direitos humanos e de uma abertura política democrática. Em 2008, numa conferência internacional realizada em Luanda,[7] o sociólogo Simão Helena, em representação do Gabinete de Cidadania do MPLA, assegurava que "as *organizações da sociedade civil não são partidos, não perseguem fins políticos, o seu objectivo não é o derrube do partido no poder, porém penso que as organizações ainda têm um longo caminho a percorrer para na sua actividade não serem confundidas com actividade político-partidária"*. Nesta mesma conferência, Fernando Macedo, activista dos direitos humanos e presidente da AJPD[8], apresentava uma leitura divergente, afirmando:

> *Do meu ponto de vista e do ponto de vista legal, a sociedade civil pode e deve fazer política e os direitos humanos são necessariamente política. A política tem duas dimensões: a primeira é a conquista e manutenção do poder; a segunda é a influência do exercício do poder. A constituição de Angola defende a democracia liberal e representativa e participativa e portanto o lugar para a segunda dimensão referida* (2008: 20).

Esta diversidade de posições mostra que, apesar de haver contradições, é ponto comum que as organizações da sociedade civil podem e devem intervir na esfera política através de acções de manifestação, de protesto e sensibilização sobre a actividade governativa. É neste sentido que Simão Helena fala das

---

[6] Poder-se-iam citar, relativamente à '*Mãos Livres*', os casos de David Mendes (que integra a direcção do Partido PAJOCA), ou de Carlos Jacinto (candidato a deputado, nas últimas eleições, pela Plataforma Política Eleitoral - PPE). E se tivemos como ponto de partida as eleições legislativas, a lista aumenta, como é o caso de João Castro Freedom, da *Liga dos Direitos Humanos*, candidato a deputado pela *FNLA*, ou ainda de Landu Kama, pela *UNITA*.

[7] Segunda Conferência Internacional, realizada na Universidade Católica, em 2008 sobre a "*Sociedade Civil e Política em Angola*".

[8] *Associação Justiça Paz e Democracia*, ONG angolana ligada à prevenção e salvaguarda dos direitos humanos.

organizações da sociedade civil como actores políticos decisivos, que *"ampliam a voz do povo face ao que se passa na sociedade, são organizações de equilíbrio, de consolidação do poder democrático e liberdade de expressão, portanto com intervenção na esfera política"* (2008: 20). Na mesma linha, Fernando Macedo observa que *"qualquer sociedade democrática tem de ter crítica permanente e se as organizações da sociedade civil e os seus líderes não estiverem de acordo com um determinado partido ou líder, podem fazer campanha contra"* (2008: 20).

A fronteira entre o político e o cívico é ténue e suscita, no caso concreto de Angola, opiniões muito distintas. Importa no entanto clarificar o papel da sociedade civil enquanto agente de intervenção pública nas mais diversas esferas da vida colectiva. Neste caso, o apoio assenta nas propostas de Fernando Macedo, para quem as organizações da sociedade civil têm o direito de *"fazer campanha contra aqueles que exercem o poder político"*, bem como de Simão Helena, que defende que as organizações da sociedade civil, não sendo *"organizações político-partidários, têm espaço de intervenção política"*, alertando-se para o facto de que a linha que separa as práticas associativas cívicas da prática política é ténue, verificando-se no contexto de Luanda uma forte promiscuidade, onde normalmente as práticas associativas cívicas são relegadas para segundo plano. Esse receio foi manifestado por Elias Isaac quando questiona *"se não se vê perigos no envolvimento político-partidário da sociedade civil, tendo em conta os exemplos do Quénia e África do Sul onde membros da sociedade civil começaram a integrar o governo e defensores dos direitos humanos passaram a violadores?"* (2008: 22). Na mesma linha de raciocínio, Fernando Macedo alerta contra a utilização da sociedade civil para fins políticos, ao afirmar que *"não devemos utilizar as organizações da sociedade civil para servirem de trampolim político"* (2008: 20).

Sem querer alongar esta discussão, convém referir, na senda de vários autores, a falsa dualidade Estado/sociedade, pois as fronteiras que separam as suas esferas de actuação encontram-se em permanente redefinição e posicionamento, onde:

> *[...] uma compreensão dos campos discursivos e das práticas normativas associadas à sociedade civil e à esfera pública no pensamento liberal Ocidental embora útil, revela-se inadequada para explicar as várias formas de participação política, e a própria natureza da 'sociedade política', em contextos pós-coloniais onde as relações históricas entre o estado e a sociedade (uma falsa dualidade) têm sido de extrema desigualdade* (Bhandari, 2006: 36-37).

Em condições de emergência, na transição para uma cultura democrática, em que as controvérsias e divergências em torno da função política que as organizações da sociedade civil em Angola devem desempenhar são imensas, não é possível ignorar o papel que estas organizações têm desempenhado no contexto desta transição para a democracia. A este respeito, Jorge Eurico sublinha que *"podemos sem receio errar, afirmar que a participação da sociedade civil angolana está a ser essencial para o lançamento dos gérmenes necessários para a democracia"* (2008: 10). Retomando esta linha de argumentação, importa referir, na senda de vários autores, que o termo oposto (mas não dicotómico) de sociedade civil, em contextos africanos, não é o Estado, mas a comunidade (Wamba-dia-Wamba, 1985; Mamdani, 1996). Apostando no alargamento democrático como forma de ultrapassar as contradições e conflitos sociais, Wamba-dia-Wamba (1985) sublinha: *"A democracia, do ponto de vista das classes dirigentes, é apenas um projecto de fundação e refundação (i.e., de legitimação) da classe dirigente, e não de reforço da solidariedade comunitária contra a própria base do poder da classe dirigente, especialmente a ausência de formas organizativas comunitárias, solidárias e independentes (da classe dirigente)."* Ou seja, na senda do que Boaventura de Sousa Santos tem vindo a defender (2002, 2006), uma análise do carácter complexo da sociedade civil angolana terá de ter em conta, para além da relação da sociedade civil com o Estado, também a sua relação com a comunidade.

Em muitos países do mundo as apostas no direito e na justiça dividem-se em duas grandes categorias: de um lado, as apostas no reforço das instituições do Estado, no melhoramento da eficácia de funcionamento (e melhoria de acesso e de garantias de igualdade) dos tribunais, da legislatura, da polícia, dos sistemas de educação e de saúde, entre outros. Do outro lado estão as apostas que incidem no apoio directo aos cidadãos, especialmente aos grupos mais pobres, que enfrentam problemas de justiça. A inter-relação e a complementaridade entre a justiça oficial e as reformas promovidas por esta e pelos outros sistemas de justiça são notórias. As reformas institucionais são lentas e difíceis mas, acima de tudo, importa ver os mais pobres como agentes e não como vítimas, fazendo com que as mudanças na justiça aconteçam no sentido de esta ser administrada a partir do povo e para o povo. Este processo terá de passar pela integração democrática dos vários sistemas, concepções e instituições de justiça. De forma criativa, e reforçando o empoderamento dos agentes sociais, poderá produzir uma síntese do novo direito angolano. Neste contexto, e como se verá de seguida, a Associação "Mãos Livres" tem vindo a desempenhar um papel importante na divulgação e defesa dos direitos humanos.

2. A Associação 'Mãos Livres'

No quadro da transição que marcou o ressurgimento de organizações da sociedade civil, a associação 'Mãos Livres' surgiu oficialmente em 5 de Abril de 2000, com o estatuto de organização não governamental (ONG) de utilidade pública, apartidária, independente e sem fins lucrativos, de âmbito nacional, com sede em Luanda e representações em várias províncias. Avaliando o desempenho desta associação, Amundsem e Abreu referiam em 2007 que a organização possuía *"cerca de 300 membros e actividades em 7 províncias, e aproximadamente 90 empregados, principalmente juristas e estudantes de direito, incluindo os chamados paralegais, que trabalham numa base voluntária e em regime de meio-período, mas com despesas e honorários pagos"* (2007: 24).

Os seus estatutos definem que a sua missão é: 1) promover e divulgar normas jurídicas, bem como de acções informativas, formativas e educativas e culturais com vista a formar e sensibilizar a sociedade para a defesa e respeito dos direitos humanos e cidadania; 2) auxiliar as pessoas desprovidas de conhecimento e recursos financeiros na defesa e exercício dos seus direitos; 3) participar na formação e capacitação dos agentes dos órgãos da administração do Estado, dos órgãos de soberania e da polícia nacional; e 4) participar no fomento de acções para melhorar as condições de tratamento dos presos e para aumentar o respeito pelo próximo e por uma cultura de paz e tolerância.

Quanto aos seus objectivos específicos, estes assentam em: 1) prestar maior atenção à divulgação e defesa de casos concretos de violação dos direitos humanos e de cidadania, bem como no auxílio de grupos sociais locais na defesa e denúncia dos seus direitos; 2) prestar maior atenção aos problemas ligados à violência no lar, discriminação da mulher no ensino, no emprego e no meio social, bem como auxiliá-la na interposição de acções judiciais com vista à salvaguarda dos seus direitos; e 3) contribuir para a defesa dos direitos de propriedade, do direito à terra e dos recursos naturais, assim como para a promoção de acções que visem a resolução de conflitos por uma via pacífica.

A 'Mãos Livres' é, assim, uma associação que se propõe lutar pela promoção, divulgação e defesa dos direitos humanos, prestar assistência jurídica aos cidadãos mais desfavorecidos, ao mesmo tempo que divulga informações sobre os direitos humanos e o acesso à justiça em Angola. Implantada nas várias províncias de Angola, manteve até há pouco tempo um Centro no Município do Cazenga, sobre o qual incidiu a pesquisa feita.

O coordenador adjunto do Centro do Cazenga,[9] numa tentativa breve de definir o campo de actuação desta organização, afirmou: "A *'Mãos Livres' não é mais nem menos do que uma associação de juristas e jornalistas que surge com um interesse verdadeiro e acredito que único na defesa dos direitos humanos incluindo sobretudo direitos dos cidadãos, sobretudo aqueles que são carentes financeiramente"*.[10] Na mesma linha de raciocínio, o então secretário da Administração Nacional da Associação 'Mãos Livres', concebeu esta associação como sendo *"uma organização que procura atender os casos de violação dos direitos humanos, prestando aconselhamento, consulta e assistência Jurídica"*.[11] Ao que acrescenta: *"Esse atendimento é normalmente feito às pessoas pobres. Porém, quando se verifica que não há violação dos direitos humanos, mas a pessoa que está em causa é humilde, pobre, então procuramos atender o caso. Se por outro lado, verificamos que a pessoa tem dinheiro ou está em causa muito dinheiro, então passamos para os advogados, a fim da pessoa pagar"*.

Numa sociedade cuja transição para a paz é ainda recente, e onde a abertura democrática conhece os primeiros passos, o papel da 'Mãos Livres' é, com frequência, mal interpretado, como explicou o então coordenador do Centro do Cazenga: *"Às vezes há uma compreensão errada em torno da 'Mãos Livres'. Algumas pessoas dizem inclusive que ela quer se meter em tudo, não é só direitos humanos. Mas o problema da protecção dos direitos dos seropositivos é um problema dos direitos humanos e, se há violação dos direitos, nós agimos."*[12]

Assim, não importa qual a esfera da vida colectiva que está sob risco: desde que haja violação de um direito, a 'Mãos Livres' procura actuar. Amundsen e Abreu referem-se nesse aspecto que *"em termos de engajamento político está claro que, devido ao seu mandato de defender os direitos humanos, as Mãos Livres tem de lidar regularmente com agências governamentais a todos os níveis"* (2007: 25), o que, de modo algum, torna mais fácil a actuação e intervenção local desta organização.

Muitas das suas acções de defesa dos direitos humanos, quer seja de direitos políticos, civis ou económico-sociais, levadas a cabo por esta organização, estão ligadas a questões de natureza política, o que não escapa à problemática referida acerca das fronteiras entre o cívico e o político em Angola. Nas palavras do

---

[9] Não foi possível obter informação por parte dos membros da direcção da sede da organização sobre o processo de criação da Associação 'Mãos Livres', incluindo a sua estrutura orgânico-funcional. Este texto foi produzido a partir de informações obtidas junto dos paralegais que trabalham no Município do Cazenga.

[10] Entrevista realizada a 26 de Fevereiro de 2008.

[11] Entrevista realizada a 11 de Setembro de 2009.

[12] Idem.

coordenador do Centro no Cazenga, a transição do sistema de partido único para o multipartidarismo ajudam a perceber a agitação existente em torno do campo de actuação da 'Mãos Livres':

Falar de eleições é sempre confundido com propaganda política de um ou outro partido. Apesar de estarmos ligados ao associativismo, temos as nossas convicções políticas. Quando, por exemplo, vamos apresentar uma palestra sobre o acto eleitoral, não podemos citar nome de um partido, dizer que tem de votar aqui ou ali para não se questionar a nossa idoneidade. Uma vez fomos à Igreja Católica 'Sagrado Coração de Jesus' e fomos primeiramente rejeitados: "não queremos eleições, partidos aqui". Mas depois de uma conversa esclarecedora, realizou-se actividade.[13]

Apesar de, para alguns sectores do governo, a associação 'Mãos Livres' ser vista como uma organização radical, como Amundsen e Abreu referem, verifica- -se *"uma relação de trabalho particularmente boa com vários gabinetes e organismos do governo, nomeadamente o Gabinete do Provedor de Justiça, o Ministério da Justiça e o Procurador-Geral; a Polícia e a Direcção Nacional de Investigação Criminal, os tribunais (a todos níveis) e o Parlamento (especialmente a 9.ª Comissão)"* (2007: 25). Da avaliação realizada sobre os actores da sociedade civil angolana, estes autores concluem que *"até certo ponto, os organismos de governo têm pedido a assistência da Mãos Livres para elaborar relatórios (como o Relatório dos Direitos Humanos do Ministério das Relações Exteriores) e já foram solicitados a organizar seminários sobre direitos humanos"* (2007: 25).

A associação desenvolve inúmeras actividades, incluindo programas de rádio, como um programa sobre os direitos humanos na Rádio Eclésia e mais recentemente na Rádio Despertar, bem como *"outros programas em rádios independentes e artigos em jornais (chegou a ter uma coluna semanal no jornal estatal, bem como seminários sobre direitos e questões legais também para funcionários do governo)"* (Amundsen e Abreu, 2007: 25).

Quanto ao seu funcionamento, a estrutura orgânica-funcional, em termos de gestão, apresenta uma Assembleia Geral, onde se procede à discussão das actividades desenvolvidas, à apreciação dos principais objectivos e visões da organização, bem como à eleição dos corpos gerentes (Amundsen e Abreu,

---

[13] Entrevista realizada a 25 de Julho de 2009.

2007: 25). O Presidente, o Vice-presidente, Secretário-geral e os secretários constituem os principais órgãos da instituição. Na sede, situada no centro de Luanda, trabalham o Presidente e o Secretário-geral, apoiados por quatro secretarias, a saber: para a assistência jurídica ou litigação; para o planeamento e estatísticas (planificação); para a imprensa e educação cívica, e para a administração nacional (organização). Esta estrutura é complementada pela presença de um administrador nacional e de um administrador provincial, assim como de um grupo de advogados e paralegais.

A 'Mãos Livres' visa, essencialmente, através da sua actividade, potenciar o aumento e reforço do acesso à justiça, estabelecendo para tal, quando e onde necessário, parcerias com actores locais, onde se destaca a capacitação de paralegais, tal como acontece no Centro do Cazenga.

Em termos de fontes de financiamento, a sociedade civil angolana, a exemplo do que se passa noutros contextos africanos, está fortemente dependente de apoios externos. Na sua origem, como referem Amundsen e Abreu (2007: 24-25) a 'Mãos Livres' era apoiada *"pela divisão dos Direitos Humanos da ONU"*, embora actualmente possua *"uma ampla base de doadores"*, onde se integram a Oxfam,[14] a Embaixada da Noruega, a Intermón Oxfam, a Cooperação Espanhola e o PNUD. A dimensão atingida nos finais da primeira década do século XXI reflecte também os apoios financeiros aos projectos que tem vindo a desenvolver, como frisou o coordenador do Centro do Cazenga:

> *A associação Mãos Livres já nem aceita projectos com um financiamento de 100 mil USD como outras organizações. Nós gastaríamos esse dinheiro só para pagar salários [...]. Só os coordenadores ganham 1.000 USD, os advogados, parece, 1.500 USD [...]. Nós temos mais de 60 trabalhadores! [...] Nós temos um projecto de 500 mil USD por ano com a Embaixada da Noruega, com a Cooperação Espanhola, um outro projecto de 300 mil USD, com a Intermon,[15] etc.[16]*

3. O Centro de Aconselhamento e Assistência Jurídica da 'Mãos Livres' do Cazenga

No Cazenga, o Centro de Aconselhamento e Assistência Jurídica do Município abriu portas em 2003, tendo sido inaugurado três anos após a criação da Asso-

---

[14] Conjunto de ONGs internacionais que incidem a sua actividade na luta contra a pobreza.

[15] Uma das 14 ONGs que integram a OXFAM.

[16] Entrevista realizada a 4 de Dezembro de 2008.

ciação 'Mãos Livres'. Os contactos para a sua implantação foram mantidos com a ADEI, uma ONG dirigida por Francisco Cristóvão, que viria a ser o primeiro coordenador do Centro:

> *Na altura em que nós procurámos criar a associação, estávamos junto dos senhores Salvador Freire que é jornalista de profissão e David Mendes, advogado de profissão e já fazia alguns trabalhos no seu gabinete próximo ao 10 de Dezembro. E com o espírito de querer alargar um pouco mais as actividades de advocacia, eles visitaram-me porque na altura já ADEI estava constituída, então visitaram-me para ir conhecer de perto o que é que ADEI estava realmente a fazer, que tipo de trabalho estava a realizar a nível da comunidade [...]. Eles foram para lá e viram que o princípio era muito positivo, então acredito que a partir daquela altura que eles saíram de lá, o que puderam ver no terreno incentivou-os a dar continuidade da criação da associação Mãos Livres.*[17]

Apesar do ambiente pouco cordial em termos de mobilidade política em que as ONGs emergiram, no Cazenga a abertura deste Centro não conheceu bloqueios por parte das instituições do Estado. Pelo contrário, parece ter havido desde o início a preocupação em articular o espaço de actuação da 'Mãos Livres' com a Administração Municipal do Cazenga:

> *A abertura do Centro foi feita de forma muito livre, até porque quando a Administração Municipal do Cazenga, onde temos hoje o Centro, se apercebeu da abertura do Centro não fez absolutamente comentários nenhuns. E eu que fui então a pessoa que foi trabalhando como primeiro coordenador aqui, enviámos depois alguns documentos à Administração explicando da nossa existência e procurando nos juntar à própria administração para criarmos algumas actividades. Estou lembrando-me que nas primeiras formações aqui no Município do Cazenga, porque nós dávamos formação, a nossa formação era a criação de alguns núcleos a nível do Município do Cazenga [...]. E fizemos essas formações durante um ano inteiro desde a nossa abertura sem nenhum obstáculo, nem me lembro hoje ter surgido alguém que tivesse estado contra a criação do Centro, pelo contrário quando eles se aperceberam do carácter do nosso trabalho que era em defesa dos cidadão injustiçados e aqueles de fraco poder financeiro, pelo contrário era mesmo a administração que enviava algumas pessoas*

---

[17] Entrevista realizada a 26 de Fevereiro de 2008.

> *que iam lá na OMA com algumas preocupações e indicava o Centro de Aconselhamento das Mãos Livres: 'olha se vocês não conseguirem nenhum resultado, as Mãos Livres tem um Centro ali.*[18]

Esta articulação estendeu-se também ao espaço político, tendo sido contactado o principal partido de Angola, o MPLA, através do Comité Municipal do Partido no Cazenga: *"E foi a Administração, sobretudo o Comité Municipal do MPLA até, que cedeu-nos a sala de reuniões onde nós fazíamos essas formações"*.[19] A juventude do MPLA (JMPLA) apoiou também com a cedência das salas e, nalguns casos mesmo, através da mobilização de participantes, assim como através da divulgação de informações sobre as actividades do centro.

4. O espaço onde funciona o centro

A Associação 'Mãos Livres' possui vários centros disseminados pelo país (particularmente nas províncias de Benguela, Huambo, Huíla, Malange, Kwanza Sul), mantendo igualmente pontos focais nas províncias do Bengo, Lunda Norte e Moxico. O Cazenga foi, porém, o único município que possuiu um Centro. As razões invocadas para este facto assentaram na densidade populacional deste município. Mesmo para os principais doadores, como realçava o coordenador do Centro, *"eles* [doadores] *põem o Cazenga em pé de igualdade com as outras representações provinciais das Mãos Livres"*.[20]

Apesar de, sob um ponto de vista hierárquico, se tratar de um Centro entre os vários que a associação dispõe, do ponto de vista organizativo e funcional o Centro do Cazenga parece possuir maior proeminência, uma vez que superintende mais pessoal e, consequentemente, mais custos: *"*[...] *nós aqui trabalhamos com três paralegais, há províncias que só trabalham com dois, coordenador e mais dois paralegais, tirando o Huambo, que trabalha também com três"*.[21]

O Centro do Cazenga funciona de segunda a quinta-feira das 8.30 horas às 15 horas e às sextas-feiras das 8.30 horas às 13 horas. Embora situado no Município do Cazenga, a sua localização junto à estrada principal que dá acesso à

---

[18] Ibidem.

[19] Ibidem.

[20] Entrevista realizada a 26 de Fevereiro de 2008.

[21] Entrevista realizada com a coordenação do Centro, a 26 de Fevereiro de 2008.

estrada de Viana e ao centro da cidade faz com que seja também de fácil acesso para os habitantes dos municípios circunvizinhos (Rangel, Viana, Sambizanga e até mesmo Cacuaco), o que leva à frequência do Centro por pessoas vindas de outros pontos da cidade. Este Centro atende todas as pessoas que o procuram, sem quaisquer limitações de natureza geográfica ou territorial, constituindo-se assim num Centro multiterritorial.

Do ponto de vista físico, o Centro funciona numa casa térrea, com dois portões à entrada, embora só um esteja operacional. O Centro pouco ou nada se distingue das restantes casas que o circundam e a própria tabuleta à sua porta com a inscrição *Associação Mãos Livres – Centro de Aconselhamento e Assistência Jurídica,* é pouco visível. Acresce ainda o facto de existir na proximidade um parque de estacionamento de táxis interprovinciais e de, muitas vezes, haver um ou outro carro muito encostado à porta de entrada do Centro, o que dificulta ainda mais a sua localização.

O acesso ao Centro propriamente dito faz-se através de um pátio pequeno e coberto. Do lado esquerdo de quem entra encontra-se um corredor estreito que liga à parte traseira da casa; do lado direito, um pequeno *hall* dá acesso à parte interior da residência, com duas salas e duas janelas. A primeira sala tem duas secretárias e algumas cadeiras para os visitantes. Existe um rádio a pilhas na secretária do lado direito e na parede podem ver-se afixados os folhetos do Centro e uma pequena vitrina onde se afixa toda a informação para os membros do Centro (plano das palestras, diligências marcadas, convocatórias, etc.). Na segunda sala, também com duas secretárias, trabalha o coordenador do Centro, e por vezes, nalguns casos, um dos paralegais afectos ao Centro. A parte traseira do edifício que o Centro ocupa esteve em obras durante grande parte de 2008 e 2009, possuindo uma sala espaçosa, um quarto e uma casa de banho inacabada.

5. A estrutura e funções do Centro da 'Mãos Livres' no Cazenga

Em termos de organização funcional, o Centro do Cazenga estrutura-se em torno do coordenador e de três paralegais/activistas.[22] Um deles desempenha o

---

[22] A ligação entre este Centro e a sede da 'Mãos Livres' deveria ser articulada através de um coordenador, jurista. É este jurista, que trabalha na sede da 'Mãos Livres', quem deveria responder e supervisionar o trabalho do Centro do Cazenga. Todavia, o seu posto de trabalho está na própria sede, o que ajuda a explicar a sua quase completa ausência do Centro do Cazenga. Durante quase dois anos em que foi feita observação junto do Centro, apenas uma vez se ouviu uma referência à sua presença no Cazenga, nunca tendo sido possível discutir com este coordenador o trabalho desenvolvido pelo Centro. Abordado sobre a questão da coordenação do Cazenga, o coordenador explicou que "[essa pessoa] *é da coordenação de Luanda e por conseguinte é a pessoa que faz o acompanhamento*

papel de paralegal chefe e de adjunto do coordenador, o responsável máximo do Centro. Cabe-lhe a coordenação do subgrupo composto pelos paralegais, constituindo a ponte com o coordenador e substituindo-o na sua ausência. Cuida praticamente de toda a estrutura administrativa e faz uma ou outra diligência. Dos outros dois paralegais, um dedica-se à área de administração e litigação, atendimento dos utentes do Centro, cuidando igualmente da estrutura dos processos e da organização do livro dos registos e o outro é responsável pela educação cívica e palestras, diligências ou outras deslocações.

Como já foi referido, estatutariamente a associação 'Mãos Livres' assenta a sua missão na divulgação e defesa dos direitos humanos e da cidadania, bem como na denúncia e combate à violação de outros direitos (propriedade, terra e recursos naturais) e na promoção de acções que visem a resolução de conflitos por via pacífica. Em função disso, são conduzidas acções de divulgação dos direitos humanos através de palestras e distribuição de desdobráveis quando existe material para distribuir e/ou quando os paralegais não estão envolvidos noutras actividades. No entanto, a principal acção do Centro está ligada à resolução de conflitos, como sublinhou o então coordenador adjunto: *"o principal objectivo do Centro do Cazenga é resolver conflitos pela via extrajudicial. Só naqueles casos em que a pessoas está renitente, não está a dar é que intentamos uma acção judicial".*[23] Um dos paralegais, co-fundador do Centro do Cazenga, corrobora esta ideia, afirmando que *"verdadeiramente aquele objectivo que as Mãos Livres se propõe, é a defesa do cidadão sobretudo aqueles injustiçados."*[24] Como explicou o coordenador adjunto deste Centro, as pessoas dirigem-se preferencialmente ao Centro e não ao tribunal porque,

> *[...] primeiro é que as pessoas que tem o mínimo de conhecimento de assistência jurídica, no mínimo de conhecimento que eles têm, eles já sabem que os tribunais são lugares onde os processos levam tempo para a sua resolução, esta é a primeira percepção deles. Levar para tribunal sim, mas vai levar muito tempo para resolver*

---

do Centro do Cazenga." Já para os paralegais, a ausência desta jurista tem a ver com as fracas condições que o Centro apresenta. Como sublinharam, "[esse coordenador] *não vem muito aqui, mas também tem razão, não temos condições, não temos quarto de banho, se quiser fazer necessidades, como aconteceu uma vez em que tivemos que pedir à vizinha."* Entrevista realizada a 24 de Setembro de 2009.

[23] Entrevista realizada a 11 de Setembro de 2009.

[24] Entrevista realizada a 26 de Fevereiro de 2008.

[...]. E então, eles preferem vir aqui, porque sabem que nós conseguimos encontrar sempre uma aproximação entre as partes.[25]

Confirmando esta explicação, um constituinte, quando questionado sobre a escolha da 'Mãos Livres' para a resolução do seu problema, explicou em tom de queixa: "[...] *antes fui ter com o senhor advogado, mas não tinha tempo, o processo não andava... Então me aconselharam para vir na Mãos Livres, porque eles prestam muita atenção nesses casos. Mas também já estou aqui há cerca de 7 meses* [...]".[26]

6. A equipa de paralegais

A presença dos paralegais no Município do Cazenga, em Luanda, insere-se num programa mais vasto desta ONG. Especificamente, a missão dos paralegais constitui uma abordagem promissora, que aposta no reforço e no empoderamento legal dos angolanos. As actividades desenvolvidas por estes paralegais, no campo do reforço do acesso à justiça e ao direito, representam uma ponte entre a educação legal para a cidadania e a representação legal. Actuando num terreno onde, como esta componente da investigação procura analisar, são imensas as deficiências no acesso ao direito por parte da população, este programa representa um '*middle ground*' entre os advogados, cujos serviços são bastante caros, e outras estratégias de empoderamento através de acções de formação e de educação legal destinadas aos cidadãos.

O modelo de funcionamento dos paralegais combina o conhecimento e o uso do direito com os instrumentos, a flexibilidade e a criatividade dos movimentos sociais. Os paralegais, funcionando em contextos que conhecem especialmente bem, potenciam a síntese criativa das abordagens modernas e tradicionais à justiça, ajudando a aproximar o direito da sociedade. Os membros da instituição possuem experiências diferentes, fruto das actividades profissionais anteriormente desempenhadas, mas um dos pontos de união, comum a quase todos funcionários existentes, é o princípio do voluntariado.

Os paralegais são, pois, a estrutura principal deste Centro. Todavia, a sua formação e actualização não são realizadas de forma continuada. Por exemplo, entre 5 e 30 de Novembro de 2007, os membros do Centro participaram numa formação[27] na sede da organização, a primeira para os paralegais desde

---

[25] Ibidem.

[26] Entrevista realizada a 10 de Dezembro de 2008.

[27] As temáticas abordadas por esta formação integravam: 1. Relação do Estado e do Direito (Estado;

que haviam começado a trabalhar no Cazenga. Contudo, o encerramento do Centro para esta acção de formação significou que, durante um mês, não houve atendimento ou acompanhamento dos casos pendentes.

Para além da falta de formação contínua e actualização constante, regista-se também a carência de legislação actualizada relevante para a realização do trabalho. Nesse sentido, um dos paralegais, quando questionado sobre os problemas que o Centro enfrentava, afirmou que *"o centro sente necessidade urgente de legislação para uma melhor interpretação dos casos que surgiam, uma vez que se regista a falta de leis importantes, nomeadamente, a Lei Geral do Trabalho, o Código da Família, Código Penal só para citar alguns."*[28] Esta necessidade seria repetidamente apontada pelos paralegais como um dos principais problemas que limitava o bom funcionamento do Centro, tendo sido feitos repetidos pedidos à sede da 'Mãos Livres', os quais nunca obtiveram qualquer resposta: *"Nós quando pedimos legislação à sede [...] eles nunca nos dão nada."*[29] Na prática, o Centro possui um exemplar da Lei Constitucional, da Lei Geral de Trabalho (apenas um), da Lei de Imprensa, da Lei da Greve, do Direito de Reunião e Manifestação, bem como do Vírus e Imunodeficiência (HIV/SIDA). Tal facto cria enormes dificuldades aos paralegais na execução do seu trabalho, na medida em que limita a apreciação e interpretação correcta dos casos, cuja solução passa a depender, essencialmente, da experiência adquirida: *"A nossa rotina, a nossa experiência é que nos ajuda, senão estamos mal, não conseguimos aprimorar nada. Queremos falar com mais propriedade, mas não podemos, porque não temos documentos. Pedimos, re-pedimos e nada.*[30]"

No contexto económico da cidade de Luanda, caracterizado por uma forte inflação, a falta de incentivos económicos tem sido responsável pela desmotivação e consequente abandono dos postos de trabalho por parte dos paralegais. São vários os episódios de atrasos salariais, como aconteceu em 2005 e em 2008. Para estes 'voluntários' a mediação e resolução de conflitos é vista como uma actividade laboral e os contínuos atrasos salariais, situação que se foi agravando ao longo da duração do projecto, encontra eco na afirmação de um dos últimos

---

Independência do Estado; Poder Político; Normas Jurídicas; Regime Político; Constituição Angolana – Princípios Fundamentais); 2. Direitos Fundamentais do Cidadão; 3. Educação Cívica (Civismo; Pontos Essenciais para Educação Cívica); 4. Declaração Universal dos Direitos Humanos; 5. Carta Africana dos Direitos do Homem e dos Povos; 6. Defensor dos Direitos Humanos; 7. Teoria de Infracção – o Crime como tal; 8. Tópicos sobre a Lei n.º 16/91 de 11 de Maio – Das Reuniões e Manifestações e a Lei n.º 7/06.

[28] Entrevista realizada a 21 de Agosto de 2008.

[29] Entrevista realizada a 31 de Outubro de 2008.

[30] Entrevista com paralegais, realizada a 31 de Outubro de 2008.

paralegais: *"Esse talvez seja o meu último ano aqui na associação Mãos Livres* [...]. *Não dá para continuar a trabalhar assim com esses atrasos salariais* [...]. *Não posso continuar a trabalhar com seis meses de atrasos."*[31] Acresce ainda a falta de comunicação entre a sede e o Centro, facto que é visto como um forte constrangimento ao funcionamento deste último, gerando mal-estar entre os paralegais: "a *comunicação é importante numa organização* [...], *mas aqui na prática nada acontece* [...]."[32] Em paralelo, a grande afluência de causas e de responsabilidades formativas não corresponde, nas palavras de vários entrevistados, às condições de trabalho de que dispõem:

> *De momento, conforme vê, as nossas condições de trabalho, nós trabalhamos mesmo, muitas das vezes por vontade, amor à camisola mesmo, independentemente da remuneração mensal, mas as nossas condições... Muitas das vezes precisamos de um táxi [...], outras das vezes precisamos tirar uma cópia.*[33]

7. Organização do atendimento

A organização de todo expediente é feita no 'livro de registo'[34], o que denota alguma organização, disciplina e controlo das actividades desenvolvidas. O 'livro de registo' é preenchido em função das actividades desenvolvidas pelo Centro, quer interna como externamente. A sua leitura detalhada revela que as principais actividades levadas a cabo pela instituição são as consultas, as assistências, as visitas, os processos abertos e as diligências efectuadas.

Existem dois paralegais que se dedicam em permanência ao atendimento, podendo por vezes encontrar-se presentes os três paralegais e o coordenador. Dadas as inúmeras actividades realizadas fora do Centro, que vão de palestras a diligências realizadas para resolução dos diferentes casos, procura-se articular da melhor forma possível o trabalho dos funcionários para manter as portas abertas de acordo com o horário de funcionamento do Centro.

Quanto à estrutura de atendimento presente no Centro, verificou-se que o coordenador raramente acolhe directamente quem procura a 'Mãos Livres' em

---

[31] Informação recolhida a 17 de Novembro de 2008.

[32] Informações recolhidas entre 17 e 20 de Novembro de 2008.

[33] Ibidem.

[34] Os livros de registo devem permanecer no Centro, sendo esta uma exigência dos doadores. Um exemplo de Livro de Registos em utilização no Centro "Mãos Livres" do Cazenga pode ser consultado no anexo ao presente capítulo (Foto 8).

busca de apoio ou aconselhamento. Em regra, os constituintes passam primeiro pelos paralegais. Conforme sublinhou o próprio coordenador: *"eu, normalmente nunca atendo directamente o constituinte. Os constituintes passam pelos paralegais, eles ouvem o constituinte, a preocupação que o traz."*[35] Poderá haver excepções, como explica o coordenador adjunto, quando

> *[...] estamos aqui no Centro todos nós, as quatro pessoas e de repente surgem seis constituintes. Então aí fica um pouco complicado [...]. Então ficamos cada um atendendo um constituinte..., então aí mesmo o nosso coordenador é obrigado mesmo atender. Mas no fundo, no fundo, somos nós mesmos, os paralegais que recebemos e depois entregarmos o assunto ao nosso coordenador para vir ver outra vez de perto a situação e encontramos a solução do caso.*[36]

Se o caso ultrapassa as possibilidades de acção dos paralegais do Centro, este é direccionado à sede das 'Mãos Livres'. Porém, mesmo nessas situações os constituintes continuam a procurar o Centro para saber da solução do mesmo, o que demonstra a falta de uma ligação efectiva com os advogados.

A estrutura orgânico-funcional do Centro apresenta-se bem organizada e coordenada entre os membros. Apesar desta coordenação bem estruturada, deparam-se com o problema da excessiva personalização dos casos pois, embora em teoria qualquer um dos paralegais possa atender um caso e estar a par do desenvolvimento dos casos que acompanha, apenas o que está envolvido directamente nos casos dispõe da informação necessária para dar conta do andamento do problema ao constituinte.

Importa, todavia, e nesta sede, fazer uma análise prévia de uma série de conceitos utilizados frequentemente no Centro, como 'atendimento', 'aconselhamento', 'consulta', 'assistência e patrocínio jurídico', já que não há uma unanimidade quanto à sua utilização e sentido. Assim:

> 1. O **atendimento**, ocorre, nas palavras de Júlio Santos, *"quando alguém se dirige aqui ou sempre que se dirige aqui é feita o atendimento no geral. Desde que a pessoa fale connosco ou falemos com ele, estamos em presença de um atendimento. O atendimento é uma consulta, porque a pessoa quer saber o que nós somos e o que nós fazemos."*[37]

---

[35] Entrevista realizada a 16 de Fevereiro de 2008.

[36] Entrevista realizada a 26 de Fevereiro de 2008.

[37] Entrevista realizada a 11 de Setembro de 2009.

2. O **aconselhamento** ocorre *"quando uma pessoa se dirige aqui e lhe é prestada alguma informação sobre o funcionamento do Centro, incluindo algum material como desdobráveis e boletins, bem como lhe é explicada como pode ser atendida no caso dele tiver um problema ou um conflito".*[38]

3. A **consulta** acontece *"quando a pessoa se dirige ao Centro pela primeira vez e expõe o seu problema, sendo-lhe explicado os procedimentos normais para abertura do processo. Se o processo não for aberto, e o caso for resolvido à base da consulta, então estaríamos em presença de um aconselhamento jurídico."*[39]

4. A **assistência jurídica**, segundo o administrador nacional, *"ocorre quando a pessoa, depois de ter aberto o processo, vem tomar conhecimento ou consultar o andamento do seu caso ou processo."*[40]

5. Relativamente ao ***patrocínio jurídico***, parte-se do princípio, já referido, de que a 'Mãos Livres' é uma organização que tem por objectivo atender os casos de violação dos direitos humanos, através do aconselhamento e/ou consulta e assistência jurídica a pessoas pobres, com poucos recursos. Como explica Júlio Santos, *"a acção judicial entra através do advogado ligado às Mãos Livres, ou seja, que a associação paga ou patrocina. O processo não entra em nome da Mãos Livres, mas sim do advogado. É mais ou menos nesta base que é feito o patrocínio jurídico".*[41] Na prática, se este conceito estiver ligado à atribuição e patrocínio de um advogado para pessoas que não reúnam condições para o pagar, sempre que caso apresentado remeta para a esfera de actuação do Centro, ele é considerado como sendo ***assistência jurídica***. Ou seja, é o tipo de intervenção temática que separa o patrocínio da assistência jurídica, como observa o coordenador do Centro: *"o patrocínio está ligado à concessão de um advogado. Só que, para nós, quando está ligado a área de violação dos direitos humanos, violação dos direitos do trabalhador, aquelas violações que tem a ver com o nosso âmbito de trabalho, nós não consideramos patrocínio jurídico, mas sim uma assistência jurídica."*[42]

---

[38] Que esteja ligada à esfera de actuação do centro.

[39] Entrevista realizada a 11 de Setembro de 2009.

[40] Entrevista realizada a 11 de Setembro de 2009.

[41] Entrevista realizada a 11 de Setembro de 2009.

[42] Entrevista realizada a 26 de Fevereiro de 2008.

8. O acesso ao centro e a apresentação das queixas

O acesso ao Centro é feito pessoal e directamente pelos indivíduos que se sintam afectados por qualquer conflito passível de uma resolução. A divulgação boca-a-boca parece ser a principal forma de divulgação das acções do Centro, já que a fraca visibilidade do letreiro não facilita a sua identificação e localização, como já referimos.

A forma de atendimento utilizada no Centro é sempre a mesma, independentemente de o utente já conhecer o Centro. Durante o primeiro contacto com um constituinte que não conhece a acção do Centro, para além de explicarem o que é e como funciona, explicam também quais são as possibilidades de ajuda na resolução de um determinado tipo de conflito, como referiu um dos elementos da coordenação do Centro:

> *Antes, eles [constituintes] aparecem aqui primeiro, para receber uma assistência, uma informação e nós damos essa assistência, uma explicação... quem somos nós e como trabalhamos. Eles vêm conhecer o nosso método de trabalho e dizemos a eles. Eles saem daqui já com conhecimento de como é que tratamos os nossos assuntos. Nós dizemos para eles mesmos que só enviamos o processo a Tribunal quando acharmos impossibilidade de resolvemos o assunto aqui no terreno, entre as partes.*[43]

Os conflitos que chegam ao Centro conheceram, já, vários percursos, em função do seu tipo e da sua dimensão ou complexidade. Regra geral, os constituintes dirigem-se ao Centro e são atendidos pelos paralegais, de acordo com a estrutura de atendimento descrita anteriormente. Assim, o problema é inicialmente exposto oralmente; em seguida, o paralegal analisa a situação, avaliando se se trata de uma visita ou se é necessária uma consulta jurídica ou um aconselhamento jurídico.

Caso haja necessidade de abrir um processo, orienta-se o constituinte para a elaboração de uma exposição, por escrito[44], dirigida à 'Mãos Livres', que deve ser acompanhada de uma cópia do bilhete de identidade ou de qualquer outro documento de identificação, assim como de toda a documentação relativa ao conflito (desde o passe de serviço para questões laborais à declaração de compra

---

[43] Entrevista realizada a 26 de Fevereiro de 2008.

[44] Na grande maioria das vezes os paralegais ajudam o constituinte a elaborar a exposição, quer através de uma explicação oral sobre a natureza do documento quer através de um rascunho, ou ainda, nalgumas situações específicas, na elaboração da própria exposição.

e venda de terreno para as questões ligadas à terra e ou terreno, etc.). Pede-se ainda uma capa de processo e o pagamento de 500 kwanzas. Após a abertura do processo é atribuído um número ao caso, a que se segue a marcação de uma diligência através do envio de um convite à(s) outra(s) parte(s).

9. As convocatórias

Ao longo do processo de acompanhamento, ou de assistência jurídica, a marcação das diligências é feita, como se disse, através do envio de um convite que propõe uma data para o encontro da outra parte em litígio com o constituinte que trouxe o problema ao Centro:

> *Nós normalmente trabalhamos no seguinte: nós recebemos o caso, endereçamos uma carta e propomos uma data, que nós consideramos a tal diligência. Mas, conforme o tal termo vem explícito é uma proposta, caso a empresa achar algum inconveniente de que esse encontro, essa diligência se realize no dia marcado, então eles ligam deixamos o nosso contacto telefónico e propõem então uma outra data ou a confirmar, mas também se não confirmarem para nós o silêncio é como algo consentido.*[45]

Tal como acontece noutras instâncias, os paralegais do Centro 'Mãos Livres' do Cazenga usam o termo 'convite' ou 'convocatória', ressaltando a ausência da palavra 'notificação'. Conscientes de funcionarem num contexto onde não possuem mandato legal para mediar e/ou resolver conflitos, o recurso à 'convocatória' expressa a forma voluntária, sem a coação do Estado, com que as partes devem corresponder ao acompanhamento jurídico prestado pelo Centro.

Os convites são normalmente entregues à(s) outra(s) parte(s) pelos paralegais, que descrevem esta parte do seu trabalho como tratando-se de 'diligências', numa clara colagem ao vocabulário jurídico. Mais raramente podem ser entregues, também, pelo próprio constituinte.

10. Tipo de casos, volume e mobilizadores desta instância

A análise dos livros de registo existentes no Centro 'Mãos Livres' do Cazenga aponta para uma grande diversidade de casos. O tipo de conflitos processados depende, em larga medida, da procura pelos cidadãos e dos casos remetidos por outras instâncias (Polícia, OMA, etc.). Os quadros que se seguem organizam ti-

---

[45] Entrevista com o coordenador do Centro, realizada a 26 de Fevereiro de 2008.

pologicamente o tipo de actividades desenvolvidas pelo Centro, sistematizando a informação contida nos livros de registo para os períodos de 2007 e 2008. Para além de consultas, aconselhamentos e assistência jurídica, que correspondem aos atendimentos diários da instituição, juntam-se ainda as palestras realizadas pelos membros deste Centro do Cazenga.

Quadro 1 – Actividades Realizadas pelo Centro do Cazenga (2007)[46]

Tipo \ Meses	Fev.	Mar.	Abr.	Mai.	Jun.	Jul.	Agost.	Set.	Out.	Nov*	Dez**	Total
Consulta Jurídica	12	3	9	23	24	13	19	16	6	8	6	139
Assistência Jurídica	14	56	29	29	35	37	63	51	65	8	17	404
Visitas	3	5	4	1	4		12	7	10		1	47
Processos Abertos	3	3	2	3	3	1	5	1	3	1	2	27
Diligências		1	1	1		2			11		4	20
Total	32	68	45	57	66	53	99	75	95	17	30	637

Fonte: Livro de Registos

Quadro 2 – Actividades Realizadas pelo Centro do Cazenga (2008)

Tipo \ Meses	Fev.	Mar.	Abr.	Mai.	Jun.	Jul.	Ago.	Set.	Out.	Nov.	Dez.	Total
Consulta Jurídica	11	11	7	2	37	13	13	18	15	5	11	143
Assistência Jurídica	21	21	22	6	12	41	31	38	56	42	17	307
Visitas	7	2	2	0	3	4	8	3	4	2	4	40
Processos Abertos	3	3	5	0	7	4	6	2	4	1	1	36
Diligências	3	3	0	0	1	1	0	0	2	0	1	11
Total	45	40	35	8	60	63	58	51	81	50	34	537

Fonte: Livro de Registos

---

[46] Exceptuando as palestras.

* O Centro funcionou apenas de 1 a 5 de Novembro, uma vez que os funcionários estavam a frequentar um seminário na sede da organização, como referido.

** O Centro esteve apenas aberto entre 10 e 20 de Dezembro.

No total, uma análise comparada do desempenho do Centro para o período de 2007 e 2008 revela um decréscimo das actividades em 2008: em 2007 foram desenvolvidas, no total, 637 actividades, quando em 2008 se verificaram apenas 537. Acrescente-se o facto de em 2007 se ter verificado, por um lado, um maior acompanhamento dos processos abertos de 'assistência jurídica' (404, contrastando com os 307 verificados em 2008) e, por outro lado, uma diminuição, em 2008, dos contactos endereçados a pessoas e instituições envolvidas em conflitos, englobados na categoria 'diligências'. Paralelamente, 2007 conheceu um número ligeiramente menor de consultas ou aconselhamento jurídicos (139), quando comparadas ao ano de 2008 (143), tendo-se igualmente verificado um aumento do número de casos entrados no Centro, revelando uma tendência para o aumento da procura do Centro. De facto, em 2007 foram abertos 27 processos, comparados aos 36 em 2008. Assim, como se analisará adiante, isto significa não apenas um aumento dos casos, mas sobretudo que mais conflitos foram resolvidos, particularmente através da consulta ou do aconselhamento jurídico.

Tal como podemos observar no Gráfico que se segue (Gráfico 1), no âmbito das actividades desenvolvidas em 2007 as consultas corresponderam a 21,8% das entradas e as assistências a 63,4%. Conjugados, estes dois aspectos correspondem à maioria das actividades em que os membros deste Centro se viram envolvidos (85,2%), muito longe do total das visitas – 7,4%; dos processos abertos – 4,2%; e das diligências – 3,2%, que, no total, correspondem apenas a 14,8% das suas actividades. O ano de 2008 apresenta dados semelhantes, com uma subida das consultas jurídicas (26,6%), embora o valor das assistências tenha descido para 57,1%. No seu conjunto, estas duas actividades corresponderam a 83,7% das actividades inscritas no livro de registos. Por sua vez, as visitas corresponderam a 7,4%, os processos abertos a 6,7% (o que corresponde a um ligeiro aumento) e as diligências a 2%, perfazendo 16,1% do total das actividades desenvolvidas. Se se tiver em conta o total das actividades desenvolvidas pelo Centro no período coberto por este estudo (2007 e 2008), as consultas e as assistências jurídicas atingem cerca de 90% (85,2% e 83,7%, respectivamente), constituindo, assim, as principais actividades desenvolvidas pelo Centro.

Gráfico 1

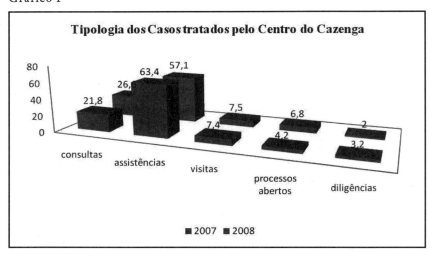

11. Tipo de conflitos observados

Os principais casos que o Centro atende incluem: a falta de assistência dos pais aos filhos (feitas maioritariamente por mães separadas); situações de burlas; despedimentos anárquicos, com maior incidência para as empresas de segurança e transporte público; violência doméstica; despejos habitacionais e apropriação de terrenos com indemnizações reduzidas.[47] Ainda de acordo com informações fornecidas pelo coordenador do Centro, muitos dos casos que ali chegam são casos de polícia. Em paralelo, importa comparar esta informação com a tipologia dos principais processos abertos e registados em 2007 e 2008 (Quadros 3, 4 e 5).

---

[47] Entrevista com o coordenador do Centro, realizada a 12 de Setembro de 2009.

Quadro 3 – Processos Abertos (2007)[48]

N.º	Género	Idade	Processo (n.º)	Tipo de Conflito
1	M	39	01/07	Laboral
2	M*		02/07	Laboral
3	M	36	03/07	Laboral
4	M		04/07	Laboral
5	M	35	05/07	Terra
6	-**	-	06/07	Laboral
7	M	40	07/07	Laboral
8	M	48	08/07	Laboral
9	M	25	09/07	Abuso de Poder
10	M	22	10/07	Laboral
11	M		11/07	Crime***
12	Processo Colectivo	Processo Colectivo	12/07	Laboral
13	M	40	13/07	Laboral
14	Processo Colectivo?	Processo Colectivo?	14/07	Laboral
15	M	33	15/07	Laboral
16	M	23	16/07	Laboral
17	M	44	17/07	Empréstimo
18	M	55	18/07	Habitação
19	F	38	19/07	Terra
20	F		20/07	Laboral
21	M	45	21/07	Laboral
22	M		22/07	Laboral
23	M	25	23/07	Laboral
24	M	50	24/07	Habitação 'arrendamento'
25	M		25/07	Laboral
26	M	24	26/07	Laboral
27	F	30	27/07	Laboral

Fonte: Livro de Registos

---

[48] De 6 de Novembro a 9 de Dezembro o Centro não funcionou por os seus membros estarem envolvidos numa acção de formação.

* Jorge P. G.

** Processo aberto por um colectivo de trabalhadores da Ex – Ensul – UEE.

*** Suspeita de assassinato.

Quadro 4 – Processos Abertos (2008)

N.º	Género	Idade	Processo (n.º)	Tipo de Conflito
1	M		01/08	Laboral
2	M		02/08	Laboral
3	F	35	03/08	Laboral
4	M	38	04/08	Laboral
5	F	35	05/08	Familiar
6	F		06/08	Habitacional
7	M	25	07/08	Laboral
8	M	55	08/08	Crime
9	M	44	09/08	Laboral
10	M		10/08	Laboral
11	F		11/08	Crime
12	M	38	12/08	Laboral
13	Colectivo	Colectivo	13/08	Laboral
14	M	33	14/08	Laboral
15	M		15/08	Perseguição
16	M		16/08	Crime / 'Agressão Física'
17	M		17/08	Habitação / 'Arrendamento'
18	M		18/08	Familiar
19	M		19/08	Prisão 'Anárquica'
20	M		20/08	Laboral
21	M		21/08	Burla
22	M		22/08	Laboral
23	M		23/08	Habitacional / 'Abuso de poder'
24	M		24/08	Terra
25	M		25/08	Laboral
26	M		26/08	Identidade / '6ª Conservatória'
27	F		27/08	Familiar
28	M		28/08	Terra
29	M		29/08	Prisão
30	M		30/08	Laboral
31	F		31/08	Familiar
32	M		32/08	Terra
33		Colectivo	33/08	Laboral
34	M		34/08	Agressão Física
35	M		35/08	Violação 'sexual'
36	F		36/08	Familiar
37	M		37/08	Burla

Fonte: Livro de Registos

Como resulta da análise dos Quadros anteriores, podemos observar que na maioria dos conflitos que dá entrada no Centro os utentes são predominantemente do sexo masculino. Uma análise mais detalhada em termos de género aponta que dos casos que deram entrada em 2007, 77,7% eram de homens, contra 11,1% de mulheres. Em 2008 verificou-se um aumento da presença de mulheres, 18,9%, pese embora a maioria dos constituintes continuasse a ser masculina (75,6%).

Os processos colectivos, apresentando uma tendência decrescente, cifravam--se em 11,1% em 2007 e 5,4% em 2008. Ainda assim, foi possível observar nesses processos colectivos que a queixa formulada junto à 'Mãos Livres' foi feita maioritariamente por homens, registando-se uma fraca presença de constituintes femininas.

Em termos de idade, embora seja difícil apresentar dados precisos, uma vez que não foi possível identificar a idade de todos os constituintes que chegaram a abrir processo no Centro durante o período em análise (anos de 2007 e 2008), a verdade é que dos 18 constituintes com idades identificadas em 2007 (cerca de 67% do universo total dos casos abertos),[49] possuem idades compreendidas entre os 22 e os 35 anos, 44,4%, sendo que 55,5% apresentam idades compreendidas entre os 35 e os 55 anos. Quanto ao ano de 2008, a percentagem mínima de constituintes com idades identificadas foi de 8 (21,6% do total de casos abertos),[50] o que não permite chegar a conclusões muito precisas. Todavia, é possível detectar uma certa continuidade dos grupos etários que ali se dirigem, uma vez que os dados encontrados se repartem equitativamente (50%) pelos dois grupos etários: pessoas com idade entre os 25 e 35 anos e pessoas com idades compreendidas entre os 35 e 55 anos.

Os conflitos são classificados em função dos sujeitos que estão envolvidos e dos bens em causa, cujos critérios assentam numa base legal.

Conflitos laborais
Os conflitos laborais são aqueles que envolvem a entidade empregadora e o trabalhador, estando em causa o 'salário'; um acordo, 'contrato' ou ainda uma decisão, como 'despedimento', 'suspensão'. O coordenador do Centro apresentou um exemplo de conflito laboral bastante frequente na 'Mãos Livres':

Normalmente os empregadores aproveitam-se muitas das vezes quando o trabalhador estiver doente para dar férias, tá ver e é contrário à lei. E ainda que ele estiver de férias e no decorrer das suas férias ele cair doente, automaticamente ele tem de comunicar à empresa para interromper as férias [...]. Mas normalmente as empresas fazem o seguin-

---

[49] O total de casos abertos, como já referido, corresponde a 27.

[50] O total de casos abertos, como já referido, corresponde a 37.

te: como o trabalhador está doente, por exemplo três, quatro dias, uma semana para não dar repouso, então eles aproveitam e antecipam as férias e também é um conflito laboral, porque o conflito laboral não é só quando despedem o trabalhador. Há aquelas situações que o trabalhador sabe que a empresa está errada, mas o empregador procura fazer vincar a sua posição como a que esta certa, daí surge um conflito.[51]

Os conflitos laborais englobam os despedimentos anárquicos ou sem justa causa, as rescisões contratuais e incorrecta indemnização, as suspensões laborais e a reclamação de salários. Estes conflitos envolvem com maior frequência empresas de segurança e empresas de transportes colectivos. Até muito recentemente, o Cazenga era um bairro com um parque industrial importante de modo que as mudanças económicas neoliberais têm significado um sério acréscimo do desemprego, o que explica, pelo menos em parte, a afluência ao Centro de casos envolvendo conflitos laborais.

Conflitos de terra e/ou de terreno

Existe um conflito de terra e/ou terreno quando se regista uma disputa pela posse de uma determinada parcela de terreno. O Município do Cazenga, que está 'encaixado' entre a parte de cimento de Luanda e a segunda cintura de bairros populares, tem pouco espaço de expansão física. Segundo o coordenador adjunto, localmente os conflitos de terra colocam-se de maneiras diferentes:

[...] há aqueles casos onde a pessoa tem o seu terreno, mas na ausência do vizinho que é o dono do terreno, o outro vizinho quando vem construir entra um, dois metros no terreno da outra pessoa e cria logo um litígio de terra. Há outros que é mesmo provocado pela própria administração. A administração por sua vez, às vezes cede terrenos às pessoas, mas terrenos que já foram cedidos às outras pessoas, então cria esse litígio de terra com a própria administração.[52]

---

[51] Entrevista com o coordenador do Centro, realizada a 12 de Setembro de 2009.
[52] Ibidem.

Pode ainda ter lugar um conflito de terra/terreno quando, em caso de apropriação ou de cedência do espaço pela Comissão de Moradores, Administração Comunal ou Municipal,[53] aparece o proprietário com o comprovativo da posse. Na realidade, uma parte significativa da população luandense tem, há já algum tempo terra/terrenos, mas não possuem qualquer documento comprovativo da sua posse, o que dá azo ao surgimento desses casos, como confirma o coordenador adjunto do Centro:

> [...] houve casos destes. Nós temos por exemplo um caso, aqui próximo da judiciária do lado direito, está lá uma construção semi-acabada em que o espaço de terreno pertencia a uma pessoa. A pessoa que está viver lá agora, um senhor que hoje é um General do Exército, encontrou o espaço de terreno baldio com algumas coisas quebradas e tal como é uma construção antiga, mas encontrou o espaço de terreno antiga baldio e o que é que ele fez, elaborou um documento à Administração do Marçal e cederam-lhe o espaço de terreno e ele foi construindo. Ora depois de ter as paredes erguidas, apareceu uma pessoa a dizer que o terreno é dele porque a madrinha dele era que vivia ali e deixou ele a tomar conta, juntou-se ao Governo Provincial de Angola, que foi embargar as obras.[54]

Esses conflitos variam também de acordo com a conjuntura local. Em períodos de acelerado crescimento económico é visível um aumento dos conflitos em torno da posse da terra, especialmente nas zonas de 'requalificação urbana', e uma tendência crescente resultante da necessidade de construção de infra-estruturas nessas zonas.

Importa referir que o Centro não se faz distinção entre conflitos de terra e conflitos de terreno, desde que ambos envolvam relações entre particulares ou entre particulares e o Estado e esteja em causa um bem ou um espaço territorial.

Conflitos habitacionais

A grande diferença acontece entre os conflitos de terra e terreno e os conflitos habitacionais. Trata-se de diferenciar a essência do bem em causa. Ou seja, existe um conflito habitacional quando o que está em causa já não é uma parcela de

---

[53] Essa cedência muitas vezes implica uma contrapartida de valores monetários por parte do beneficiário.

[54] Entrevista realizada a 26 de Fevereiro de 2008.

terra e/ou terreno, mas um espaço residencial. Estamos perante um conflito deste tipo sempre que se regista uma disputa de posse sobre uma residência ou sobre uma relação contratual de uma determinada residência.

Empréstimos e/ou burlas

As designações 'burla' e 'empréstimo' variam de paralegal para paralegal, como se verifica após uma leitura atenta do 'livro de registo'. De facto, após vários encontros com os paralegais foi possível detectar situações que uns tratam como burla e outros avaliam como empréstimo. Se por um lado, esta situação reflecte alguma confusão, por outro lado, demonstra que os termos 'burla' e 'empréstimo' são tomados quase como equivalentes.

O empréstimo é visto como a primeira fase do acordo entre as partes envolvidas; já a burla reflecte a chegada do caso ao Centro por uma parte não cumprir o acordo, ou seja, quando uma das partes "não honra" o compromisso assinado há alguns meses ou anos. A Burla significa a necessidade de obter auxílio para a resolução do incumprimento num caso de empréstimo. Nas palavras do coordenador do Centro, *"consideramos burla quando dois indivíduos por mútuo acordo fazem empréstimo de qualquer meio, seja moeda ou outro material, e depois a parte comprometida passado tempo não cumpre com o compromisso".*[55] Já os conflitos ligados a empréstimos (burlas) são aqueles que envolvem dois ou mais cidadãos e um determinado bem, como dinheiro, casa ou carro.

Conflitos familiares

Consideram-se conflitos familiares os que envolvem membros duma mesma família. O exemplo típico de conflito familiar está associado à violência doméstica ou no lar e à falta de assistência aos filhos, entre outras razões.

Para além destes conflitos, é de referir a ocorrência de vários crimes, que incluem agressão e/ou violação sexual. Para a 'Mãos Livres' são considerados crimes todas as situações em que uma pessoa é alvo de uma violação do seu direito, incluindo os casos de abuso de poder.

---

[55] Entrevista realizada a 26 de Fevereiro de 2008.

Quadro 5 – Tipos de conflitos abertos em 2007 e 2008

Tipo de Conflito	Número de casos abertos	
	2007	2008
Abuso de Poder	1	-
Burla	1	2
Crime	1	5
Familiar	-	5
Habitacional	2	3
Identidade	-	1
Laboral	20	15
Perseguição	-	1
Prisão	-	2
Terra/Terreno	2	3
Total	27	37

Fonte: Livro de Registos

Em suma, e como resulta da análise do quadro supra, os conflitos laborais corresponderam a 74% dos registos de 2007, tendo baixado para quase metade no ano seguinte - 45,9%. Todavia, apesar desta diminuição as queixas laborais continuam a assumir-se como o tipo de conflito com maior expressão. A estas seguem-se conflitos de terra/terreno, que se cifraram em 7% em 2007 e 8% em 2008, sendo a sua percentagem semelhante à dos conflitos habitacionais: 7% em 2007 e 8% em 2008. Embora estatisticamente num nível inferior, mas ainda assim digna de referência, encontram-se os casos de crime, correspondendo a 3,7% dos conflitos abertos em 2007 e a 13,5% em 2008, seguidos de perto pelos casos de burla, com 3,7% em 2007 e 5,4% em 2008. Estes dados são relevantes, apontando para um aumento da criminalidade, quer em termos de violência, quer de crimes económicos. Finalmente, encontram-se os casos poucos frequentes no Centro no ano de 2007, mas que conheceram um acréscimo significativo em 2008, como os conflitos familiares, sem nenhum caso registado em 2007 mas que se cifraram em 13,5% em 2008, e os casos de pessoas presas que, de ausentes em 2007, atingiram uma percentagem de 5,4% em 2008. Por fim, os casos de abuso de poder, perseguição e identidade, que registam números muito inferiores quando comparados com as restantes tipologias que dão entrada no Centro.

12. A mediação e a resolução dos conflitos
A mediação de um conflito é feita pelo Centro se o caso for apresentado por uma pessoa sem recursos económicos e o seu problema, dependendo do valor

do bem em causa, se enquadrar dentro da missão e dos objectivos definidos pelos estatuto e pela actuação prática desta organização.

Quando a mediação de um conflito é feita pelo Centro, como explicou o co-ordenador adjunto, as partes envolvidas são ouvidas para poderem aconselhar a parte em falta:

> *Normalmente há conflito entre as partes e de acordo com a informação que cada um vai trazer, nós analisamos e mandamos logo constituir o processo. Quando trazer, então nós depois fizemos aqui um convite para a parte que ele faz referência de que tem litígios com ele. Esta parte vem e depois quando chegar aqui no nosso Centro, nós também procuramos ouvir essa parte. E de acordo com o esclarecimento que ele faz então encontramos um meio-termo, conseguimos perceber quem realmente está em falha e aconselhamos a parte que está em falha. Normalmente por acaso até temos sido bem sucedidos, quando isso acontece vamos para o local, encontramos, explicamos a situação e vemos que esta parte esta realmente sem razão e dissemos, senhor a partir de hoje deixa a pessoa a construir no seu espaço, porque é espaço dele mesmo e você vai para o seu canto.*[56]

Os casos observados confirmam que a presença das referências de base legal é muito utilizada pelos paralegais do Centro para resolverem os problemas apresentados. Desde logo, quando os casos dão entrada e depois de serem apresentados é elaborado um documento justificativo da medida em que um dado direito foi lesado. Para além deste, são também necessários documentos comprovativos e que variam de caso para caso: para os de conflitos de terra/terreno, trata-se do documento de posse da parcela de terra/terreno ou, no caso de se tratar de uma residência, dos documentos sobre o arrendamento ou propriedade da habitação; para os conflitos laborais, o contrato de trabalho e se este não existir, um recibo de pagamento de salário, etc. Em suma, a força da instrumentalização burocrática escrita é extremamente forte, especialmente se estes documentos provierem de um instituição pública ou privada.

Nos casos em que não é possível seguir um padrão legal, tenta-se a conciliação de interesses, com base nas experiências e tradições locais:

---

[56] Entrevista realizada a 26 de Fevereiro de 2008.

Há casos que não estão directamente tipificados na lei [...] e também sabemos que há muitas situações em que, quer dizer, há trabalhadores que não são abrangidos pela Lei Geral do Trabalho. Mas procuramos resolver na aproximação das partes, quer dizer, sem deixar mal tanto uma como a outra parte. E são casos que praticamente fica muito difícil a sua resolução, exemplo de um motorista pessoal, de um motorista de táxi, quer dizer, fica difícil recorrer à lei, mas de uma forma conciliadora, aproximando as partes é mais ou menos o método. Como se faz lá no mato onde não há justiça, não há lei, o soba ou o regedor consegue aproximar as partes e encontrar um equilíbrio.[57]

Assim, o Centro recorre tanto à lei, como ao bom senso, resolvendo conflitos através do aconselhamento jurídico ou da consulta jurídica que assentam num diálogo em que o constituinte ou as partes são esclarecidas, informadas e orientadas sobre os passos que devem dar ou seguir para a resolução de um problema. O aconselhamento é simultaneamente entendido como um mecanismo de resolução de conflitos através da mediação e como um meio de atendimento para prestar informação sobre a organização e funcionamento do Centro (neste caso equivale a consulta). Surgem assim situações em que, uma vez o caso solucionado ou acordada a questão sob disputa, o queixoso não regressa ao Centro.

Uma das metodologias mais utilizada pelo Centro para a resolução dos conflitos apresentados tem sido a aproximação das partes, quer seja através da mediação, da negociação ou do aconselhamento. Como sublinha o coordenador adjunto: *"uma aproximação entre as partes, esse é o nosso grande método, aproximação entre as partes e tem sido bem sucedido e bem considerados e até mesmo nos locais onde nós vamos. Nós não somos daqueles que levam logo o assunto ao Tribunal, primeiro esgotamos tudo que para encontramos uma solução entre as partes."*[58] Assim, a mediação assume-se como uma componente fundamental de resolução de conflitos. Ela assenta na aproximação entre as partes envolvidas num determinado conflito para se chegar a um entendimento.

Não muito diferente da mediação surge a negociação, que é normalmente feita no Centro depois da abertura de um processo e na fase de assistência

---

[57] Ibidem.

[58] Entrevista realizada a 26 de Fevereiro de 2008.

jurídica. A negociação consiste no ajustamento ou na procura de um acordo ou entendimento entre as partes em litígio. Nas palavras de coordenador do Centro,

> [...] são aqueles casos que muitas das vezes não encontramos respaldo na lei, mas também não podem resolver assim de ânimo leve, porque também ninguém, quer dizer, independentemente de não estar assim bem especificado, não é caso e ninguém está autorizado a fazer daquilo que ele bem entende. Pode-se as vezes tratar-se até de uma empresa privada, por exemplo não tem direito de meteres a trabalhar uma pessoa e quando já não quiseres dele pôr na rua e não dar cavaco a ninguém. Então nós aparecemos para uma negociação.[59]

Procurando explicar a especificidade da negociação, o coordenador adjunto acrescenta que esta ocorre:

> [...] quando se verifica um acordo entre as partes através da presença de um membro da organização. Por exemplo, se um determinado trabalhador vem se queixar do seu patrão. Nós, ouvindo-o abrimos um processo e marcamos uma diligência com a outra parte para ouvi-la. Ouvindo as duas partes, se o empregador na nossa presença, reconhecer a sua falha, o seu erro e decidir repor ou emendar a falha, estando o trabalhador de acordo, então estaríamos em presença de uma negociação.[60]

A grande diferença entre o 'aconselhamento' e a 'negociação' deriva do facto de o aconselhamento implicar a presença de uma única parte – o queixoso. Já a negociação implica a presença das duas partes, do queixoso e do potencial culpado.

Os métodos de resolução referidos – mediação, negociação e aconselhamento – envolvem a participação dos paralegais no diferendo, tornando a sua resolução dependente em grande medida do perfil do moderador ou mediador, ou seja, do paralegal envolvido na questão. Constatou-se a existência no Centro de uma grande capacidade por parte do coordenador e dos paralegais para a

---

[59] Entrevista realizada a 26 de Fevereiro de 2008.
[60] Entrevista realizada a 11 de Setembro de 2008.

resolução dos conflitos sob a sua alçada.[61] Este facto deve-se à sua experiência e dedicação, o que os leva a ser equilibrados, atenciosos, esclarecedores e sensíveis às questões apresentadas, utilizando uma linguagem moderada e que busca a conciliação entre as partes em conflito.

O quadro que a seguir se apresenta (Quadro 6) descreve o número e o método de resolução utilizado nos casos descritos no livro de registo do Centro, para o período relativo a 2007.

Quadro 6 – Casos Resolvidos (2007)

N.º	Tipo de Conflito	Idade	Género	Meio de Resolução
1	Laboral	36	M	Negociação
2	Laboral	22	M	Negociação
3	Laboral	Colectivo	Colectivo	Negociação
4	Abuso de Poder	26	M	Negociação*
5	Terra	38	F	Aconselhamento
6	Laboral	40	M	Aconselhamento

Fonte: Livro de Registos e Fichas de Actividades

Num universo de 27 casos abertos, apenas 6 casos – que correspondem a 22,2% – foram resolvidos. Destes 6 casos, 3 foram resolvidos recorrendo à negociação (e um por mútuo acordo), e 2 por via do aconselhamento jurídico.

O número reduzido de casos resolvidos (6), quando comparados ao universo de casos abertos (27), aponta para o acumular de um número significativo de casos por resolver (pendentes) no Centro (em 2007, estavam pendentes 21 casos), alertando para a morosidade que afecta esta instância de resolução de conflitos, o que desespera os constituintes que buscam uma solução para os problemas que os afectam. Os casos que surgem no Centro com maior expressão (conflitos laborais) e os em menor número (injúria), envolvendo utentes com idades entre os 38 e os 56 anos, são aqueles que mais transitam de um ano para o outro, como pudemos observar para o período de 2006/2007.

---

[61] Exceptuam-se os conflitos que implicam a presença de um advogado, como acontece com os casos que normalmente vão a tribunal e transcendem a competência do Centro.

* O Centro descreveu-o como resolução por mútuo acordo.

Quadro 7 – Processos Transitados (2006/2007)

N.º	Processo (n.º)	Idade	Género	Tipo de Conflito
1	04/06	38	M	Laboral
2	05/06	45	M	Laboral
3	14/06	46	M	Injúria
4	28/06	40	M	Laboral
5	31/06	44	M	Laboral
6	33/06	53	M	Empréstimo / 'Burla'
7	34/06	56	?	Laboral

Fonte: Livro de Registos

Observa-se ainda uma tendência crescente dos casos pendentes transitados, de 7, em 2007, para 11 em 2008, revelando-se um aumento de casos não resolvidos, conforme o quadro abaixo discrimina (referente ao período 2007/2008):

Quadro 8 – Processos Transitados 2007/2008

N.º	Processo (n.º)	Idade	Género	Tipo de Conflito
1	33/06*	53	M	Empréstimo / Burla
2	06/07	Colectivo**	Colectivo	Laboral
3	12/07	Colectivo***	Colectivo	Laboral
4	15/07	35	M	Laboral
5	17/07	44	M	Empréstimo / Burla
6	18/07	55	M	Habitação
7	19/07	38	F	Terra
8	/07	?	F	Laboral / 'pensão'
9	23/07	23	M	Laboral
10	24/07	46	F	Habitação / 'arrendamento'
11	26/07	25	M	Laboral

Fonte: Livro de Registos

---

* Processo aberto em 2006.

** Colectivo de trabalhadores da extinta ENSUL – UEE.

*** Colectivo de trabalhadores da Frescangol.

Analisando o quadro comparativo do número de processos abertos, resolvidos e transitados entre 2007 e 2008, a média de casos transitados é de 9 por ano, ao passo que a média de casos abertos é de 32 por ano e 2,6 por mês.

Muitos dos casos que deram entrada no Centro foram resolvidos por via da consulta ou do aconselhamento jurídico, sem necessidade de abertura de um processo. A análise cruzada do número de consultas, do número de assistências e do número de processos abertos está patente no próximo quadro.

Quadro 9

Actividades Desenvolvidas	Ano		
	2007	2008	Total
Consulta Jurídica	139	143	282
Processos Abertos	27	37	64
Assistência Jurídica	404	307	711

Fonte: Livro de registos

Conforme este quadro, durante o ano de 2007 e 2008 foram realizadas um total de 282 consultas, das quais apenas 64 resultaram em processos abertos. Foi ainda prestado um total de 711 assistências jurídicas. Do número de consultas realizadas (282), apenas 22,6% deram origem à abertura de processos, o que significa que a maioria dessas consultas foi suficiente para resolver o problema apresentado, o que significa que muitos constituintes, a partir do esclarecimento que obtiveram no Centro, conseguiram resolver os problemas em que estavam envolvidos sem precisar de voltar a recorrer ao Centro para a abertura de um processo.

Não obstante, relacionando o número total de casos abertos (64) com o número total de assistências jurídicas (711) nos dois anos em análise (2007/2008), verifica-se que os constituintes, para cada caso, foram 11 vezes ao Centro para lhes ser prestada assistência jurídica, o que constitui, de alguma forma, um estímulo à resolução do conflito.

13. O envio de casos para a sede
Em função do contacto com a outra parte em litígio e das tentativas de resolução do caso, ou seja, sempre que é possível detectar a impossibilidade de uma resolução negociada, o caso é transferido para a sede da organização. Como referiu o coordenador do Centro,

[...] em princípio, nós só mandamos os processos na sede que precisam de ir para o tribunal, em princípio. Normalmente há um ou outro caso que mostra-se um pouco complicado e podemos não enviar à sede, mas quer dizer, pedirmos depois um aconselhamento, sentar com um dos advogados e pedir um aconselhamento em que, até que ponto podemos agir aqui e ali, mas em princípio os processos que vão para sede são os processos que têm dar entrada a tribunal.[62]

Habitualmente, estas transferências acontecem nos casos de terra e habitação, como sublinhou um dos paralegais-activistas: "[...] *normalmente esses casos de terra implicam uma acção judicial através de advogados, e advogados estão na sede, então o processo foi para sede. Normalmente nos casos de habitação e terra, se não conseguimos uma solução via negocial, então tentamos pela via judicial, através da transferência dos casos para sede, onde os advogados estão presentes.*"[63] Não obstante essa constatação, os dados estatísticos apresentados no quadro seguinte contrastam com a ideia veiculada pelo Centro, dado que a grande maioria dos casos transferidos, à semelhança dos casos abertos, acabam por ser casos laborais e criminais. Embora a transferência varie de acordo com a natureza dos casos e com a complexidade da sua resolução, existe a tendência para um número crescente de casos serem transferidos para a sede da organização:

Quadro 10

Tipo de Conflito	Casos Transferidos		
	2006	2007	2008
Burla	-	1	1
Crime	1	3	5
Familiar	-	-	1
Habitacional	-	1	1
Laboral	4	9	7
Prisão	-	-	1
Total	5	14	16

Fonte: Livro de Registos

---

[62] Entrevista realizada a 26 de Fevereiro de 2008.

[63] Entrevista realizada a 18 de Dezembro de 2008.

De acordo com este quadro, dos 35 casos transferidos entre 2006 e 2008, mais de metade (20) são conflitos laborais, 57,1%, seguidos pelos casos criminais, 25,7%, as burlas e os conflitos habitacionais com uma percentagem igual, 5,7%. Não há registo de casos de terra/terreno transferidos no período de tempo em análise, e o número reduzido de casos habitacionais transferidos, 5,7%, difere da informação que se obteve no Centro que, como vimos, referiu serem estes os casos que mais se transferem.

Existe uma participação da parte do pessoal do Centro nalguns dos casos transferidos, pois são eles que abrem e acompanham o processo até à sua transferência. Esta participação depende, em grande medida, da necessidade que têm de obter mais esclarecimentos ou informações adicionais da parte da sede.

Como esclarece o coordenador do Centro,

Há aquelas situações em que a pessoa que está a cuidar do processo precisa de algum dado que não esteja bem explícito, alguma situação que não esteja bem clara, pede normalmente aqui ao Centro, o paralegal que eventualmente acompanhou e instruiu o processo para dar alguns esclarecimentos adicionais para enriquecer o processo. Muitas das vezes é necessário uma outra diligência por exemplo, uma diligência suplementar, aqui o Centro ainda pode em colaboração com o colega que estiver lá a cuidar do processo fazer uma diligência conjunta, muitas das vezes tem havido diligências conjuntas entre o pessoal do Centro e a sede.[64]

A efectiva articulação entre o Centro e a sede da organização no processo de resolução do conflito em si é de extrema importância, como o coordenador frisou: "*a articulação é muito afectiva mesmo [...] Funciona o telefone, eh pá está aqui esse processo do senhor fulano tem alguma coisa aqui que não esta bem explícito, por exemplo falta aqui um dado [...]. Não quer dizer que a partir da altura que o processo vai lá, aqui o Centro perde ligação, há sempre aquela articulação.*[65]"

14. A ligação do centro com outras instâncias
A ligação do Centro com outras instâncias depende, sobretudo, do tipo de conflitos em causa. Por norma, esta ocorre sempre que um determinado conflito

---

[64] Entrevista realizada a 26 de Fevereiro de 2008.

[65] Ibidem.

envolva uma outra instância: *"quando nós nos apercebemos destes casos e que somos obrigados a nos juntar, tem havido essa correspondência."*[66]

Como as ligações entre a 'Mãos Livres' e outras instâncias são produto do tipo de conflitos que entram no Centro e sobretudo dos actores envolvidos, não se pode falar da existência de uma ligação directa, seja de esta formal, i.e., através de canais burocráticos, seja informal, de trabalho com as outras instâncias de administração de conflitos, mais especificamente, a Polícia, a OMA, o Centro de Referência do Julgado de Menores, ou ainda, as várias Comissões de Moradores. Pode falar-se, assim, de uma relação indirecta que se estabeleceu com pessoas afectas seja à polícia, seja à administração:

> *No princípio fomos trabalhando com essas pessoas, que quase se tornaram nossos activistas [...]. São as pessoas que eu disse no princípio, são oficiais da policia e quando eles as vezes vão para a OMA, eles também trabalham lá poucas vezes, mas quando vão para OMA e apercebem-se de um caso na OMA, mas que estão a sentir que a OMA vai ter poucas possibilidades de fazer chegar este caso a tribunal temos tido o gesto destas pessoas indicar as pessoas a vir para cá. Elas aparecem cá e nós dentro do nosso carácter de trabalho temos procurado dar solução.*[67]

Por vezes, dada a proeminência que a 'Mãos Livres' ganhou, face a outras instâncias envolvidas na resolução de conflitos, aliada à legitimidade retórico--burocrática de que dispõe, a 'Mãos Livres' questiona a legitimidade de outras associações, como é o caso da OMA. A acção desta organização de massas é contestada por se tratar de uma organização partidária, como ficou expresso várias vezes pelo Centro. Outra instituição posta em causa são as Comissões de Moradores. As várias Comissões de Moradores existentes no município são vistas pelo coordenador do Centro como agentes partidários (MPLA) de interferência, que se imiscuem em questões e zonas de trabalho alheias, muito além da definição das suas competências.

15. Outras actividades do centro

Em função da missão e dos objectivos definidos pela associação, têm sido realizadas algumas palestras em locais de maior concentração populacional,

---

[66] Ibidem.
[67] Ibidem.

como sejam mercados, pracinhas, términos de táxis, paragens de autocarros, igrejas, bem como algumas instituições públicas e privadas situadas no Município do Cazenga e arredores. Nessas palestras têm sido distribuídos materiais produzidos pelo Centro[68], através do Gabinete de Imprensa e Educação Cívica. Estes materiais, que incluem boletins informativos, desdobráveis, panfletos, folhetos, cartazes, etc., têm informação relacionada com os objectivos e missão da 'Mãos Livres'.

No ano de 2007 foram realizadas cerca de 50 palestras nos mais variados locais do Município do Cazenga e arredores. Foram também efectuadas algumas visitas a brigadas do registo eleitoral, particularmente nos meses de Fevereiro e Março, localizadas no Município do Cazenga e noutros municípios circunvizinhos como no Sambizanga, Rangel, Viana e até mesmo em alguns mais distantes, como é o caso de Ingombota.

Os temas tratados pelo Centro do Cazenga nestas palestras envolvem matérias que vão para além da intervenção na área dos direitos humanos, como é o caso do projecto sobre o HIV/SIDA, financiado pelo PNUD, no qual a estratégia do Centro assenta, para além da realização de palestras seminários, na distribuição de preservativos, como nos explicou um dos paralegais: *"temos estado a trabalhar na sensibilização das pessoas para adesão ao teste voluntário do HIV e sobre medidas de prevenção do vírus através de palestras."*[69]

Para além das palestras o Centro tem organizado algumas vigílias em circunstâncias específicas, como já sucedeu inúmeras vezes em protesto contra uma acção de um ou outro órgão do Estado. Cabe-nos aqui registar, entre muitas, a vigília organizada em solidariedade com as vítimas de expropriação em Luanda e aquando da condenação a oito meses de prisão do jornalista e editor do "Semanário Angolense", Felisberto da Graça Campos.

Conclusões

O Centro do Cazenga, criado em função do quadro populacional daquele município, possui uma estrutura orgânica e funcional dinâmica e eficaz na resposta aos desafios colocados pelas finalidades a que se propõe. Estes traduzem-se na prevenção, defesa e divulgação dos direitos humanos e, muito especialmente, na gestão de conflitos extrajudiciais ou na transferência de conflitos que transcen-

---

[68] Exemplos dos materiais distribuídas podem ser vistos na Foto 9 (cf. anexo do presente capítulo).

[69] Entrevista realizada a 21 de Agosto de 2008.

dem as suas competências. Neste sentido, o Centro, desde a sua criação, assumiu como principal objectivo a resolução de conflitos, como atesta o número de atendimentos, consultas/aconselhamentos e assistências jurídicas dos conflitos que analisámos, particularmente casos laborais, criminais, habitacionais, de terra/terreno e de burlas.

Os membros afectos ao Centro, com destaque para os paralegais-activistas e coordenador, possuem experiências anteriores significativas no campo associativo, o que verificamos ser fulcral para o exercício das acções de esclarecimento, acompanhamentos e resolução dos diferentes casos que dão entrada no Centro. Mais ainda, o relacionamento directo e aberto que se observou terem com os constituintes, acrescido da entrega e da dedicação à resolução dos casos, cria uma relação de confiança e uma crença muito grande na missão desta instituição.

Durante o período analisado (2007 a 2009), o Centro do Cazenga enfrentou várias dificuldades, como já referido ao longo deste capítulo, e que se podiam resumir à falta de condições básicas de trabalho: 1. as instalações do Centro estavam então em obras[70] e não existia um quarto de banho funcional; apesar de ter uma boa localização, situando-se numa zona de fácil acesso até para os municípios circunvizinhos (Rangel, Viana, Sambizanga e até mesmo Cacuaco), os acessos tornam-se quase impossíveis na época chuvosa, colocando sérias dificuldades de acesso tanto aos constituintes como aos próprios paralegais; 2. a inexistência de material de escritório e de um computador e de outros aparelhos básicos foram expressas várias vezes pelos paralegais; há ainda que referir a carência de legislação para ser usada pelos paralegais para a resolução dos casos.

Registou-se, também, uma grande dependência do Centro face à sede da 'Mãos Livres'. A inexistência de um fundo de maneio para a manutenção do Centro criou imensas dificuldades na realização de muitas tarefas, impondo--se, assim, uma certa autonomia administrativa e financeira e a consequente diminuição da dependência em relação à sede da organização. Foram também referidos problemas de comunicação entre o Centro e a sede.

A falta de incentivos económicos e os contínuos atrasos salariais foram motivo de descontentamento, por mais que a tónica do voluntariado estivesse presente. Um outro aspecto verificado prendeu-se com o perigo de corrupção

---

[70] Até ao final do período de observação, o edifício estava ainda em construção.

dos paralegais, ligado a uma dedicação preferencial a casos que envolvessem elevados valores monetários, como indemnizações, atrasos de salários, etc. De facto, como os paralegais referiram, aconteciam *"agradecimentos"* como contrapartida do trabalho desenvolvido, às vezes até no decurso do processo. Verificou-se, por outro lado, a existência de uma personalização excessiva dos casos. Como consequência, assistiu-se a uma grande dependência da pessoa encarregue de resolver o caso, dificultando a interacção entre colegas sobre os casos, que acabava por ser inexistente.

Perante as dificuldades encontradas, importa deixar aqui algumas recomendações: 1. a nível funcional, seria mais prática a afixação, ou a possibilidade de poder tirar fotocópias, do modelo da exposição dirigida à organização. Na realidade, verificou-se que sempre que era solicitada, os constituintes pediam um exemplar ou ajuda na sua elaboração, criando por vezes constrangimentos, uma vez que o constituinte afirmava ter capacidade para o fazer, mas em seguida solicitava ajuda; 2. outra questão relevante diz respeito à necessidade de uma maior divulgação das acções do Centro, apesar das inúmeras palestras efectuadas, e 3. da necessidade de capacitação dos seus funcionários através de formações e actualizações contínuas.

Os esforços empreendidos pela ONG 'Mãos Livres' são um exemplo das possibilidades promovidas pelos programas de paralegais. Apesar de terem pouca atenção, seja da parte de juristas como da parte de outras instituições envolvidas na promoção dos direitos humanos e desenvolvimento, o trabalho comunitário dos paralegais revela-se crucial no campo da assistência, da mediação e da resolução de conflitos que afectam a sociedade angolana. De facto, a abordagem e a participação dos paralegais deve ser valorizada como um dos vectores importantes para a promoção do acesso ao direito e à justiça, de modo a melhorar e apoiar as reformas da justiça. Apesar de tudo isto, o apoio dado aos paralegais continua a ser incerto e *ad doc*, muitas vezes integrado em projectos de apoio ao desenvolvimento ou em prol da boa governação, e não de forma sistemática ou continuada.

Infelizmente, em 2009, e apesar de se constituir como uma das pontes entre a comunidade e o Estado no acesso e exercício dos direitos humanos (como procurámos demonstrar ao logo de todo este capítulo), o Centro 'Mãos Livres' no Cazenga, dadas as várias dificuldades que enfrentava, acabou por ser encerrado.

Referências bibliográficas

Amundsem, Inger; Abreu, Cesaltina (2007), *Sociedade Civil em Angola: Incursões, Espaço e Responsabilidade*. Bergen: Chr. Michelsen Institute (research report).

Andrade, Justino Pinto de (2008), "O Processo de Transição em Angola: sociedade civil, partidos políticos, agentes económicos e população em geral", *in* N. Vidal; J. P. Andrade (orgs.), *Sociedade civil e política em Angola. Enquadramento regional e internacional*. Luanda e Lisboa: Firmamento / Universidade Católica de Angola / Universidade de Coimbra.

Andrade, Mário Pinto de (1998), *Origens do Nacionalismo Africano: continuidade e ruptura nos movimentos unitários emergentes da luta contra a dominação colonial portuguesa, 1911-1961*. Lisboa: Publicações Dom Quixote.

Bhandari, Vivek (2006), "Civil Society and the Predicament of Multiple Publics", *Comparative Studies of South Asia, Africa and the Middle East*, 26 (1): 36-50.

Birmingham, David (2002), "Angola" *in* P. Chabal *et al* (org), *A History of Postcolonial Lusophone Africa*. Londres: C. Hurts & Company.

Castelo, Benjamim; Eurico, Jorge; Pacheco, Fernando (2009), "Sociedade Civil" *in* N. Vidal (org.) *Processos de Democratização e Desenvolvimento em Angola e na África Austral-Projecto de Pesquisa Acção (Relatório de Progresso 2004/2009)*, disponível em www.ces. uc.pt/conferenciaangola2009 (acedido em Dezembro de 2009).

Helena, Simão; Macedo, Fernando (2009), "Organizações da Sociedade Civil, Direitos Humanos e Política", *in* N. Vidal (org.) *Processos de Democratização e Desenvolvimento em Angola e na África Austral-Projecto de Pesquisa Acção (Relatório de Progresso 2004/2009)*, disponível em www.ces.uc.pt/conferenciaangola2009 (acedido em Dezembro de 2009).

Mabeko-Tali, Jean-Michel (2000), *Dissidências e Poder de Estado: o MPLA perante si próprio (1962 – 1971)*. Luanda: Editorial Nzila.

Mabeko-Tali, Jean-Michel (2006), "Exclusão e Estratégias de Sobrevivência no Estado-Nação: o caso das transições políticas congolesa e angolana" *in* N. Vidal; J.P. Andrade (org.), *O Processo de Transição para o Multipartidarismo em Angola*. Luanda: Edições Firmamento.

Mamdani, Mahmood (1996), *Citizen and Subject: contemporary Africa and the legacy of late colonialism*. Princeton: Princeton University Press.

Medina, Maria do Carmo (2003), *Angola: processos políticos da luta pela independência*. Luanda: Universidade Agostinho Neto.

Menezes, André Caputo (2007), *Formação Evolução dos Partidos Políticos em Angola (1992-2002)*. Luanda, Trabalho de Licenciatura submetido à Faculdade de Letras e Ciências Sociais da Universidade Agostinho Neto.

Messiant, Christine (1999), "La Fondation Eduardo dos Santos (FESA) à propos de 'l'investissement' de la société civile par le pouvoir angolais", *Politique Africaine*, 73: 82-102.

Messiant, Christine (2006), "Transição para o Multipartidarismo sem Transição para a Democracia. A economia política de Angola – sistema político formal e sistema político real, 1980s-2004: a reconversão duma dominação hegemónica" *in* N. Vidal; J.P. Andrade (org.), *O Processo de Transição para o Multipartidarismo em Angola*. Luanda: Edições Firmamento.

MPLA – Movimento Popular de Libertação de Angola (1997), *MPLA: desafios para o Século XXI*. Disponível na página oficial do MPLA, em www.mpla-angola.org (acedida em Outubro de 2008).

Pestana, Nelson (2003), *As Dinâmicas da Sociedade Civil em Angola*. Occasional Paper series no. 7, Centro de Estudos Africanos, Lisboa.

Rocha, Edmundo (2003), *Angola: contribuição ao estudo da génese do nacionalismo moderno angolano (período 1950 – 1964)*. Lisboa: Edição de Autor.

Santos, Boaventura de Sousa (org.) (2002), *Democratizar a Democracia. Os caminhos da democracia participativa*. Porto: Edições Afrontamento.

Santos, Boaventura de Sousa (2006), *A Gramática do Tempo: para uma nova cultura política*. Porto: Afrontamento.

Vidal, Nuno (2006), "Multipartidarismo em Angola" *in* N. Vidal; J.P. Andrade (org.), *O Processo de Transição para o Multipartidarismo em Angola*. Luanda: Edições Firmamento.

Vidal, Nuno (2008), *Processos de Democratização e Desenvolvimento em Angola e na África Austral-Projecto de Pesquisa Acção (Relatório de Progresso 2004/2009)*.

Wamba-dia-Wamba, Ernest (1985), "Experiences of Democracy in Africa: Reflections on the Practices of Communalist Palaver as a Method of Resolving Contradictions Among the People", *Philosophy and Social Action*, XII (2): 19-29.

Wheeler, Douglas; Pélissier, René (2009), *História de Angola*. Lisboa: Tinta da China Editora.

Anexo

Foto 8

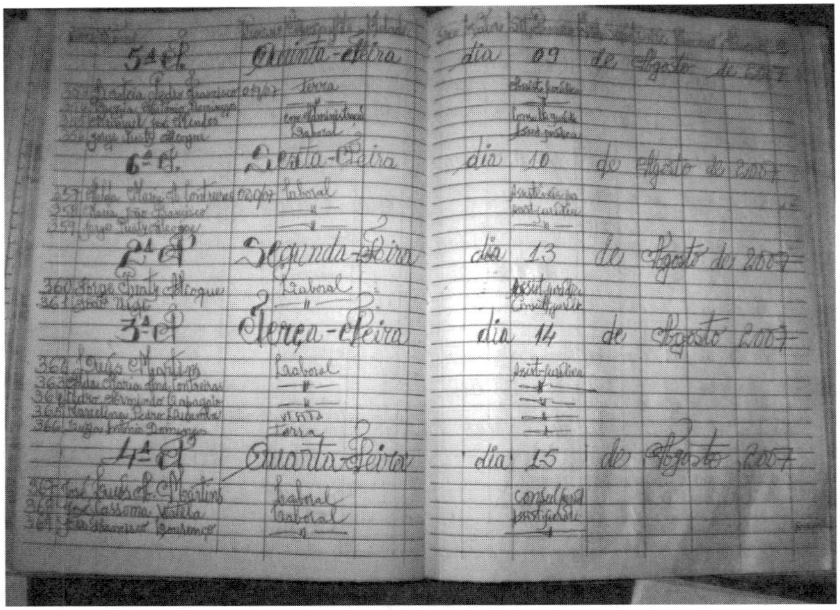

Anexo

Foto 9

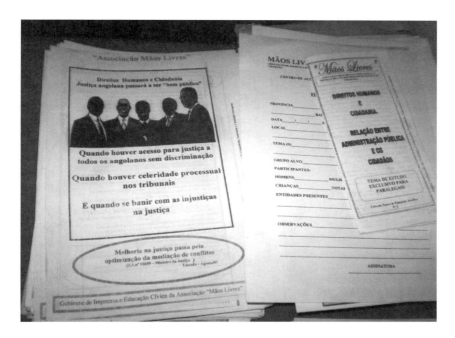

CAPÍTULO 8
LUANDA: AS COMISSÕES DE MORADORES E A PARTICIPAÇÃO POPULAR NA GESTÃO DA VIDA URBANA

Maria Paula Meneses, Aguiar Miguel Cardoso, André Kaputo Menezes e Júlio Lopes

1. Práticas de participação popular em Angola

O espectro da guerra e a degradação das condições sociais e económicas no país concorreram para as grandes vagas migratórias, o que resultou no facto de cerca de cinco milhões de pessoas habitarem, hoje, Luanda, cifra esta que equivale a mais de um terço da população total do país.

Nos primeiros anos da década de 1980 ocorre a divisão de Luanda em duas províncias: a de Luanda e a do Bengo.[1] Procurando reconfigurar a estrutura da cidade capital, em 1981 o Decreto-executivo n.º 36/81 procedeu à definição dos limites da província de Luanda (e respectivas subdivisões), reconhecendo a existência legal e administrativa desta província. O preâmbulo deste decreto sublinha que

> *[...] o 1.º Congresso do M.P.L.A. verificou a necessidade de adoptar as medidas necessárias para aperfeiçoar a direcção e organização administrativa da capital, de modo a que ela possa desempenhar cabalmente a função que lhe compete como centro político, económico, social e cultural da República Popular de Angola. As medidas fixadas nesta lei visam melhorar a direcção unitária da capital, estabelecer uma ligação directa das suas instituições com o Governo, bem como criar as estruturas administrativas necessárias para dinamizar a Reconstrução Nacional na capital, activar os serviços locais, melhorar as condições habitacionais, de sanidade e higiene, e aumentar a segurança e vigilância em todos os domínios. Torna-se igualmente necessário estabelecer uma relação mais directa com a população, com as Organizações de Massas e Comissões de Moradores com a finalidade de as integrar na resolução dos serviços comunais e*

---

[1] Através do Decreto n.º 187/80, de 15 de Novembro, que estabelece os princípios que presidiram à divisão administrativa de Luanda. Este decreto estabeleceu ainda à divisão de Luanda em municípios e zonas. O Decreto-executivo n.º 36/81, de 23 de Setembro veio definir os limites da Província de Luanda e das respectivas subdivisões da província (incluindo agora os municípios de Viana e do Cacuaco) resultantes da separação do território de Luanda em Províncias de Luanda e do Bengo.

mobilizar a sua iniciativa para o bem-estar do Povo, lançando-se assim as bases para se poderem criar e implementar os órgãos do Poder Popular.

De forma a criar condições para uma participação popular no processo de gestão urbana, o referido decreto (no artigo 5.º afirmava que *"as actuais zonas de Luanda e respectivas Comissões Populares de Bairro manterão o mesmo número, limites, atribuições enquanto não se proceder à reformulação face à presente lei que cria a nova Província de Luanda."*

Como surgiram estas Comissões de Moradores, que persistem em afirmar-se em grande parte dos bairros e comunas de Luanda? Que casos de experimentação política e democrática inclui a história de Angola?

A primeira Constituição Angolana (1975) declarava o MPLA como força política de vanguarda no país. A independência emergia com múltiplos sentidos: ao mesmo tempo que procurava marcar a ruptura com a herança colonial (incluindo a estrutura colonial do Estado e as práticas discriminatórias), assinalava igualmente um momento de construção de uma sociedade nova, livre *"das sequelas do regionalismo e do tribalismo"* (artigo 13.º da Constituição).

A unidade angolana emergia sob a forma de um estado centralizado, cujo poder era exercido em nome de um povo angolano unido. Esta estratégia exigia que se esfumasse não apenas a 'rivalidade' política entre os movimentos, mas também outras possibilidades de segmentação social ou política, como o poder das autoridades tradicionais, pelo menos enquanto instâncias políticas corporativas, mediando entre as 'suas' comunidades e o Estado.

De acordo com o programa político do MPLA, o projecto da nação angolana emergia como uma necessidade libertadora em relação a elementos da velha ordem colonial, considerados antiquados e mesmo obscurantistas e tribalistas. As actividades ou iniciativas percebidas como potenciando divisões internas a partir de factores culturais – incluindo os de índole religiosa ou de carácter étnico ou regional – eram declarados como inimigos da unidade nacional.[2]

Se o período colonial foi caracterizado, para muitos dos angolanos, pela construção de uma referência cidadã assente na pertença étnica (ou seja, uma pertença identitária colectiva), este novo projecto político nacional, proposto pelo MPLA, exigia a igualdade jurídica de todos os cidadãos, independentemente das suas raízes étnicas. As Comissões de Moradores eram vistas pelo

---

[2] Artigos 4.º, 5.º e 18.º da Constituição de 1975.

poder político central como uma possibilidade de substituição das formas de autoridade concebidas como remanescentes da tradição, do passado, assim como da situação colonial. Num contexto de vazio de poderes, como foi a época de transição para a independência em Luanda,

> *A Comissão de Moradores surgiu como o colmatar do vazio da justiça que existia aqui nos bairros de Luanda. À semelhança das províncias que têm sobas e regedores, [o MPLA] achou por bem a existência da Comissão de Moradores para regular a justiça nas comunidades. Os problemas que havia na altura eram de controlo de entrada e saída das pessoas tendo em conta o período que estávamos a viver particularmente estrangeiros, conflitos entre vizinhos, casais e delinquência em geral.*[3]

Mas a luta nacionalista tinha sido, também, uma luta cultural, uma luta pelo reconhecimento do diverso tecido social que Angola representava, marcando o debate sobre a legitimidade das 'autoridades tradicionais' como forma de representação política no novo contexto pós-colonial. Como consequência, a maioria da população continuou a recorrer a instâncias não oficiais para resolver os seus conflitos e as autoridades tradicionais, apesar de relegadas para uma posição de subalternidade, permaneceram activas.[4]

No bojo desta hierarquia estava a concepção defendida pelo partido-estado – o MPLA – que procurava impôr a sua intervenção modernizadora (como vanguarda da nação angolana) a uma população vista como predominantemente analfabeta (e por isso ignorante). Nesta hierarquização política de partido único, o Estado, encabeçado pelo MPLA, simbolizava a própria noção de autoridade.[5] Todas as outras autoridades não eram consideradas ideológica e politicamente competentes para participar, em pé de igualdade, no diálogo democrático da construção da nação angolana, onde as populações de Angola, na sua diversidade, intervinham, de novo, apenas na categoria de objectos do processo político.

Nos espaços urbanos de Luanda a agitação política e o germinar de múltiplas iniciativas acontecia num clima de luta contra os inimigos da revolução. E

---

[3] Entrevista realizada a 31 de Maio de 2008.

[4] E ao contrário do que aconteceria noutros antigas colónias africanas de Portugal, como a Guiné-Bissau e Moçambique. Cf., por exemplo, Koudawo e Mendy, 1996; Santos, 2003; e Meneses, 2007.

[5] Sobre o tema da democratização em Angola no âmbito da abertura multipartidária cf. o capítulo de Catarina Gomes, no volume I.

esta luta era travada, também, ao nível local, onde os cidadãos, envolvidos em Comissões de Moradores, procuravam resolver os problemas que a situação de transição apresentava continuamente.

No caso do Kilamba Kiaxi, um dos membros fundadores de uma das primeiras Comissões de Moradores lembra como decorreu este processo:

> *No dia 24 de Agosto de 1975 fundou-se a sub-delegação do MPLA [aqui] com intuito de reunir os membros e criar um grupo de segurança que vigiasse o bairro a fim de controlar se os portugueses voltariam depois de terem deixado o bairro devido a pressão política que viveram. [...] Fui o autor desta mobilização e andei de casa em casa para informar os outros moradores sobre a importância da criação de uma segurança do bairro com finalidade de se defender caso os colonos voltassem aparecer. Depois deste trabalho de informação, no mesmo dia 24 de Outubro de 1975 realizou-se uma reunião para discutir o trabalho que iríamos fazer e distribuir as responsabilidades aos membros. [...] Estiveram presentes vinte pessoas... Delegamos o senhor Joaquim Gonçalves [que] foi eleito para coordenar o grupo. Ele assumiu esta função logo depois que deixou o Rangel para vir morar aqui no bairro. Nós dependíamos da sub-delegação do Rangel onde estava o Agostinho Mendes de Carvalho, Beto Van-Dúnen e o Paulino. Foi este último que veio inaugurar a nossa sub-delegação, no dia 10 de Outubro de 1975. Depois da independência as sub-delegações tiveram uma grande força e tinham um orçamento próprio. Lembro-me que a nossa sub-delegação tinha uma verba de 60.000$00 por ano para apoiar as nossas actividades. [...] É no seio da sub-delegação onde se cria a Comissão de Moradores, em 1976.*[6]

Como este excerto aponta, a génese das Comissões de Moradores forjou-se ainda na transição para a independência de Angola. Na altura, o Conselho da Revolução, órgão político central, procurou desenhar um conjunto de iniciativas destinadas a permitir uma participação maciça e consciente das massas populares, onde se inseriram as Comissões de Moradores,[7] que chegaram a ter mais força do que a Administração Municipal ou Comunal.

---

[6] Entrevista realizada a 24 de Maio de 2008.

[7] Muitas destas comissões locais eram apoiadas e/ou coadjuvadas por grupos de milícias. *"Em Outubro de 1977 veio uma ordem superior que informava que todos os membros para começarem a fazer preparação combativa da ODP (Organização da Defesa Popular)"*. Entrevista realizada a 24 de Maio de 2008.

Esta forma de organização popular de base foi constituída por toda a Luanda. Encabeçadas por um Presidente, as Comissões de Moradores passaram a desempenhar múltiplas funções, incluindo a gestão de questões sociais, disputas e resolução de conflitos, policiamento, administração e regulação. Esperava-se que as Comissões de Moradores – fortemente partidarizadas – incutissem a 'nova' história e as prioridades políticas do novo governo em todos cidadãos angolanos.

Num primeiro momento, os bairros e povoações foram declarados como dotados de personalidade jurídica autónoma (artigos 50.º a 52.º da Constituição de 1975), embora rapidamente o MPLA tivesse procurado orientar as diferentes formas de participação para a constituição de novas estruturas – as Comissões de Moradores – que o partido-estado, como força organizadora e dirigente, dirigiria politicamente.

A importância do MPLA, das organizações da juventude e massas em propor candidaturas, ao mesmo tempo que apelava à vigilância popular sobre os potenciais *"inimigos da revolução"* está patente no texto do decreto que instituiu, em 1976, as Comissões de Moradores (Decreto n.º 45/76, de 3 de Junho). Como o preâmbulo do decreto citava, o objectivo das eleições para os novos órgãos populares – as Comissões de Moradores - derivava da necessidade de *"ver colocados nos órgãos de poder popular os melhores filhos da nossa Pátria, portadores seguros dos interesses e da ideologia da aliança de classes que deve dirigir a nossa Revolução rumo à Democracia Popular e ao Socialismo"*. Como referia ainda este preâmbulo, os órgãos de poder popular deveriam ser constituídos à medida que fossem criadas *"as condições objectivas e subjectivas para o real exercício do poder político."*

Eleitas através de sufrágio aberto e público (artigo 2.º do decreto em análise), a composição destas Comissões poderia variar entre 5 a 12 membros efectivos eleitos. Apesar de este documento limitar bastante, do ponto de vista legal, a capacidade eleitoral (excluindo do direito de voto quer os elementos assumidamente relacionados com o recente passado colonial, quer elementos conotados com outros momentos nacionalistas angolanos – descritos como fonte de *"reacção e contra-revolução"*[8]), o processo eleitoral decorreu dentro da normalidade, estando várias Comissões Populares a funcionar no ano seguinte.

Todavia, este processo foi brutalmente suspenso por força dos conflitos que estiveram na origem dos acontecimentos de 27 de Maio de 1977 e que inter-

---

[8] Artigos 11.º e 13.º deste decreto.

romperam o incipiente processo de desenvolvimento de práticas democráticas locais em Luanda. Com efeito, a denúncia de um presumido envolvimento de elementos que integravam estas Comissões nesses eventos deu origem a um Despacho (o Despacho n.º 26/77, de 2 de Junho) que suspendeu as Comissões Populares a funcionar em vários espaços da capital. Foram assim suspensas as Comissões do Sambizanga, Bairro Operário, Patrice Lumumba, Rangel, Prenda, Nelito Soares e Neves Bendinha, bairros populares da periferia de Luanda. Como denunciava o texto deste despacho, *"um certo número de membros de algumas Comissões Populares de bairro de Luanda se evidenciaram no envolvimento quer na recente tentativa de golpe, quer nas manobras fraccionistas que a ele conduziram"*. Uma vez que essas pessoas se tinham revelado *"indignos de serem representantes do Poder Popular"*, a gestão das Comissões era doravante *"assegurada pelos organismos competentes do MPLA"*, passando o partido a interferir e a determinar os processos políticos a nível local (bairro).

Em 1980, a transformação de Luanda em província e a consequente redefinição municipal trazem consigo a persistência das Comissões Populares de Bairro na administração das zonas que integram.[9] No ano seguinte foi aprovada a Lei dos Órgãos Locais do Estado (Lei n.º 7/81, de 4 de Setembro), cujo preâmbulo destaca claramente os princípios fundamentais do centralismo democrático e da observância estrita das leis no trabalho dos órgãos do Estado:

> *[A] aplicação dos princípios do centralismo democrático determinará não só a estrutura como o funcionamento dos órgãos do poder e da administração central e local, combinando a direcção única com a extensa iniciativa da base, tendo em conta as suas particularidades, assentando assim em formas e métodos profundamente democráticos. A dupla subordinação dos órgãos executivos das Assembleias Populares e dos demais órgãos da administração local constituirá igualmente uma expressão concreta do centralismo democrático. Por outro lado, a tomada de decisão pelos órgãos do poder de Estado deverá estar intimamente ligada à respectiva execução. Os órgãos do Poder Popular não devem apenas tomar decisões. Devem igualmente garantir o seu cumprimento e controlar a sua realização.*

Reafirmando o primado da unidade da nação angolana, ao mesmo tempo que calava o direito à diferença cultural, o artigo 70.º da Lei n.º 7/81 instituía a

---

[9] Artigo 2 do Decreto n.º 187/80, de 15 de Novembro.

figura do Comissariado Municipal como órgão superior da administração do Estado no Município com funções de direcção, execução e controlo a nível do Município, e afirmava, em paralelo, que o Comissariado devia actuar de acordo com as orientações do MPLA-Partido do Trabalho,[10] a Lei Constitucional e demais disposições legais, as decisões do Conselho de Ministros, as da Assembleia Popular Provincial e as orientações do Comissariado Provincial. Abaixo do Comissariado Municipal funcionava o Comissariado Comunal, o que significa que o Estado se estendia até à Comuna.

Desta nova divisão administrativa ressalta a confusão existente entre Bairros, Juntas de Freguesia, Comissões e Comunas. Na tentativa de resolver este problema, a Assembleia Popular de Angola aprovou, a 6 de Abril de 1982, a Resolução n.º 7/82, que atribuiu o estatuto de Comuna aos Bairros das cidades principais de Angola, incluindo Luanda. Conforme refere o artigo 2.º desta resolução, *"em cada Bairro será nomeado um Comissário com categoria igual à de Comissário Comunal que dirigirá toda a actividade político-administrativa, económica e social daquele nível territorial"*. Ou seja, a estrutura hierárquica do partido-estado controlava todos os espaços do poder local.

A resolução especificava, no artigo 3.º, quais as tarefas, atribuições e competências deste Comissário: a) Manter o elo de ligação entre o Comissário Municipal e a população, colaborando com as estruturas do partido, na mobilização dos moradores para as tarefas políticas, económicas e sociais de interesse para o Bairro; b) Explicar e defender a linha política do MPLA – Partido do Trabalho, trabalhando para a sua realização prática junto dos moradores; c) Incentivar os moradores para a manutenção da higiene, limpeza, ordem e segurança em todos os domínios; d) Ter conhecimentos das queixas, anseios e inquietações dos moradores, tomando iniciativas para a respectiva solução; e) Manter actualizado o recenseamento dos residentes do Bairro, recebendo para o efeito das Conservatórias, os mapas estatísticos dos registos de nascimento, óbito, casamento, etc.; f) Tomar conhecimento da movimentação dos residentes no Bairro; e g) Executar outras tarefas que lhe forem incumbidas superiormente.

A regulamentação da Lei n.º 7/81, através do Decreto-executivo conjunto n.º 30/83, de 31 de Março, veio definir os princípios subjacentes à organização, ao funcionamento e às atribuições das Secretarias dos Comissariados Municipais, Comunais e das Comissões Populares de Bairro. No essencial, este

---

[10] O MPLA transformou-se, em 1977, em partido político.

decreto reafirmava como tarefas dos Comissários de Bairro as já definidas pela resolução da Assembleia para o caso das Comunas.[11] O artigo 12.º deste decreto estabelecia que a Secretaria da Comissão Popular de Bairro era dirigida por um chefe de secretaria com categoria de chefe de secção, o qual respondia perante o Comissário de Bairro pelo seu funcionamento.

Com a reforma constitucional de 1991 Angola assumiu-se como um estado multipartidário, o que correspondia *"à necessidade de instituição dos órgãos eleitos do poder de Estado".*[12] Ao mesmo tempo que se reconhecia *"o pluralismo de expressão e de organização política e o respeito e garantia dos direitos e liberdades fundamentais do homem, quer como indivíduo, quer como membro de grupos sociais organizados"* (artigo 2.º), esta nova constituição consagrava também, a nível económico, a *"coexistência de diversos tipos de propriedade, pública, privada, mista, cooperativa e familiar, gozando todos de igual protecção"* (artigo 10.º). Se estes momentos assinalam rupturas com a anterior constituição, a consagração do princípio da igualdade e a intransigência em relação à diversidade cultural permanecem presentes no espírito desta lei: *"todos os cidadãos são iguais perante a lei e gozam dos mesmos direitos e estão sujeitos aos mesmos deveres, sem distinção da sua cor, raça, etnia, sexo, lugar de nascimento, religião, grau de instrução, condição económica ou social. A lei pune severamente todos os actos que visem prejudicar a harmonia social ou criar discriminações e privilégios com base nesses factores"* (artigo 21.º).

Em 1992, com a Lei da Revisão Constitucional (Lei n.º 23/92, de 16 de Setembro), a designação do Estado angolano foi alterada para República de Angola, o órgão legislativo transformou-se em Assembleia Nacional. Ao assumir a divisão do território angolano para fins político-administrativos em *"Províncias, Municípios, Comunas e Bairros ou Povoações"* (artigo 55.º), esta reforma constitucional definia, mais uma vez, o alcance do Estado. Quanto ao poder local (artigo 145.º), esta constituição estabeleceu que *"a organização do Estado a nível local compreende a existência de autarquias locais e de órgãos administrativos locais"*, os quais são concebidas como *"órgãos representativos eleitos e da liberdade de administração das respectivas colectividades".*

A leitura destes códigos legais revela a grande diversidade de instâncias criadas com funções de administração local, instâncias que se vão transformando, dando lugar a outras. Mas várias destas instituições, como as Comissões de

---

[11] Uma vez que Luanda, detendo o estatuto de província, dispunha ainda, para além de comunas, de bairros, onde também funcionavam Comissões Populares.

[12] Preâmbulo da Lei n.º 12/91, de 6 de Maio, que aprovou a revisão da Constituição de 1975.

Moradores,[13] não encontram o mesmo reflexo legal. De facto, as Comissões de Moradores, construídas à imagem das Comissões de bairros e comunas, não são reconhecidas formalmente pelo Estado, mas funcionam em consonância e em ligação íntima com as instituições locais do Estado (com as Administrações Comunais e Municipais do Cazenga e do Kilamba Kiaxi, como no caso em apreço). Aliás, a legislação mais recente vai no sentido de configurar uma estrutura jurídica formal que persiste em não reconhecer estes momentos de participação popular. Por exemplo, o Decreto-Lei n.º 17/99,[14] ao introduzir a noção de 'desconcentração' da acção do Estado a nível local (comunal, no caso de Luanda) reafirma, por um lado, o princípio da unicidade da figura do Estado (e dos seus programas económicos e sociais) a nível local; por outro lado, reconhece a presença de outras figuras de autoridade, que deverão ter um papel a desempenhar no desenvolvimento nacional (caso das instituições do poder tradicional). Posteriormente, o Decreto-Lei n.º 02/07[15] veio alargar o espectro da possibilidade de participação popular. Num primeiro momento, este Decreto--Lei defende (artigo 3.º) que a *"organização e funcionamento da Administração Local do Estado regem-se pelos princípios da desconcentração administrativa, legalidade, diferenciação, transferência de recursos, transitoriedade, participação e colegialidade,"* reconhecendo *"a especificidade do desenvolvimento político, económico, social, cultural e demográfico das circunscrições territoriais, sem prejuízo da unidade de acção governativa e da boa administração"*. Para tal, faz uso de figuras de participação e colegialidade, afirmando procurar, desta forma, "incentivar os cidadãos na solução dos problemas locais, bem como aproximar os serviços públicos às populações de modo a garantir a celeridade, a desburocratização e a adequação das decisões à realidade local." Reafirma que, para efeitos de administração local do Estado (artigo 7.º), *"o território da República de Angola divide-se em províncias, municípios, comunas, bairros ou povoações. Os bairros ou povoações agrupam-se em comunas, as comunas em municípios e os municípios em províncias"*. Em paralelo, porém, esta lei prevê a introdução de Conselhos de Auscultação e de Concertação Social (CACS provinciais, municipais e comunais), os quais envolvem, para além de representantes do poder do Estado, representantes de uma ampla franja da 'sociedade civil', incluindo autoridades tradicionais, representantes de associações

---

[13] A funcionar a nível mais restrito e específico nas zonas e quarteirões.

[14] Decreto-Lei de 29 de Outubro sobre a orgânica dos governos provinciais e das administrações dos municípios e comunas.

[15] De 3 de Janeiro, e que revoga o Decreto n.º 17/99.

sindicais, do sector empresarial público e privado, de associações de camponeses, de igrejas reconhecidas por lei, de organizações não-governamentais
(ONGs) a actuar na região, entre outras. Pensado como um interface entre o
Estado e a comunidade, este Conselho tem uma função consultiva, devendo
apoiar a administração na apreciação e tomada de medidas de natureza política,
económica e social no respectivo território.

Em 2010, a aprovação da nova Constituição angolana veio confirmar vários
elementos legais estabelecidos em anteriores peças legislativas. Reafirmando
(artigo 5.º) que a *República de Angola organiza-se territorialmente, para fins político-
-administrativos, em Províncias e estas em Municípios*", esta lei fundamental do
Estado estabelece agora que o território pode *ainda estruturar-se em Comunas e
em entes territoriais equivalentes*" (sendo omissa quanto às Comissões). Este mesmo artigo ressalva ainda que *a lei fixa a estruturação, a designação e a progressão
das unidades urbanas e dos aglomerados populacionais*", numa clara advertência ao
crescimento incontrolado das urbes em Angola, e dos conflitos de autoridades
que estes espaços encerram.

A Constituição refere ainda (artigo 102.º) que *a criação de impostos de que sejam
sujeitos activos os órgãos do poder local, bem como a competência para a sua arrecadação,
são determinadas por lei*", numa clara alusão ao iminente processo de criação de
estruturas de poder local com autonomia face ao poder central.[16] Com efeito,
pela primeira vez na história de Angola a Constituição consagra como formas
organizativas do poder local as *Autarquias Locais, as instituições do poder tradicional e outras modalidades específicas de participação dos cidadãos, nos termos da lei*",
reconhecendo, embora de forma dissimulada e simplista, a diversidade das
instituições políticas presentes no xadrez local angolano.

A 're-emergência' de formas de participação democrática local é reafirmada
pelos vários artigos que tratam das Autarquias Locais (artigos 217.º a 222.º) e
das Autoridades Tradicionais (artigos 223.º a 225.º). A nova Constituição angolana devolve 'ao povo' a possibilidade de eleger e ser eleito a nível municipal,[17]
sendo o artigo 220.º explícito a este respeito, ao declarar que a Assembleia

---

[16] A relação entre a administração central do Estado e a local é referida no artigo 201.º: 'Administração local
do Estado'.

[17] Como esta lei e a Constituição de 2010 sugerem, a nível local o controlo administrativo e político estão
mais desconcentrados nas mãos dos administradores, o que explica, como se verá no final deste artigo, as recentes
eleições para as Comissões de Moradores no Cazenga. Sobre a concepção política subjacente ao projecto de
descentralização veja-se Feijó, 2002.

– enquanto órgão autárquico – "*é composta por representantes locais, eleitos por sufrágio universal, igual, livre, directo, secreto e periódico dos cidadãos eleitores na área da respectiva autarquia*".

Reintroduz-se, assim, o debate sobre as esferas de actuação das diferentes formas de poder a nível local, uma vez que o poder tradicional não se circunscreve unicamente ao mundo rural, como esta pesquisa revela. E muito menos as instituições de poder local podem ser reduzidas às formações municipais e do poder tradicional (Santos, 2003: 80-83). Onde integrar, então, o campo mais vasto de associações da sociedade civil? De facto, muito resta ainda por fazer em prol da aplicação dos diplomas anteriormente referidos.

Do que foi possível analisar, a força e a dinâmica das formas de participação, e a capacidade inovadora dos actores que constituem as várias instâncias presentes a nível local, são sinais que importa avaliar. Os Fóruns, fruto das pressões da sociedade civil organizada, funcionam agora – a nível dos Municípios – de forma mais ou menos normalizada. Já a nível mais local, nas comunas e bairros, o seu funcionamento é ainda incipiente.

O processo de desconcentração administrativa em curso em Angola não deverá descurar as experiências em funcionamento, como é o caso das Comissões de Moradores a nível de bairro e sectores. Todavia, desde as reformas de 2007 que não há referência às Comissões de bairro ou povoação. Aguardando que o Estado regulamente o seu funcionamento, as comissões de moradores continuam a funcionar segundo as orientações que recebem da Administração Comunal e Municipal, assim como da capacidade criativa de seus líderes. A falta de legislação/regulamentação actualizada sobre o funcionamento das comissões, associada ao vazio legal sobre o regimento das suas eleições, explicam a diversidade de funcionamento entre as distintas Comissões de Moradores estudadas.

Não obstante o seu contributo – a nível da comuna e do município – as Comissões de Moradores parecem estar, por intervenção política, a desvanecer-se do horizonte político angolano. Se é esse o desejo do Estado, tal não parece ser a realidade no terreno. Sem orçamento para a execução das suas actividades (relacionadas com a aquisição de materiais, garantia do espaço de trabalho, de disponibilidade temporal, etc.), as Comissões vão funcionando sob responsabilidade dos seus presidentes, sendo as suas acções legitimadas, em larga medida, pela aceitação destas decisões por quem vive e depende destes dirigentes locais. Em paralelo, importa fazer uma leitura transformadora desta realidade, para que, como Boaventura de Sousa Santos afirma, o capital inovador democrático

– onde ele exista – não se transforme em desperdício da experiência, em rotinas tecno-burocráticas (veja-se Santos, 2000, 2002).

2. As instâncias locais de resolução de conflitos: as comissões de moradores

No caso angolano, a realidade herdada do período colonial era a de um Estado onde as relações de cidadania estavam eivadas de profundos preconceitos raciais, justificando a presença de um sistema de dualismo legal e administrativo. Neste contexto, a independência simbolizou a ruptura com a herança colonial, incluindo a estrutura do Estado e das diversas práticas coloniais. As Comissões de Moradores, como já referido, e a exemplo do que aconteceu noutros países vizinhos, significaram a possibilidade a urgência de mudança, incluindo a construção de uma alternativa baseada no poder democrático a partir 'de baixo' (van Rouveroy van Nieuwaal e van Dijk, 1999; Santos, 2003; Oomen, 2005; Hinz, 2006; Meneses, 2006, 2007; Hellun *et al*, 2006).

A emergência e a persistência destas Comissões por todo o tecido urbano da cidade de Luanda devem ser vistas como práticas de alargamento de cidadania, momentos decisivos de um política mais abrangente e inclusiva de administração democrática da cidade, tão marcada pela fractura colonial[18].

O estudo do papel desempenhado por estas Comissões permite alargar a discussão sobre o sentido da 'modernização' destes espaços políticos locais. As Comissões de Moradores, assim como as igrejas, a polícia ou as autoridades tradicionais, até agora pouco estudadas no contexto angolano enquanto instâncias de mediação e resolução de conflitos, são exemplo de instâncias negadas pela

---

[18] São vários os exemplos narrados de actividades de base que se desenvolveram a partir de iniciativas populares, como as Comissões de Moradores. No Município do Kilamba Kiaxi, por exemplo, foi o caso da criação de um centro de saúde. Tratava-se de uma zona da cidade em expansão, cujos habitantes não dispunham de acesso a serviços públicos de saúde, pelo que, confrontados com esta necessidade, organizaram-se no sentido de criarem as condições e negociarem a oficialização do centro. Como nos foi referido em entrevista: *"Ainda em 1978 veio a ideia de ter um Centro Médico porque só tinha um Centro Médico no Golfe e outro na Terra Nova, enquanto aqui no Palanca não havia nenhum. Razão pela qual decidimos abrir um aqui. Falamos com dois enfermeiros do Hospital Sanatório para vir fazer tratamento no Comité. Os assistidos era o povo em geral e não eram só os membros da Comissão de Moradores como se podia pensar. Estes enfermeiros trabalhavam em regime de voluntariado. [...] Mas mesmo assim não ficamos contente com a situação e entendemos marcar uma reunião com Ministro da Saúde da época, senhor Agostinho Mendes de Carvalho. Ainda nos fez dançar. Porquê? Nos ameaçou como se fôssemos brincalhões. Depois deste encontro, ele marcou um outro encontro no Cine São João com finalidade de discutirmos de forma mais detalhada sobre o assunto. Estiveram presentes neste último encontro muitos daqui do bairro. Nesta altura o Ministro já tinha localizado o local onde iria funcionar o Centro Médico, sem nos avisar. O Centro chamava-se: Centro Cultural da Quissama, actualmente Centro Médico Polivalente. Portanto ele foi fundado em 1978 e está situado na rua D, sector 1"*. Entrevista realizada a 28 de Maio de 2008.

experiência da modernidade.[19] Símbolo da continuidade da colonialidade do poder, ou de uma anterioridade histórica que não se pode compatibilizar com a modernidade, o não reconhecimento da multiplicidade de instâncias e a (re) emergência de novas formas de mediação apelam a uma análise mais cuidada da realidade de Luanda.[20]

Longe de funcionarem e existirem separadas do Estado, as Comissões de Moradores são parte integrante do panorama político de Luanda, dialogando e colaborando com instituições formais, como os Centros de Referência do Julgado de Menores, com organizações não-governamentais como as 'Mãos Livres', a polícia, entre outros.[21] Todavia, apesar de a figura 'oficiosa' da Comissão de Moradores estar presente na maioria dos bairros e sectores de Luanda, ela está ausente da estrutura formal do Estado a nível local, como o estudo sobre Luanda mostra. Por um lado, a Comissão de Moradores constitui a representação mais próxima da autoridade e força do Estado junto das populações que habitam os municípios e comunas de Luanda, jogando um papel ubíquo; por outro lado não está representada no Organigrama da Administração do Território, não sendo mencionada a sua existência em nenhum diploma legal recente. De facto, as Comissões de Moradores, da forma como estão estruturadas actualmente, dependem directamente da Administração Comunal, tendo por função, como foi repetidamente afirmado em vária entrevistas, *"informar e colaborar com a Administração Comunal na implementação de todas as acções do Estado"* na sua área de jurisdição.

Mas como funcionam actualmente estas Comissões e em que condições? Como estão estruturadas? Que serviços prestam a população? Sendo órgãos intermediários – entre a população e a Administração Comunal - que papel jogam na mediação e busca de soluções para os pequenos conflitos que ocorrem nos bairros? Quais são os tipos de conflitos que encontram?

Foi a partir da percepção da ausência de um conhecimento mais profundo sobre o papel das Comissões de Moradores na administração que se optou por incluir neste roteiro de pesquisa o estudo de Comissões de Moradores em

---

[19] Sobre estes temas cf. os capítulos de Américo Kwononoca e Fátima Viegas, no volume I.

[20] Cf. o volume I.

[21] Os bairros, quarteirões e sectores enfrentam várias dificuldades, para as quais têm de procurar solução. De entre os principais problemas para os quais são solicitados a intervir, vários presidentes de Comissões de Moradores indicaram *"conflitos relacionados com agressões físicas, problemas de ciúmes, de burla, de quintais, de delinquência, de feitiçaria, falsificações de documentos e conflitos familiares, como a falta de mensalidade e os conflitos entre vizinhos"*. Entrevista realizada a 20 de Junho de 2008.

funcionamento no Município do Cazenga, assim como, mais perifericamente, no Kilamba Kiaxi (onde o trabalho de campo foi realizado entre 2008 e 2009).[22]

2.1. O vazio legal em que funcionam as comissões de moradores

Em 1980, o Conselho da Revolução, através da Lei n.º 3-A/80, de 22 de Março, aprovou o *Estatuto do Aparelho do Estado a Nível Provincial*, tendo, nesta sequência, revogado todas as anteriores disposições legais que contrariassem este Estatuto. O artigo 38.º desta lei, no ponto 1), descreve as competências do Comissário de Bairro ou de Povoação nos seguintes termos:

> *[...] explicar e defender a linha política do MPLA-PT; incentivar os residentes da Povoação no desenvolvimento económico, social e cultural da área; estar informado das queixas, anseios e inquietações das populações. Cumprir e fazer cumprir as determinações e instrução que lhes forem transmitidas pelos organismos superiores do Partido e do Governo; participar às autoridades competentes quaisquer ocorrências extraordinárias que se verifiquem na área (crimes, desaparecimentos suspeitos e doenças de carácter endémico); manter actualizado o recenseamento dos residentes; estudar e submeter propostas aos organismos competentes para aumento da produção agrícola dos camponeses da povoação.*

O representante máximo de cada Comissão – então chamado de Comissário Popular – dependia directamente do Comissário da Comuna e era nomeado pelo Comissário Provincial (actualmente Governador Provincial) sob proposta do Comissário Municipal e com o parecer dos Comités Municipal e Comunal do MPLA-PT da respectiva área.

Com objectivo de solucionar os problemas encontrados nos bairros periféricos das cidades principais, em 1982, enquanto se aguardava pela publicação da lei especial que regulamentasse o funcionamento dos Órgãos Locais do Estado a nível das Povoações e dos Bairros, foi publicada a Resolução n.º 7/82, de 6 de Abril, da Assembleia do Povo. Esta atribuiu o estatuto de Comuna aos Bairros das principais cidades de Angola. Apesar de o campo legislativo que tem procurado organizar as Comissões de Moradores ser numeroso, nos dias

---

[22] Porque a situação no Município do Kilamba Kiaxi não difere da estudada para o caso do Cazenga, optou-se por privilegiar uma descrição mais compacta da estrutura e do funcionamento das Comissões de Moradores do Cazenga.

que correm aguarda-se ainda a publicação de um diploma legal específico que acompanhará a revogação de certos princípios e normas e que permitirá ajustar o campo de actuação das Comissões de Bairro à realidade actual do país. Entretanto, as Comissões vão funcionando um pouco ao 'abandono'.

Como preconizam os estatutos oficiosos das Comissões de Moradores, é finalidade destas Comissões "a criação de condições para uma sã convivência e colaboração social entre si, com vista ao desenvolvimento de actividades tendentes à manutenção da higiene e conservação do património comunitário, o desenvolvimento de actividades culturais, recreativas e outras" (artigo 3.º). Têm ainda por objectivo:

> *a) Representar os moradores na colaboração com os órgãos da Administração local, em tudo o que for de interesse da respectiva comunidade;*
> *b) Colaborar com a Administração Local do Estado na solução dos problemas básicos da comunidade, relativos ao saneamento básico, ao fornecimento de água e de energia eléctrica, segurança pública, entre outros;*
> *c) Promover junto de entidades competentes a tomada de medidas adequadas à segurança de pessoas e bens, melhores condições ambientais e melhor qualidade de vida dos moradores.*

Do ponto de vista do cidadão e das pessoas que integram Comissões de Moradores, as entrevistas realizadas mostram que é opinião geral que estas funcionam segundo as orientações que recebem da Administração Comunal (reunindo periodicamente), com quem articulam directamente e a quem se subordinam, assumindo-se como estruturas formais do poder local.

Na prática, nos dias de hoje as Comissões funcionam um pouco no espírito que levou à sua criação, combinando a 'auto-organziação' com experiências e normas externas (nacionais): *"Havia muita bandidagem e assaltos no bairro. Foi isso que impulsionou ou contribuiu a criação da Comissão de Moradores. Antes* [aqui] *no Palanca, e particularmente aqui no sector X, não havia quarteirões; apareceram para descongestionar o número elevado de casas que estava sob controlo do sector."* [23]

Com práticas de funcionamento bastante heterogéneas, as Comissões de Moradores vão operando como pontos fulcrais na resolução de muitos dos conflitos locais, jogando com a autoridade que detêm, com a capacidade criativa

---

[23] Entrevista com um dirigente de uma Comissão de Moradores do Palanca, a 26 de Maio de 2008.

e o bom senso de cada um. Esta liberdade ou autonomia de que a Comissão de Moradores goza explica as várias discrepâncias de funcionamento entre as várias Comissões estudadas.

Não sendo reconhecidas oficialmente, as Comissões funcionam sem financiamento do Estado, contando com fundos próprios, o que torna difícil preservar e transmitir a memória institucional. Um dos presidentes queixava-se: *"quando tomámos posse não encontramos nada sobre o que foi feito. Estamos ainda na fase de organização e esperamos que mostrem o trabalho realização pela Comissão cessante."*[24] Assim, e porque não dispõem de qualquer apoio financeiro e material, a aquisição e a gestão de espaços e dos meios de trabalho são da responsabilidade dos responsáveis das Comissões de Moradores. Os funcionários trabalham gratuitamente e em regime de voluntariado (todavia, num dos casos estudados no Cazenga a Comissão de Moradores possuía um secretário da Comissão, cujo salário era pago, no momento em que a pesquisa foi realizada, pelos fundos da própria Comissão de Moradores).

No Kilamba Kiaxi a situação não é muito diferente. O Presidente de uma das Comissões referiu, peremptoriamente:

> *[...] nós não ganhamos nada e os poucos serviços que prestamos são de graça. Por exemplo, para se deslocar quando somos convocados pelo Senhor Administrador comunal ou municipal, fazemo-lo por meios próprios.*[25]

Como não possuem existência legal, as comissões funcionam normalmente em casa do presidente, ou ainda, em casos mais especiais, na Administração Comunal. Nalguns casos as Comissões, por conseguirem angariar fundos, funcionam em instalações arrendadas. Dão que as habitações são pequenas, torna-se difícil encontrar locais onde os casos possam ser colocados em permanência. A utilização da própria casa, segundo revelou um dos presidentes entrevistado, *"é feita por moradores que conhecem a minha casa e serve para facilitar os moradores aflitos cujos casos não podem esperar para o fim-de-semana"*. E acrescentava: *"alguns moradores se dirigem a administração pelo facto, por vezes, de não conhecer o sector a que pertencem e a quem se dirigir. Depois de apresentadas as preocupações, a administração encaminha o caso para aqui"*.[26]

---

[24] Entrevista realizada a 30 de Junho de 2008.

[25] Idem.

[26] Entrevista realizada a 26 de Maio de 2008.

2.2. Instâncias em rede a nível local

A situação encontrada em Luanda reflecte uma diversidade de hibridações jurídicas, uma interface entre vários actores e instâncias envolvidos na resolução de conflitos, uma condição a que não escapa o próprio espaço do Estado. As Comissões de Moradores são exemplo de uma hibridação que acontece ao nível micro, combinando diferentes ordens jurídicas. As normas que aplicam e desenvolvem combinam as experiências e saberes dos cidadãos, heranças de direitos locais/tradicionais, normas comunitárias, locais, e do próprio direito oficial.

Do trabalho realizado junto dos municípios ficou clara a existência de múltiplas instâncias de resolução de conflitos. Porém, longe de funcionarem de forma compartimentada, há todo um conjunto de relações que se estabelecem entre essas instâncias. Nesta sede, a colaboração com a polícia não é excepção, pois é princípio comum *"colaborar com a polícia na busca de certos indivíduos em situações delituosas".*[27] Outra figura incontornável nas redes locais é o Soba.[28] A figura da autoridade tradicional também intervém na resolução de conflitos, *"caso seja solicitado"*, quando a Comissão de Moradores os envia para estas autoridades. Estruturam-se ainda em rede com os Centros de Referência do Julgado de Menores, ONGs funcionando nos bairros, partidos políticos e organizações democráticas de massas (caso da OMA), igrejas, sindicatos, entre muitos outros.

2.3. A composição das comissões de moradores

Em termos práticos, qualquer Comissão, como revelam os estatutos 'oficiosos', integra todos os moradores da zona que corresponde a uma dada Comissão, moradores estes que, para resolver os seus problemas, devem colocá-los e procurar resolvê-los em assembleias.

Os documentos fornecidos pelas instâncias observadas e as informações recolhidas junto dos informantes privilegiados mostram que, em regra, uma Comissão de Moradores é dirigida por um corpo composto pelo 1) *presidente*[29] ou *coordenador*,[30] a figura máxima, um 2) *secretário* e um 3) *tesoureiro,* com as seguintes funções: 1) o *Presidente da Comissão de Moradores:* dirige as sessões da assembleia e participa nas reuniões a nível da comuna/município; resolve as questões conflituosas que surjam e colabora com a polícia na busca de

---

[27] Entrevista realizada em Setembro de 2007.

[28] Cf. Neto, 2004, e Orre, 2007.

[29] Caso do Município do Cazenga.

[30] Caso do Município do Kilamba Kiaxi.

indivíduos em situações delituosas; 2) o *Secretário:* faz o registo em acta das sessões da assembleia e é o substituto legal do presidente em caso de ausência deste; 3) o *Tesoureiro* constitui a terceira pessoa na hierarquia da Comissão de Moradores, tendo por funções apoiar o presidente e o secretário na gestão dos recursos financeiros.

Integram ainda a liderança das Comissões de Moradores *Vogais* e *Membros.* Os primeiros funcionam como potenciais substitutos dos responsáveis acima referidos, em caso de mudança de residência, ausência, abandono ou morte destes; já os membros são conselheiros da Comissão de Moradores e dos próprios moradores. Porém, apesar de eleitos, nem todos os membros participam da mesma forma. Vários presidentes e secretários queixaram-se da ausência de vários dos membros das suas comissões: *"não contamos com os outros membros porque desde as eleições até a presente data nunca apareceram. Também reconhecemos que cada cidadão tem a sua vida pessoal e não podemos andar atrás deles quando eles não encontram interesse..."*[31]

Constam também no organigrama das Comissões de Moradores vários sectores de carácter executivo, como sejam a Educação, Segurança Interna, Organização e Quadros, Defesa do Sector, Obras Públicas, Águas, Saúde, Saneamento Básico, Juventude e Desportos, Justiça, Habitação, Cultura, Energia, Família e Promoção da Mulher, MINARS e Comércio. Estes sectores constituem os órgãos que sustentam o funcionamento do corpo directivo do sector. Também integram o organigrama da Comissão de Moradores os órgãos consultivos. Nalguns casos, estes órgãos eram compostos por membros de igrejas, empresários e autoridades tradicionais. São também membros do corpo directivo da Comissão de Moradores os presidentes de quarteirões, bem como os seus secretários.

A extensão da equipa executiva de qualquer Comissão de Moradores depende muito, por um lado, da confiança que o presidente deposita nos seus subordinados, da disponibilidade de tempo que os mesmos têm para dedicarem ao trabalho e, por outro lado, da eficácia/eficiência e da experiência sobre uma determinada área ou sector.

As Comissões de Moradores funcionam de forma hierárquica: os vários bairros estão divididos em sectores, cada um com a sua Comissão de Moradores. Cada sector está, por sua vez, subdividido em quarteirões, tendo cada

---

[31] Entrevista com um Presidente de uma Comissão de Moradores do Cazenga, em Agosto de 2007.

quarteirão, em princípio, uma Comissão de Moradores. O quarteirão representa, pois, a unidade administrativa mais pequena em Luanda.[32] O aparecimento de quarteirões teve como objectivo "*descongestionar o número elevado de casas que estava sob controlo do Sector*",[33] considerando-se que a composição do quadro orgânico desta instância é notoriamente excessiva: "*no meu tempo o quarteirão tinha apenas três líderes: o coordenador, o adjunto ou o secretário e o tesoureiro; os restantes eram todos membros*". As comissões de quarteirão subordinam-se, em regra, às comissões de sector, que coordenam o seu desempenho.

Nos dias que correm esta estrutura continua a reproduzir a lógica hierárquica do partido-estado. Mas as cumplicidades entre o partido no poder – o MPLA e as comissões de moradores são mais profundas. Muitos dos líderes de Comissões de Moradores revelaram ser ou membros do partido, ou simpatizantes, dinamizando localmente as Células do Partido. Dada a função de controlo que as Comissões ainda exercem, não é difícil, em meios como os bairros de Luanda, conhecer as opções e as simpatias políticas de cada um.

3. A Comissão de Moradores do Sector 7 da Comuna de Tala Hady, Município do Cazenga

3.1. Apresentação da Zona 19, Comuna do Tala Hady, Sector 7, Bairro Kala Wenda

O Bairro Kala Wenda

O Bairro Kala Wenda surgiu com a independência (1976), quando os moradores da Zona do Sete e Meio e do Curtume (Curbor), que utilizavam vastos terrenos desta região periférica para a prática agrícola, começaram a construir aqui as suas habitações. No início o bairro era conhecido por 'Zona 18', talvez dada a fronteira ténue que mantém com a referida zona. Passado algum tempo, com a construção de mais moradias e crescimento da população passou-se a chamar 'Terra Vermelha', devido à terra de cor do solo da zona. Porém, dada a existência em Luanda de outros bairros com a mesma designação, a Comissão de Moradores, em reunião com os mais velhos do bairro, procurou identificar um nome

---

[32] Esta estrutura não é única. Os quarteirões cumprem funções semelhantes em Dar es Salaam (Tanzânia), Maputo (Moçambique) ou em Conakri (Guiné), entre outros casos.

[33] Entrevista com antigo presidente de uma Comissão de Moradores de Quarteirão, Palanca, realizada a 25 de Maio de 2008.

próprio para o bairro. Foi assim que, baseando-se no nome da comuna 'Tala Hady' atribuíram ao bairro o nome de 'Kala Wenda'. Traduzido de Kimbundo, significa "andar para ver".

Geograficamente, este Bairro faz fronteira a norte com o município de Cacuaco, a noroeste com o município de Viana (Mulenvos), a sul, separada pela 8.ª Avenida, faz fronteira com o Sector 5 (da comuna do Tala Hady), a oeste, separada pela Rua 13 de Setembro, faz fronteira com a zona 18 (Cazenga Popular) e a este com o Sector 6.

O bairro é composto por 20 quarteirões, atravessados por quatro ruas principais e três avenidas, para além das ruas secundárias e um conjunto de ruela. As principais ruas do bairro não estão asfaltadas ou, pelo menos, terraplanadas, o que causa transtornos à circulação rodoviária. Esta é normalmente difícil, agravando-se com a chegada das chuvas, cujas consequências vão para além da circulação rodoviária, atingindo habitações e gerando situações caóticas, inclusivamente de deslocados internos, como se falará mais adiante.

Problemas socioeconómicos que o bairro conhece

O Bairro é composto por uma população estimada entre 40 a 50 mil habitantes, distribuídos pelos 20 quarteirões que compõem o bairro. As principais actividades económicas dos habitantes estão viradas para o comércio informal, dada a existência de três grandes mercados: Asa Branca, Terra Vermelha e das Bananeiras. No bairro funcionam ainda vários pequenos mercados, comummente designados de pracinhas. Para além do comércio informal, regista-se o desenvolvimento de alguma actividade agrícola, especialmente em zonas mais periféricas, como é o caso da zona da pedreira. Uma outra parte da população está ligada a actividades de prestação de serviços privados e ao funcionalismo público, mormente aos sectores de educação, saúde e serviços sociais.

Um dos grandes problemas que o bairro enfrentava era a escassez de água. Dos vinte quarteirões existentes no bairro, apenas os quarteirões 1, 2 e 3 tinham acesso ao sistema de distribuição de água (na altura em que este estudo foi realizado). Em função desse quadro, a Comissão de Moradores empreendeu um esforço significativo para resolver esse problema, como explica um dos coordenadores da Comissão:

[...] Nós, que estamos à frente dessa nação, vendo isso [o problema de acesso a água] fizemos um documento por escrito à Administração Comunal e Municipal, expomos o problema e fomos muito bem respondidos. Fomos abrangidos com 38 chafarizes,

num programa de construção de chafarizes. E destes chafarizes, um deles já está aqui defronte à Comissão de Moradores e os restantes estão a ser construídos nos restantes quarteirões.[34]

A energia eléctrica, a exemplo do que acontece noutros sectores desta Comuna, constitui também um grande problema e os preços exorbitantes dos contratos realizados entre PTs privados e os habitantes é extraordinariamente limitativo do acesso das pessoas à energia eléctrica. Como descreveram vários dos elementos da Comissão de Moradores, *"esses fios que estão espalhados pelo bairro anarquicamente são provenientes de PTs privados, onde as pessoas fazem ou faziam contratos porque nós não tínhamos Cabinas Públicas Estatais. Mas esses contratos são caríssimos, custam 400 dólares e mensalmente paga-se 2 mil kwanzas."*[35] Na altura da realização do estudo estava em curso um programa do governo de montagem de PTs no bairro, concebido para minimizar a situação da falta de energia: *"Essas cabinas públicas que estão a ser montadas, apesar de serem de pequeno porte já nos ajuda um bocado porque o contrato é 50 dólares e mensalmente será 500 kwanzas"*, adiantou o presidente da Comissão de Moradores do sector na altura.

A questão do lixo é outra das grandes preocupações das Comissões que funcionam no Kala Wenda: *"o sector 7 é um dos sectores com maior número de problemas de lixo, as vias encontram-se intransitáveis e para um tractor sair dali para aqui é meio difícil. Quando por exemplo, às vezes verificamos um monte de lixo, ligamos para o Senhor Administrador Comunal para que nos envie um tractor, um camião e outros meios para remover o lixo."*[36]

O bairro Kala Wenda também não dispõe de um posto médico oficial, embora haja um projecto de construção de um hospital na área, aguardando-se a alocação de um espaço para o efeito. Procurar apoios conjugados para a construção de um Centro Médico numa zona que é habitada por cerca de 40/50 mil habitantes e com grandes problemas de acesso à água e focos de lixo crescentes, tem sido uma das grandes apostas da Comissão de Moradores.

Outra questão relevante tem a ver com a existência de apenas três escolas do ensino primário e uma única escola do ensino secundário do 1.º ciclo, não possuindo nenhuma escola do ensino secundário do 2.º ciclo, sendo que quem quiser continuar os seus estudos terá de se deslocar. De acordo com a Comissão

---

[34] Entrevista realizada a 18 de Dezembro de 2007.

[35] Entrevistas realizadas em 2007.

[36] Entrevista realizada a 18 de Dezembro de 2007.

de Moradores, existe uma parcela de terreno localizado no quarteirão 6 onde vai ser construído um Instituto Politécnico Universitário.

Há igualmente um projecto de construção de latrinas, que esta a ser levada a cabo pela ONG DW,[37] através de um programa denominado "Acção contra a fome".

Parcerias existentes

Para procurar resolver alguns dos problemas estruturais que o Bairro conhece, ou pelo menos para atenuar os seus efeitos, têm vindo a ser estabelecidas parcerias público-privadas. Todavia, e do que foi possível observar, estas parcerias não estão a ser realizadas tendo em conta as necessidades da população, pois que a distribuição das iniciativas não é feita em função dos locais de maior concentração de pessoas ou dos espaços mais necessitados. Pelo contrário, a concorrência e a procura de clientela para as instituições privadas determinam a localização das iniciativas, estando estas situadas, em geral, muito próximas umas das outras (especialmente as escolas privadas).

3.2. A Comissão de Moradores do Sector 7: a figura do Presidente da Comissão

A existência da Comissão de Moradores é tão antiga quanto a existência do bairro: "*assim que o governo viu que já havia muitos populares, criou uma Comissão de Moradores para ajudar na organização do bairro.*"[38] Do que foi possível resgatar das memórias dos habitantes mais antigos, a primeira Comissão de Moradores no bairro surgiu ainda em 1976, destinada a ajudar sobretudo na organização e resolução de alguns problemas pontuais com que os moradores se foram deparando.

O Presidente da Comissão de Moradores é normalmente escolhido por uma assembleia de moradores, a partir de uma indicação dada a partir de um grupo de candidatos sancionados pelo Administrador Comunal. Os critérios que estão na base da selecção destes candidatos não nos foram transmitidos, mas foi possível ter uma ideia do perfil do candidato a Presidente.[39]

De uma maneira geral, exige-se que o candidato a Presidente da Comissão de Moradores seja organizado, disciplinado e idóneo:

---

[37] *Development Workshop Angola.*

[38] Entrevista com um dos líderes da Comissão de Moradores, a 8 de Janeiro de 2008.

[39] Este tema será tratado noutra secção.

Bem, primeiro tem que ser disciplinado e corresponder com a população; porque se o presidente for indisciplinado o povo não vai te querer; [...] depois a idade, tem de ter 40 anos para cima, saber ler, escrever e ter capacidade para conseguir resolver os problemas da população [...].[40]

Há ainda duas questões que influenciam de forma determinante a escolha do Presidente da Comissão de Moradores: a primeira tem a ver com a antiguidade do candidato no bairro, ou seja, as pessoas que vivem há mais tempo no bairro são preferencialmente indicadas e/ou escolhidos para Presidente da Comissão de Moradores: a outra questão tem a ver com o exercício anterior de um cargo na estrutura da Comissão de Moradores – desde secretário-geral a secretário de uma das áreas afins - do sector ou do quarteirão. De forma mais ou menos explícita, tornou-se igualmente óbvio que um dos requisitos que norteiam a escolha de um candidato é a sua identificação política com o partido no poder, o MPLA (aspecto que se tornou particularmente visível durante a época das eleições legislativas de 2008.

A falta do preenchimento de um desses critérios pode levar a um exercício efémero da função de presidente ou a uma fraca aceitação por parte dos moradores. Dos cinco presidentes que já passaram pelo Sector 7, quase todos cumpriram com os requisitos de disciplina, organização, idoneidade, idade e antiguidade, assim como engajamento em actividades políticas no bairro.

Normalmente, o exercício do cargo de Presidente (juntamente com a sua equipa), a nível do sector, é de cerca de quatro anos. Porém, aqueles que não cumprem na íntegra todos os critérios foram destituídos do cargo antes de terminarem o seu mandato. A perda de um destes critérios leva também à destituição do cargo.

O conjunto de critérios apresentados (organização, disciplina, idoneidade, idade, antiguidade e exercício de um cargo anterior dentro da estrutura do sector) legitima o trabalho da Comissão de Moradores e reforça a legitimidade dos seus membros na procura de soluções para os problemas que se apresentam no bairro.

Uma questão que tem suscitado alguma polémica tem a ver com a partidarização e/ou despartidarização das Comissões de Moradores, muitas vezes levantada por cidadãos que militam noutros partidos que não o partido no

---

[40] Idem.

governo (MPLA). Este problema tem também sido recorrentemente trazido à discussão por alguns membros da sociedade civil. O Presidente da Comissão de Moradores do Sector 7 desdramatiza esta questão dizendo que não corresponde à realidade: *"A Comissão de Moradores é membro de todos partidos, ele resolve os problemas de qualquer membro de qualquer partido e dentro da Comissão de Moradores podem estar membros do MPLA, da UNITA, do PRS, etc., membros de todos partidos podem participar como membro da Comissão de Moradores"*.[41]

3. 3. As condições de funcionamento[42]

A Comissão funciona de segunda a sexta-feira, das 8 horas às 15 horas, e aos sábados, das 9 horas às 12 horas. Apesar deste horário, as sessões de apresentação dos conflitos e de mediação acontecem, com frequência, durante os fins-de--semana, altura em que quer os interessados (partes envolvidas no conflito), quer os membros da Comissão de Moradores dispõem de tempo para ouvir os casos e, caso seja necessário, ir ao local realizar peritagem, avaliar o impacto do conflito, entre outras diligências.

A principal função da Comissão de Moradores é a resolução dos problemas que afectam as populações locais, servindo de 'porta-voz'. Como referiu o Presidente da Comissão de Moradores do sector 7, *"Se um bairro não tem Comissão de Moradores, esse bairro está fora do sistema, não tem conhecimento nenhum, porque a Comissão de Moradores é porta-voz da população"*.[43]

A Comissão de Moradores conhece um grande afluxo de pessoas que ali se dirigem para resolver situações diversas, tais como a obtenção de documentos essenciais para se conseguir a carta de condução, o passaporte ou para se poderem candidatar a um emprego ou à escola. Como nem sempre a Comissão de Moradores dá resposta aos principais problemas do bairro devido à ausência de recursos financeiros para tal, fica a sensação de que os moradores atribuem uma grande importância à função burocrática que a Comissão desempenha. De facto, a Comissão de Moradores funciona como uma ponte entre a cominidade e o Estado na aquisição da documentação necessária para fins diversos. Compete-lhe, ainda, um papel de instância de resolução de conflitos.

---

[41] Entrevista realizada em Agosto de 2008.

[42] A sede da Comissão de Moradores do Sector 7 funcionava na 9.ª avenida, no quarteirão 11 do sector 7 do Bairro Kala Wenda. Em 2008, com as novas eleições, a sede da Comissão de Moradores do Sector mudou-se para outro quarteirão, mais próximo da casa do novo Presidente.

[43] Entrevista realizada a 14 de Março de 2008.

3.4. A composição da equipa envolvida na resolução de conflitos e a organização do atendimento

A Comissão de Moradores do Sector 7 joga um papel decisivo na resolução de conflitos sociais com que os moradores se deparam. Como nos foi referido, a equipa da Comissão[44] que trata da resolução de litígios é geralmente composta pelo Presidente do Sector e pelo Secretário. Sempre que se procura encontrar a solução adequada para um dado caso, fazem também parte da equipa os responsáveis do quarteirão onde o caso aconteceu (contudo, na maioria dos casos observados o Presidente encontrava-se sozinho, registando-se a ausência quase constante dos restantes membros da Comissão de Moradores).

A presença dos Coordenadores de quarteirões (nalguns casos observados) auxiliou na manutenção da ordem, no controlo da palavra durante o processo de mediação, assim como no esclarecimento das raízes do conflito. Isto aconteceu nos casos observados em que o Presidente se fez acompanhar de outros membros. A presença de várias lideranças dos quarteirões e do sector reforça a posição do Presidente do Sector, facilitando o diálogo ou a imposição da lógica da solução imposta por aquela, bem como na legitimação da decisão.

3. 5. Natureza dos conflitos e mobilizadores desta instância

A principal preocupação que tem sido registada no bairro pela Comissão de Moradores está ligada à delinquência juvenil. De facto, atendendo ao número de assaltos de que grande parte dos habitantes tem sido alvo, justifica-se a centralidade deste problema. Como referiu a direcção da Comissão do Sector 7,[45]

> *A situação que existe dentro deste bairro praticamente é a bandidagem [...] Reunimos já várias vezes com a 16.ª Esquadra para estancar essa situação, mas infelizmente eles nos dizem que não têm meios de transporte para conseguir ver esta situação. Dentro deste bairro, com 20 quarteirões que nós temos, só temos um meio rolante [viatura] que possa passar aqui e ver a situação desse bairro. Fizemos essa informação por escrito para o Comando da 3.ª Divisão, a mesma respondeu que lá também só foi entregue um meio de transporte para as três comunas, o que não é suficiente. Então eles esperam*

---

[44] Apesar de, como nos foi dito, algumas mulheres integrarem a Comissão de Moradores, durante o trabalho realizado neste sector nunca foi sentida a sua participação. Inclusivé, em vários casos envolvendo violência familiar, a sensibilidade de género esteve, normalmente, ausente.

[45] Entrevista realizada a 18 de Dezembro de 2007.

que o Comando Provincial de Luanda envie alguns meios para conseguir estancar a situação dos marginais aqui.

Para além deste problema, tido como um dos principais, registam-se outros conflitos, ligados à disputa de terrenos, a problemas de violência no lar, acusações de feitiçaria, entre outros. Para uma ideia mais clara acerca do tipo de conflitos e seu percurso, apresenta-se de seguida uma descrição mais pormenorizada dos mesmos.

Conflitos associados a actos de delinquência: roubos e assaltos

Estes conflitos estão associados ao roubo de telemóveis e outros bens pessoais, acções que normalmente são protagonizadas por jovens (dos 14 aos 25 anos). Os assaltos ocorrem especialmente nas proximidades das escolas, mercados e outros locais de grande concentração da população. As vítimas destes roubos, por vezes realizados à mão armada, raramente se dirigem à Comissão de Moradores para procurar uma solução. Pelo contrário, a Comissão toma conhecimento dessas acções por intermédio de terceiros, muitas vezes da polícia. Nos poucos casos em que os moradores colocaram o caso à Comissão de Moradores, esta transferiu-os para a esquadra da polícia mais próxima. De facto, a regra parece ser, em caso de assalto, os moradores socorrerem-se do apoio da esquadra para procurar reaver os seus bens e punir os delinquentes.

Verificam-se também inúmeros assaltos a residências, protagonizados por grupos de *gangs* activos em vários quarteirões do bairro, os quais actuam com recurso a armas. As vítimas destes assaltos normalmente recorrem de imediato à Comissão de Moradores, a qual regista o caso; de seguida o caso é transferido para a polícia, a qual, por sua vez inicia uma investigação.

Conflitos de terrenos

Num contexto como o de Luanda, onde a terra para construção não abunda, são inúmeros os casos de burlas e vendas de parcelas de terrenos a mais do que uma pessoa. Noutras situações os conflitos resultam da imprecisão quanto aos limites dos terrenos. Nestes casos, o que está em causa não é uma parcela de terreno mas uma casa e os conflitos ligados à delimitação dos limites para a construção de um muro do quintal ou mesmo da própria casa. Quando conflitos desta natureza irrompem, as pessoas envolvidas dirigem-se directamente à Comissão de Moradores do Sector ou, em primeira instância, recorrem à Comissão de Moradores do quarteirão em que habitam e/ou onde o caso ocorreu. Esta

Comissão, por sua vez, transfere o caso para a Comissão do Sector que convoca as partes envolvidas e procura criar condições para a sua resolução.

Conflitos domésticos

Estes conflitos incluem os casos de violência doméstica, a forma mais frequente de problemas no seio da família. Neste campo incluem-se também os conflitos ligados à falta de assistência de um dos cônjuges (normalmente o homem) à família (mulher e filhos). Procurando resolver estes problemas, as pessoas dirigem-se à Comissão de Moradores do Quarteirão ou do Sector. Nalguns casos (especialmente quando unicamente acontecem desentendimentos sem recurso à violência física) a Comissão de Moradores medeia o conflito, procurando, em conjunto com as partes, alcançar uma solução que as satisfaça. Caso o não consiga, o problema é visto como transcendendo as competências da Comissão, sendo transferido, regra geral, para o Centro de Aconselhamento Família e Promoção da Mulher e/ou para a OMA. Outras vezes, as partes envolvidas no conflito dirigem-se directamente ao Centro de Aconselhamento Família e Promoção da Mulher e/ou a OMA, para procurar uma solução adequada ao problema.

Casos envolvendo acusações de feitiçaria

Apesar de estarem aparentemente em declínio, ocorrem ainda bastantes casos de acusação de feitiçaria. Normalmente, são casos em que crianças são acusadas, pela própria família, de serem feiticeiras, sendo por isso vítimas de maus-tratos e mesmo mortas.[46] Sempre que alguma destas ocorrências chega à Comissão de Moradores, esta transfere de imediato o caso para o Centro Social de Referência do Julgado de Menores (CRJM) do Cazenga para a sua resolução. Nos casos em que a Comissão de Moradores procura condições para a sua resolução, o soba têm um papel preponderante e é um parceiro importante na sua solução.

Para além destes, há ainda casos em que uma das partes de um casal, por norma a esposa, é acusada de recorrer a práticas de feitiçaria através de um curandeiro/a para ter um tratamento melhor, maior apoio e dedicação por parte do marido. Estes casos normalmente são resolvidos através de uma 'sentada', envolvendo as famílias de ambas as partes.[47]

---

[46] Sobre este assunto cf. INAC, 2006.

[47] Este tema é desenvolvido em maior detalhe no capítulo dedicado às autoridades tradicionais, neste volume.

Figura 1 – Percurso dos conflitos

---

1. **Delinquência** → Assaltos a residências → CM → Polícia

    → Assaltos à mão armada → Polícia

2. **Conflitos no Lar** → Cenas de violência doméstica → CM → Gab. Promoção da Mulher/OMA

    → Falta de assistência à família → CM → Gab. Promoção da Mulher/OMA

3. **Conflitos de Terreno** → CM → Administração Comunal

4. **Conflitos de Feitiçaria** → CM → Soba

↓

CRJM

3.6. O processamento da queixa

O acesso à comissão

Sempre que um conflito acontece e se solicita o apoio da Comissão de Moradores para se alcançar uma solução adequada para o mesmo, na maioria das vezes a queixa é feita pela pessoa ou pelo grupo de pessoas que se sente lesado. Este(s) dirige(m)-se à Comissão de Moradores ou a casa do Presidente da mesma para expor a situação. O Presidente anota o problema exposto numa agenda, colocando várias questões para compreender a natureza do conflito e as partes envolvidas, a fim de as convocar para um encontro.

A apresentação da queixa não obedece a requisitos formais previamente definidos: desde que um morador se sinta lesado em virtude de estar envolvido num determinado conflito e considere que a Comissão de Moradores pode ajudar a resolver ou contribuir para a solução do conflito, dirige-se à sede da Comissão ou a casa do Presidente do Sector, onde coloca o problema. Noutras situações, o caso não entra directamente na Comissão de Moradores do Sector, mas é exposto à coordenação do Quarteirão que, sentindo-se incapacitada para o resolver, o envia ao Presidente do Sector.

As convocatórias / avisos

Depois de tomar nota da situação exposta, o Presidente preenche e envia um aviso[48] à(s) outra(s) parte(s), convidando-a(s) para um encontro. O objectivo é o de se ouvirem todas as partes envolvidas, de modo a encontrar formas de solucionar o conflito e se chegar a uma solução. Para além do nome da pessoa e do problema em questão, chama a atenção, sempre que tal se justifique, para as partes envolvidas se fazerem acompanhar das testemunhas.

O aviso (a convocatória), como o exemplo acima aponta, constitui um documento fundamental para a vinculação da instituição ao caso. Quando alguém recusa comparecer, ou receber o 'aviso', tal conduta é vista como reprovável pela Comissão, contendo o texto do 'aviso' uma admoestação quanto à necessidade de comparecer na Comissão na data aprazada, sugerindo-se a aplicação, em caso de ausência, *"de sanções disciplinares de acordo com a lei em vigor"*. O Presidente do Sector reafirmou, várias vezes, que a Comissão de Moradores é uma instituição do Estado e, como tal tem de ser respeitada. Isto explica a importância da convocatória.

Num outro nível, a resposta à convocatória – a sua apresentação ao presidente e posterior assinatura justificante da presença do convocado – é o primeiro passo 'oficial' do andamento do caso.

A apresentação do caso

Quando se inicia o processo propriamente dito da procura de uma solução adequada para o conflito, assiste-se, em primeiro lugar, ao preenchimento de uma ficha, pelo mediador, contendo a informação sobre a identidade das pessoas envolvidas. O preenchimento da ficha é feito antes de ser atribuída a palavra a qualquer um dos presentes. Numa primeira fase preenchem-se os dados pessoais das pessoas envolvidas.

Tal como nas instâncias estatais formais, a apresentação de um documento de identificação é importante, como forma de accionar a Comissão de Moradores e formalizar a ligação à instituição, embora a não apresentação de documento não seja impeditiva do processamento dos casos. Ainda assim, a ausência de documentação é reprovável.

---

[48] Na prática o 'aviso' corresponde a uma 'convocatória', embora este último termo seja evitado nos documentos, para não haver confusão com a polícia e os tribunais, que podem 'convocar' pessoas para comparecer nas suas instalações. Em conversa o termo convocatória surgiu muitas vezes. Um exemplo de Convocatória/Aviso pode consultar-se no anexo do presente capítulo (Foto 10).

Outro dado importante requerido no preenchimento da ficha tem a ver com a identificação da zona do bairro em que se reside, para evitar que as pessoas coloquem os seus casos em Comissões a que não pertencem.

Após esta fase inicial de identificação, o Presidente explica a razão da convocatória, dirigindo-se quer à parte que foi apresentar a queixa, quer ao indiciado, e outros presentes. Depois da apresentação do caso aos presentes, explicando-se quem colocou a queixa e a natureza desta, ou seja, a razão da convocatória e o aparente conflito em causa,[49] o mediador chama atenção para a sequência na apresentação do caso, apelando aos presentes para o respeito pela instituição mediadora.

A estes actos iniciais, com carácter ritual, segue-se a exposição dos factos pelas partes envolvidas no processo. A apreciação do caso é aberta com a descrição do conflito pela pessoa que apresentou a queixa. Uma vez terminada esta apresentação é a vez da parte acusada poder colocar o seu ponto de vista sobre o caso. No final de cada exposição, o mediador questiona sempre se a pessoa terá, por qualquer razão, esquecido ou omitido algum detalhe ou informação importante, ou se já não há nada para acrescentar. Este procedimento, após a exposição de cada um dos intervenientes, é importante, dado que quando cada uma delas termina a sua intervenção não lhe é permitida a palavra, não importa quão esclarecedora possa ser essa intercessão.

As principais formas de resolução de conflitos usadas pela Comissão de Moradores têm sido a negociação e o aconselhamento, procurando funcionar de acordo com a lei, a experiência e o bom senso, obedecendo a alguns procedimentos com rotinas já estabelecidas.

O recurso à memória histórica para o caso dos conflitos de terras é outro aspecto a realçar: *"se uma pessoa encontrar um terreno sem nenhuma marcação e ele vai segurar, mas quando o dono aparecer, ele se dirige aqui e eu peço a documentação que foi passado pelo antigo Presidente da Comissão de Moradores."*[50] Apesar de Luanda não dispor de um cadastro municipal sobre os terrenos, no caso dos conflitos em torno de disputas de talhões a questão documental é particularmente importante, atribuindo-se grande significado ao formalismo, à legalidade do documento. A ausência da documentação limita imenso a solução de qualquer

---

[49] O aparente conflito, porque nem sempre o conflito anunciado por uma das partes corresponde ao conflito exposto e discutido por ambas as partes, como por exemplo ocorreu num caso de ciúmes, que entrara como um caso de feitiçaria.

[50] Ibidem.

caso, o que traduz a crescente importância da palavra escrita no contexto urbano (Santos, 1995).

Nos casos ligados à violência doméstica, o aconselhamento aos casais acontece de acordo com as circunstâncias: o espaço em que vivem, a natureza da família, número de filhos e os intervenientes no conflito para além destes. Dos casos observados, o Presidente da Comissão, na busca da melhor solução que permita uma reconciliação, recorreu a uma série de exemplos anteriores, assim como a provérbios populares e ditos religiosos, combinando-os num discurso informal, usando uma linguagem simples, mas contextualizada.

Em paralelo, porém, verifica-se que o enquadramento legal da questão é feito através de uma interpretação que nem sempre é a correcta. De facto, e em várias situações observadas, em que o Presidente da Comissão de Moradores não possuía documentação e/ou conhecimento detalhado sobre a legislação que regulava a situação em causa, verificou-se que este decidia em função de uma interpretação pessoal da situação, fruto dos seus conhecimentos ou experiências vividas, que nem sempre coincidem com a lei.

Convém ressalvar, ainda, que os processos de mediação contêm igualmente uma forte retórica de apaziguamento (Santos, 1995), centrada na lógica de atribuição da fala às partes envolvidas, acompanhada por jogos de afirmação de autoridade e expressões violentas sempre que o mediador se sente deslegitimado ou ameaçado. Ou seja, em situações em que o mediador sente a sua autoridade posta em causa recorre à violência (verbal, através de ameaças) como estratégia de comunicação e de decisão, combinando-a com elementos de burocracia – uma estratégia de decisão desenvolvida a partir de imposições autoritárias por meio da mobilização do potencial demonstrativo de procedimentos regularizados e padrões normativos (Santos, 1995).

O papel das testemunhas

As testemunhas são importantes no processo de resolução dos conflitos, pelo que as convocatórias exigem a sua presença sempre que tal se justifica. De acordo com o funcionamento da Comissão de Moradores, nos casos familiares as testemunhas podem ser familiares ou vizinhos. Nos casos que envolvem várias famílias o Presidente evita recorrer a testemunhas que são da família próxima das partes envolvidas.

Os presentes no acto de mediação desempenham um papel importante na resolução do conflito, uma vez que não só participam em todos actos do processo, como também intervêm, procurando, em muitas situações, chamar a atenção para temas importantes e promover uma solução que satisfaça as partes. Num dos casos observados, os amigos e vizinhos de uma das partes apelaram ao bom senso: *"Tio Pedro presta atenção no que estão a te dizer... Tio Pedrito, fica também quieto e deixa agora a solução nas mãos da Comissão de Moradores..."*. Noutros casos, pelo contrário, a sua participação pode contribuir ainda mais para exaltar os ânimos: *"Eu até não sei, se são as influências ou quê! Se ele perder dinheiro, vais ver diabo assar sardinha!"*

3.7. Outras instâncias e sua articulação com o trabalho da comissão de moradores na resolução de conflitos

Depois de o caso ser apresentado, o Presidente, em conjunto com outros membros da Comissão de Moradores presentes, avalia a natureza e possibilidades de resolução do problema. Caso não se chegue a um acordo, ou se a Comissão de Moradores entender que o problema deve ser resolvido por uma outra instância, por não ter competência, o caso é transferido, como já foi referido. Existe, assim, um funcionamento em rede destas instâncias, num cruzamento entre instâncias oficiais e não oficiais. Porém, a partir do momento em que os casos são transferidos, a Comissão de Moradores perde o controlo dos casos.

4. A Comissão de Moradores do Sector 5 da Comuna de Tala Hady, Município do Cazenga

4.1. Apresentação do Bairro Dr. Agostinho Neto, Sector 5

Limites do Bairro Dr. Agostinho Neto

Geograficamente o bairro faz fronteira, a norte, com a Zona 18, comuna do Hoji Ya Henda, e com o Sector 7, Bairro do Kala Wenda. A fronteira passa pelo bar Matemo e, a sul, pela estrada Deolinda Rodrigues. A leste faz fronteira com o Sector 6, Bairro Grafanil, e a Oeste com o Bairro Vila Flor, separados pela 5.ª Avenida (que leva ao mercado do Asa Branca).

Perfil socioeconómico do bairro

O Bairro Dr. Agostinho Neto, até há pouco chamado de Vila da Mata (também conhecido por bairro dos aviários), é descrito como pobre embora houvesse poucos indicadores quantitativos disponíveis quando a pesquisa foi efectuada. Todavia, elementos qualitativos usados – características das habitações, ocupações e rendimentos dos moradores, existência e funcionamento dos serviços básicos como água, luz, escolas, saúde, assim como outros sectores de prestação de serviços – permitiram confirmar esta descrição. As casas são construídas com blocos de cimento, cobertas com chapas de zinco e muitas delas não têm pintura, aparentando ser casas inacabadas, reflexo da incapacidade financeira dos seus proprietários para terminar as obras.[51] Normalmente estas habitações possuem apenas as mínimas condições para a instalação da família. As casas são construídas sem obedecer a qualquer padrão urbanístico; num mesmo terreno ou dentro do mesmo quintal podem existir várias casas e, consequentemente, várias famílias, o que origina a criação de enclaves dentro dos bairros, criando autênticas dores de cabeça aos funcionários municipais que trabalham na planificação das vias de circulação. Aliás, esta é uma das principais razões de conflitos de vizinhança.

Independentemente de ser um bairro pobre – e onde a ausência de condições de saneamento básico como a falta de água, energia eléctrica ou o apoio da polícia é gritante - encontram-se alguns enclaves onde as residências presentes (e infra-estruturas associadas), pela sua aparência, indiciam um patamar económico bastante superior. Todavia, no geral, o desemprego e a ocupação em sectores da economia informal, associados a elevadas taxas de delinquência, transformam este bairro numa zona problemática, repleta de conflitos.

Do ponto de vista económico, e apesar de o bairro ocupar um vasto território e, em simultâneo, ter uma alta densidade populacional, os moradores lamentam o elevado índice de desemprego, pois o Município do Cazenga gozava, como já foi dito, do estatuto de ser um dos maiores pólos de actividade industrial em Luanda. A Comuna do Tala Hady, e este bairro em particular, não possuem grandes empresas que garantam emprego à população local. Esta é obrigada a procurar trabalho em várias áreas, quer no bairro, quer fora dele.

Em geral, as pessoas com melhores qualificações escolares e profissionais trabalham no centro da cidade ou em outros bairros de Luanda; a restante população depende, para a sua sobrevivência, de expedientes económicos informais: pequeno comércio e prestação de serviços:[52] cantinas, farmácias, lojas, colégios e postos médicos são as actividades principais em que a população masculina escolarizada e com curso profissional se envolve. As mulheres, que

---

[51] De referir que em Luanda a situação de 'casas inacabadas' é bastante vulgar em muitos dos bairros.

[52] No que concerne a pequena actividade comercial, esta centra-se na venda de mercadoria em pequenas quantidades (mercadorias de origem industrial produzidas no exterior, especialmente de origem chinesa) e na venda de produtos agrícolas produzidos em pequenas lavras.

garantem a sobrevivência da maior parte dos lares, encontram-se na venda informal realizada na rua, como zungueiras, ou nos dois grandes mercados de proximidades – o Asa Branca e o mercado da Base Central de Abastecimento (mais conhecido por BCA). Para desenvolver estas actividades os habitantes do bairro dependem dos recursos económicos disponíveis. Com excepção dos professores e enfermeiros públicos, a maior parte dos moradores tem ocupações precárias, como seguranças de empresas, pedreiros ou ladrilhadores, motoristas ou, ainda, vendedores por conta própria. Como vários referiram, os proventos destas actividades não são suficientes para garantir a sobrevivência da família.

Os serviços de saneamento básico a nível do bairro são inexistentes, exceptuada a presença de uma operadora para a recolha de lixo, e a maioria das habitações não tem luz eléctrica. As famílias com uma renda média vivem com geradores eléctricos privados ou de energia fornecida por PTs privados. Do ponto de vista económico esta última fonte é praticamente inacessível à classe com baixos rendimentos, pois que *os preços praticados são bastante altos e as casas inscritas nem sempre têm luz. Os preços de ingresso oscilam entre 400 e 700 dólares americanos e mensalidade varia entre 500 a 1000 kwanzas*.[53] A água constitui um outro serviço a que população não tem acesso. A exemplo de outros municípios, o Governo da Província de Luanda (GPL), através das administrações locais (municipal e comunal), instalou chafarizes de acesso gratuito para reduzir a carência. Todavia estes raras vezes têm água e nem todos os quarteirões possuem fontanários. Como alternativa, as pessoas sobrevivem recorrendo à compra de água a tanques abastecidos por camiões-cisternas ou ainda à aquisição de água em casas privadas, que integram o grupo restrito de moradores que têm acesso à água proveniente das condutas públicas que ali passam.

Embora o bairro conte, aparentemente, um número elevado de escolas, estas são manifestamente insuficientes para absorver todas as crianças do bairro. Procurando soluções alternativas ao ensino público, surgiram várias iniciativas: escolas comparticipadas, escolas privadas (conhecidas por colégios), escolas das igrejas e explicações privadas. Esta última iniciativa é cada vez mais utilizada nos bairros mais pobres, por ser menos onerosa e por os critérios de acesso serem menos rigorosos, quando comparados com os critérios formais de ingresso no ensino formal. Estes estabelecimentos de ensino, através de programas de

---

[53] Entrevista realizada a 9 de Julho de 2008.

valorização, têm-se transformado em escolas reconhecidas pelo Estado, sendo possível a obtenção de diplomas do primeiro nível.[54]

Quanto à presença de centros de saúde estatais, a cobertura dada por estes é fraca. Existem no bairro vários postos médicos e farmácias privados, sendo que os especialistas que ali trabalham são, na sua maioria, enfermeiros apoiados por funcionários ou pessoas com prática, mas sem qualquer formação especializada.

Condutas de água
Apesar de o bairro sofrer de uma crónica falta de água, esta situação não se deve à falta de infraestruturas, pois que o bairro é atravessado por duas condutas.

4.2. A criação da Comissão de Moradores do Sector 5
A Comissão de Moradores do Sector 5 da Comuna de Tala Hady cobre uma área que corresponde a 20 quarteirões, onde habitam cerca de 60 mil pessoas. Em termos de população, trata-se de um sector grande, sendo os quarteirões 4 e 7 os que registam maior concentração da população.

Na altura da realização da pesquisa a Comissão de Moradores estava instalada na zona sudoeste da Comuna. De modo a desempenhar as suas funções, a Comissão de Moradores integrava 16 áreas ou secções de intervenção, coordenadas pelo Presidente, um secretário-geral e um tesoureiro.

Os resultados discutidos neste capítulo cruzam informações recolhidas através de observação participante, de análise documental e de entrevistas realizadas junto a vários líderes do sector. Procurou-se estudar a estrutura de funcionamento da Comissão de Moradores, assim como compreender como estas comissões operam na procura de soluções para os conflitos que afectam os seus habitantes.

---

[54] Procurando melhorar o funcionamento destas escolas, várias iniciativas locais têm vindo a ser realizadas. Por exemplo, a ONG Kandengues Unidos enquadrou estas escolas no seu programa "Ensino Alternativo". Este programa procura assegurar estabelecimentos de ensino que possam ser frequentados por crianças com idade superior à estabelecida pelo sistema oficial para acesso ao ensino regular. De acordo com a filosofia deste programa, estas crianças dispõem de uma importante experiência de vida, e os seus conhecimentos permitir-lhes-ão recuperar o tempo perdido. Ensinar estas crianças a ler e a escrever rapidamente são condições necessárias para se habilitarem a certos serviços ou aprendizagem de um saber-fazer que lhe facilitarão sua inserção profissional. No âmbito de parcerias entre o Ministério da Educação e ONGs tem sido reforçado o apoio a estas 'escolas de explicações', que adquirem agora uma dupla função: fornecimento de um serviço complementar ao prestado pelas escolas oficiais e servir de escola de referência para as crianças que não conseguiram ingressar numa escola reconhecida pelo Estado.

A emergência da comissão de moradores

A reconstituição da história da Comissão de Moradores foi feita com base em entrevistas realizadas junto de antigos habitantes, assim como nalguns documentos recolhidos junto da Administração Comunal. Revelaram-se preciosas as informações recolhidas durante as entrevistas feitas ao Secretário-geral do Sector da Comissão cessante e a um antigo Secretário do Sector, então coordenador de um Quarteirão.

De acordo com o ex-Secretário,[55] as actividades da Comissão de Moradores,

> *[...] começaram em 1981. O seu primeiro e principal dinamizador foi um senhor chamado António Pinto. Ele era presidente do Quarteirão 4 enquanto o presidente do sector era o senhor Diogo que foi substituído anos mais tarde pelo senhor Manuel Cândido António".*[56]

Outra razão para a constituição da Comissão de Moradores prende-se com a situação política e militar que o país viveu. Com a independência e os conflitos armados que o país conhecia, urgia estruturar os bairros para evitar quaisquer acções de terrorismo. Para lutar contra qualquer possibilidade de acção inimiga tornava-se necessária a colaboração de todos os moradores, de forma directa e activa, em acções de vigilância, protecção e defesa do bairro, por os efectivos militares e paramilitares serem manifestamente insuficientes. Neste contexto foi criada a Organização da Defesa Popular (ODP[57]), que tinha por objectivo organizar e coordenar a defesa das zonas libertadas pelas FAPLA, fazer o patrulhamento dos bairros, assim como realizar pequenas acções de desocupação de espaços onde estavam ainda forças inimigas. As acções da ODP no Bairro dos Aviários – actualmente Sector 5 – *"limitava-se apenas a vigiar as artérias principais do bairro. Acho que a ODP não tinha a capacidade para controlar de forma eficaz o bairro".*[58]

No caso do Bairro Agostinho Neto a Comissão de Moradores foi formada para reforçar o trabalho que vinha a ser realizado pela ODP, através de Brigadas Populares de Vigilância (BPV). Este órgão, além de depender administrativamente da Comissão de Moradores, era um órgão de defesa civil. Os seus efectivos, grupos milicianos, recebiam preparação militar básica que os instruísse sobre

---

[55] Entrevista realizada a 23 de Maio de 2008.
[56] Ibidem.
[57] Órgão criado para fazer a protecção das zonas habitadas: cidades, bairros e povoações.
[58] Entrevista realizada a 23 de Maio de 2008.

o uso de armas de fogo durante as acções de vigilância que faziam ao bairro, durante a noite. Sendo um grupo miliciano, esta actividade não permitia fazer carreira e a continuidade da sua existência dependia apenas da capacidade de mobilização e engajamento dos seus líderes. *"O presidente do Sector era a pessoa com maior força de expressão que tínhamos no bairro. Para além de ajudar a ODP na organização dos serviços de vigilância, a Comissão de Moradores tinha também como actividades a resolução de conflitos e implementação de actividades que lhe são incumbidas pela Administração comunal"*, esclarece o ex-Secretário, que continuou, ressalvando, *"eu sacrifico-me pela causa do bairro porque vivo nele. Não vou deixar que alguém tome conta dele"*.[59] Além das acções de defesa da comunidade, constava ainda da agenda de trabalho da Comissão de Moradores o combate à delinquência; a resolução de conflitos; o identificar de problemas que afectavam a vida dos moradores e canalizá-los às instâncias superiores e vice-versa; e comunicar as ocorrências imediatas que tivessem lugar no sector, quer no plano socioeconómico, quer no plano político-militar. Para o exercício destas actividades a Comissão de Moradores apoiava-se na figura do Presidente, do Secretário-geral, do Tesoureiro e de alguns voluntários.

Quanto às instalações, como esclareceu o antigo secretário, a Comissão

[...] funcionou em minha casa durante todo o meu mandato. Trabalhávamos debaixo da sombra do tamarindeiro que estava no quintal da minha casa. As queixas de muitos moradores obrigou-nos a procurar um espaço independente, razão pela qual vimos parar aqui nesta casa. A escola 724 [actualmente Escola n.º 7024] serviu apenas como espaço para reuniões alargadas [Assembleias gerais da comissão] que anteriormente eram realizadas no Campo de futebol.

Até 2008 (e de acordo com as entrevistas efectuadas), os responsáveis da Comissão de Moradores chegaram ao poder sempre por via de eleições indirectas, facto que se explica pela existência de um grupo que desempenha este papel em representação dos moradores. Este grupo – composto por presidentes dos quarteirões, presidentes de sectores, secretários, vogais e convidados – tinha por responsabilidade eleger, decidir e executar não apenas deliberações superiores, as tomadas pela Assembleia-Geral, mas também pela direcção em nome do povo. O grande inconveniente destas eleições, segundo o ex-Secretário, residia

---

[59] Entrevista realizada a 23 de Maio de 2008.

na indefinição quanto ao tempo dos mandatos. *"Eu fiquei na Comissão de moradores durante 12 anos, não havia regras"*.[60] De referir, contudo, que este facto não corresponde totalmente à realidade. O antigo Decreto n.º 45/76, sobre o *Regulamento das Eleições para as Comissões Populares de Povoação ou Bairro*, estabelecia as regras para o funcionamento das Comissões, incluindo o regimento eleitoral.[61]

A Comissão de Moradores tem também a função de resolução de conflitos comunitários, apesar de esta função não estar claramente referida nos diplomas legais. A grande diversidade de conflitos que afligiam a comunidade impulsionou a criação de uma rede de *"relações/cooperação entre a Polícia, ODP e autoridades tradicionais"*.[62] As formas de actuação da Comissão de Moradores e as modalidades de atendimento/tratamento dos casos nesta instância obrigaram uma viragem na forma de pensar dos anciãos e população em geral sobre a noção de autoridade. Segundo o ex-Secretário, *"a autoridade naquela altura era o polícia, ODP, militar"*. Para este entrevistado,

> *[...] as autoridades já não são só aquelas pessoas que estão fardadas mas também aqueles indivíduos que representam instituições do Estado. Logo, não é bom que qualquer problema que surja no bairro se conduza de imediato na esquadra sem passar pelo conselho do bairro porque em vez de ajudar na resolução do mesmo, criamos outros conflitos.*[63]

Percebe-se, a partir deste excerto, quão central e importante era a função da Comissão de Moradores no promover um clima de harmonia e coesão social no seio do bairro e nas famílias que aí habitavam.

4. 3. Condições de funcionamento

A Comissão de Moradores funciona de segunda a sexta-feira, das 9 horas às 13 horas. De entre as principais solicitações destacam-se os casos de conflito, a

---

[60] Idem.

[61] No artigo 2.º deste Decreto afirma-se: *"cabe às Assembleias Populares de Povoação e Assembleias Populares de Bairro eleger os membros das respectivas Comissões Populares, adiante designadas, em geral, por CP ou, respectivamente, por CPP e CPB, por votação directa e pública em reunião expressamente convocada para o efeito"*. Já o artigo 11.º (Capacidade eleitoral) precisava as características dos moradores que podem e devem votar, ao enfatizar que *"são eleitores e elegíveis para a CPP e CPB os cidadãos angolanos maiores de dezoito anos residentes na área da respectiva Povoação ou Bairro não abrangidos pelas incapacidades especificadas nos artigos seguintes"*.

[62] Entrevista realizada a 23 de Maio de 2008.

[63] Idem.

divulgação de informações aos moradores sobre os serviços prestados, assim como o fornecimento de orientações sobre certos procedimentos técnico--administrativos que os moradores devem ter em conta nas acções que pretendem realizar.[64]

Quando ocorrem conflitos, os moradores recorrem à Comissão de Moradores para procurar uma solução, seja para apresentar queixa ou para recolher informações em relação ao conflito e sobre qual a melhor instância a que podem recorrer para o resolver.[65]

Uma vez que a maior parte destes líderes são funcionários públicos,[66] é pouca a sua disponibilidade para atender os moradores durante os dias normais de trabalho. O Presidente, o Secretário do Sector e os dois funcionários que colaboram nesta instância – por estarem sempre presentes – são os que, por norma, acabam por assumir a liderança na resolução dos casos que surgem no Sector. Normalmente estes responsáveis da Comissão trabalham tanto em casa, quanto na sede.

O presidente, o secretário e o tesoureiro da comissão de moradores

De acordo com o Regulamento oficioso das Comissões de Moradores, cabe ao Presidente liderar a comunidade. É a entidade máxima da Comissão e consequentemente da comunidade. O Presidente articula-se directamente com os seus superiores hierárquicos (Administração Comunal e Municipal), de quem recebe informações e orientações. Trabalha ainda com outras entidades que procurem trabalhar ou realizar quaisquer actividades no Sector. De acordo com as normas de funcionamento desta Comissão o Presidente deve responder junto da Administração Comunal sobre o acompanhamento e cumprimento das tarefas que lhe são delegadas e é, de igual modo, o porta-voz da comunidade junto de instâncias superiores, exercendo estas funções com o apoio do Secretário

---

[64] Por exemplo, como proceder para legalizar o processo de aquisição de um terreno. Como sublinhou o então Secretário, para adquirir um terreno, *"[...] não basta o proprietário lhe mostrar o terreno. O interessado, independentemente de visitar o terreno, deve consultar a Comissão de Moradores antes de pagar, com a finalidade de saber o estado do terreno em causa. Primeiro porque nós conhecemos o bairro, segundo porque conhecemos maior parte dos terrenos livres e os seus respectivos donos. Caso contrário, os riscos de serem burlados são maiores"*. Entrevista realizada a 11 de Fevereiro de 2008.

[65] Por exemplo, os conflitos de terreno ou qualquer outra situação relacionada com a construção, são da competência do chefe de Secção das Obras Públicas na Comissão. É este o responsável pela procura de uma solução adequada para o problema, trabalhando em articulação com o Presidente do quarteirão onde o conflito teve lugar.

[66] A presença de uma larga maioria de funcionários do Estado nas lideranças das Comissões de Moradores é um facto que atravessa a maioria dos casos observados.

do Sector. Este último é responsável pela organização das actividades e por toda a documentação da Comissão de Moradores (isto é, é o responsável pela circulação da informação entre a direcção e os membros). O Secretário (dada a sua disponibilidade) é o membro mais presente na Comissão para cuidar dos problemas que aí chegam. Funciona como substituto oficial do Presidente em todos os eventos sempre que este não possa estar presente. Quanto ao Tesoureiro, tem a responsabilidade de guardar as receitas geradas pela Comissão através dos serviços prestados, do pagamento de quotas ou multas, ao mesmo tempo que controla os gastos realizados. Cabe-lhe, também, elaborar os relatórios de contas (mensais e anuais). Integram ainda esta Comissão várias secções executivas e órgãos técnicos/operativos (numa evidente reprodução mimética das instituições do Estado e do MPLA).

Quanto à relação com o governo e com o partido no poder – MPLA – verifica-se que todos os órgãos ministeriais e do MPLA têm a sua representação no Sector, pois os responsáveis da Comissão, para além de liderar o bairro, são também os dinamizadores e mobilizadores dos CAPs,[67] representações locais do MPLA.

Os Quarteirões, a mais pequena divisão administrativa a nível do Sector, reproduzem a mesma lógica organizativa, isto é, possuem um Presidente, um Secretário e um Tesoureiro como principais responsáveis. As Comissões de Moradores dos quarteirões jogam um papel importante no Sector pois para além de controlarem os moradores, colaboram também com a direcção do Sector na execução de várias actividades como mediações de terrenos, acompanhamento de casos e levantamento de informações no campo.

Um elemento importante a realçar é a existência de responsáveis ou líderes de rua. Eles têm a função de informar o respectivo Presidente do Quarteirão dos problemas que se passam com os moradores da rua sob sua jurisdição.[68] Os Chefes de rua são colaboradores e parceiros permanentes dos Presidentes dos quarteirões no acompanhamento e execução das indicações que lhes são delegadas pelos seus superiores hierárquicos. A liderança da Comissão de Mo-

---

[67] Comité de Acção do Partido (MPLA). Esta óbvia mescla entre partido e Estado é, como no caso anterior, do Sector 7, uma das reminiscências do partido-estado em Angola.

[68] Por exemplo, na montagem de postos de electricidade – um trabalho que estava a ser levado a cabo em alguns sectores sem iluminação da comuna do Tala Hady – os chefes de rua tinham como função controlar e informar todas as acções de vandalismo que podiam por em risco o projecto, assim como de todas as outras iniciativas que em implementação na rua.

radores a nível do Sector tem por função analisar e fornecer estas informações, caso se revelem necessárias, à Administração Comunal e a outros parceiros sociais, garantindo assim uma melhor compreensão do sector e contribuindo para a integração social.

Parcerias estabelecidas

As Comissões de moradores não funcionam apenas como o 'representante informal' do Estado a nível local. Pelo contrário, vão activamente procurando, dentro das suas possibilidades, construir e participar em parcerias que contribuam para a melhoria das condições das zonas onde funcionam.[69]

Da observação realizada foi possível perceber que a Comissão de Moradores do Sector 5 constitui o elo de ligação entre as administrações (municipais e comunais) e as pessoas que habitam o bairro. A Comissão recebe informações e orientações das estruturas superiores, para, através do seu Presidente, as divulgar até à base. De igual modo, a Comissão de Moradores recolhe as preocupações, problemas, conflitos e dificuldades enfrentados pela comunidade, mantendo informadas as estruturas superiores da Comuna ou do Município e pressionando-as para que se identifiquem soluções para os problemas. É também um elemento activo no processo de integração de indivíduos ou instituições que se queiram instalar no bairro.

---

[69] Durante uma entrevista, o então Secretário da Comissão de Moradores do Sector 5, referiu, a título de exemplo, a relação estabelecida para a construção de uma escola. Tratou-se da construção de uma escola comparticipada, tendo participado no projecto três instituições: a Comissão de Moradores, uma igreja e o Estado, de acordo com as disponibilidades de cada instituição. À Comissão de Moradores coube identificar o terreno e fornecer informações acerca do espaço onde se construiu a escola, facilitando a viabilização do processo da legalização do talhão junto da Administração (Comunal e Municipal). À igreja coube a construção da escola; o Estado, representado pelo Ministério da Educação, disponibilizou o capital humano – os professores. Um outro exemplo de cooperação onde a Comissão de Moradores teve um papel activo tem a ver com as acções levadas a cabo pelo Ministério da Saúde no campo da saúde preventiva. A Comissão de Moradores teve como função pessoal que, localmente, garantisse a realização das actividades. Teve assim de 1) recrutar várias pessoas, especialmente jovens; 2) organizar sessões de formações sobre as técnicas de sensibilização e educação sobre a importância da vacinação das crianças; 3) mobilizar todas as redes de relações sociais existentes no bairro para facilitar a implementação desta actividade. O Ministério da Saúde disponibilizou medicamentos e/ou outros produtos necessários para a efectivação do projecto. Os outros parceiros, ONGs e agências nacionais e internacionais (PAV, OMS) participaram com vários incentivos (alimentação, meios de transporte) e outros meios necessários para a realização da campanha.

O atendimento na comissão

O atendimento, é feito tanto na sede, como em casa dos responsáveis, podendo ainda, em caso de um problema grave, dar-se na casa de uma das partes em conflito. Esta última forma tem acontecido especialmente no caso de pessoas que habitam próximo das residências do Presidente e do Secretário, principais mediadores de conflitos no Sector.

Os dois funcionários que estão em permanência na sede, trabalhando de forma alternada, têm a função de:

- Registar os casos que entram;
- Fornecer aos moradores ou aos visitantes informações/orientações sobre as diligências a seguir para tratar de documentos e da legalização de terrenos;
- Dar orientações sobre os limites e o funcionamento das estruturas localizadas no bairro;
- Marcar audiências/mediações para os casos de conflitos que chegam à Comissão.

Na ausência da direcção da Comissão são os funcionários quem faz, num primeiro momento, a auscultação do problema/conflito, ouvindo a(s) parte(s) que recorrem à Comissão, sendo que esta triagem ajuda à compreensão do conflito por parte da Direcção da Comissão. Para além do Presidente ou do seu substituto legal, e das partes envolvidas no conflito, a sessão de mediação/procura de solução integra ainda vários outros responsáveis, incluindo o Soba do sector, caso a situação assim o exija.

A primeira preocupação de quem procura encontrar a melhor solução para o conflito é a criação de um ambiente de respeito e de silêncio, ou seja, um ambiente que permita acalmar as partes e seus acompanhantes. Só depois de os ânimos estarem parcialmente serenados se inicia a sessão.

As fontes de financiamento da comissão de moradores

Relativamente às fontes de financiamento da Comissão, tal como no caso do Sector 7, são resultado de acções autónomas. Um dos funcionários foi peremptório em afirmar: *"nós cobramos os serviços prestados, mas as receitas financeiras que arrecadamos são insignificantes para resolver os problemas da Comissão. Elas nem chegam sequer para carregar o telemóvel do Presidente da Comissão de Moradores."*[70]

---

[70] Entrevista realizada a 11 de Fevereiro de 2008.

Para obter alguns fundos, a Comissão de Moradores cobra pequenas quantias. Dado que os edifícios onde funcionam as Administração Comunal e Municipal se situam bastante longe do bairro, a direcção da Comissão de Moradores do Sector negociou (tal como as restantes a nível do Município) com a Administração Comunal a forma de prestar serviços localmente, substituindo-se às funções que deveriam ser garantidas pela Administração Comunal. O objectivo foi o de aproximar os serviços do cidadão (sendo que por esses serviços a Comissão de Moradores cobra uma dada percentagens). As receitas arrecadadas, muito insignificantes, são usadas para adquirir o material de secretaria, como afirmou a funcionária da Comissão.[71]

Os dois funcionários que se ocupam do trabalho burocrático na sede trabalham em regime de voluntariado, revezando-se no atendimento das pessoas. O sistema de alternância foi uma solução encontrada para, por um lado, permitir a estes funcionários exercer uma actividade remunerada, garantindo assim o sustento da família e, por outro, permitir que disponham de tempo para tratar de assuntos pessoais. A situação não é diferente para a direcção do Sector. Nas palavras do então Secretário, *"não existem quaisquer incentivos para estimular os funcionários assim como para os membros da direcção: Presidente, Secretário do sector e Tesoureiro".*[72]

O acesso à comissão de moradores
Os moradores tomam conhecimento da Comissão de Moradores seja através de conhecidos (amigos, colegas, vizinhos ou familiares), quer através das ac-

---

[71] Eis a lista dos documentos que são tratados na Comissão e os respectivos valores cobrados:

1. Confirmação do agregado familiar e atestado de residência

O custo de cada um destes documentos é de 1.200 kwanzas, retendo a Comissão, por cada documento, 200 kwanzas. Dito de outra forma, por cada documento a Administração Comunal cobra 1.000 kwanzas e a Comissão de Moradores ganha 200 kwanzas pelos serviços prestados.

2. Declaração de óbito

É cobrado no valor de 200 kwanzas, ficando a Comissão com metade deste valor. É o documento mais solicitado no Sector e permite explicar as circunstâncias da morte da pessoa e obter a certidão de óbito junto das Conservatórias (ou ainda o boletim de óbito junto dos hospitais ou Secções Municipais de Saúde). Este documento é obrigatório quando a morte ocorre fora do hospital.

3. Declaração de compra e venda de terrenos.

O valor deste documento é de 300 kwanzas, dos quais 100 revertem para o fundo da Comissão de Moradores. Este documento atesta o conhecimento da Comissão de Moradores sobre o mercado de terrenos no Sector (por exemplo da oferta ou venda do terreno na localidade por eles conhecido e reconhece a ausência de impedimento para que o negócio ou o acto pretendido pelas partes se efective). Entrevista realizada a 20 de Dezembro de 2007.

[72] Entrevista realizada a 11 de Fevereiro de 2008.

tividades de mobilização e sensibilização realizadas pela instância junto dos moradores.[73] Muitas pessoas procuram os serviços da Comissão de Moradores quando confrontadas com as dificuldades que encontram nas instâncias superiores, municipais ou provinciais. Como esclareceu o então Secretário do Sector, *"existem documentos que, por norma, antes de serem tratados a nível superior, exigem dados ou pareceres de instâncias locais. É exemplo quando há morte de algum membro da família ocorrido em casa"*.[74] Num outro patamar, os serviços prestados pela Comissão contribuem também para o controlo de cidadãos residentes na localidade, procedendo à detecção de estrangeiros ilegais ou, ainda, de falsificadores de documentos.

4.4. A composição da equipa envolvida na mediação dos principais conflitos

Os principais mediadores de conflitos que surgem no Sector 5 são atendidos e acompanhados pelos dois funcionários, assim como pelo Presidente e pelo Secretário. Para além destes mediadores participam também, em função dos casos, representantes das áreas/secções executivas e os Presidentes dos quarteirões. Porém, como já referido anteriormente, por razões profissionais estes últimos actores raramente participam na resolução de conflitos que ocorrem nas áreas que dirigem. Assim, as principais figuras identificadas que participam activamente na procura de soluções para os conflitos que chegam à Comissão são o Presidente e o Secretário-geral. Participa ainda activamente um antigo Secretário, dada a legitimidade que detém no bairro fruto do papel que desempenhou e da contribuição que tem dado à resolução de vários casos.[75]

---

[73] De referir, contudo, que em vários momentos se identificaram moradores que, quando questionados sobre a Comissão de Moradores, revelaram a sua ignorância ou desvalorizaram os seus serviços, optando por recorrer directamente à Administração Comunal.

[74] Entrevista realizada a 11 de Fevereiro de 2008. Procurando tratar da certidão de óbito, os membros da família passam pela Comissão para que esta ateste as circunstâncias da morte. O não cumprimento deste procedimento obriga à solicitação da deslocação de profissionais de outras instâncias como a polícia. Deste modo, o processo torna-se mais moroso na medida em que tudo dependerá das decisões desta instância.

[75] Foi possível, ainda, testemunhar o papel do Soba. O Soba é o representante máximo do órgão dos Conselheiros, função que partilha com outros líderes do bairro. O órgão dos Conselheiros, segundo refere o organigrama de funcionamento da Comissão de Moradores, é independente e tem a função de orientar, analisar e aconselhar a direcção do Sector sobre como proceder nos casos para os quais é consultada. Os conselheiros exprimem os seus pareceres quando são solicitados.

4.5. Natureza dos conflitos e alguns dos mobilizadores desta instância

Como já foi referido, foi possível verificar que, tal como no caso do Sector 7, a maioria dos conflitos que dão entrada nesta Comissão de Moradores estão relacionados com problemas de água, terreno e electricidade. Assim, proceder-se-á a uma análise mais detalhada destes três tipos conflitos.

Conflitos de água

A falta de água é um problema que o bairro conhece e vive desde há muito, apesar de ser atravessado pelas condutas que abastecem a cidade capital. Procurando mitigar esta situação foram desenvolvidas várias iniciativas, destacando-se a abertura, através da EPAL,[76] de fontanários públicos. Todavia, o número de beneficiários é ínfimo dado o número de habitantes do Sector. A EPAL procurou celebrar contratos com os moradores *"como forma de dar água aos moradores para fins domésticos"*, explicou o então Secretário.[77] Contudo, se esta opção política procurou diminuir os problemas que o bairro vivia, o resultado obtido não foi o pretendido, já que a iniciativa foi tida como um dos factores geradores de conflitos.[78]

Identificaram-se dois tipos de contratos: o legal e o não-legal. O primeiro é o autorizado pela instituição competente, a EPAL; o segundo é celebrado à margem da instituição competente (seja os contratos entre um particular para que o vizinho lhe compre a água da rede, seja com o funcionário da empresa sem que os contratos/compromissos tenham validade legal). O acesso à conduta, segundo vários entrevistados, está reservado a uma minoria e ao grupo que integra a sua rede de relações sociais, o que limita o ingresso de qualquer outro interessado.

Os dados recolhidos permitem a classificação dos conflitos em torno da água em quatro principais categorias: conflito entre contratantes; conflitos entre contratante e consumidor; conflitos entre os consumidores; e conflitos entre a EPAL e a Comissão de Moradores.

---

[76] Empresa de Águas de Luanda.

[77] Entrevista realizada a 22 de Dezembro de 2007.

[78] Importa também repisar que o negócio de venda de água ocupa um lugar de destaque entre as principais actividades geradoras de rendimentos em Luanda. Envolve indivíduos de todos estratos sociais e é praticada de diferentes formas.

Conflitos entre os contratantes

O volume de água que cada um recebe e as condições criadas, técnicas ou económicas, para o seu armazenamento e distribuição são as razões encontradas na origem desta primeira categoria de conflitos.

Segundo o então Secretário, acontece, por vezes, que entre vários contratantes, usufruindo de uma mesma conduta para obter água para uso doméstico, surgem conflitos por um dos contratantes consumir mais água que o(s) outro(s). De facto, o uso ilícito da água - para fins comerciais – está na base destes conflitos. Os contratos são celebrados para fins domésticos, mas vários contratantes usam a água para fazer negócio (revenda).[79] Uma vez que não existem contadores individuais, no dia do pagamento os dois contratantes pagarão o mesmo valor, independentemente do volume de água consumida, situação que obviamente penaliza aqueles que consumiram menos ou que utilizaram a água apenas para consumo doméstico. O conflito instala-se, assim, entre os dois contratantes, pois aquele que se limitou a usar a água para uso familiar recusa-se a pagar o mesmo valor daquele que utilizou a água para fins comerciais, sentindo-se prejudicado, já que paga taxas iguais quer pela celebração do contrato, quer para o pagamento das mensalidades. Acresce ainda o facto de a água não chegar em condições – por ter fraca pressão – devido às tecnologias ilegais utilizada por aqueles que usam os contratos para fins comerciais.

Conflitos entre o contratante e o consumidor

São os preços praticados pelos revendedores que estão na origem destes conflitos. Se antes os moradores-consumidores compravam mais litros de água pelo mesmo preço (80 kwanzas), hoje isso já não acontece, como resulta do excerto que se apresenta:

> *Mano, a vida está cara e os preços que estão a fazer não nos ajuda em nada! Se antes com 80 kwanzas podíamos comprar quatro banheiras [bacias], hoje só podemos comprar*

---

[79] Para tal constroem ou compram reservatórios grandes, que exigem um grande caudal e várias horas para o seu enchimento; noutros casos colocam saídas das condutas que permitem que a água chegue às suas casas com maior pressão, em detrimento dos vizinhos. A tecnologia utilizada para o armazenamento ou distribuição da água difere. Existem contratantes que têm reservatórios com capacidade para armazenar 30 a 40.000 litros; outros há que utilizam moto-bombas silenciosas de grande potência que permitem encher os camiões-cisternas em tempo recorde, sem que as autoridades locais se apercebam.

uma banheira. Agora uma pessoa não sabe se compra água ou se compra comida para as crianças. Esta gente está nos explorar demais![80]

Os elevados custos da água obrigam os moradores a percorrer grandes distâncias, em busca de locais onde os preços da venda de água a avulso sejam mais acessíveis.[81] Como foi possível ir verificando, os preços praticados variam em função das rupturas do 'stock' de água[82] e do tempo necessário ao seu reabastecimento: quanto maior for falta de água, maior é o tempo necessário quer para reparar possíveis estragos, quer para repor as reservas de água. Situações desta natureza estiveram na origem de vários esgotamentos de reservatórios, especialmente nas quadras festivas. Deste modo, aumenta o número de pessoas que procuram água e, consequentemente, aumentam os preços praticados.

Conflitos entre consumidores

Este tipo de conflitos ocorre entre os moradores que se vão abastecer de água aos fontanários.[83] *"O conflito gera-se porque uns levam muitos recipientes ou recipientes grandes de mais para encher duma só vez, o que impede os outros de acederem ao preciosíssimo líquido"*, explicou uma das senhoras.[84] Outros conflitos ocorrem quando as pessoas desrespeitam a ordem de chegada: *"chegam tarde mas querem ser os primeiros a acartar. Não querem cumprir a bicha"*,[85] reclamou uma jovem aquando da chegada de um grupo de adolescentes que se apropriava dos primeiros lugares junto de um camião-cisterna que distribuía água à população.

Conflitos entre a epal e a comissão de moradores

Estes conflitos envolvem agentes da EPAL e os representantes da Comissão de Moradores. Vários agentes da EPAL, como referido acima, autorizaram que uma minoria da população acedesse, sem autorização oficial da empresa, à água fornecida pelas condutas, como forma de apoiar os moradores com dificuldade

---

[80] Entrevista realizada a 09 de Janeiro de 2008.

[81] Entrevista realizada a 11 de Novembro de 2007. Nessa altura o bairro vivia uma carência de água de quase duas semanas. Durante o espaço temporal em que o projecto foi realizado, a presença de jovens e senhoras com bacias e bidões em busca de água foi parte da paisagem do Cazenga, especialmente da Comuna do Tala Hady.

[82] Se os poços ou cisternas dispunham de água em quantidade.

[83] Usualmente junto aos chafarizes, mas também ocorrem, por vezes, em torno da água fornecida por tanques de água e camiões-cisternas.

[84] Entrevista realizada a 09 de Janeiro de 2008.

[85] Idem.

em obter água. Entretanto, a água dificilmente chega à maioria da população pelos preços praticados pelos contratantes autorizados.

A Comissão de Moradores, conhecedora da situação, e procurando defender os interesses dos seus moradores, tem vindo a exigir que a água seja acessível a todos os moradores, punindo o acesso não legal e as várias situações de especulação com o preço da água. Este conflito, que já dura há muito tempo, tem conhecido, para a sua solução, apenas medidas paliativas. A primeira solução encontrada foi a construção de chafarizes comunitários, a nível do bairro; e a segunda tem sido a distribuição gratuita da água através de camiões-cisternas pertencente à Administração Municipal. Relativamente aos chafarizes, apesar de a sua implantação ter ajudado bastante na distribuição de água ao bairro, a sua localização foi bastante restrita. Só sete dos 20 quarteirões que integram o bairro beneficiaram deste investimento (veja-se o quadro 3). Segundo os moradores, *"não é todos os dias que sai água e quando sai fica muito cheio e sai luta. Os moços ocupam muitos lugares e só uma casa coloca mais de cinco bidons grande e até acabar de encher a água foi"*. Em relação aos camiões-cisternas, *"eles passam de vez em quando e nós não sabemos quando é que vem. E quando vem, primeiro é a família dos chefes e só depois atende a bicha e na bicha também há confusão."*[86] Vários dos entrevistados afirmaram ainda que existiam ganhos na assinatura de contratos, com percentagens atribuídas mensalmente aos agentes da EPAL.

Conflitos de terrenos

Na altura do início do trabalho no Bairro Agostinho Neto poucos eram os talhões disponíveis para construção. Apesar disso, o negócio de terrenos estava em franco desenvolvimento. As antigas quintas onde eram produzidos os hortícolas e onde se fazia criação de animais de que Luanda se abastecia, assim como os amplos quintais que rodeavam as moradias, que estavam reservados para o entretenimento familiar, tornaram-se objecto de negócio, espelhando a especulação fundiária que Luanda conhece. A procura de um pedaço de terra é grande e os espaços existentes não satisfazem as solicitações, sendo a venda de talhões feita por intermediação. Quer o comprador, quer o vendedor, tendo outras ocupações, acabam por responsabilizar terceiros – que podem ser familiares, amigos ou profissionais – pela realização do negócio. Os conflitos surgem quando o comprador é enganado, seja porque o terreno comprado foi

---

[86] Entrevistas realizadas a 14 de Dezembro de 2007.

mais caro do que é costume na área, seja porque não corresponde às medições, seja ainda porque, de facto, o terreno possui outro dono e o potencial comprador foi burlado. São, pois, o interesse pelo lucro fácil e a falta de honestidade dos intermediários que estão na origem destes conflitos.

Foi possível sistematizar os principais conflitos em torno de terrenos em três categorias: conflitos resultantes da venda do mesmo terreno a duas ou mais pessoas; casos de burla, ou seja, de venda e/ou apropriação de espaços alheios; e conflitos resultantes da obstrução das vias de circulação.

Conflitos provocados pela venda de um mesmo terreno a duas ou mais pessoas

No parecer do então Secretário da Comissão de Moradores do Sector, os conflitos resultantes da venda do mesmo terreno a dois ou mais indivíduos não devem ser negligenciados a nível do Sector. Como sublinhou na altura, a sua experiência mostra que estes casos se encontram relacionados quer com a procura de um lucro fácil por parte dos vendedores e dos intermediários quer com o descuido dos vendedores e dos compradores, na forma como tratam deste assunto.

Temendo retaliações (quer directamente por parte dos burlados, quer da polícia, a quem o caso pode ser enviado), os autores das burlas geralmente desaparecem dos locais habituais, mudando de bairro, município ou até de província, esperando que a fraude cometida seja esquecida e que o tempo atenue o impacto desta acção.

A falta de terrenos e as dificuldades em conseguir assegurar e segurar um dos poucos talhões disponíveis de acordo com as normas legais são factores que obrigam, em certos casos, as pessoas a preocuparem-se mais com a aquisição do talhão do que com a sua legalização, relegando esta para segundo plano. As dificuldades burocráticas parecem estar na origem da banalização deste procedimento no processo de aquisição de terrenos em Luanda. Como consequência desta opção as pessoas recorrem aos órgãos do Estado para legalizar a posse de talhões somente depois de o negócio se consumar, sendo nesta altura que descobrem que o terreno adquirido é pertença de outrem.

Quando este tipo de conflitos chega à Comissão de Moradores a solução que tem sido privilegiada pelos mediadores é a de obrigar o burlão a restituir os valores cobrados e a assumir os prejuízos causados às partes ou à pessoa lesada. No caso do não cumprimento desta exigência por parte do burlão, o caso pode ser encaminhado para outras instâncias, como as esquadras de polícia ou, em casos mais raros, as autoridades tradicionais ou para o fórum familiar.[87]

A não restituição dos valores burlados prende-se, por vezes, com o facto de o montante já ter sido gasto. Nos casos desta natureza que foi possível observar estavam envolvidas pessoas com certo poder económico, muitos com familiares no exército ou na polícia, e que participaram quer nas negociações, quer na compra do terreno. Os familiares reúnem-se, quer para ajudar (quotizando-se para ajudar a reunir a recompensa), quer para punir o elemento prevaricador (coerção) ou para informar/esclarecer as pessoas sobre a realidade que estão viver (persuasão). Podemos encontrá-los nas três partes envolvidas em negócios de terrenos: comprador, vendedor e/ou intermediário.

Conflitos provocados pela apropriação de espaços alheios

A intenção de se apropriar de bens alheios tem sido frequente na sociedade angolana. Porém, os actos de apropriação de bens alheios, especialmente a frequência com que estes actos se repetem, são motivos de preocupação, o que obriga a questionar as formas como são tratados estes prevaricadores e a procurar compreender as razões que conduziram a este tipo de práticas.

Os dados recolhidos no terreno permitem caracterizar as várias formas de apropriação em três grandes categorias: 1) a primeira integra os vários casos de apropriação das terras do Estado,[88] as quais, ao fim de largos anos passaram a ser vistas como propriedade pessoal; 2) quando um indivíduo se torna possuidor do terreno de outrem (mesmo sabendo que o terreno em causa tem proprietário), o que acontece, a maior parte das vezes, através do recurso à força ou a outros meios de coerção; e 3) situações em que um representante do Estado se apropria de terrenos da população, apoiando-se para tal na Lei de Terras, sendo que aqui a principal razão do conflito assenta na falta de entendimento entre as partes no momento da negociação das compensações financeiras, pois em certos casos os acordos celebrados não beneficiam os desalojados.

Conflitos resultantes da obstrução das vias de circulação

As obstruções mais frequentes acontecem quando no período de compra e venda do terreno o comprador não tem o cuidado de negociar com os vizi-

---

[87] Neste último caso, quando os envolvidos possuem laços de afinidade familiar.

[88] Ou seja, às terras que são declaradas 'reserva do Estado' (artigo 27 da Lei n.º 9/04, de 9 de Novembro, Lei de Terras).

nhos o acesso às vias de circulação. A obstrução resulta também de conflitos gerados nas relações de vizinhança, entre adultos ou crianças. A criação de um espaço de concertação na vizinhança sobre as vias de circulação, antes de se iniciarem as obras de construção, ajuda a compreender a realidade local e a evitar os conflitos entre vizinhos; desta forma evita-se que cada morador crie uma passagem particular, sem saber se o vizinho concordará ou não com ela. Todavia há registo de casos em que houve concertação/planificação sobre possíveis vias de circulação. A obstrução de vias, independentemente de violar o princípio de livre circulação de pessoas e bens, é geradora de profundas inimizades entre vizinhos. Este tipo de situações, segundo referiu o Secretário, deixa de ser um problema de vizinhos afectados e passa a ser um problema da comunidade.

Conflitos de energia eléctrica

O acesso à energia eléctrica está na origem de outro tipo de conflitos que marcam a vida no bairro.

> *O bairro Agostinho Neto era fornecido por dois PTs até em 2001. A parte sul era abastecida pelo PT da FILDA. O acesso ao PT da FILDA deve-se à sensibilidade da direcção [da Comissão] que decidiu ajudar a população desta zona que nunca teve luz. Os moradores pagavam por contrato 400 USD e uma mensalidade de 700 kwanzas, taxa que variava em função da dinâmica do mercado. A parte norte é abastecida por um PT denominado Zimbo, localizado no sector 5, quarteirão 7, por trás do Centro Papá Kitoco. O contrato é com a EDEL e a mensalidade é 400 kwanzas.*[89]

A diferença das taxas de pagamento entre os consumidores do PT da FILDA e Zimbo está na origem do descontentamento dos moradores e, consequentemente, do conflito entre os gestores do PT da FILDA e os moradores, conflito este cujas origens remontam a 2001. *"As pessoas desfavorecidas não beneficiavam desta energia proveniente do PT da FILDA devido os preços praticados"*, explicou o então Secretário do Sector. Para ultrapassar este diferendo, *"os moradores, de forma organizada, decidiram negociar com os gestores"*, esperando que o Presidente da Comissão de Moradores, seu legítimo representante, integrasse o processo, defendendo os interesses dos moradores. Acontece, porém, que o Presidente

---

[89] Entrevista realizada a 9 de Julho de 2008.

integrava a equipa de gestão. Face ao manifesto conflito de interesses, a proposta apresentada pelos moradores não mereceu atenção por parte dos gestores do PT *"porque consideraram que muitos não estariam em condições de honrar os compromissos depois de terem acesso. Esgotadas as possibilidades para chegar ao entendimento por via pacífica, começou-se assistir a uma onda de cortes e roubo de cabos eléctricos".*[90]

Em 2005, para diminuir as dificuldades dos moradores, as autoridades da província de Luanda (GPL), através de um financiamento chinês, decidem instalar cinco PTs no Sector. Acontece que a então *"direcção da Comissão de Moradores decide desviar os PTs para a parte norte do bairro onde já existia o PT Zimbo pertencente à EDEL".* Se o primeiro conflito entre os moradores e os gestores do PT teve a sua origem nos elevados custos da taxa de inscrição, na origem do segundo conflito esteve o facto de os PTs serem colocados na zona onde já havia outro PT público. Na prática esta opção significava a concentração de energia numa única zona – zona norte – ficando a zona sul desprovida de qualquer PT público, o que originou reacções adversas por parte da população.

De acordo com este responsável do Sector, durante a reunião *"o director* [da FILDA] *mostrou que não conhecia os preços que estavam a ser praticados e o conflito que girava a volta do PT".* Surpreendido com a natureza dos conflitos, o director empenhou-se em descobrir a sua origem, tendo-se vindo a descobrir que *"os preços praticados eram da responsabilidade dos electricistas da FILDA com a colaboração do Presidente da Comissão de Moradores".*

Na altura teve lugar uma reunião para fazer o levantamento dos consumidores e avaliar da possibilidade de se celebrarem novos contratos. Face ao impacto político gerado, apesar de uma tentativa de busca de solução, os gestores do PT decidiram suspender definitivamente o fornecimento de energia ao bairro.

Em 2007 começou um novo projecto do governo da província (GPL) que previa a iluminação das artérias públicas do bairro. Se este era o projecto do Governo, já a população esperava um projecto mais abrangente, isto é, que incluísse quer a iluminação das artérias públicas, quer das residências.

Descontentes com o projecto, os moradores:

[...] principalmente os jovens, começaram a roubar os cabos de distribuição da energia. O primeiro roubo aconteceu no quarteirão 12 onde subtraíram 90 metros e os gatunos não foram identificados. O segundo roubo aconteceu aqui no quar-

---

[90] Ibidem.

teirão 11 e os prejuízos causados foram de 450 metros. O terceiro roubo aconteceu no quarteirão 10 e os prejuízos foram de 100 metros. O último roubo aconteceu no quarteirão 13, rua B, com prejuízo de quase 1000 metros. Este último aconteceu na 1ª ou na 2ª semana de Junho. Bem recentemente no dia 12 [refere-se ao 12 de Junho de 2008] houve incêndio por volta das 15h numa Cabina eléctrica mas até a presente data não soubemos as razões que tiveram na base deste incêndio.[91]

Chamada a participar num encontro de carácter informativo sobre as novas estratégias e métodos de prevenção contra roubos, a população foi de opinião que *"não devia se ligar a cabina antes da instalação dos novos PTs para não criar situações em que uns têm luz e outros não porque a luz é um direito de todos os moradores do bairro".*[92]

4.6. O processamento da queixa

O acesso à comissão

Dos casos observados e das experiências relatadas pelos vários informantes foi possível compreender que os casos que dão entrada na Comissão de Moradores de várias formas: reencaminhados pela polícia ou pelos Presidentes dos quarteirões, através da família onde o conflito aconteceu ou ainda directamente pelas próprias vítimas ou queixosos.

A maioria dos casos (que foi possível observar) deu entrada directamente na Comissão de Moradores do Sector. Poucos foram os casos que foram enviados através das Comissões de Moradores de Quarteirão. Seja qual for o modo como chegam à Comissão, depois dos casos darem entrada são sujeitos a um processo de triagem, feito através da auscultação do problema, constituindo a condição fundamental para a compreensão da natureza do caso. A auscultação consiste em analisar a natureza do conflito, as partes envolvidas, a gravidade e a complexidade do caso.

Em relação à natureza do conflito, procura-se saber se o caso é de índole familiar (violência doméstica, brigas e agressões), conflito de vizinhança (normalmente em torno de disputas de terreno, água, luz) ou se se trata de um crime (quando há agressão física, o uso de arma branca ou de arma de guerra).

---

[91] Entrevista realizada a 15 de Junho de 2008.
[92] Idem.

Relativamente ao autor são analisados os seus antecedentes, o seu comportamento, os seus grupos de amigos (para os casos de adolescentes e jovens) e a sua situação económica e social (quando se trata de adultos).

Quanto à avaliação da gravidade do conflito, os responsáveis da Comissão de Moradores procuram determiná-la em função das marcas deixadas no corpo da pessoa, caso se trate de uma agressão física. A suspensão dos laços que une os conflituantes, a interrupção da comunicação ou da assistência familiar ou ainda o abandono do lar constituem outros tipos de indicadores da gravidade do conflito. Nesse sentido, procura-se identificar o potencial impacto e os prejuízos causados pelo conflito. A complexidade do conflito consiste em analisar as relações e o número de pessoas que o caso envolve e a interdependência com outros casos.

A natureza e a complexidade dos conflitos são factores determinantes para a procura de uma solução ou para o reencaminhamento do caso. No entanto, nem todos os casos são encaminhados através da Comissão: por vezes, são as próprias partes que recorrem da decisão da Comissão junto de outras instâncias, quando a solução dada ao seu problema não satisfaz os seus interesses.[93] Como vários moradores referiram, são os próprios interessados que acompanham o caso, procurando pressionar a instância que está na posse do processo para que este tenha um tratamento célere.[94]

---

[93] Acontecem também situações contrárias: quando a decisão em tribunal não satisfaz uma das partes, esta pode recorrer a outras instâncias extra-judiciais, como as Comissões de Moradores.

[94] Por exemplo, administrativamente, para a oficialização de um terreno para a construção de uma casa, o interessado tem de dar entrada do processo na Comissão de Moradores. Do processo deve constar a carta de solicitação do espaço, o croqui de localização do terreno e a fotocópia do bilhete de identidade (BI), documentos-chave. O Presidente do Sector, após apreciação, transfere o caso para a Administração Comunal. Esta apreciação resulta por vezes de um trabalho de campo realizado pela Comissão de Moradores com a finalidade de analisar a realidade do espaço. Não havendo impedimento, o Presidente do Sector emite uma declaração que vai anexada ao processo a ser encaminhado à Administração Comunal. Por sua vez a Administração Comunal analisa o processo, dá o seu aval e encaminha-o para a Administração Municipal por não ter competência para resolver o problema. Caso esta última instância não encontre solução, o processo é encaminhado para o Governo da Província (GPL), onde será analisado pelos especialistas dos gabinetes criados para esse fim. Só depois de estes órgãos deferirem o processo é que o cidadão poderá construir a sua moradia (ou não, no caso de indeferirem). Para tomar conhecimento da apreciação que o processo está a ter, o requerente devia, por norma, fazê-lo junto da Comissão de Moradores, instância onde o processo deu entrada. Porém, na prática, as coisas acontecem de outra forma: o interessado segue o percurso do seu processo, isto é, desloca-se à instância onde se encontra o processo e, graças às informações que vai recebendo, procura não perder o processo e acelerar, de várias formas, o andamento do mesmo; neste contexto é, por vezes, o próprio interessado que leva o seu processo de uma instituição a outra. Dada a lentidão do processo de legalização de terrenos, a maior parte das pessoas inicia as obras e o pedido só é deferido (ou indeferido) depois de o solicitante ter terminado as obras. No caso de outros conflitos, o percurso é semelhante.

A notificação

Quando um conflito dá entrada na Comissão de Moradores, esta elabora uma notificação,[95] apelando à presença das partes na Comissão, para procurar uma solução para o conflito. A notificação é elaborada pelo Presidente ou pelo Secretário da Comissão. O modelo base da notificação (que, de facto, é apresentada como 'aviso') é reproduzido em fotocópia ou a stencil. O modelo é preenchido na presença do queixoso que procura o apoio da Comissão para resolver o seu problema. Este modelo é válido quer para o sector, quer para os quarteirões.

Verificou-se, nalguns casos, a presença das partes na Comissão sem sem que fosse apresentado qualquer documento. Segundo o Secretário, *"isso acontece quando a solicitação é feita pela vítima e deve explicar ao acusado o local da mediação ou da audiência."*[96]

Quando o conflito não é do foro familiar a notificação é entregue através de um emissário. Não conhecendo o local da residência do acusado, o emissário é acompanhado pelo queixoso para lhe mostrar a casa do notificado. Quando o notificado não comparece no dia marcado, a Comissão de Moradores envia outra notificação. A não comparência do indivíduo ou morador, sem justificação, implica sanções. A Comissão tem membros cuja tarefa é a de fazer buscas e obrigar as pessoas a apresentarem-se na Comissão, sempre que tal seja solicitado pelo Presidente do Sector ou outra pessoa que desempenhe funções importantes dentro da Comissão. Se o acusado não respeitar os emissários, o Presidente solicita os préstimos da Polícia para ir buscar o indivíduo em questão.

4.7. A procura de solução para o conflito

A mediação e o aconselhamento são as formas mais utilizadas na procura de uma solução adequada para cada conflito, pois os mediadores estão interessados na

---

Quando o caso precisa da intervenção de actores/instâncias especializadas, a sua resolução nem é sempre linear, pois depende das instâncias e dos seus especialistas. Por exemplo quando um conflito de terreno não encontra solução junto da Comissão de Moradores, o caso é encaminhado à Fiscalização do Município. Dado ao volume de casos que esta última instância tem em mãos, o andamento do caso apresentado demora tempo. A obtenção de uma solução depende da tenacidade dos interessados em seguir o percurso do processo, pelas instâncias aonde o caso é encaminhado, numa versão kafkiana das práticas burocrática. Acontece, porém, tal como aconteceu no caso administrativo, que o processo alcança a decisão final depois de as partes já terem ultrapassado o diferendo ou ainda por terem procurado uma outra instância para resolver o caso; em ambas as situações, por vezes a decisão alcançada não corresponde à que foi proposta pelas instâncias que o documento percorreu.

A Foto 11 (anexo ao capítulo) mostra um modelo de Notificação utilizado pela Comissão de Moradores.

[95] Expressão usada pelos responsáveis do Sector.

[96] Entrevista realizada a 28 de Maio de 2008.

procura de uma solução consensual. Para tal recorrem quer à auscultação das partes, de forma individual, quer a audiências de mediação, onde se discute e avalia os vários ângulos do conflito (especialmente quando envolvem terrenos). Reconhecendo as dificuldades que o conflito pode causar ao relacionamento entre as partes, os mediadores aconselham-nas a ultrapassar o conflito, de forma a restaurar o ambiente saudável na zona. No final de cada caso dá-se um ritual de troca de compromissos entre as partes, onde estas apresentam as suas opiniões sobre o caso e declaram as suas vontades futuras. Este ritual possui também um lado simbólico, pois procura-se mostrar que as partes estão felizes com o resultado alcançado e que o conflito foi ultrapassado. Para o efeito brinda-se com um copo de vinho para simbolizar quer o retorno a uma relação harmoniosa, de paz e felicidade entre os conflituantes, quer o êxito dos mediadores.

A sessão de mediação começa com a apresentação das partes e das pessoas que acompanham cada uma delas – familiares, amigos, vizinhos – junto dos mediadores.

Como já referido, caso seja difícil a deslocação das partes (ou de algum dos membros da direcção da Comissão) à sede da Comissão, os casos podem ser atendidos em casa dos líderes ou de uma das partes.

Os mediadores tomam em consideração não só o conflito em si mas também os vários possíveis antecedentes, sobretudo as possíveis implicações que possam afectar o relacionamento no futuro. À medida que o caso vai sendo discutido os mediadores dão a possibilidade às partes de apresentarem as suas versões.[97]

Durante as observações tornou-se patente a importância da oralidade, na medida em que a escrita é utilizada apenas para redigir as conclusões. Para o Presidente do Sector "a *escrita tira a naturalidade da comunicação da parte dos indivíduos em conflito e proporciona o medo e a timidez*".[98]

A natureza do caso, a sua gravidade e complexidade são motivos pesados e levados em consideração durante a avaliação do conflito. A Comissão de Moradores, recorrendo principalmente à retórica, procura convencer as partes e encaminhá-las para uma solução que seja do agrado de ambas. Assim, a burocracia desempenha um papel mínimo como estratégia de decisão, consagrando apenas, de forma normativa (através da escrita) a decisão alcançada.

---

[97] Como já referido, a mediação é frequentemente antecedida de uma entrevista com uma ou com ambas as partes em conflito, permitindo assim a realização de uma avaliação preliminar do caso.

[98] Entrevista realizada a 12 de Agosto de 2009.

Neste contexto, a mediação é, de facto, uma outra forma de resolução de conflitos, diferente das estratégias de litigação usadas pelo sistema judiciário. O mediador participa nas reuniões com as partes, cabendo-lhe coordenar o debate, avaliar os pontos defendidos por cada uma das partes e, em caso de impasse, intervir para uma melhor reflexão e compreensão dos assuntos, avançando com propostas. Existem também momentos em que o mediador assume a posição de árbitro.

A decisão sobre o caso é por vezes determinada através de elementos práticos como por exemplo os sinais no corpo, gritos em casos de agressão e declarações proferidas pelas testemunhas e medições em caso de apropriação de terrenos alheios. Ou seja, a palavra, o acto em si e as testemunhas têm um peso importante na decisão final do caso.

Durante as audiências de mediação, como aconteceu nalguns dos casos observados, o mediador, apercebendo-se do impasse a que se havia chegado, procurou conversar com as partes (em conjunto ou em separado), aconselhando-as a restabelecer o campo de discussão. De um modo geral, o consenso e a reconciliação estão presentes tanto na mediação como no aconselhamento e são premissas fundamentais para a resolução de qualquer conflito apresentado à Comissão de Moradores.

5. As Eleições na Comissão de Moradores do Sector 5, Comuna do Tala Hady: exercício de democratização do bairro ou mecanismo para substituição de líderes?

As Comissões de Moradores, enquanto forma de organização e gestão local, estão presentes em todo o país, não sendo Luanda excepção. Nos bairros que integram a cintura de Luanda a sua presença é bem sentida, especialmente à medida que os órgãos locais do Estado – as administrações municipais e comunais – vão ficando mais distantes, o que se traduz numa dificuldade acrescida no acesso a esta instância do poder local.

Encabeçadas por um Presidente, – até 2008 eleito por uma assembleia onde participavam os presidentes dos quarteirões e seus vogais, bem como alguns moradores – a Comissão de Moradores desempenha hoje múltiplas funções, como fica patente neste capítulo.

As eleições representam o momento em que os cidadãos participam activamente na vida política da sua comunidade elegendo o seu representante. Significando a manifestação de um desejo de continuidade, de ruptura ou de apoio a um candidato ou instância que se apresente como garante de estabilidade e satisfação de seus interesses, as eleições locais de 2008 marcaram o espaço político dos bairros de Luanda. Face à nova filosofia de 'modernização radical das estruturas do Estado', o governo angolano saído das eleições de 2008 procurou reformular as Comissões, criando, em sua substituição, uma estrutura nova, eleita directamente pelos moradores.

5.1. As eleições para a Comissão de Moradores do Sector 5 em 2008

A 1 de Novembro de 2008 teve lugar o processo eleitoral do Presidente da nova Comissão de Moradores do Sector 5, bairro Dr. Agostinho Neto. Este acto eleitoral, pouco comentado fora do âmbito do bairro, aconteceu pouco tempo depois das eleições legislativas. Pela primeira vez na história desta Comissão os moradores puderam participar na eleição directa do seu representante e governante local.

A decisão de realizar este acto eleitoral apanhou os moradores desprevenidos. De acordo com o antigo Regime Jurídico das Comissões de Moradores (artigo 19.º), o mandato de cada Comissão é de um ano, prorrogável. No entanto, como afirmaram vários responsáveis do bairro, *"o período prescrito no regime jurídico nunca foi cumprido à risca."* Do que foi possível perceber, a periodicidade dos mandatos dependeu, em grande medida, das vontades das estruturas governativas centrais, apesar de o Regime Jurídico ser omisso sobre o seu papel neste órgão. Segundo um dos responsáveis, a direcção anterior do Sector 5,

> *[...] teve três anos e nove meses de mandato e para o Administrador Comunal não convinha muda-la devido às eleições legislativas de Setembro de 2008 que se avizinhavam. O mesmo aconteceu com o mandato de Manuel Cândido António que se manteve por nove anos e só saiu porque a população reclamou que já não queria dele a frente dos destinos da Comissão.*[99]

O artigo 18.º do já mencionado Regimento determina que os órgãos das Comissões de Moradores sejam eleitos por sufrágio directo, periódico e secreto, no qual participam todos os membros de pleno direito, ou seja, todos os moradores registados. Porém, e como vários antigos líderes locais explicaram, existia um colégio, delegado pela elite política local, ao qual cabia a eleição dos dirigentes da Comissão de Moradores.

---

[99] Entrevista realizada a 28 de Outubro de 2008.

Analisando o Estado africano, Boaventura de Sousa Santos identifica três esferas da sociedade civil (2003: 79): a sociedade civil íntima, a sociedade civil extraterritorial e a sociedade civil não civil. A primeira categoria refere-se à esfera dos cidadãos ligados ao poder do Estado e que gozam de um acesso mais facilitado à justiça oficial, dos tribunais; a segunda é composta por ONGs estrangeiras e pelo seu pessoal, nacional ou estrangeiro; e a terceira é constituída por grupos excluídos do sistema judicial de justiça. Várias áreas de Luanda, especialmente no seu núcleo central, são ocupadas por pessoas que pertencem à sociedade civil íntima e à sociedade civil extraterritorial – é o espaço das elites políticas e económicas. As eleições para a Comissão de Moradores simbolizaram, neste contexto, a possibilidade de alargamento democrático, permitindo que os moradores participassem mais activamente na vida política do sector.

A realização de eleições a nível local, do bairro, aconteceu no rescaldo da euforia das primeiras eleições nacionais em Angola, desde 1992. Este processo eleitoral, do ponto de vista pedagógico, ajudou a explicar a importância da participação nos destinos do país, uma forma de ultrapassar, de forma pacífica, conflitos que haviam dilacerado o país no passado. E as eleições nacionais de 2008 tiveram um profundo impacto a nível local, quando as pessoas começaram a questionar a longa ausência de eleições nos bairros e a legitimidade da eleição indirecta dos líderes das Comissões de Moradores, reivindicando um modelo de participação popular e directa, não só nas eleições, mas também na gestão e tomada de outras decisões referentes à vida do Sector. Os debates políticos a nível dos bairros – a micro-política local – revelam que os moradores dos bairros de Luanda estão crescentemente preocupados com os descaminhos políticos que várias das lideranças das Comissões Municipais têm protagonizado, apostados que estão, num processo de aprendizagem democrática, em desafiar o oportunismo e a corrupção em defesa da dignidade humana. Importa, pois, avaliar como estas primeiras eleições populares e directas para a Comissão de Moradores ajudam a implantar e a reforçar a democracia a nível local.

O voto é um pressuposto essencial do processo eleitoral e da democracia. A primeira dimensão deste acto sugere que as eleições se apresentam como um momento em que o cidadão tem a possibilidade de participar livremente nas decisões do seu bairro, podendo, com o seu voto, determinar o destino do Sector. Uma outra dimensão importante resulta do facto de as eleições representarem um mecanismo de manutenção ou substituição do antigo sistema, facto que se traduz ou na manutenção de antigos líderes ou na escolha de uma nova liderança local. Vários factores influem na escolha dos moradores, incluindo a força do vínculo que existe entre a super-estrutura e os candidatos,[100] assim como entre os eleitores e o capital socioeconómico e politico-intelectual dos últimos. Neste sentido, o voto é uma combinação entre a escolha individual, exercida por cada eleitor individualmente, e um comportamento determinado pela posição ocupada pelo candidato na estrutura socioeconómica local.

---

[100] As biografias dos candidatos a Presidente da Comissão de Moradores são diversas, reflectindo a riqueza de experiências de vida, em termos profissionais, socioculturais e políticos, perspectivas que cada um capitaliza durante o processo eleitoral. Assim: *José Malungo dos Santos*, o segundo indivíduo a candidatar-se, e *Jerónimo da Costa*, o candidato número três partilham alguns trechos do seu percurso. As suas trajectórias políticas iniciaram-se já depois da independência (1975), militando na OPA e pela JMPLA, associações de carácter político afiliadas ao partido no poder. Esta militância dos candidatos no MPLA é explicada pela presença, na altura, de um sistema de partido único.

1) *José Malungo dos Santos* é natural do Uíge e funcionário da Segurança de Estado instituição onde fez a sua carreira até ser desmobilizado, percurso que partilha com o anterior Secretário do Sector. Morando no bairro há mais de 20 anos, Malungo dos Santos é igualmente membro do Comité de Acção do Partido. O seu envolvimento com a política do bairro granjeou-lhe experiência e uma rede importante de apoios locais. Em 1998 ocupou o cargo de Presidente do Quarteirão n.º 10, coordenando, em paralelo, o CAP com o mesmo número. Em 2000 foi eleito 2.º Secretário para a organização e disciplina do CAP, onde actuou em parceria com Manuel Cândido António, primeiro Secretário da CAP e simultaneamente presidente na altura da Comissão de Moradores do Sector 5.

2) *Manuel Cândido*, o primeiro candidato a apresentar-se, possui um perfil mais intelectual. Este candidato, que acabou por vencer as eleições, apesar de também ter um passado de engajamento político, realçou, durante a campanha, o seu poder económico e a sua formação académica. Estes três candidatos, do que foi possível avaliar, possuíam conhecimento especializado e experiência administrativa, factores importantes para a prática política e liderança comunitária. A dimensão económica de *Manuel Cândido* é fruto da actividade empresarial desempenhada no bairro; já a dimensão intelectual – que lhe permite usar o título de doutor, conforme foi apelidado pelos seus apoiantes no dia da votação – é resultado de uma licenciatura obtida no Instituto Superior de Ciências de Educação (ISCED).

3) *Jerónimo Manuel da Costa* iniciou a sua carreira política e profissional no Kwanza Norte, onde chegou a desempenhar as funções de Delegado Provincial de Construção e Habitação. Desempenhou também funções de Secretário municipal da UNACA (União Nacional dos Camponeses Angolanos) do Cazengo, município sede de Ndalatando, onde desempenhou também as funções de Secretário municipal do Partido (MPLA). Simultaneamente, foi membro da Comissão Executiva do Departamento da Informação e Mobilização deste partido (DIME). Quando a UNITA ocupou a cidade refugiou-se em Luanda. Enveredando pela carreira civil, este candidato referiu várias vezes, durante a campanha, que *"aqui em Luanda trabalhei em algumas empresas de construção civil sendo a ECRO-empreendimentos, a AFRICASA e a LM-Grupo cuja mãe é a EMPROCAR"*.

Os três candidatos em análise estão implicados política e socialmente, tanto a nível da base (sector, bairro) como ao nível intermediário (comuna, município e outras estruturas político-sociais). As motivações que os animaram a participar activamente na vida do bairro ou do sector são diversas: da procura de soluções para os problemas e preocupações macro-estruturais (luz, água, criminalidade, delinquência juvenil, saneamento básico desemprego e pobreza) a motivações individuais (procura de apoios para uma carreira política e burocrática noutros patamares mais elevados). As práticas e experiências em que assentaram as campanhas destes candidatos enfatizavam a uma participação militante e quotidiana onde ressaltavam as suas qualidades e capacidades de liderança, reforçando a popularidade que gozavam entre os moradores do bairro. A sua capacidade de mobilização, a disponibilidade para o trabalho voluntário em prol da comunidade, o interesse pelo exercício de um papel social e pedagógico junto dos moradores e o engajamento político e social para o desenvolvimento do bairro foram aspectos que marcaram a sua apresentação ao bairro, durante a campanha.

Apesar de o Bairro Dr. Agostinho Neto ser um bairro pobre, existem pequenas elites que detêm o poder económico, social e político. São eles os responsáveis, ou mesmo os proprietários, da maior parte das estruturas que controlam e promovem a vida económica no bairro. Como se discutirá de seguida, os candidatos a Presidente da Comissão são oriundos deste pequeno grupo.

Para avaliação do processo eleitoral combinou-se a observação participante com a análise documental (biografias, panfletos de campanha e Regime Jurídico das Comissões de Moradores) e entrevistas realizadas junto do Secretário da direcção cessante e de dois candidatos derrotados no pleito eleitoral. Não foi objectivo analisar o processo eleitoral seguindo as perspectivas da ciência política; pelo contrário, este estudo procurou ilustrar, a partir de uma análise micro, o processo e os procedimentos usados por operadores locais.

5.2. A submissão da candidatura

Na ausência de práticas de eleição a nível local, as inovações foram muitas, a começar pelo processo de entrega de candidaturas. Qualquer candidatura a um posto electivo depende do interesse pelo indivíduo, que deve ser aceite pela comunidade através de uma grelha de avaliação previamente elaborada.

A Administração Comunal é a única instância onde os interessados podem declarar o seu interesse em concorrer às eleições e realizar a respectiva inscrição. Para o efeito, a Administração Comunal concedeu aos candidatos para o cargo de Presidente da Comissão de Moradores uma semana para a apresentação dos documentos. De acordo com o já mencionado Regime Jurídico da Comissão de Moradores, as candidaturas deviam reuniam os seguintes requisitos: 1) ser maior de 18 anos; 2) ser morador ou representante de pessoas colectivas com sede na área da Comissão; e 3) ser pessoa de idoneidade moral irrepreensível.

Estes critérios, porém, não se aplicaram aos candidatos quando estes formalizaram a apresentação das suas candidaturas junto da Administração Comunal. A Administração exigia, para as eleições de 2008, que os candidatos: 1) fossem militantes ou membros do MPLA; 2) fossem moradores no bairro há mais de um ano e conhecedores da realidade do mesmo; 3) apresentassem o respectivo *curriculum vitae* ou auto-biografia; e 4) apresentassem um programa de campanha que espelhasse o programa de cada candidato, caso fosse eleito.

Com excepção do ponto 1 (ser militante ou membro do MPLA), os demais pontos estavam ao alcance da maioria dos moradores interessados na liderança do bairro. De referir porém, que o elemento moral, apesar da dificuldade em ser quantificado, foi removido das exigências.

O Regime Jurídico da Comissão de Moradores, apesar de não ser reconhecido, é o único documento que ainda rege o funcionamento daquela instituição. Este documento em momento algum obriga a que os candidatos pertençam a uma dada opção política. No capítulo IV, referente às relações que devem existir entre aquela instância e a Administração Local, não há referência alguma sobre o assunto.

Os três candidatos inscritos eram todos provenientes do mesmo partido. Como explicar esta competição, dentro do mesmo espaço político, a nível local? Tratou-se de um simulacro de eleições? Tiveram estas eleições um sentido político? Porque não se optou por uma nomeação, como aconteceu até então?

A explicação deste facto assenta, por um lado, na natureza individual dos candidatos e, por outro, nos preceitos da democracia. Quanto à primeira razão, e na opinião de Raul Araújo,[101] *"politicamente, o presidente é um potencial candidato ao Congresso do MPLA na medida em que este tem a possibilidade de liderar o CAP, pressuposto fundamental para disputar um dos lugares que as comunas têm para participar neste evento".*

Mas a corrida eleitoral está também relacionada com a satisfação de ambições pessoais (materiais e de prestígio político). Num contexto em que as elites políticas constituem um enclave fechado, a migração na hierarquia político-administrativa através da participação política surge como uma possibilidade de ascensão aos círculos próximos da elite no poder. O presidente eleito transforma-se, por um lado, no interlocutor válido junto da administração local do Estado e da estrutura do partido no poder; por outro lado, é o porta-voz da população junto de instituições ou individualidades que se venham a interessar pelo bairro. Conforme refere o já citado artigo 23.º, as Comissões de Moradores são parceiras privilegiadas da Administração local no exercício de várias tarefas administrativas. Embora sem competência para decidir sobre as propostas de projectos para o bairro, o Presidente do Sector detêm poder na medida em que pode influenciar, positiva ou negativamente, a tomada de decisão sobre a localização de projectos e outras estratégias que venham ser alvo de intervenção do Governo.

A segunda razão está estreitamente ligada ao interesse de abertura dos bairros a uma democracia que não se limite ao acto de votação, mas que permita uma participação mais activa dos moradores. Como estes reclamam: *"nós não*

---

[101] Que integrou o projecto de investigação.

sabemos o que se passa no bairro, eles decidem tudo sozinhos", apontando o desejo de participar na gestão do bairro. Esta opinião é contestada pela direcção cessante, que afirmou ter feito *"tudo para situar os moradores mas acontece que eles dificilmente se fizeram presentes quando os convidámos."* O debate está, parece-nos, não em informar, mas em discutir as propostas com a população do bairro. E mais ainda; independentemente de serem os moradores ou da Comissão quem define e gere os interesses da comunidade, na realidade esta preocupação afecta também as associações que funcionam no sector. O interesse é o de participar de forma activa na tomada de decisões e na gestão dos bens comuns. Subentende-se um interesse pautado no debate público entre cidadãos e entre estes e a instituição, onde a legitimidade das decisões advem de processos de discussão e onde o voto é um elemento chave na resolução de pontos fulcrais. Como exprimiram vários populares, o voto é a forma segundo a qual a população, ciente da força que exerce sobre aqueles que dependem dos seus votos, procura tirar proveito da situação e satisfazer as suas necessidades.

5.3. O acto eleitoral em análise

Para perceber os resultados das eleições importa avaliar os meios utilizados para o exercício do voto (urnas e boletins de voto), o papel da mesa da assembleia de voto, as opções e avaliações do eleitorado, assim como a reacção dos candidatos derrotados.

Para vários autores (Palmeira e Goldman, 1996), vota-se de acordo com a posição ou interesse de classe de cada um. Quando tal não acontece, as falhas são explicadas ou porque os candidatos concorrentes não respeitaram as reivindicações da população ou porque as propostas por eles apresentadas não convenceram os eleitores. Se os resultados eleitorais são determinados por estes factores, importa igualmente ter em consideração a organização das eleições.

Relativamente à organização das eleições, Jerónimo Costa foi peremptório: houve uma *"mão invisível"* no processo eleitoral, que procurou favorecer o primeiro candidato: *"a minha candidatura foi feita tardiamente pelo facto de ter recebido também de forma tardia o aviso junto da Administração Comunal, situação que fez com que entrasse tardiamente na campanha eleitoral".*[102]

Face a estas irregularidades, Malungo dos Santos, fez a seguinte avaliação do processo eleitoral:

---

[102] Entrevista realizada a 22 de Janeiro de 2009.

[...] as eleições não foram justas porque nem mesmo as eleições do país foram assim [houve também polémicas de ordem organizativa]. Nós, candidatos, não podemos fazer nada, a equipa vinda da comuna açambarcaram isso. Os eleitores da minha lista não conseguiram votar. Antes da votação havia 100 votos a favor do candidato n.º 1. Um outro problema é que o Director da campanha do candidato n.º1 apareceu na Mesa da Assembleia de Voto, etc. Portanto, são estas e tantas outras razões que me levaram a afirmar que as eleições não foram livres e justas.[103]

A campanha e o material utilizado

A campanha eleitoral decorreu apenas durante uma semana, período durante o qual os candidatos realizaram pequenos comícios. Durante a campanha os candidatos não só distribuíram os seus programas de campanha, como também fizeram várias apresentações dos seus projectos no bairro. Nestes encontros reforçavam as suas experiências e saberes, procurando convencer os moradores.

De facto, a *'campanha eleitoral'* integrou uma série importante de actividades. Foi nomeada uma Comissão Organizadora da Eleições, a qual, como referiu o então Secretário da Comissão de Moradores, *"teve a tarefa de acompanhar os candidatos para compreender se os métodos que estão a ser levados durante a campanha não chocam com os princípios estabelecidos. Temos também a tarefa de criar todas as condições necessárias para realizar com êxito o acto."*[104]

Os candidatos e os seus directores de campanha envolveram-se em várias iniciativas que procuravam aproximá-los dos potenciais eleitores. Envolvidos na campanha, organizaram vários percursos no bairro (em função da sua disponibilidade) para divulgação das suas propostas, insistindo na importância da mobilização do potencial eleitorado.

Os panfletos foram uma das principais formas de propaganda usadas nesta campanha, divulgando o perfil dos candidatos e as respectivas propostas de governação. Cada candidato, em função das suas disponibilidades, imprimiu os seus panfletos (ao que soubemos, nenhum contou com financiamento do Estado). Todos os panfletos foram feitos em folhas de tamanho A4, onde foi inserida a fotografia do candidato para facilitar a identificação. Dois dos candidatos recorreram a computadores para apresentar programas mais elaborados; apenas um candidato preparou o esboço do panfleto manualmente.

---

[103] Entrevista realizada a 24 de Janeiro de 2009.
[104] Entrevista realizada a 28 de Outubro de 2008.

Os panfletos circularam em grande quantidade, muito embora não tenham atingido todo o Sector, dada a exiguidade de tempo face às dimensões do bairro. Como noutras campanhas, os panfletos foram abundantemente colados nas paredes do bairro e nos locais de maior aglomeração dos moradores: igrejas, escolas, mercados e cantinas. Outros, ainda, foram distribuídos porta a porta. Os candidatos recorreram também a megafones para anunciar o conteúdo do seu programa eleitoral. Os anunciadores percorriam as ruas, aproveitando-se também dos lugares de maior aglomeração – como os mercados – para difundir a sua mensagem política.

Quanto às biografias, enquanto elemento de identificação do candidato, não constavam dos panfletos distribuídos pelos candidatos. Estas foram lidas somente no dia votação, pelo que muitos moradores não conseguiram formar uma ideia precisa do perfil dos candidatos, factor importante na escolha do candidato.

Os candidatos identificaram nos panfletos os problemas a que dariam prioridade nas suas acções governativas, apesar de quer os estatutos da Comissão de Moradores, quer a própria Constituição e outros textos legais referirem que as Comissões não são um órgão auxiliar da Administração Comunal.[105]

---

[105] Para a prosecussão dos seus objectivos, os candidatos investiram, em função dos meios que dispunham, nas suas campanhas com a finalidade mostrar ao eleitorado as suas potencialidades. A adopção de meios específicos e de estratégias de sensibilização para atrair a atenção do eleitorado marcou a diferença entre os candidatos.

O candidato Manuel Cândido identificou a juventude como o seu principal eleitorado. Para se aproximar desta faixa etária optou pela organização de festas, e pela realização e patrocínio de actividades desportivas. Já aos outros dois concorrentes tiveram nos 'chefes de família' o seu principal eleitorado, recorrendo a panfletos como meios e estratégia de sensibilização. O panfleto, com a biografia do candidato e o seu programa, foi um importante meio de informação e de divulgação das potencialidades dos concorrentes.

O processo de sensibilização foi feito através da mobilização de capital humano e social, o que facilitou a divulgação e mobilização dos demais moradores em relação aos vários candidatos em causa. Para além das competências e projectos que estes se apresentaram como propostas de governação, as campanhas permitiram também apresentar o lado pessoal de cada candidato, o seu cariz pessoal e as suas competências técnica para a gestão da coisa pública.

No geral, as propostas de governação de cada candidato seguiam os problemas que as anteriores Comissões de Moradores já tinham apontado como os que mais afectam o bairro: saneamento público, luz, saúde, educação, luta contra a delinquência, foram temas que surgiram nos programas dos três candidatos.

Cada candidatura teve motivações e condições diferenciadas: o primeiro – Manuel Cândido - como candidato proposto pela Administração Comunal; o segundo Manuel Malungo dos Santos, como candidato proposto pela Comissão de Moradores cessante e o terceiro - Jerónimo Manuel da Costa - como candidato livre. O engajamento político diferenciado é fruto de dois tipos de capital político: o que se detém a título pessoal e o que se detém por delegação (como mandatário de uma organização - Bourdieu, 1989:190 ss). Recorrendo a diferentes tipos de capital político os candidatos procuraram alcançar notoriedade que lhes permitisse serem conhecidos e reconhecidos pela população. As campanhas de rua tiveram uma contribuição importante sobre a notoriedade dos indivíduos.

Os moradores e sua participação nas eleições do sector

Os moradores, com o propósito de eleger o líder do seu bairro, afluíram em massa ao local de votação no dia das eleições. Estima-se que cerca de dois mil eleitores estiveram presentes num universo de sessenta mil moradores (homens e mulheres de diferentes segmentos e idades). Apesar de, em termos absolutos, não ser um número importante, ilustra o interesse em participar activamente na vida do Sector.

Esta afluência pode ser explicada pelo impacto das legislativas em Angola em Setembro de 2008, as quais, ao contribuir para a assimilação dos valores de cidadania activa, produziram nos moradores uma nova atitude sobre a sua participação na vida do bairro. Apesar de a campanha ter durado pouco tempo e de ter havido uma limitação na produção de panfletos e outros materiais de propaganda por falta de recursos financeiros,[106] o número de eleitores presentes ultrapassou as expectativas.

Mas este quadro pode ter uma outra leitura, que foi apontada pelos moradores, enquanto aguardavam pela votação: para muitos, as eleições da Comissão de Moradores eram uma extensão das eleições legislativas. A fundamentação desta afirmação assentou na observação de que os candidatos concorrentes às eleições foram também aqueles que, de forma directa ou indirecta, haviam sido os promotores da campanha do MPLA às eleições legislativas de 2008.

Outra explicação é oferecida pelos candidatos e pelos '*directores de campanha*'. Para vários,

---

Os candidatos dedicaram uma parte do tempo das suas agendas a percorrer os quarteirões e ruas do bairro informando e sensibilizando os eleitores sobre o programa. Como se viu nessa altura, o factor notoriedade pode ser decisivo para que o candidato consiga obter os resultados que deseja. Quanto mais conhecido for o candidato, maiores são as oportunidades de obter votos.

O reconhecimento aqui abordado serve para designar, por um lado a identificação concreta de uma pessoa conhecida e por outro fornece a ideia de autenticação por ter feito ou que tem feito algo à favor da comunidade ou sociedade. Relativamente aos candidatos, o reconhecimento de cada um aconteceu de forma diferenciada. O reconhecimento do candidato Manuel Cândido é consequência da sua actividade empresarial, da sua formação académica e também do cargo que ocupa na FRESCANGOL, uma grande firma de venda de produtos perecíveis. O segundo candidato – José Malungo dos Santos - goza do reconhecimento da Comissão cessante e dos "chefes de famílias", enquanto o terceiro candidato - Jerónimo Manuel da Costa, apesar de pertencer também ao MPLA, partilha o seu reconhecimento com os eleitores do segundo candidato. Ou seja, a notoriedade dos candidatos provêm não apenas da carreira profissional, mas das competências e trajectória profissionais, políticas e culturais dos candidatos.

[106] O que fez com que se atingisse apenas um pequeno grupo da população do Sector.

[...] esta adesão explica-se pelo grande engajamento dos candidatos e dos seus "directores de campanha" mas também dos programas que apresentaram temas do interesse da população: o combate à delinquência, acções que visem a expansão da rede eléctrica e a colocação de chafarizes a nível do sector. Evidenciou-se ainda a implementação de acções de ocupação de tempos livres da juventude e a população em geral através da prática do desporto e recreação.[107]

De facto, e como se disse, a afluência dos moradores às urnas superou as expectativas da Comissão Organizadora e dos próprios candidatos às eleições. Esta instância antecipara a presença de 500 a 700 eleitores. As condições logísticas (boletins de votos, tinta e urnas) e humanas para o acto eleitoral haviam sido planeadas tendo este número como base. A presença de um número elevado de eleitores, apesar de positivo, veio obrigar a organização a algumas mudanças de última hora, interferindo no próprio resultado da eleição (por exemplo, a reprodução por fotocópia de mais boletins de voto). Como resultado, nem todos os eleitores presentes puderam exercer o seu direito ao voto. Assim, dada a insuficiência de boletins de voto; os critérios de distribuição dos boletins de voto e outras estratégias de intervenção aplicadas no local para superar o número diminuto de boletins de voto foram colocados em causa.

O voto e processo de votação

Mais do que uma escolha individual, o voto tem também o significado de decisão. Esta decisão, embora seja individual e tomada com base em certos critérios construídos num determinado momento, significa a adesão a um determinado projecto político. No caso destas eleições locais foi possível identificar as escolhas dos moradores relativamente a certos aspectos centrais à vida numa comunidade, como a solução dos problemas sociais (falta de água, luz eléctrica, delinquência juvenil, criminalidade) e de relacionamento (solidariedade familiar, amizade, vizinhança) que urge resolver e melhorar. Para qualquer eleitor, numa dada eleição, o que está em jogo não é apenas escolher o representante com o melhor programa governativo ou com melhores qualidades para resolver os problemas da comunidade ou do bairro. Em certos casos as redes de afinidades são também muito importantes, fazendo com que os deveres e obrigações sociais que cultivam em relação aos membros da

---

[107] Entrevista realizada a 11 de Dezembro de 2008.

família, vizinhos, membros do mesmo grupo étnico interfiram profundamente na esfera política.

As estratégias usadas ilustram a existência de votos por afinidade ideológica, por simpatia para com um dado candidato ou ainda por interesse, na mira de futuras trocas.[108] Como noutras situações, estas eleições mostram que a honestidade política e a honestidade do voto são feitas na base de um compromisso. O candidato ao acto eleitoral compromete-se em satisfazer as reais necessidades e interesses do eleitorado. Este último oferece, em troca, o seu voto ao candidato a quem deve favores ou àquele que pensa que irá cumprir o projecto prometido que mais se aproxima dos seus problemas e desejos. Os favores ou compromissos com certos grupos ou indivíduos podem ser, em certos casos, contrários aos interesses colectivos (água, luz, segurança, etc.).[109]

O processo de votação – organização dos eleitores, da disposição do material eleitoral (urnas, tintas e boletins de voto) e do capital humano necessário para a votação – conheceu três fases. A primeira fase iniciou-se no dia da eleição com a abertura do quintal da escola, local onde decorreu a votação. Bem cedo foi feita a organização do espaço e a arrumação das mesas da assembleia de voto. Houve um cuidado especial em estudar a localização da mesa da assembleia de voto, as filas de votação e a disposição das cabines de votação.[110] Esta disposição permitia observar todos os movimentos que estivessem a ocorrer naquele espaço e facilitava a comunicação com as demais instâncias presentes no local: Direcção da Comissão de Moradores cessante, convidados e candidatos. Estes últimos posicionaram-se à esquerda da mesa enquanto as 'cabines' de votação se encontravam à direita. A segunda fase compreendeu a apresentação da Direcção da Comissão cessante, sendo feita a apresentação dos resultados obtidos durante o seu mandato. De seguida fez-se a apresentação dos convidados. De seguida, foi dada a responsabilidade à mesa da assembleia que explicou os procedimentos

---

[108] Jerónimo da Costa denunciou Malungo dos Santos por ter articulado supostas alianças com o Secretário da Comissão de Moradores que estava de saída. O candidato Jerónimo acusou-os de estarem a incentivar os moradores ao voto étnico. Por sua vez, Malungo acusou Manuel Cândido de aliciar a juventude por ter apostado no patrocínio de festas e de actividades desportivas para atrair a atenção para a sua campanha. Na realidade, o capital social constitui à partida uma vantagem significativa, pois é uma base política a não desprezar para quem disputa um cargo electivo.

[109] Conforme se depreendeu das acusações feitas pelo candidato Malungo e pelo Secretário cessante ao candidato Manuel Cândido, o patrocínio de material desportivo e a realização de uma festa ou baile foram factores determinantes para manifestar a sua adesão dos jovens ao projecto deste candidato. De igual modo, a identificação étnica foi um factor de adesão ao projecto do candidato Malungo por parte de alguns eleitores.

[110] A mesa da assembleia de voto e os candidatos formaram uma parábola cujo epicentro se apoiava na parede da varanda da escola, virada para os eleitores.

que iriam ser seguidos durante a votação e a verificação das urnas. A terceira fase foi a da votação, contagem e publicação dos resultados. Os eleitores, organizados em fila, recebiam o boletim de voto e votavam de seguida.[111]

Os resultados das eleições deram como vencedor o primeiro candidato – O Sr. Cândido, tendo-se situado em segundo o candidato Malungo e, em último, o Sr. Jerónimo, terceiro candidato.[112]

---

[111] Devido à crise gerada pela insuficiência de boletins de voto havia dois tipos de boletins. Os primeiros eram provenientes da CNE; os segundos mandados produzir pela Comissão Organizadora. Dado que havia dois tipos de boletins de votos, as suas diferenças – sobretudo na cor – deram origem a um questionamento sobre a autenticidade dos mesmos. Como consequência instalou-se um clima de desconfiança quer entre os três candidatos, quer dos candidatos em relação à organização das eleições, sugerindo que se torna importante uma reflexão para criar condições que possibilitem a participação de todos os moradores nas próximas eleições.

[112] A mesa da Assembleia de Voto integrava três elementos: um presidente e dois vogais. Tinha o papel de dirigir, organizar e tomar conta de todos os aspectos do funcionamento do acto eleitoral. Os componentes da mesa da assembleia de voto foram indicados pela Administração Comunal, uma escolha que dividiu a opinião dos candidatos e da direcção cessante. Para um dos membros da anterior Comissão, *"esta forma de organização deve ser reestruturada e que a mesa seja composta por pessoas idóneas e que incluísse um ancião ou Soba."* Esta crítica foi reforçada pelo candidato Malungo, para quem o papel desempenhado pela mesa ficou aquém do esperado: *"Os componentes da Mesa da Assembleia de Voto foram indicados pela Administração Comunal e me pareceu que favoreceram o concorrente n.º 1, vencedor das eleições."* O ex-secretário geral da Comissão cessante adiantou ainda que existia uma proposta em elaboração [não especificou os autores], que buscava propor à Administração que *"os componentes da Mesa de Assembleia de Voto sejam moradores do bairro que podem ter um supervisor da administração."* Já o candidato Malungo era de opinião que os membros da mesa deviam ser indicados pela Administração Comunal e que dela deviam fazer parte os directores das campanhas dos candidatos. Estes últimos *""não teriam um papel activo mas de observadores e seguir de perto todo o processo organizativo assim como observar o desenrolar das actividades de votação"*. Este candidato realçou também a importância da presença de observadores externos, referindo que a presença dos investigadores ajudou a mesa a prestar mais atenção ao processo, aos candidatos e ao eleitorado.

O candidato Jerónimo da Costa criticou a mesa da assembleia de voto relativamente à sua organização, por considerar que não foi capaz de organizar e controlar o processo eleitoral. Como afirmou, *"não tinha conhecimento do meu processo. Fizeram apresentação dos outros dois concorrentes e a mim nada! Tive que me dirigir a mesa para reclamar: não chamaram o meu processo, não tem mais uma terceira candidatura."* Apesar desta falha, o candidato minimizou o sucedido considerando que poderia ter sido responsabilidade da Administração Comunal, instituição que assumiu a organização do processo eleitoral razão pela qual a mesa não tinha o conhecimento da sua candidatura. Na sua opinião, o Administrador deveria ter anunciado a abertura do período da candidatura e só depois deste encerrado poderia anunciar os nomes dos candidatos inscritos. Tal permitiria mais transparência eleitoral, e, em paralelo, criar as condições financeiras, logísticas e materiais por parte dos concorrentes. As críticas deste candidato centraram-se também na direcção cessante da Comissão de Moradores, sobretudo pelo papel desempenhado no acto eleitoral: *"eu não sou de opinião que o presidente cessante coordene as eleições porque este – e a sua equipa – esteve lá para proteger o seu candidato* [referindo-se ao candidato Malungo]."

Conforme foi possível perceber, os candidatos gostariam que existisse uma estrutura imparcial, sem afinidades com os candidatos. Adiantaram para o efeito uma proposta de critérios a serem cumpridos para a eleição dos componentes da mesa da assembleia de voto. Resumidamente, os membros devem ser pessoas que não tenham afinidade com os concorrentes, e ser eleitos por uma comissão. Devem ser provenientes dos quarteirões que compõem o sector de maneira que os candidatos se sintam familiarizados com os mesmos.

As reacções dos candidatos

Malungo dos Santos reconheceu os resultados das eleições e considerou normal a situação de crise dos boletins que escapou ao controlo da Comissão organizadora. A correcção desta situação passa, na sua opinião, por uma melhor organização das eleições locais. Isto é, cada eleitor deve receber o seu boletim de voto. Para resolver o problema do número de eleitores foi de opinião que *"antes mesmo de começar o processo de votação deveria se contar os boletins de voto, junto dos directores de campanha dos candidatos e dos eleitores, e confirmar se de facto era mesmo aqueles que foram enviados pela Administração e decidir o que fazer em relação ao número elevado de eleitores."*[113]

O candidato Jerónimo Manuel da Costa responsabilizou a Comissão Organizadora das eleições pelas dificuldades de ordem organizativa registadas durante o pleito eleitoral, sugerindo, para as ultrapassar, que se colocasse *"o eleitorado fora do quintal* [escola onde realizou a votação] *e entrariam uma por uma* [pessoa] *para votar."*[114] Para este candidato, essa estratégia facilitaria o controlo dos eleitores evitando fraudes. Para manter a ordem, *"criaria a polícia eleitoral e pediria à Polícia de Ordem Pública para ajudar no cumprimento das regras, evitando confusões, e repor a ordem"*. Relativamente à participação dos eleitores na votação, *"eu colocaria dois ou três postos de votação e cada um deles com três ou quatro mesas de votação. Para o efeito, tinha que organizar os boletins de voto, a tinta e as urnas."* Questionado sobre os recursos financeiros que seriam necessários para a implementação destas estratégias, avançou com várias possibilidades, nomeadamente a de recorrer à *"administração para a disponibilização de uma verba para custear as despesas das actividades que iriam realizar."* Outra possibilidade enumerada por este tem a ver com os recursos financeiros produzidos localmente.

Para estes candidatos, a melhoria do processo eleitoral local consiste em encontrar métodos e estratégias de organização e gestão do sistema eleitoral, a fim de se evitar desconfianças e, consequentemente, conflitos. Os candidatos propuseram uma acção conjunta entre a liderança da Comissão de Moradores, candidatos (acompanhados dos seus directores de campanha) e um representante da Administração Comunal, como forma de reforçar as práticas democráticas a nível local. Para a funcionalidade da proposta consideraram ser necessário haver: 1) reuniões operativas; 2) normas que regulem a campanha eleitoral; 3) recursos financeiros para custear as actividades da campanha eleitoral.

---

[113] Entrevista realizada a 24 de Janeiro de 2009.
[114] Entrevista realizada a 22 de Janeiro de 2009.

Conclusões

Embora as primeiras Comissões tenham surgido em Angola em meados da década de 1970, no bairro Dr. Agostinho Neto, estas apenas se começaram a implantar alguns anos mais tarde, em 1981. Com a chegada crescente de novos habitantes ao bairro importava criar espaços onde os moradores pudessem colocar os seus problemas e projectos, circunstância que tem caracterizado a prática política dos moradores da maioria dos bairros de Luanda.

Se para os legisladores, como foi referido no início deste capítulo, a Comissão de Moradores cumpria a função de representar o poder do Estado ao nível da base; já para os moradores do Sector a Comissão é um órgão de gestão da esfera pública, de resolução de conflitos e de combate à criminalidade e à delinquência juvenil. Como tal, para os moradores a Comissão de Moradores está intimamente associada à figura do Estado. Concebida como representação local do Estado tem como função informar os moradores sobre as políticas e projectos que contribuirão para a vida do bairro, zelando pelos interesses da comunidade, auscultando-a e procurando resolver os problemas que a afectam.

O acesso à justiça, condição fundamental para o exercício pleno da cidadania, constitui uma preocupação de qualquer sistema democrático. Este estudo em Luanda revela que Angola partilha as dificuldades sentidas quer nas sociedades do sul, quer nas sociedades do norte global, onde os tribunais judiciais são incapazes de enfrentarem sozinhos a tarefa de administrar a justiça. Neste sentido, as Comissões de Moradores, uma das instâncias extra-judicial de mediação de conflitos revela-se particularmente importante.

O trabalho realizado no Município do Cazenga, na Comuna de Tala Hady, mostra a presença, por parte dos moradores, de um conhecimento das várias instituições envolvidas na resolução de conflitos. Uma análise mais detalhada dos vários elementos desta rede indicia uma particularização 'técnica', por áreas de especialidade, dos conflitos que cada instância se sente mais apta a mediar. Para o caso das Comissões de Moradores, estas 'especializaram-se' em conflitos de terrenos, de água e de luz. A rede de instâncias presente, classificada como um 'fórum shopping', é parte da paisagem de instituições locais a que os moradores e moradoras recorrem, navegando com autonomia e com conhecimento informado pela rede de instâncias de resolução de conflitos presentes no bairro. A especialização técnico-temática das instâncias pode ser perversa e condicionar, pelas lógicas internas de funcionamento, a possibilidade de um tratamento equitativo das partes. Por isso, a autonomia dos moradores revela-se um factor decisivo na escolha da instituição, desafiando as lógicas próprias de cada instância.

Analisando, especificamente, as Comissões de Moradores do Cażenga,[115] verifica-se que os anteriores e actuais líderes das Comissões de Moradores, ao nível dos quarteirões e, especialmente, ao nível dos Sectores, são os medidores principais de conflitos que surgem no bairro. Não sendo 'parte' do Estado, estão sempre disponíveis quando são convocados pela Administração Comunal e Municipal. Independentemente de serem funcionários públicos e líderes no sector, são também responsáveis ou dinamizadores das células do partido no poder.

As Comissões procuram resolver os problemas mais prementes das zonas que coordenam, destacando-se, de entre os problemas a que mais são chamadas a mediar, os conflitos de terrenos, problemas de saneamento (água, luz, lixo), questões de delinquência e de controlo da criminalidade e conflitos familiares, entre outros.

Os conflitos a que a Comissão atende são, na sua maioria, resultado da cultura de relacionamento assente na violência, no desrespeito do outro, fruto de uma guerra civil que atravessou o país e impediu um conhecimento e um respeito mais profundos entre os vários grupos etnolinguísticos que constituem o tecido social de Luanda. Estes conflitos, tal como vimos noutras instâncias estudadas, conhecem os mesmos procedimentos administrativos para o seu tratamento.

Os conflitos chegam à Comissão de Moradores normalmente através das partes, constituindo a procura da solução mais adequada, por consenso, o principal objectivo da instância. Os casos que transcendem a competência da Comissão ou aqueles em que se verifica ausência de consenso – quando o caso é grave ou complexo, são encaminhados para outras instâncias, muitas das quais interagem com regularidade com as Comissões de Moradores.

Um outro aspecto que merece uma nota tem a ver com a inclusão das autoridades tradicionais na orgânica desta Comissão. Hierarquicamente dependente do Presidente, o Soba lidera o órgão consultivo da Comissão, tendo a função de emitir pareceres em relação aos problemas em que os líderes se sentirem menos preparados, como sendo assuntos familiares ou relacionados com tradições locais.

Tal como referimos ao longo deste capítulo, as Comissões de Moradores têm enfrentado, ao longo da sua história, dificuldades de várias ordens. De entre estas são de referir as limitações financeiras (quer de salários, quer em

---

[115] A situação no Kilamba Kiaxi não é diferente, como o trabalho revelou.

termos de materiais para funcionarem) e a ausência de um reconhecimento formal, factores que têm contribuído para desincentivar a participação dos moradores nestes órgãos. Sem uma participação activa da população e do Estado nestas instâncias, os riscos de corrupção e, consequentemente, da sua 'privatização' são grandes, numa situação de frágil implantação de estruturas administrativas do Estado, sobretudo na área das políticas de educação, saúde e infra-estruturas básicas.

A falta de sensibilidade de género (não encontrámos mulheres nas direcções das várias comissões estudadas, quer no município do Cazenga, quer do Kilamba Kiaxi) explica, talvez, o facto de os casos 'familiares' darem entrada noutras instâncias que funcionam no município.

Jogando um papel fundamental no funcionamento e manutenção da ordem e harmonia da população (mediação de conflitos comunitários, prestação de serviços de carácter social à comunidade, porta-voz da população e do Estado, informante da polícia sobre a problemática da delinquência juvenil e criminalidade, acompanhamento dos projectos públicos dirigidos a comunidade: água, luz e saneamento básico), as Comissões vão funcionado de forma bastante heterogénea, num terreno em que o poder político tende a limitar o seu reconhecimento. Para a maioria dos moradores, pelo contrário, a Comissão simboliza um espaço onde os seus problemas podem ser ouvidos e atendidos, o que explica a sua persistência e vivacidade, num momento de reforço, a nível da base, das estruturas partidárias.

Para Boaventura de Sousa Santos (1996: 35), a análise dos conflitos é instrumental para a proposta de um novo tipo de racionamento entre pessoas e grupos sociais, um relacionamento que se quer mais justo, ao permitir compreender cada realidade – neste caso, Luanda – de modo emancipatório e multicultural. O estudo das Comissões de Moradores em Luanda revela-se paradigmático para uma discussão sobre a relação entre descentralização, democratização e participação política.

O processo das eleições locais para a Comissão de Moradores, por sua vez, trouxe consigo novos problemas. As eleições reflectem a adesão ou o descontentamento com os projectos dos governantes locais e são vistas como uma forma de participação e de legitimação do presidente ou de um conselho que tomará decisões sobre os destinos do bairro ou da comunidade em que reside.

A análise do funcionamento das Comissões de Moradores e da relação destas com o Estado (leia-se as administrações comunais municipais) revelam o carácter neo-patrimonial do Estado, cristalizado na fraca distinção entre as esferas estatal e partidária. Como várias das situações analisadas neste capítulo apontam, muitos dos moradores têm a percepção de que a condição de membro do partido no poder facilita, em grande medida, o processo em que se encontram envolvidos, assim como a sua progressão. As Comissões de Moradores, tal como outros espaços do poder local, reproduzem as lógicas políticas do partido no poder, limitando o acesso a posições de poder e influência a outros grupos políticos. O monopólio das estruturas locais (formais, como a Administração Municipal e Comunal, e 'informais', como as Comissões de Moradores) pelo partido no poder traduz-se, a nível local, numa política de controlo total, como foi possível observar nas eleições para a Comissão de Moradores do Sector 5: apesar de se terem introduzido eleições directas para as Comissões de Moradores, foi a administração quem definiu o perfil dos candidatos, restringindo-o ao MPLA. Mais uma vez a pertença política foi activada como elemento chave para o acesso e progressão na estrada política e administrativa. Vinte anos após a introdução do multipartidarismo em Angola, e da consequente separação do partido e do Estado, ao nível das bases a ideia dominante é a de que não é possível progredir em qualquer domínio público sem estar filiado em determinadas cores políticas.

Como este estudo aponta, a insuficiente institucionalização do Estado compromete a democratização a nível local. Ao transformar os espaços de poder local em espaços de participação controlada e pouco inclusiva, sobrepondo as lógicas informais às lógicas formais no processo de selecção dos membros, não se torna possível alargar a base de participação das populações locais nos processos de tomada de decisões. Neste contexto, se existe algum 'empoderamento' é, certamente, para os intermediários do poder a nível local e não para a larga maioria das populações locais, como as eleições para as Comissões parecem sugerir.

De facto, apercebendo-se das especificidades do campo político angolano, vários 'novos' empresários políticos têm vindo a posicionar-se em vários contextos locais, utilizando instrumentalmente as eleições para as Comissões de Moradores como instrumento de diferenciação política a nível local e um recurso de legitimação política das elites administrativas, não só locais como também nacionais e, por conseguinte, provavelmente, um obstáculo para o processo de desenvolvimento e ampliação democrática.

Como Catherine Boone acentua (2003), os efeitos das reformas em prol do poder local são determinados em grande medida, pelas características do contexto sociopolítico em que estas ocorrem. Num contexto como o angolano, as reformas de descentralização, ao invés de 'empoderarem' os cidadãos, podem, pelo contrário, reforçar os intermediários do poder a nível local ou os agentes do Estado (muitas vezes simpatizantes ou membros do partido no poder). Como a análise das eleições do Sector 5 sugere, importa reflectir sobre a relação entre as reformas da descentralização e os processos de democratização e desenvolvimento.

Para Boaventura de Sousa Santos, a presença e força de agentes políticos locais, como é o caso das lideranças das Comissões de Moradores, *"está relacionada com a fraqueza do Estado por duas vias principais: pela incapacidade administrativa do Estado e pela erosão da legitimidade do poder estatal"* (2003: 79). Tal situação deriva dos limites de penetração do Estado, agravada agora com a transição política em curso em Angola e com a pressão da opinião pública. Com a guerra e a desestruturação que Luanda conheceu, as Comissões de Moradores foram um dos pilares que assegurou, a nível comunitário, a ordem social e a estabilização das expectativas dos indivíduos e grupos sociais. Hoje, o Estado confronta-se com a sua presença forte, um facto político incontornável. As Comissões de Moradores, ao serem associadas ao partido no poder, são um elemento de alerta sobre o fim de uma aparente divisão do poder para, crescentemente, se assistir à concentração do poder político.

Referências bibliográficas

Andrade, Mário Pinto de (1997), *Origens do Nacionalismo Africano: continuidade e ruptura nos movimentos unitários emergentes da luta contra a dominação portuguesa: 1911-1961.* Lisboa: Dom Quixote.

Bittencourt, Marcelo (1997), "A Criação do MPLA", *Estudos Afro-Asiáticos*, 32: 185-208.

Boone, Catherine (2003), *Political Topographies of the African State. Territorial authority and institutional choice.* Cambridge: Cambridge University Press.

Bourdieu, Pierre (1981), "La Représentation Politique: éléments pour une théorie du champ politique", *Actes de la Recherche en Sciences Sociales*, 36-37: 3-24.

Bourdieu, Pierre (1989). *O Poder Simbólico.* Lisboa, Difel.

Brinkman, Inge (2003), "War, Witches and Traitors: cases from the MPLA's Eastern Front in Angola (1966-1975)", *Journal of African History*, 44: 303-325.

Feijó, Carlos (2002), *A Tutela Administrativa sobre as Autarquias Locais em Angola (perspectivas futuras). A descentralização em Angola.* Luanda: UNDP.

Foucault, Michel (1991), *Microfísica do Poder.* Rio de Janeiro: Graal.

Hellum, Anne; Stewart, Julie; Sardar Ali, Shaheen; Tsanga, Amy (orgs.) (2006), *Human Rights, Plural Legalities and Gendered Realities: Paths are made by walking.* Harare: Weaver Press & SEARCWL.

Hinz, Manfred (org.) (2006), *The Shade of New Leaves: Governance in Traditional Authority – a Southern African Perspective*. Berlim: Lit Verlag.

INAC (2006), *O Impacto das Acusações de Feitiçaria Contra Crianças em Angola: uma análise na perspectiva da protecção dos direitos humanos*. Luanda: INAC e UNICEF.

Koudawo, Fafali; Mendy, Peter K. (1996), *Pluralismo Político na Guiné-Bissau: uma transição em curso*. Bissau: INEP.

Mabeko-Tali, Jean-Michel (2001). *Dissidências e Poder de Estado: o MPLA perante si próprio (1962-1977 - ensaio de historia politica)*. Luanda: Nzila, 2 volumes.

Médard, Jean-François (1991), "L'Etat Néo-patrimonial en Afrique Noire", in Médard, J.-F. (org.), *Etats d'Afrique Noire. Formation, Mécanismes et Crises*. Paris: Karthala.

Meneses, Maria Paula (2006), "Traditional Authorities in Mozambique: between legitimisation and legitimacy", in Hinz, M. (org.). *The Shade of New Leaves: Governance in Traditional Authority – a Southern African Perspective*. Berlim: Lit Verlag.

Meneses, Maria Paula (2007), "Pluralism, Law and Citizenship in Mozambique: Mapping the Complexity", *Oficinas do CES*, n.º 291.

Meneses, Maria Paula; Santos, Boaventura de Sousa (2008), *The Rise of a Micro Dual State: the case of Angoche (Mozambique)*. Trabalho apresentado à 12.ª Assembleia-Geral do CODESRIA, Yaoundé, Dezembro de 2008.

Méssiant, Christine (2000), "Em Angola, até o Passado é Imprevisível: A experiência de uma investigação sobre o nacionalismo angolano e, em particular, o MPLA. Fontes, críticas, necessidades actuais de investigação", in *Construindo o passado angolano: as fontes e a sua interpretação – actas do II seminário internacional sobre a história de Angola* (pref. Jill R. Dias, Rosa Cruz e Silva). Lisboa: Comissão Nacional para as Comemorações dos Descobrimentos Portugueses, 803-859.

Méssiant, Christine (2007), "Transição para o Multipartidarismo sem Transição para a Democracia", in Vidal, N.; Andrade, J. (orgs), *O Processo de Transição para o Multipartidarismo em Angola*. Luanda e Lisboa: Universidade Católica de Angola, Centro de Estudos Sociais, Faculdade de Economia da Universidade de Coimbra, 131-162.

Ministério da Administração do Território – MAT (org.) (2004), *Primeiro Encontro Nacional sobre a Autoridade Tradicional em Angola*. Luanda: Editorial Nzila.

MPLA (2008), *História do MPLA*. Luanda: Centro de Documentação e Investigação Histórica do Comité Central do MPLA (2 volumes).

Neto, António Agostinho (1978), "Tudo pelo Povo! Tudo pela Independência! Tudo pelo Socialismo!" in *Selecção de discursos de António Agostinho Neto, de 1962 a 1978*. Luanda: Edições do Departamento de Educação Política e Ideológica do Comité Central do MPLA-PT.

N'ganga, João Paulo (2008), *O Pai do Nacionalismo Angolano: as memórias de Holden Roberto (1923-1974)*. São Paulo: Editora Parma.

Oomen, Barbara (2005), *Chiefs in South Africa: Law, Power and Culture in the Post-apartheid Era*. Oxford: James Currey.

Orre, Aslak (2007), "Integration of Traditional Authorities in Local Governance in Mozambique and Angola - the Context of Decentralization and Democratisation", *in* Marques Guedes, A.; Lopes, M. J. (orgs.), *State and Traditional Law in Angola and Mozambique*. Coimbra: Almedina.

Orre, Aslak (2009), "Kalandula and the CACs: voice or accountability?" *Chr. Michelsen Institute Working Papers*, 2009: 5.

Otayek, Réné (2007), "A Descentralização como Modo de Redefinição do Poder Autoritário? Algumas reflexões a partir de realidades africanas", *Revista Crítica de Ciências Sociais*, 77: 131-150.

Pacheco, Carlos (1997), *MPLA: um nascimento polémico*. Lisboa: Vega.

Palmeira, Moacir (1996), "Politica, Facções e Voto", in Palmeira, M.; Goldman, M. (orgs), *Antropologia, voto e representação política*. Rio de Janeiro: Contra Capa Livraria.

Palmeira, Moacir; Goldman, Marcio (orgs.) (1996), *Antropologia, Voto e Representação Política*. Rio de Janeiro: Contra Capa.

Roque, Sandra; Shankland, Alex (2006), "Participation, Mutation and Political Transition: new democratic spaces in peri-urban Angola", in Cornwall, A.; Coelho, V. S. (orgs.), *Spaces for change? The politics of citizen participation in new democratic arenas*. Londres: Zed Books.

Santos, Boaventura de Sousa (1995), *Toward a New Common Sense. Law, Science and Politics in the Paradigmatic Transition*. Nova Iorque: Routledge.

Santos, Boaventura de Sousa (1996), "Para uma Pedagogia do Conflito", in Silva, L. H.; Azevedo, J. C.; Santos E. S. (orgs.), *Novos mapas culturais, novas perspectivas educacionais*. Porto Alegre: Editora Sulina.

Santos, Boaventura de Sousa (2000), *A Crítica da Razão Indolente: contra o desperdício da experiência*. Porto: Afrontamento.

Santos, Boaventura de Sousa (2002), *Democracia e Participação: o caso do Orçamento Participativo de Porto Alegre*. Porto: Afrontamento.

Santos, Boaventura de Sousa (2003), "O Estado Heterogéneo e o Pluralismo Jurídico", in Santos, B. S.; Trindade, J. C. (orgs.), *Conflito e Transformação Social: uma paisagem das justiças em Moçambique*. Porto: Afrontamento.

Santos, Boaventura de Sousa (2006), *A Gramática do Tempo. Para uma nova cultura política*. Porto: Edições Afrontamento.

Santos, Boaventura de Sousa (2007), "Para além do Pensamento Abissal: das linhas globais a uma ecologia de saberes", *Revista Crítica de Ciências Sociais*, 78: 3-46.

Santos, Boaventura de Sousa (2008), *Public Sphere and Epistemologies of the South*. Conferência apresentada à 12.ª Assembleia-geral do CODESRIA, Yaoundé, Dezembro de 2008.

Scotto, Gabriela (1996), "Campanha de Rua, Candidatos e Biografias", in Palmeira, M.; Goldman, M. (orgs.), *Antropologia, Voto e Representação Política*. Rio de Janeiro: Contra Capa Livraria.

van Rouveroy van Nieuwaal, Emile Adriaan B.; van Dijk, Rijk (orgs) (1999), *African Chieftaincy in a New Socio-Political Landscape*. Hamburg: LIT Verlag.

Wheeler, Douglas; Pélissier, René (2009), *História de Angola*. Lisboa: Tinta da China.

Yilmaz, Serdar; Felicio, Mariana (2009), "Angola: local government discretion and accountability", World Bank, *Africa Region Working Paper Series*m n.º 128.

Anexo

Foto 10

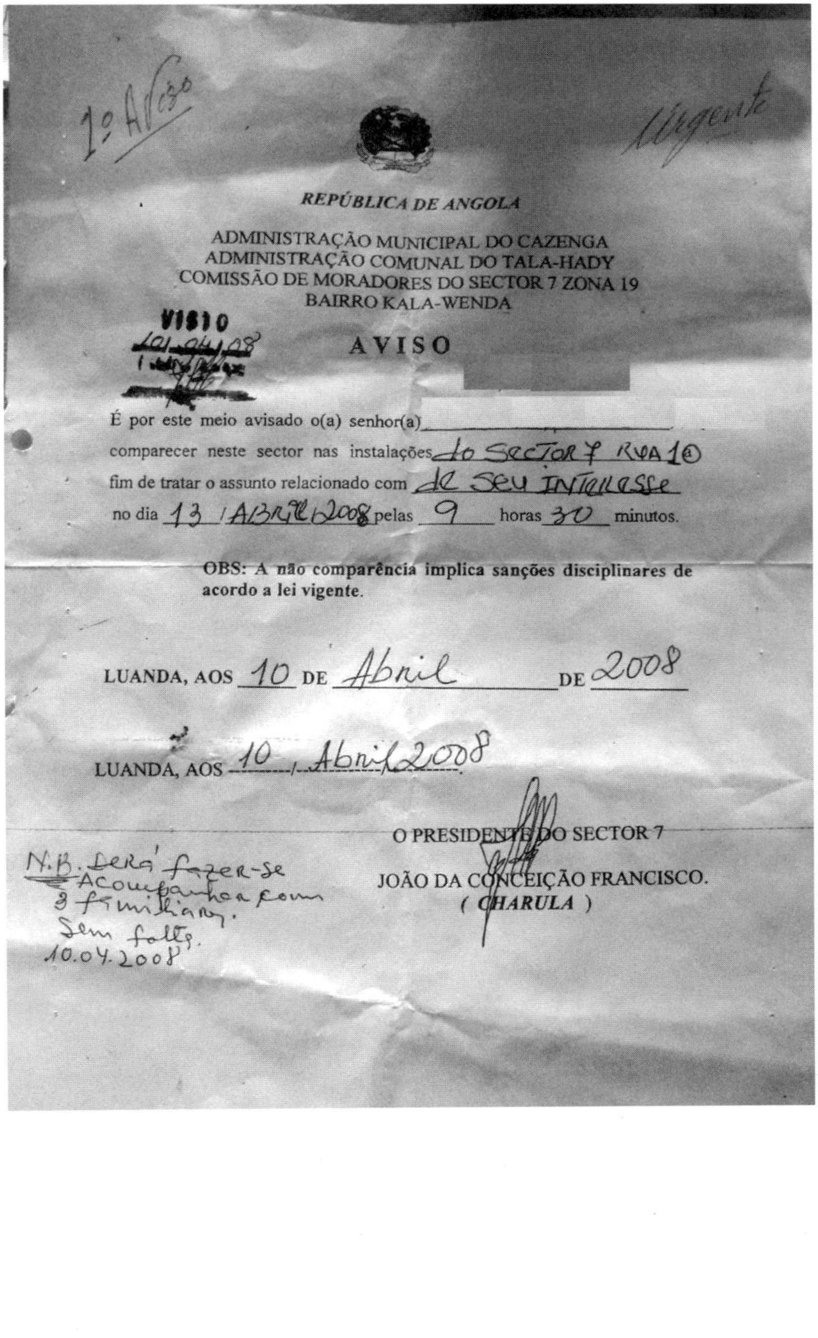

1º Aviso

Urgente

REPÚBLICA DE ANGOLA

ADMINISTRAÇÃO MUNICIPAL DO CAZENGA
ADMINISTRAÇÃO COMUNAL DO TALA-HADY
COMISSÃO DE MORADORES DO SECTOR 7 ZONA 19
BAIRRO KALA-WENDA

VISTO
10/04/08

AVISO

É por este meio avisado o(a) senhor(a)______________ comparecer neste sector nas instalações do Sector 7 Rua 10 fim de tratar o assunto relacionado com de seu interesse no dia 13/Abril/2008 pelas 9 horas 30 minutos.

OBS: A não comparência implica sanções disciplinares de acordo a lei vigente.

LUANDA, AOS 10 DE Abril DE 2008

LUANDA, AOS 10/Abril/2008

O PRESIDENTE DO SECTOR 7

JOÃO DA CONCEIÇÃO FRANCISCO.
(CHARULA)

N.B. Será fazer-se acompanhar com 3 familiares. Sem falta. 10.04.2008

Anexo

Foto 11

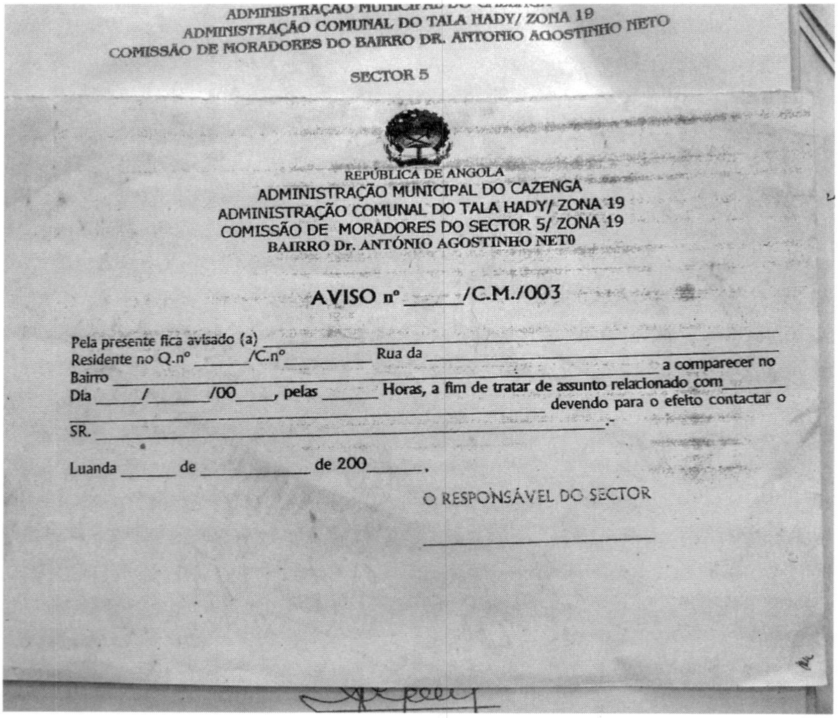

ADMINISTRAÇÃO COMUNAL DO TALA HADY/ ZONA 19
COMISSÃO DE MORADORES DO BAIRRO DR. ANTONIO AGOSTINHO NETO

SECTOR 5

REPÚBLICA DE ANGOLA
ADMINISTRAÇÃO MUNICIPAL DO CAZENGA
ADMINISTRAÇÃO COMUNAL DO TALA HADY/ ZONA 19
COMISSÃO DE MORADORES DO SECTOR 5/ ZONA 19
BAIRRO Dr. ANTÓNIO AGOSTINHO NETO

AVISO nº _____/C.M./003

Pela presente fica avisado (a) ______________________________
Residente no Q.nº ______/C.nº_________ Rua da ______________________________ a comparecer no
Bairro ______________________________
Dia _____/______/00____, pelas ______ Horas, a fim de tratar de assunto relacionado com_______
______________________________ devendo para o efeito contactar o
SR. ______________________________.-

Luanda _____ de __________ de 200______.

O RESPONSÁVEL DO SECTOR

____

CAPÍTULO 9
AS AUTORIDADES TRADICIONAIS EM LUANDA

Maria Paula Meneses, André Kaputo Menezes, Aguiar Miguel Cardoso e Isabel Abreu

Introdução

As 'autoridades tradicionais' permanecem no campo da discussão sobre os sistemas de justiça,[1] inclusive em contexto urbano. A grande diversidade cultural presente em Angola, e que encontra reflexo em múltiplas formas de regulação social, traduz-se, entre outros, no recurso a autoridades tradicionais para a resolução de conflitos.[2]

Esta situação não é exclusiva de Angola. No contexto de grande parte da África subsaariana o futuro das instituições costumeiras/tradicionais continua no centro das discussões sobre o futuro das instituições políticas africanas. Mas importa clarificar alguns aspectos conceptuais.

O primeiro tem a ver com a questão urbana em África. No contexto do continente, os processos de urbanização constituem um fenómeno cujas dimensões sociais, económicas e mesmo estruturais estão ainda fracamente estudadas e compreendidas. A cidade africana é frequentemente vista como um aglomerado sem critérios que ajudem a reconhecer o que é o 'urbano' e o 'rural', não apenas em termos de características físicas, mas também de estruturas sociais e de dinâmicas socioeconómicas.

O sector económico formal urbano (comércio, manufacturas e indústrias, construções, etc.) é por vezes ainda percebido como um símbolo da penetração capitalista internacional, uma situação que provoca novas relações entre o formal e o informal, não apenas nos bairros mais 'periféricos' das cidades, mas também nas zonas centrais de 'cimento'. Neste sentido, os problemas da urbanização em África reflectem os processos de desenvolvimento colonial-capitalista, de acumulação, de formação de classes e de 'racialização' do espaço público. Uma análise pormenorizada das cidades africanas contemporâneas permite detectar fenómenos urbanos que, apesar de aparentemente não relacionados

---

[1] Sobre este tema, cf. também os capítulos de Júlio Lopes e de Américo Kwononoka, no volume I.

[2] O conflito é visto como uma relação desigual entre dois indivíduos, grupos ou conjuntos que competem no mesmo espaço, sem procurar porém liquidar a parte adversária ou a relação em si, mas de modificar a relação ou, pelo menos, procurar reforçar uma das posições relativas.

– da habitação ao transporte, dos serviços urbanos à renovação urbana, das estruturas de administração urbana aos movimentos de oposição política – estão intimamente ligados e fazem parte da estrutura económica política e cultural das sociedades actuais.[3]

Qualquer leitura das cidades africanas atravessa necessariamente dois momentos: o revisitar das fronteiras do que é comum, do potencial de igualdade como parte de um sentido cosmopolita mais amplo, ao mesmo tempo que se procuram as suas especificidades no continente e fora dele: os circuitos, ligações e translocações. Esta perspectiva assenta na compreensão de África como espaço e descontinuidades, revisitando a imaginação topográfica através de um contacto mais detalhado com a vasta massa geográfica composta de múltiplas formas sociais e de fronteiras entrelaçadas de inúmeras formas.

Ao pensar as cidades africanas, o espaço público urbano passa necessariamente pela compreensão dos vários espaços que compõem a cidades, os quais estão estruturados em sistemas diversificados mas contínuos, nascidos de realidades não estáticas mas estratificadas, continuamente desafiadas e transformadas. É nesta intersecção dinâmica sobre o espaço urbano que emerge a criação e o tratamento do espaço público, a organização e gestão das infra-estruturas e dos serviços, assim como os mecanismos regulatórios/administrativos. E é nesta ambivalência – entre o urbano herdado e reproduzido a partir da matriz estrutural colonial e o rural - frequentemente compreendido como a persistência das raízes pré-coloniais modernas, entre o espaço público colonial e um outro identificado como 'informal' e não planificado – que se desvenda a especificidade de muitas das cidades africanas.

Termos frequentemente usados, como 'autoridades locais' ou 'autoridades comunitárias' (Meneses, 2007) apontam um mapear espacial que assume como natural a oposição global-local, assim como a oposição entre instâncias superiores (i.e., do Estado) e instâncias de base (i. e, outras). A perspectiva que sustenta a preferência de alguns 'níveis' sobre outros oculta uma questão central – os processos sociais e políticos que deram origem a esta preferência. O Estado moderno, enquanto instituição de autoridade pública, enquadra a sua actuação em termos de espaço e de condições de intervenção. Comunas, os seus administradores, centros de saúde e escolas públicas, delimitações de jurisdição,

---

[3] Sobre este tema cf., por exemplo, Comaroff e Comaroff, 1999; Jenkins, Robson e Cain, 2002; Simone, 2004; Roque e Shankland, 2006; Ubink, 2007; Otayek, 2007; Nyamnjoh, 2007; Lopes, 2007; Rodrigues, 2007; Meneses e Santos, 2008, Carvalho, 2008 e Locatelli e Nugent, 2009.

expressam uma representação territorial do Estado (Boone, 2003). Como vários autores salientam, a legibilidade dos espaços, pessoas e recursos foi central para a governação nos estados modernos emergentes (Copans, 1990; Mamdani, 1996; Scott, 1998; Ferguson e Gupta, 2002). Todavia, em muitos estados, como é o caso de Angola, enquanto a delimitação territorial, a identidade nacional e a legibilidade podem ser institucionalizadas para corresponder à noção de Estado-nação, o monopólio deste sobre estes processos é tão delicado quanto o seu monopólio sobre o exercício da autoridade pública. Fruto da persistência da intervenção colonial, instituições híbridas desafiam o monopólio do poder do Estado. A co-existência de múltiplas autoridades públicas resulta em complexos territórios, frequentemente sobrepostos, estabelecidos como espaços de sentidos, dotados de importantes referências identitárias. Como Boaventura de Sousa Santos aponta (2003), as representações sociais de tempos e origens referentes à dicotomia tradicional-moderno são difíceis de identificar. Por outro lado, consoante as diferenças de poder entre os grupos sociais que sustentam cada um dos pólos de dicotomia, tanto pode ser o poder tradicional uma criação do moderno, como o moderno uma criação do tradicional.

Questionando o suposto carácter imutável das instituições do poder tradicional, Terence Ranger, num artigo que se tornou uma referência, defendeu a ideia de que muitas das estruturas designadas de costumeiras ou tradicionais são, de facto, estruturas criadas pelo encontro colonial (1988: 250-251). Assim, importa, num segundo momento, questionar o sentido do 'direito costumeiro' e das instâncias que o aplicam.[4] As inúmeras experiências africanas[5] apontam, de imediato, que não existe um 'direito tradicional' africano; existe, sim, uma grande diversidade de direitos, reflexo da diversidade sociocultural presente.

Todavia, não é possível uma análise das autoridades tradicionais sem se ter em atenção o papel da intervenção colonial na sua constituição. Como Mahmood Mamdani refere, o governo directo era a forma e poder civil em espaços

---

[4] No volume I é analisado em detalhe o processo usado pelo Estado colonial para transformar a tradição em governação indirecta, através do princípio da diferença e da não-similaridade. Achille Mbembe (2001: 179) trata mais especificamente como o conhecimento produzido ajudou a canonizar a diferença e a eliminar a pluralidade e a ambivalência da tradição. Paradoxalmente este processo de reificação da tradição, se por um lado apelava ao reconhecimento da tradição, por outro lado constituía um julgamento moral, onde, em última análise, a tradição se tornava num indicador específico da extensão do mundo do indígena, marca da sua naturalidade, que não coincidia, de forma alguma, com o mundo moderno, do colono, não podendo servir como base para uma experiência de convivência de uma sociedade civil.

[5] Para uma perspectiva mais ampla sobre esta temática cf. o capítulo de Maria Paula Meneses, no volume I.

urbanos, donde estavam excluídos os nativos, desprovidos das liberdades garantidas aos cidadãos na sociedade civil. A administração indirecta,[6] a criação do 'tradicional' significava a autoridade tribal rural, garantia da incorporação dos indígenas numa ordem costumeira gerada pelo encontro colonial entre os chefes tradicionais e o Estado colonial. Se o poder urbano falava a linguagem da sociedade civil e dos direitos civis, o poder rural expressava a comunidade e a cultura; se o poder civil afirmava defender os direitos, o poder costumeiro afiançava fazer cumprir a tradição (1996: 18).

Em oposição à modernidade, identificada com o progresso, dinâmica e movimento, a inalterabilidade é apontada como uma das principais características da tradição. O passado, real ou imaginado, obriga a práticas fixas, reforçadas pela repetição. Mas o costume não exclui a inovação e a mudança, embora estes elementos devam procurar ser compatíveis com as realidades presentes que os precedem. O costume, a tradição, garantem à mudança o sinal de aprovação da continuidade social e da lei natural, de acordo com a história.

A criação do direito tradicional não significou o fim de práticas costumeiras como arenas plurais flexíveis com relativa autonomia, nem a codificação de uma estrutura única do 'poder tradicional'. É este espaço de actuação, que integra múltiplos actores 'locais' que se transformou no principal fórum de intensos debates sobre a cidadania, os referenciais morais e o progresso social (Ranger, 1993: 101-104). Ou seja, o domínio colonial do 'direito costumeiro' passou a simbolizar uma fronteira entre sistemas legais. Qualquer estudo sobre o processo de emergência dos 'direitos costumeiros' passa pelo problematizar da figura da autoridade tradicional como um corpus único e homogéneo.[7] Neste sentido, e em função do contexto de Luanda, importa avaliar em maior detalhe a actuação destas autoridades em contextos urbanos.

Neste capítulo, a partir da análise de Luanda, procurar-se-á alargar a discussão sobre os espaços urbanos, constituídos como uma encruzilhada, onde várias fidelidades a imagens, topografias e memórias se cruzam e contaminam. Como sugestão, temas como o contexto e a identidade deverão ser reconsiderados à luz das condições urbanas inéditas e das novas formas de ocupação territorial. Nestas cidades, a criação e o desenvolvimento de diferentes formas de apropriação do espaço público passa pelo revistar das problemáticas da cidadania,

---

[6] Matthew Lange (2004: 908) refere que, no contexto africano, se identificam várias versões de administração indirecta nos sistemas administrativos coloniais franceses, ingleses, belgas e portugueses.

[7] Cf. o primeiro capítulo de Boaventura de Sousa Santos no volume I.

oscilando entre momento passivos e formas de engajamento activo pelos direitos civis, políticos e sociais.

1. Autoridade tradicional e a questão dos costumes em Angola

Uma concepção moderna do sentido de autoridade tende normalmente a atribuir às 'autoridades tradicionais' um estatuto pré-moderno, por estar assente na crença da pureza dos costumes, existentes desde tempos imemoriais. Neste sentido, o termo 'tradição', em contexto de luta política, é frequentemente analisado como uma forma residual de poder, um desafio a uma modernidade que procura não lidar com a complexidade cultural.

Em contextos coloniais, como aconteceu em Angola, a relação colonial promoveu uma separação no tratamento jurídico aplicado aos habitantes das colónias, gerando vários matizes na posição legal em relação à questão da cidadania: cidadãos de primeira (brancos nascidos na metrópole), cidadãos de segunda (brancos nascidos nas colónias), assimilados e indígenas caracterizavam o tecido social presente na Angola colonial. No seguimento das políticas coloniais levadas a cabo no continente africano, o saber moderno judicial colonial constituiu-se como um dos grandes vectores desta política, ao 'reorganizar' o espaço do continente como 'anterior' ao saber moderno, e portanto, inferior no tempo.

Mas, se a primazia do direito ocidental – vector de composição da hierarquia social colonial – separava os habitantes em cidadãos e indígenas, tornava-se necessário garantir a presença de corpos legais a quem estava conferida a tarefa de gerir, na esfera privada, os conflitos entre indígenas.[8] Neste sentido, Portugal recorreu em Angola, a exemplo do que aconteceu noutros espaços do continente africano, ao sistema de administração indirecta, onde a figura da autoridade tradicional era central. Muitas destas autoridades foram recrutadas de entre as elites locais. Tal situação permitiu gerir as populações das regiões sob controlo ao mesmo tempo que se mantinham figuras de poder dotadas de legitimidade local. Paulatinamente assistiu-se ao cotejo entre as formas modernas de exercer o poder, assumidas pela essência do Estado colonial, e as formas locais de administração, designadas de 'autoridades gentílicas' ou tradicionais (Neto, 2004). Todavia, sempre que os líderes locais se opuseram, de uma ou de outra forma, às autoridades coloniais, foram substituídos por personagens

---

[8] Em meados da década de 1940 foi aprovado em Angola o Regulamento do Foro Privativo dos Indígenas, que estabelecia, no seu artigo 1.º, que "*os indígenas são julgados por tribunais especiais denominados Tribunais Indígenas*", independentemente da organização Judiciária Portuguesa (Carmona Ribeiro, 1944: 7).

mais cordatas. Outros títulos locais, muitas vezes com conotações religiosas continuaram a existir, embora a sua importância política fosse diminuindo se não articulada com o sobado.

Em traços gerais, no contexto angolano, a distinção entre o espaço urbano, regulado pelo direito moderno, e o espaço rural, onde as linhagens africanas detinham ainda poder, foi-se acentuando. Em Angola, como o grupo de pesquisa liderado por Marques Guedes (2003) concluiu, algumas autoridades tradicionais mantiveram o seu poder por terem resistido ao colonialismo; já entre as que colaboraram com a administração colonial, algumas perderam a legitimidade, mas outras souberam manter o seu poder; outras, ainda, foram criadas já após a independência. No que diz respeito à administração da justiça, os autores deste estudo afirmam que *"devido à guerra e à falta de recursos financeiros, sobretudo fora das grandes cidades e no interior, o sistema judicial formal não funciona e as formas tradicionais de solução de conflitos constituem verdadeiras alternativas no plano da administração da justiça"*.

Estas autoridades, que simbolizam também estruturas culturais e políticas, personificam o diverso mosaico cultural de Angola, atravessado por tensões e disputas, onde momentos de tensão étnica estão também presentes.[9]

Desde a independência que o Estado angolano tem procurado reforçar a presença dos programas centrais (i.e., da estrutura do Estado) por todo o país, vulnerabilizando outras estruturas. A exemplo de outras realidades africanas, as autoridades oficiais angolanas buscaram, num primeiro momento, relegar para um plano secundário as autoridades tradicionais, justificando esta opção centralista em nome da unidade nacional; estas autoridades 'locais', porém, continuaram a funcionar num contexto ambíguo, pagas pelo Estado mas não reconhecidas, oficialmente, como parte do Estado.

As questões do poder, presentes em qualquer sistema político, são especialmente sensíveis em contextos pós-conflito, como é o caso de Angola. O conflito armado que devastou o país afectou profundamente as infra-estruturas socioeconómicas, políticas e judiciais.[10] Porém, se até 1992[11] as autoridades

---

[9] Sobre este assunto cf. igualmente os capítulos sobre a cidade de Luanda e sobre as Comissões de Moradores, neste volume.

[10] Sobre estes temas cf. os capítulos, no volume I, de Alves da Rocha, Cesaltina Abreu, Fátima Viegas, Henda Ducados e Fernando Pacheco.

[11] Altura em que se realizaram as primeiras eleições multipartidárias em Angola, fruto de um acordo de paz que apenas vigorou por breve período.

tradicionais ocupavam um lugar periférico na estrutura do Estado, a partir de então observa-se uma mudança política, que procura integrar as autoridades tradicionais. O Decreto conjunto[12] n.º 37/92, de 2 de Agosto, que atribuiu às autoridades tradicionais o direito ao recebimento de salários, sublinhava no seu preâmbulo que estas instâncias de poder traduziam *"a preservação dos valores culturais e ancestrais do nosso povo."* Em paralelo, o referido decreto sublinhava o papel destas autoridades, referindo que tinham por missão *"tornar efectiva no seio das populações sob sua jurisdição as orientações do governo mediante a colaboração estreita com os órgãos do poder local."*[13] A partir de então os corpos legais que incidiam sobre o poder local passaram a referir a figura destas autoridades,[14] embora o seu campo de actuação se mantivesse ambíguo, fruto da tentativa de controlo e cooptação por parte do Estado. Influíram também neste processo as macro-mudanças políticas no contexto regional e internacional, dando azo à emergência de conceitos associados à descentralização e ao poder local, estabelecendo as fundações para reforçar a ligação entre o Estado e as outras autoridades (Feijó, 2002; Pinto, 2007; Yilmaz e Felicio, 2009).

O acentuar do processo de incorporação legal das autoridades tradicionais no Estado patenteia como o direito se tornou, sem qualquer mediação, no instrumento de controlo e de poder. A ambição desenvolvimentista do Estado angolano funcionou como a chave legitimadora do discurso e das práticas políticas em prol da manutenção do monopólio político por parte do partido no poder.

A idealização do poder tradicional como um sistema unitário de poder é geradora da imagem do espaço do direito costumeiro como um único espaço normativo a funcionar numa dada comunidade. Todas as práticas que não cabem nesta norma são assumidas como diferenças culturais, interferências de outras normas culturais ou do próprio Estado, mas não são normalmente assumidas como parte de um sistema mais amplo e interactivo. Embora no panorama político angolano estas autoridades integrem a sociedade civil, entendida num sentido amplo (Santos, 2003, 2008), a sua relação formal, oficial, com o

---

[12] Ministérios do Trabalho, Administração Pública e Segurança Social, das Finanças e da Administração do Território.

[13] Ou seja, a instrumentalização das Autoridades Tradicionais como instrumentos locais do Governo/Estado.

[14] Cf., por exemplo, o Decreto-Lei n.º 17/99, sobre a orgânica dos governos provinciais e das administrações dos municípios e comunas; o Decreto n.º 27/00, sobre o paradigma de regulamento e o quadro de pessoal dos Governos das Províncias, das Administrações dos Municípios e Comunas; a Lei de Terras – Lei n.º 9/04, de 9 de Novembro; o Decreto-Lei n.º 02/07, que estabelece princípios e normas de organização e funcionamento dos órgãos da Administração Local do Estado (e revoga o Decreto n.º 17/99).

Estado permanece indefinida. Várias pressões políticas têm vindo a acontecer, gerando variadas propostas que procuram integrar estas autoridades no sistema político oficial.

A proposta apresentada por João Pinto à Segunda Reunião das Autoridades Tradicionais[15] reflecte o espírito que tem dominado em muitos dos estudos realizados no continente africano, que insistem numa leitura dicotómica e simplista do poder, reproduzindo alguns dos estereótipos herdados do passado: de um lado está o Estado e do outro o poder tradicional, apresentado como um corpo homogéneo. Para este jurista, as

> *Autoridades Tradicionais são as pessoas singulares ou instituições investidas de poder de autoridade junto das comunidades, fundadas nos usos e costumes. Como poder de autoridade entende-se o conjunto de acções aceites pelas comunidades emanadas pelos referidos sujeitos ou instituições que, de forma consuetudinária manifestam a sua capacidade de influência sociocultural junto das comunidades representando os usos e costumes e depositários da memória colectiva da comunidade* (Pinto, 2008).

Esta proposta, que de alguma forma encontra eco na actual Constituição angolana, que, em relação ao poder local (artigo 213.º), indica especificamente as *"autarquias locais, e as instituições do poder tradicional"* como as principais instâncias, embora abra campo para *"outras modalidades específicas de participação dos cidadãos, nos termos da lei"*. Quanto ao poder tradicional (artigo 223.º), a lei fundamental refere que *"o Estado reconhece o estatuto, o papel e as funções das instituições do poder tradicional constituídas de acordo com o direito consuetudinário."* Já as autoridades tradicionais são *"entidades que personificam e exercem o poder no seio da respectiva organização político-comunitária tradicional, de acordo com os valores e normas consuetudinários e no respeito pela Constituição e pela lei"* (artigo 224.º). Porém, e apesar de o artigo 7.º da Constituição reconhecer *"a validade e a força jurídica do costume que não seja contrário à Constituição nem atente contra a dignidade da pessoa humana"*, o Capítulo dedicado ao Poder Judicial não faz menção alguma a situações de pluralismo jurídico; mais ainda, o artigo 195.º refere explicitamente que *"compete à Ordem dos Advogados a assistência jurídica, o acesso ao direito e o patrocínio forense em todos os graus de jurisdição"*, gerando uma situação paradoxal: de um lado reconhece-se a figura homogénea da força do costume, personificado na

---

[15] Que se realizou em Luanda, em 2008.

figura da autoridade tradicional e, por outro lado, a justiça permanece centrada na figura do Estado moderno.[16]

De certa forma, esta Constituição reproduz a dualidade de poderes sob a autoridade do Estado, subentendendo-se que o espaço urbano fala a linguagem da sociedade civil e dos direitos civis e que as comunidades que habitam o espaço rural se expressam em termos de cultura (Mamdani, 1996; Santos, 2008). Enquanto o poder civil está organizado em torno do princípio da diferenciação, procurando avaliar e verificar a concentração de poderes, o poder da tradição, dos costumes estrutura-se em torno da fusão, procurando não só garantir a presença de uma autoridade singular, como também facilitar a sua existência. Todavia, nenhuma tradição pode considerar-se a imagem exacta de uma prática anterior, pois que as tradições são criadas e recriadas pelos próprios processos históricos.[17] Longe de corresponderem a um modelo de Estado bifurcado (Mamdani, 1996), como este estudo revela, as antigas propostas binárias (que insistem em opor o moderno ao tradicional, o formal ao informal), escondem a diversidade de situações, instâncias e estruturas de poder presentes na sociedade, exigindo uma análise mais ampla e variada que não se centre unicamente na oposição Estado moderno versus poder tradicional. Análises binárias simplistas não conseguem conceptualizar esta diversidade de vozes e estruturas de poder como expressões de múltiplas modernidades.

Importa pois problematizar o debate sobre as instâncias de justiça que operam em Luanda. De facto, em contextos pós-coloniais há muitas razões para insistir na presença de vários sistemas de justiça, incluindo as justiças tradicionais (Nagy, 2009: 88). Estas justiças, como várias experiências têm vindo a mostrar, podem responder de forma mais adequada às deficiências das soluções jurídicas pretensamente universais, que falham em não conseguir ter em atenção as especificidades locais (Stevens, 2000; Hinz, 2000; Santos, 2003; Bennett, 2004). Todavia, uma aposta romântica no retorno às 'tradições autênticas' compromete este projecto, ao 'autenticar' e homogeneizar realidades, costumes e valores muito diversos, contribuindo, em paralelo, para tornar mais 'visível' a categoria 'universal' como exclusiva do Ocidente. Neste sentido, a proposta conceptual de interlegalidade, de Boaventura de Sousa Santos, como

---

[16] Esta Constituição refere apenas a possibilidade de serem criados Julgados de Paz (artigo 197.º).

[17] Em períodos de transição/transformação acentuada, pela continuidade que assegura com o passado, a tradição é reforçada enquanto mecanismo de segurança e de inclusão social, como várias situações no mundo atestam.

uma hibridação negociada e forjada entre diferentes ordens legais, permite uma aplicação plural e contextualizada de normas universais, combinadas com situações específicas (Santos, 1995: 473). Simultaneamente, importa ter em mente que os sistemas tradicionais assentes no direito costumeiro embora possam ser mais apropriados em função de contextos específicos, funcionam como qualquer outro sistema de justiça, reflectindo as constelações de poder presentes.

Neste contexto, o papel das autoridades tradicionais – como os sobas e os sekulos –, presentes e funcionando em vários contextos em Angola, adquirem particular relevância, pois são parte da complexa rede de justiças em funcionamento em Luanda. E com um aspecto particular, pois a sua legitimidade é garantida simultaneamente por normas quer externas ao Estado, quer estatais, ampliando o seu poder.

2. Autoridades tradicionais em contextos urbanos – o caso de Luanda

O estudo dos contextos urbanos (e das situações de recombinação identitária permanentes associadas a estes contextos) chama a atenção para o facto de a dicotomia habitual do pré-colonial/colonial/pós-colonial distorcer os sentidos de pertença, tornando difícil avaliar a flexibilidade e interacção entre grupos e práticas, reflexo de macro e micro políticas. As cidades tornam-se o símbolo da situação pós-colonial, do encontro complexo entre múltiplos mundos, e é aqui que acontecem constantemente os desafios ao poder, amplificando as dimensões políticas, assim como epistemológicas dos encontros culturais.[18]

Contrastando com o discurso da modernização socialista em voga até à década de 1990, ou com o do desenvolvimento e progresso contemporâneo, o contexto social das autoridades tradicionais surge, em Luanda, associada a problemas 'da tradição', sejam estas questões familiares ou problemas de feitiçaria, facto que alerta os angolanos para a fina fronteira que separa o poder socialmente construído do poder que resulta em rupturas sociais e na ruína social e económica. Sendo um processo dinâmico, o terreno de poder revela-se em permanente mudança, em que os actores que nele se movem são constantemente sujeitos a uma avaliação social. Nestes contextos extremamente voláteis, a feitiçaria (re)emerge como uma forma persuasiva que justifica as doenças, infortúnios ou até mesmo a morte. Num estudo realizado em Angola sobre a

---

[18] A mole humana que habita Luanda ocupa espaços sub- e peri-urbanos, onde as condições sanitárias e as perspectivas socioeconómicas deixam muito a desejar, símbolo de uma herança onde as infra-estruturas urbanas foram, e ainda são, extremamente deficitárias.

estrutura jurídica angolana os autores sublinham o papel dos curandeiros na resolução de casos de furtos (Marques Guedes *et al*, 2003: 188-190), inclusive em contextos urbanos.

De facto, um dos aspectos peculiares do sistema colonial português em África residiu na criação de 'autoridades tradicionais' em contextos urbanos, visando gerir a crescente mole migrante africana que chegava às cidades. Assim se explica a presença de sobas grandes e sekulus no espaço urbano de Luanda, embora restringindo a sua actuação aos habitantes 'africanos' da urbe, que habitavam os musseques. Mas o período colonial foi um período de distorções graves através do exercício do poder que era usado para obrigar os africanos a assumir identidades distorcidas; as relações de poder impuseram-se de tal modo à normatividade colonial que esta foi incapaz de questionar as construções sociais coloniais (Mamdani, 1996; Meneses *et al*, 2003; Meneses, 2006b, 2008; Santos, 2007). Por exemplo, quando se fala de autoridades tradicionais no contexto de Luanda o enfoque recai sobre os sobas e sekulus, deixando-se de fora outras instâncias de poder, como sendo o caso dos médicos tradicionais. Mais ainda, as sociedades pós-coloniais herdaram a propensão colonial para exercer o poder a partir de uma prática económica e administrativa única, sem ter em conta a multiplicidade de regimes culturais que os vários momentos históricos construíram na região.

No caso angolano, as autoridades tradicionais mantiveram-se em funções, após a independência. O direito costumeiro continuou a ser reproduzido como parte da tradição e o chefe permaneceu pela figura da autoridade que impunha tal direito. Se esta situação funcionou, de algum modo, no espaço rural,[19] nos espaços urbanos, as tentativas de implantação do poder popular chocaram com o poder dos sobas e seus adjuntos.

Apesar das mudanças políticas significativas, no sentido do reconhecimento da realidade multicultural, que foram tendo lugar em vários países africanos, a experiência angolana merece uma análise mais cuidada. Se o período colonial foi caracterizado, para a maioria dos angolanos, pela construção de uma referência cidadã assente na pertença étnica (ou seja, uma pertença identitária colectiva), o projecto político dominante no país, defendido pelo MPLA, enquanto partido-estado no poder, defendia a igualdade jurídica de todos os cidadãos,

---

[19] Convém ter em conta, como Marques Guedes *et al* (2003: 97) e João Milando (2006) sublinham, o facto de, durante vários anos, várias facções políticas armadas haverem disputado o controlo do território e das populações em Angola.

independentemente (e primordialmente sem relação) das suas raízes étnicas. Neste contexto, as autoridades tradicionais eram vistas:

> [...] *com alguma desconfiança; não só porque se tratava de gente reputada de ter colaborado com a tutela colonial* [...], *mas também porque representavam focos alternativos de poder, que ademais desafiavam (ainda que passivamente) a nova ordem nacional em termos considerados como 'politicamente retrógrados'* (Marques Guedes *et al.*, 2003: 97)

A tentativa de (re)construção de instâncias de poder local, longe de substituir as estruturas que provinham da época colonial, gerou novas formas de poder local, que, gradualmente, se foram "tradicionalizando", aumentando a heterogeneidade de estruturas políticas funcionando a nível da cidade de Luanda.[20]

2.1. Os sobas nos municípios de Luanda[21] (Cazenga e Kilamba Kiaxi)

Como o estudo centrado nos municípios do Cazenga e do Kilamba Kiaxi revela, na altura em que o projecto se iniciou (2007), era patente o desconhecimento da existência de sobas e/ou sekulos nas zonas 'mais nobres' dos municípios. Com o apoio das Administrações Municipais, foi possível identificar alguns destes actores e agendar encontros com estas figuras de autoridade.[22] A atenção e a visibilidade destas instâncias de poder local aumentou sobretudo durante o período eleitoral, reflectindo uma manipulação múltipla – quer por parte das autoridades tradicionais, quer do Estado – dos espaços políticos de Luanda.

Nos municípios analisados, as autoridades tradicionais não são escolhidas por sucessão linhageira, assistindo-se a uma intervenção do Estado na indi-

---

[20] Este estudo incide unicamente sobre o contexto urbano de Angola, através do estudo de caso em Luanda (municípios do Cazenga e Kilamba Kiaxi). Estamos conscientes da ausência de uma reflexão mais ampla sobre o espaço de poder em que as autoridades tradicionais, na sua diversidade, funcionam, especialmente em contextos rurais, marcados por uma relação complexa entre a política, a economia e a violência.

[21] No relatório do Primeiro Encontro Nacional sobre a Autoridade Tradicional em Angola faz-se referência à presença de 10 autoridades no município do Cazenga (nenhuma por linhagem); 7 no Cacuaco (nenhuma de linhagem); 12 em Viana, das quais 9 de linhagem; 11 no Kilamba Kiaxi, sem linhagem; 9 no Samba (nenhuma de linhagem); 4 na Maianga (oriundos de outras provinciais); 4 em Ingombota (sem ser de linhagem), e 3 no Sambizanga, igualmente sem ser de linhagem (S/a, 2004: 229).

[22] Como nos foi explicado, no contexto de Luanda as autoridades tradicionais – sobas e sekulos – dependem do Governo da província de Luanda e não do Ministério da Administração do Território, como é o caso das autoridades tradicionais que funcionam em contexto rural.

cação destas autoridades.[23] E muitos destes sobas não habitam hoje o espaço jurisdicional sobre o qual actuam.[24]

Quanto à razão da existência de autoridades tradicionais em contexto urbano, um dos Sobas Grandes do Município do Cazenga referiu que:

Naquele tempo havia muitos problemas aqui e [as pessoas] recorriam à polícia, mas a polícia não tinha capacidade de resposta. Nós aqui resolvemos problemas de lavras, de terrenos, de feiticismo... que a polícia não conseguia resolver. Eles eram resolvidos aqui pelos sobas. Nós resolvíamos porque a maioria da população era proveniente do campo, incluindo eu próprio. Nós tínhamos um gabinete lá daquele lado aqui na administração – agora não temos – e reuníamos para tentar resolver problemas e sobretudo sonhos... Aquilo que o administrador não conseguia resolver passava para nós. Tudo que aparecia desta área mandavam para nós e nós mandávamos chamar as partes e resolvíamos mesmo.

Para o Soba do Hoji ya Henda, a importância da presença destas autoridades na sua comuna justifica-se *"por causa do êxodo que se deu do campo para a cidade. Existe uma grande diversidade cultural: os Bakongo, zairenses, senegaleses, mauritanos, guineenses, são-tomenses e marroquinos. Depois ainda há a comunidade Kimbundu, que era original daqui".*[25]

No Cazenga, e no caso de vários dos Sectores da Comuna de Tala Hady, a presença dos sobas ainda se faz sentir de forma marcante, participando, inclusive, em órgãos consultivos. Já no caso do município do Kilamba Kiaxi, há sobas que acumulam as funções de líderes de Comissões de Moradores. O município do Kilamba Kiaxi é, aliás, marcado pela forte heterogeneidade do tecido cultural, pelo que a actuação e legitimidade dos sobas conhecem várias nuances. Se alguns sobas apontam possuir forte legitimidade junto da sua comunidade, já outros queixam-se de um certo afastamento por parte dos moradores, que não os procuram para resolver os seus problemas.[26] Nas palavras de um dos sobas, as autoridades tradicionais deveriam ter um campo mais alargado de

---

[23] O empenhamento e a dedicação às actividades da comunidade, a larga experiência e o engajamento político (militância no MPLA) parecem também funcionar aqui, num processo semelhante ao relatado para a selecção do Presidente da Comissão de Moradores (tratado neste volume), embora a questão da passagem do poder se coloque de forma distinta. De referir, porém, que alguns dos sobas e sekulos entrevistados mencionaram pertencer a linhagens de sobas.

[24] Por exemplo, o Soba Grande Mulenguelengue, um dos sobas do Município do Cazenga, vive em Viana e só se dirige ao Cazenga quando há necessidade *"de resolver problemas"* (entrevista realizada a 8 de Outubro de 2007).

[25] Entrevista realizada a 8 de Outubro de 2007.

[26] Entrevista realizada em Julho de 2008.

intervenção, contando para tal com o apoio do Estado. Como solução, para que as autoridades tradicionais mereçam a confiança da população, alvitrou que os sobas fossem eleitos e não nomeados pelo Estado.[27]

Procurando perceber os contornos políticos da relação entre as autoridades tradicionais em Luanda e o Governo desta província, um dos elementos responsáveis por esta articulação explicou que,[28] a nível dos municípios o governo tem, procurado assegurar que haja pelo menos um Soba por Comuna; já os sekulos poderão funcionar ao nível dos sectores e bairros. Esta situação tem resultado numa duplicação e sobreposição de funções, do que resulta uma competição e fragmentação da legitimidade e representatividade destas instituições. Assim, muitas pessoas optam por endereçar os seus problemas às Comissões de Moradores e a outras instituições envolvidas na resolução de conflitos a nível do município, em lugar de recorrer à mediação do soba, o que ajuda a perceber a perda de prestígio desta figura do poder tradicional.

2.2. O campo de actuação das autoridades tradicionais

Os casos que chegam normalmente a este soba estão relacionados com 'problemas da tradição' e casos que exigiam um conhecimento detalhado da história da região, como é o caso de disputas familiares antigas ou ainda casos de talhões.

Os conflitos envolvendo feitiçaria – a maioria dos casos que lhes são enviados – dão, normalmente, entrada directamente no sobado. De acordo com o Soba Mateta Manuel, adjunto da Comuna do Palanca (Kilamba Kiaxi), "*o soba só intervém num conflito quando é solicitado*".[29] Podem, ainda, dar entrada via outras instâncias, como a Polícia, o Centro Social de Referência do Julgado de Menores,[30] o Gabinete Jurídico da Sala de Aconselhamento da OMA ou as Comissões de Moradores. Actuando especialmente em casos envolvendo feitiçaria, estas instâncias (re)enviam os casos quer directamente aos sobas, quer através da administração (e só depois o caso é entregue ao soba). Como vários sobas referiram, após apreciação do caso, "*vemos o caso e vemos se precisa de ser encaminhado para o tribunal*".

---

[27] Entrevista realizada a 11 de Novembro de 2008.

[28] Entrevista realizada em Outubro de 2007.

[29] Entrevista realizada em Agosto de 2008.

[30] Angola tem conhecido muitas acusações de feitiçaria incidindo sobre crianças, o que tem colocado se sobreaviso várias destas instâncias, especialmente a Polícia e os Centros Sociais de Referência do Julgado de Menores (Instituto Nacional da Criança, 2006).

Verifica-se, pois, que o papel das autoridades tradicionais vai no sentido de aconselhar e mediar conflitos.

O papel do soba é de aconselhar mas não é para meter na cadeia. Só pode fazê-lo caso a situação é grave. Os problemas simples são atendidos pelos sobetas e depois informam ao soba. Se ultrapassar as suas competências, o inferior encaminha para o Soba grande. O soba dá poder a estes elementos porque são eles que protegem a estrutura do soba. Caso a situação chegue directamente, ele transfere o caso para baixo e depois de averiguado eles vão informar. Em caso de dificuldades recorrem aos sekulos para em conjunto encontrar o consenso. (...) Dentro desta estrutura existe um porta-voz para esclarecer os problemas. Ele tem a missão de andar de bairro em bairro para informar aos moradores os acontecimentos que estão acontecer ou que irão acontecer.[31]

3. O papel das autoridades tradicionais na resolução de conflitos

3.1. As condições de funcionamento

Para o Soba Domingos Pedro, do Palanca, o soba funciona de acordo com '*nduka za ngutukyla*', isto é, de acordo com a sabedoria obtida desde o nascimento. Para tal têm que estar à disposição das pessoas. Os sobas (e sekulos) contactados referiram receber os utentes a qualquer dia útil. Todavia, dos que nos foi possível ver, a maioria dos casos são apresentados durante os fins-de-semana, quando as pessoas dispõem de mais tempo para falar e expor os seus problemas. As pessoas, na procura de uma solução para o seu caso (quer directa, quer através de indicação de uma outra autoridade), deslocam-se normalmente à casa da autoridade tradicional, a quem procuram apresentar o problema.

As autoridades tradicionais funcionam de modo bastante fluído enquanto instância de resolução de conflitos, ou seja, os seus campos de intervenção variam bastante, mesmo dentro dos municípios. O tipo de casos que estas autoridades processam resulta da procura dos cidadãos, do papel que o Estado lhes confere na resolução de determinados litígios e da representação que as outras instâncias fazem das suas competências, remetendo-lhe os casos.

---

[31] Entrevista realizada a 4 de Novembro de 2008.

A natureza de questões discutidas na instância é bastante heterogénea. Contudo, da observação feita resultou que os principais conflitos identificados agregam-se em torno de duas grandes categorias: conflitos familiares e suspeita de feitiçaria. Infelizmente a quase inexistência de registos não permite avaliar o movimento processual nem conhecer o peso relativo de cada tipo de conflito processado.

Os 'casos familiares', como vários capítulos deste volume referem, integram conflitos que ocorrem no contexto das relações de família ou de vizinhança: agressões verbais ou físicas dentro da família e/ou entre vizinhos, desentendimentos, falta assistência material aos familiares, adultério, forma apontadas como as principais situações que vêm ao soba.

> *Para terrenos adquiridos e com conflitos, aqui no Sector recorre-se aos mais velhos que testemunharam. Relativamente aos conflitos familiares, se forem relacionados com assunto da tradição, procuramos resolver; os outros, por norma, enviamos para a OMA ou para a Polícia. [...] Já os conflitos de heranças, também procuramos resolver.*[32]

O que é particular neste tipo de casos, como sublinha Boaventura de Sousa Santos, é o envolvimento das partes em relações multiplexas, ou seja, relações envolvendo múltiplos vínculos, exigindo que se opte por formas de resolução de conflitos adequadas para a sua conservação (Santos, 1988a).

Outro conflito que ocupa estas autoridades está relacionado com as acusações de feitiçaria, a exemplo de que acontece noutros países da região (Boeck, 2000; Tonda, 2000; Bernault, 2005; Aguilar Molina, 2006). Boaventura de Sousa Santos sublinha que a feitiçaria actua como

> [...] *um detonador de situações complexas de pluralismo jurídico multicultural e é-o através de duas vias complementares mas autónomas. Por um lado, as acusações de crimes cometidos por feitiçaria são aceites nos sistemas de justiça, tanto no sistema judicial oficial, como nos tribunais comunitários e demais instâncias de justiça comunitária. Por outro lado, uma vez aceites as acusações, há que fazer a prova dos crimes e essa prova é muitas vezes feita por curandeiros, ou seja, por actores capazes de identificar os maus espíritos e os sinais da sua presença, de modo a tornar verosímil a ocorrência dos actos criminosos* (Santos, 2003: 86).

---

[32] Entrevista realizada a 8 de Agosto de 2008.

Tal como nos casos dos conflitos familiares, as acusações de feitiçaria[33] afectam normalmente pessoas com relações de proximidade – vizinhos, amigos, casais, colegas de serviços – e podem ser motivadas por ciúmes ou por outro tipo de conflitos mal ou não resolvidos entre os membros da comunidade (Meneses, 2006, 2008, 2009).

3. 2. Apresentação e processamento da queixa

Nesta instância predomina a oralidade no âmbito da resolução de conflitos. A apresentação das queixas, bem como o processamento dos casos (discussão, decisão), são feitos oralmente. A forma escrita está, também, presente, quer na produção de convocatórias, quer na apresentação das razões do conflito, quer ainda para a elaboração de declarações relativas à solução alcançada para os conflitos. O registo escrito da decisão final é particularmente importante porque funciona como memória e garantia para efeitos de controlo das decisões; num outro patamar, funciona como garantia (segurança jurídica) para os cidadãos envolvidos no conflito.

As convocatórias

À semelhança do acontece com todas as instâncias observadas, estas autoridades solicitam a presença das partes envolvidas através de convocatórias[34]. Desta forma garante-se o exercício do contraditório no processo de resolução de conflitos, tendo vários sobas sublinhado que não tomam qualquer decisão sem ouvir todas as partes envolvidas no problema.

Nós fazemos o trabalho por experiência. Quando recebemos queixa, nós mandamos chamar a pessoa causadora do problema através de uma contra-fé [convocatória] para explicar se o problema que lhe acusam e compreender se aconteceu realmente como a pessoa que apresentou a queixa explicou. Na altura da reunião com as partes, o ofendido deve voltar a explicar o problema na presença de todos para que o causador do problema saiba o que disse na ausência dele e assim para que aqueles que não tiveram presentes

---

[33] Nalgumas situações pontuais, observadas nos municípios, casos envolvendo acusações de feitiçaria foram (também) apresentados à Comissão de Moradores.

[34] Das várias convocatórias observadas, poucas eram as que especificavam o motivo pelo qual a pessoa havia sido chamada ao Soba. Normalmente, convoca-se a pessoa em causa para um encontro, referindo-se que *"a sua presença é indispensável"*. Exemplo de Convocatória na Foto 12 (Cf. anexo ao presente capítulo).

possam saber a razão que lhes leva a estar ai. Neste momento a pessoa queixada está escutar atentamente o que a outra pessoa está falar dele. Quando lhe derem a palavra, vai poder dizer se disse ou não.

O soba quando tomar a palavra vai pedir ao acusado para que explique melhor sobretudo aquelas coisas que não aconteceram para não fazer a repetição. Portanto é assim que nós aprendemos e é assim que nós resolvemos os problemas aqui.[35]

As convocatórias, salvo raras excepções, apresentam um cabeçalho onde se faz a identificação da instância (República de Angola, Administração Municipal de Xxxx, Soba da Comuna de Yyyy, Gabinete do Sobado). A convocatória é assinada ou pelo Soba ou pelo seu secretário. Quando a resolução do conflito o exige, o secretário específica que o convocado deve ser acompanhado por outras pessoas, quer os envolvidos no caso, quer as testemunhas.

O soba utiliza estas 'convocatórias' apelando à adesão voluntária das partes ao chamamento. A adesão voluntária das partes às convocatórias é um indicador da legitimidade de que goza junto dos moradores, o que se reflecte no modo de resolução de conflitos e na eficácia das decisões. Como referiu um dos sobas entrevistados, a convocatória é geralmente entregue através de um emissário. Se o suposto transgressor não obedecer voluntariamente a esta oportunidade que lhe é dada pelo soba, o soba informa a polícia solicitando-lhe que procure acusado. A polícia é que decide se resolve o problema ou se apresenta o acusado à autoridade tradicional que produziu a convocatória.

A presença do acusado permite que o soba fique a saber a sua posição em relação o problema que lhe acusam. As declarações apresentadas pelas partes ajudam o soba para marcar a data, o lugar da reunião com todas as partes. Para a resolução do problema o soba solicita também as testemunhas assim como os familiares mais próximos.[36]

Para além disso, e em condições normais, as testemunhas não podem ser da família das partes, pois devem ser pessoas neutras. Só se aceitam familiares quando o problema aconteceu em casa, perguntando-se sempre aos vizinhos se ouviram ou viram alguma coisa na hora em que aconteceu o problema.

---

[35] Entrevista realizada a 4 de Novembro de 2008.
[36] Ibidem.

Quando o problema envolve pessoas de localidades diferentes, a resolução do mesmo depende do lugar em que a pessoa apresentou a queixa. O caso só se transfere para outro sector se ambas as partes envolvidas no conflito ai morarem.[37]

3. 3. A resolução dos conflitos

A colegialidade é uma característica comum à generalidade das instâncias comunitárias observadas e o Soba não é excepção, pois trabalha em estreita articulação com o seu secretário e com as Comissões de Moradores da sua zona. Do mesmo modo, as partes e os respectivos acompanhantes são parte activa da procura de uma solução para o conflito, assumindo papéis activos no processo. No caso específico dos sobas, estes combinam a legitimidade de que gozam com o saber e força ancestrais, centrais para a resolução de alguns litígios. Tal é o caso das acusações de feitiçaria, onde estas vertentes são conjugadas de forma a maximizar os resultados.

No âmbito da resolução de conflitos importa sublinhar alguns dos traços que caracterizam a actuação dos sobas na procura de soluções para os problemas dos cidadãos que os procuram. Como já referido, os sobas, a exemplo de outras instâncias, delimitam territorialmente as suas competências, uma vez que apenas recebem casos em que pelo menos um dos litigantes é morador do seu bairro e que tenham nele ocorrido.

A discussão das raízes do conflito é feita recorrendo a um *"auditório relevante"* (Santos, 1988b) alargado, cuja composição é definida pelas partes e pelo Soba. Normalmente inclui familiares, vizinhos e amigos, que intervêm na discussão do problema. Normalmente o caso é exposto em português, embora se recorra com alguma frequência a expressões noutras línguas nacionais de Angola. Os utentes escolhem a língua de diálogo, tomando iniciativa nesse sentido, sem que o Soba ou o seu secretário decidam sobre as suas preferências; os utentes usam-nas de acordo com as estratégias de argumentação envolvidas na resolução de conflitos.

As partes e os respectivos acompanhantes participam nas discussões em igualdade, seguindo as instruções formais do Soba. É a este que compete dar a palavra a todos os presentes, impedindo mesmo, por vezes, a intervenção extemporânea de uma das partes. Embora o Soba (e na sua ausência, o seu

---

[37] Entrevista realizada a 8 de Agosto de 2008.

secretário) conduza a discussão, nem sempre detém domínio total sobre ela, assumindo uma posição secundária e deixando que as partes tomem a iniciativa de intervir. Esta posição estratégica permite-lhe ganhar tempo para pensar em soluções para o caso, beneficiando da exposição de argumentos entre as partes.

> *Na altura do julgamento deve estar presente, para além do soba, e dos que trabalham com ele, os familiares e amigos próximos das partes. Mas por razões de conflitos que surgem depois de concluir o julgamento, o sobado considera importante limitar o número de participantes ao acto a fim de evitar distúrbios. Depois dos convidados, familiares e amigos das partes estarem sentadas, o Soba faz a abertura da sessão do julgamento. Começa-se por vezes com o agradecimento das partes envolvidas no conflito e das testemunhas. Estas pessoas são muito importantes na resolução do conflito.*
> *Depois o soba faz a apresentação da sua equipa e das pessoas envolvidas no conflito. As partes ao se apresentarem falam das suas biografias familiares, das actividades que exercem, da zona onde mora e também as vezes do seu passado. Também costuma acontecer o soba falar do problema que envolve as partes e dos passos que já foram dados. Antes de passar a palavra ao seu porta-voz, o soba chama atenção as regras de funcionamento. Por norma tem sido por exemplo: manter o respeito, reconhecer que o espaço e de grande responsabilidade. Só pode falar aquele que for autorizado.*
> *Para salvaguardar todas as informações que foram veiculadas, existe um secretário que tem a função de fazer o registo de tudo que foi dito ao longo julgamento mas sobretudo as conclusões que foram tomadas.*
> *No fim dos depoimentos o soba dirige algumas perguntas para melhor compreensão das explicações um pouco duvidosas. Em caso de dificuldades de se identificar o culpado ou o autor do problema o soba recorre a sua equipa que lhe ajuda a analisar o problema e então chegar a conclusão.*[38]

Nos casos em que não é possível encontrar uma solução consensual, pede-se às partes e seus familiares para comparecerem noutro dia. O sobado recorre também à ajuda dos especialistas na matéria para ajudar a identificar o problema, como é o caso de curandeiros que ajudam a identificar os responsáveis em casos de feitiçaria forte; e mesmo nestes casos recorrem a pessoas especializadas para ajudar na resolução do problema.

---

[38] Entrevista realizada a 4 de Novembro de 2008.

A apresentação do problema não determina, em absoluto, o objecto do conflito. O Soba, como foi possível observar, joga um papel particularmente importante na (re)construção do objecto de disputa, uma vez que, percebendo a dimensão do problema, procura discutir as suas causas, ainda que estas não sejam manifestas. Deste modo, tende a eliminar as disparidades entre o que tem sido designado por 'conflito processado' e 'conflito real', o que se revela central para a efectiva solução do problema. A permanente construção do objecto também resulta do desenvolvimento das discussões sobre o problema. A discussão do caso implica a apreciação de tantas outras questões veladas ou entretanto esquecidas pelas partes, procurando mostrar as faltas cometidas por algum dos intervenientes face aos vínculos vigentes naqueles contextos.

O modelo de decisão a que o soba recorre assenta na mediação, sendo procuradas soluções intermédias que comportam cedências mútuas e ganhos recíprocos e que sejam exequíveis. Neste tipo de decisão, tal como verificou Boaventura de Sousa Santos no contexto de uma favela do Rio de Janeiro, *"ainda que uma das partes possa ser mais vencedora do que outra, o resultado nunca é de soma--zero, ao contrário do que sucede na forma de adjudicação"* (Santos, 1988).

As soluções são alcançadas através da articulação de três mecanismos: pedidos de opinião às partes sobre a decisão de que deve ser tomada sobre os conflitos, formulação de decisões intermédias (não definitivas) que permitam testar a satisfação das partes e renegociar as soluções e, em vários casos, refe-rências ao direito oficial para conter as posições, muitas vezes extremas, das partes. *"Nós trabalhamos com a lei"*, repisou várias vezes um dos Sobas.[39] Estas referências à lei escrita são bastante comuns nos discursos das autoridades tra-dicionais observadas, sendo usadas como forma de legitimar a sua posição em relação ao conflito e manter o equilíbrio da decisão. Este recurso à lei, enquanto quadro normativo exógeno e que representa a força do Estado, funciona como instrumento de coerção.

Normalmente, os sobas não fazem a descrição dos casos, anotando apenas as decisões tomadas e o destino que alguns casos tomaram, quando transferidos para outras instâncias. No primeiro caso o recurso à escrita acentua a solenidade da decisão, revestindo-a de oficialidade (i.e, aumentando o seu valor institucio-nal e a sua eficácia). Vários sobas, (e seus secretários) entrevistados mostraram manterem um registo parcialmente coerente dos casos que haviam entrado nos

---

[39] Observação realizada em Agosto de 2008, no Cazenga.

últimos tempos. Em geral, do que foi possível observar, cada Soba resolve, ou intervém, em média cerca de 4 a 5 casos por mês.

4. Caso observado

Caso de acusação de feitiçaria[40]

Este caso opõe dois vizinhos: de um lado está o Sr. Veludo, que apresentou queixa à Comissão de Moradores por estar a ser acusado repetidas vezes, pelo vizinho – Sr. Parafuso – de feiticeiro; do outro lado está o Sr. Parafuso, o vizinho, que lamenta a situação difícil que tem estado a viver. Presentes ainda, para além das partes, estavam o Sr. Emílio (Assistente do Soba), Sr. Gabriel, Sr. Livingui e Sr. Pedro (membros da Comissão de Moradores do Quarteirão onde o caso ocorreu), assim como vários familiares das partes.

Sr. Emílio: [...] *Vou fazer apresentação a mesa de presídio: está aqui o camarada Gabriel, que é Presidente do Quarteirão Nn e também é secretário da JMPLA do partido aqui no bairro. Eu próprio, sou secretário desse quarteirão onde estamos, sou também secretário do Comité* [local do MPLA] *daqui do Tala Hady. Está aqui o camarada Livingui, também é secretário para os assuntos políticos do Comité do Partido e também membro da Comissão de Moradores. Esta aqui também o camarada Pedro, que é secretário da Comissão de Moradores do Quarteirão Nn. Feita esta apresentação, vou passar a palavra ao senhor Veludo que vem notificar o camarada Parafuso.* [...] *Então vou ordenar ao Secretário para fazer a leitura do documento que o Sr. Veludo lavrou* [referindo-se ao acto de denúncia], *depois de fazer a leitura é que vamos passar a palavra para o senhor Veludo complementar e ao Sr. Parafuso para responder. Mas alerto também que, enquanto a gente passar a palavra a um lado, no outro lado ninguém pode responder sem ter autorização. Se tentar fazer confusão, vai sair para fora, se tentar fazer mais coisas, nós vamos chamar a polícia para levar a pessoa.*

Sr. Gabriel: *Nós vamos resolver um problema tradicional, fiquem já atentos! Crianças se têm vosso problema, ficam já atentos porque nós vamos resolver um problema de tradição. Estão a escutar? No entanto, não queremos ninguém que não tem cabelo branco, a intervir na tradição que não conhece, a não ser que ele já conhece, lhe ensinaram há muito tempo. O que queremos é resolver é aquilo que vamos encontrar aqui. Com isto quero dizer o quê? Que cada um de nós que saiu da sua casa para vir aqui nesse local, debaixo dessa goiabeira, deve se sentir responsável. Mas qual é a responsabilidade? Cada*

---

[40] Observação realizada no bairro Kala Wenda (Cazenga), a 18 de Outubro de 2008.

pessoa que está aqui, a sua cabeça deve ser um laboratório para podermos analisar qual é a doença que existe entre o Sr. Veludo e o Sr. Parafuso. Quando encontramos a doença, vamos arranjar agora o quê? Medicamento! E quem vai arranjar medicamento? Somos nós! Por isso não é ficar distraído quando o outro está a falar e começar a fazer barulho nos cantos sem escutar nada.

[Lê-se o documento].

Sr. Emílio: *então para além do documento que foi elaborado nas suas mãos que recebemos no primeiro tempo, acresceu mais algumas coisas que são recentes, que aconteceram ainda esse mês. Foi aquilo que nós observamos aqui no documento para o Sr. Parafuso, que dentro deste espaço, não deve acrescentar mais ali ao que estava escrito e que foi lido. Infelizmente o Sr. Parafuso não cumpriu, porque acresceu mais aqui [...]*

Sr. Emílio: *Todos escutaram atentamente, não sei se tem mais alguma coisa para acrescer?*

Sr. Veludo: *A minha senhora é que vai acrescer mais alguma coisa.*

Sr.ª Conceição: *Eu sou vizinha, não tenho problemas com ela, somos irmãs em Cristo na Igreja do Bom Deus. O problema desse mês que ele escreveu aí...*

A conversa desses dias, do mês passado. Então um belo dia, numa noite dormimos. Quando eram parece zero horas, nós no sono, quando se espantamos do sono, estamos escutar atrás da casa: "feiticeiros! Eu aqui não tenho família que me persegue, a minha mãe já morreu, o meu pai já morreu, todo tempo aqui em casa, meus filhos não dormem! Desde a hora que o meu filho foi na cama, ainda não apanhou sono, vieram aqui começar a lhe apertar! Deixam, deixam o meu filho!"

A mãe é que estava a falar! O filho responde, aquele que está de camisola branca [aponta para um jovem]. O pai nesse dia, não sei se dormiu de serviço ou não estava lá. Não ouvimos a voz do pai, era só a voz da mãe e do filho. O filho é que responde: "mamã, você está a falar o quê! Você está a esconder, você fala mesmo, essa janela, essa janela, a bruxa não está mesmo aqui nessa janela! Nesta casa mesmo, nessa janela não é onde está os feiticeiros, estás a esconder para quê?! Você fala mesmo a verdade, não começa só a esconder, feiticeiros estão nessa casa, que andam sempre a nos perseguir, não esconde! Estás a esconder para quê? Está ficar mais velha, mas sempre com feitiço, porque é que não deixa de dançar ou não, mata os teus netos e não perseguir os filhos dos outros?"

A mãe começou sempre aliviar as palavras, mas o filho não quer aliviar as palavras: 'a casa mesmo é nessa janela'. O mano Veludo levantou e eu disse: "Mano Veludo, essa hora é noite, você escuta só! Não levanta, fica mesmo aqui na cama, não responde! Essa hora a noite, vais responder o quê?" Nós aqui não é a primeira nem a segunda vez, vamos aguentar assim. Se na verdade temos feitiço, ela como não tem família, e nós somos vizinhas, então deixa falar, já estamos habituados a nos acusarem sempre de feiticeiros. Ele também me escutou, dormimos até de manhã.

No dia seguinte, acordamos e ninguém também falou e ele sempre com o papel dele a escrever. Mas também não peguei inimizade nenhuma, nos cumprimentámos. [...]

Sr. Emílio: *De de igual modo também que vamos fazer com o outro lado. Vamos dar a palavra ao Sr. Parafuso, para também falar sobre tudo o que foi dito aqui. [...]*

Sr. Parafuso: *Sim, para saber qual é a causa, a origem. Eu queria que a Comissão fosse no terreno averiguar os factos, não sei se é possível permitir essa situação.*

Sr. Gabriel: *Segundo o que a informação nos diz aqui, nós vamos deslocar depois. Mas é só dizer o que Sr. Veludo falou. Está aqui o documento escrito por ele, a mulher dele explicou, nós ouvimos, é certo ou não é certo? Porque nós só deslocamos se for caso de terreno, eu aqui no papel não vejo nada que fala sobre terreno. Se roubou, se diminuiu, se aumentou o terreno, aqui não diz. A maka principal que fala aí é o conflito interno que vocês tiveram de feitiço, não é isso, Assembleia?*

Presentes: *Sim!*

Sr. Gabriel: *Aqui mesmo, as mamãs que estão nesse lado, não é feitiço o que está aqui?*

Senhoras Presentes: *Sim.*

Sr. Gabriel: *É só dizer o que ele falou de feitiço, de 1990, porque ele começou a apontar sempre que vocês têm um litígio. Se você costuma gritar, se você costuma dizer mesmo que ele é feiticeiro, é aquilo, não sei que tal, 'não me mata, não me amarra, não me faz aquilo, não me faz isso', é só isso que você vai explicar. A não ser que você vai nos apresentar o feitiço lá. Nisso nós vamos deslocar, sem dúvida nenhuma. Agora, se for só para explicar o que está escrito, você explica aqui, consoante o documento que nós temos aqui.*

Sr. Parafuso: *Esse é um documento feito por ele e não representa documento nenhum. Não é um documento feito aqui na mesa onde nós estamos presentes, não! Isto é um resumo que ele fez para ele.*

Eu cheguei primeiro no bairro. Eu cheguei primeiro no bairro, fiz a casa muito bem e depois de um tempo ele chegou e lhe recebi como vizinho. Mas, só mesmo já no acto de construção, o seu terreno é muito livre, ele tem uma fronteira de um metro e tem o seu espaço atrás. Ele fecha o seu espaço atrás e vem abrir a sua porta aqui onde ele tem um metro de fronteira comigo, para fixar a residência. Neste caso, num metro não cabe para nós, para fazer um movimento, ele e eu, vivíamos num quintal comum. Vivemos um tempo num quintal comum e não tínhamos problema, eu não sabia de nada. É vizinho, estamos a viver juntos, naquela hora estamos sentados, sem nenhum problema, quem tem um cigarro dá no outro, assim sucessivamente.

Mas posteriormente, as coisas já não estavam a correr bem. A pessoa é perturbada no sono, é qualquer coisa que você sente, aqueles arrepios, aqueles gritos, mas quando a pessoa reclama, para ele é problema. Com base nisso, eu lhe disse: "estás a ver, para não haver mais isso, fecha a porta para deixarmos esses conflitos, porque estamos assim frente a frente. A tua parede é essa, a minha parede é essa, estamos sempre juntos, assim não dá." Ele respondeu: "você vai me dizer para fechar a porta?! Olha, ficas a saber que na tua casa vai rebentar uma faísca, que nem o bombeiro conseguirá apagar!"

Eu disse: "a maka é essa. Que tipo de faísca é essa que vai rebentar na minha casa?!" Tudo bem, nós ficamos. Depois de um tempo, eu caio doente. Eu me lembro muito bem. Nesse dia eu estava com a minha toalha amarrada, e vou ter com ele. Eu lhe digo: 'Irmão, a bomba que você disse que vai rebentar na minha casa, eu estou a me sentir mal, eu estou doente. E para que não me aconteça algo, eu vou comunicar à minha família para ver o que podemos fazer!"

Depois de eu convocar a família, ele vai abrir a porta lá atrás. Daí chamamos a família, sentamos as famílias, não havia até razão de queixa. Eu sou cidadão, tenho o meu direito de defender aquilo que eu vejo. Aliás, senhor, na minha casa eu vivo perturbação, eu sou mesmo atormentado, isso não é mentira, é verdade. Agora ele espera quando eu dou a volta e vou lhe acusar de feiticeiro. E desde a vez que recebi a notificação, demorou muito tempo, como ele escreveu aí. Isso, qualquer pessoa escreve, também posso sentar na minha casa e elaborar, isso não corresponde a verdade. E mesmo desta vez que eu recebi a notificação, para mim foi uma surpresa, eu não sabia porque é que eu fui notificado. Não fui a casa de ninguém, não acusei ninguém, simplesmente é lamentação daquilo que se passa na minha casa. [Continua o seu relato]

Sr. Emílio: *Acabou? A tua senhora?*

Sr. Parafuso: *Ela vai acrescentar uma coisa.*

Sra. Helena: *Eu não sei qual é o pecado que eu fiz nesse mundo. A noite quando vamos para dormir, este menino grita, aquele grita todo tempo. Se vocês deixam duas semanas, na terceira semana vocês todos têm que ser atormentados em casa. Maus sonhos: esse está sonhar, aquele está sonhar, quando vocês estão a se espantar do sono, arrepios, mais é arrepios mesmo, toda hora a reclamar: "meu Deus, essa casa está como então! Será que Deus disse que a pessoa quando compra casa não é para viver feliz?"*

Um dia desses, o meu menino, o miúdo tem 15 anos, apanhou um papel no nosso limite, porque esse é o quintal deles, esse é o nosso. Ele apanhou o papel, era já a noite, ele leu, estava a ir para a rua, tirou o papel e guardou nos blocos. No dia seguinte, ele lembrou: "o meu rascunho que eu deixei aí, vou buscar." Quando ele chegou lá, começou a procurar o seu papel no limite do nosso terreno, no limite dos blocos. Eu lá dentro a fazer mata-bicho das crianças, estou a ouvir lá fora: "você está a vir espreitar na casa do meu sobrinho! O meu sobrinho sai 5 horas da manhã, não é

cunanga[41] *como vocês! O que é que você está a vir procurar aqui?" Ela começou já a falar muito. Quando o meu menino veio, eu lhe disse: "vocês então que costumam ir aí atrás, quem foi aí atrás?" O meu menino disse: "sou eu. Mãe, ontem apanhei esse papel, gostei da escrita que está lá". Eu como estava ir na rua, deixei ficar aqui ao lado dos blocos, onde eu guardei o papel. Então, fui buscar o meu papel para guardar aí dentro, senão não fui na casa de ninguém. Essa senhora sabe, desde que veio viver nesse bairro, conhece bem os meus filhos, nunca foram assaltar casa de alguém! Por isso eu disse: "essa Tia, se viu alguma coisa, devia vir ter comigo!" Me doeu a cabeça, dei volta e então, fui ter com ela: "Tia São, o que é que se passa?" Ela responde: "o teu filho estava a espreitar no quarto do Zé." Eu lhe disse: "esse quarto que está bem fechado assim?" Ela me respondeu: "a Rita é que lhe encontrou" Eu disse: "mas a Rita já foi de manhã cedo, essa hora já estamos por volta das 11 horas. A Rita quando passou me deixou aqui no quintal a varrer. Desde aquela hora que a Rita passou, não falaste, já estamos por volta das 11 horas, continuas a maltratar com nomes o miúdo? Confessa, você costuma ir na igreja, você viu mesmo de verdade o meu filho a espreitar na janela?" Ela diz, "A Rita é que falou." Eu disse: "você conhece esse miúdo desde criança, alguma vez já ouviste que ele roubou?" Ela respondeu, "não."*
[Continuou o seu relato]

Sr. Emílio: *Obrigado* [...] *Mas só que, o documento que ele elaborou não é de hoje, não é de ontem. O documento que está lavrado aqui, que foi lido pelo secretário, todos ouviram, esse vosso problema iniciou em 1990.* [Registaram-se alguns comentários das partes, particularmente entre as senhoras]

Sr. Livingui: *Aqui não vieram para discutir, não vieram para colocar palavras anónimas, não vieram para expressar o melhor português! Vieram para resolver o problema de feitiçaria. Então, se vocês acham que existem autoridades, então devem respeitar as autoridades!*

O Sr. Veludo foi citando alguns pontos e particularmente a senhora. Eu dei conta, quando a pessoa queixada de acusar de feitiçaria à outra parte lhe deram a palavra e ele pediu a criação de uma comissão para ir no terreno, que se tratava de um assunto de terreno.

Sr. Gabriel e Sr. Emílio: *De terreno.* [...]

Sr. Emílio: *Ok, a situação é mesmo essa que o meu colega acabou de falar. O que aí existe conforme o camarada Parafuso falou, estava a falar já sobre terreno, não sei o quê. Então o que existe aí mesmo, a rivalidade entre vocês, é uma rivalidade dos terrenos.*

---

[41] Preguiçoso, desempregado.

AS AUTORIDADES TRADICIONAIS EM LUANDA   355

Aí é onde iniciou o vosso problema, quando ele cita que o problema iniciou em 1990, iniciou já nos terrenos. Entrou já o feiticismo, o camarada Parafuso a citar já o nome do camarada Veludo...

[...] Esse problema tem que acabar, esse problema tem que acabar! Se não acabar aqui, vamos transferir. Não vamos terminar por aqui. Tem que acabar, se não acabar nós vamos entregar no Soba do município. Isso tem que terminar aqui. Tem que terminar aqui, vocês vão ter que sair daqui limpos. Ninguém vai sair daqui mais e indicar o dedo na casa do Sr. Veludo. Do lado do Sr. Veludo também não pode ter mais alguém que vai indicar o nome no Sr. Parafuso, nem na esposa dele, nem nas filhas dele. Tudo tem que ficar aqui onde nós estamos sentados. Mas se alguém hoje, amanhã, apontar mais o dedo no lado do outro, o que sentir pode vir aqui e nós vamos transferir o caso. Temos o Soba Grande, aqui chamado Mulenguelengue, que é General, ele é que vai concluir o caso. Mas nós não queremos isso, nós queremos que isso fica por aqui, tudo tem que ficar por aqui. [...]

Sr. Emílio: *Os filhos também gostam de falar à toa. Cada um deve controlar o seu filho, porque o filho também fermenta. Também a nossa boca é veneno, é aquilo que o Sr. Veludo falou no outro, pode ser você que fez aquela promessa, pode não ser você, mas como o outro aí sentiu qualquer coisa que está a fazer, então é você. [...]*

Sr. Gabriel: *Veludo, Parafuso, nós somos homens, para termos o cabelo branco é porque saímos longe. Veja lá atrás se houve alguns erros que você fez e esqueceu, veja lá atrás mamã, aquilo que você acaba de dizer, por isso você ajudou. Veja se tem alguns erros que tinham feito, podem vir surgir consequências. A recomendação que eu deixo: Família Veludo, Família Parafuso, o sítio de enterrar o tal chamado feitiço é aqui, entregar o feitiço no Soba, mas só que vocês aqui não trouxeram, se trouxessem nós recebíamos, é o compromisso que as pessoas têm.*

Portanto, procurem formas de se unir de novo, unam-se de novo, concentrem-se. Os filhos também concentrem-se, para não fazer a transmissão de uma má ideia dos mais velhos para as crianças. Se os dois são vizinhos de parede e não se gostam, então as também vão acompanhar o mesmo ritmo e os filhos deles, que são os netos, também vão acompanhar.

A minha última palavra que digo é o seguinte: quem não cumprimentar o outro na área onde vocês vivem, são vizinhos, não se cumprimentarem, começar mais dizer coisas, não sei o quê mais, ele é que é mesmo o feiticeiro da área. Quem não cumprimentar, eu estou a dizer mesmo para assembleia, quem fizer a mínima situação negativa com o outro, o feiticeiro é esse, porque aqui não tem feiticeiro. Esse é que é o feiticeiro, porque é que está a fomentar as contradições entre duas famílias, porque o feitiço neste momento nós queríamos ver aqui.

Esta é a minha recomendação. Tem algum problema assim negativo, nesse momento a porta está aberta, se ele te insultar vem, nós vamos saber mesmo se é feiticeiro, ele vai pagar por fama de feiticeiro. Se for necessário, nós vamos buscar os kimbandeiros *que andam por ali, sentam com ele, fala com ele, agora nós só vamos lhe ver.*

Esta é a minha última recomendação, a partir daqui vocês estão livres, estão calmos, chegam em casa, façam, tentem fazer mesmo isso, coliga-se com o teu inimigo. Uma coisa é certa, Angola é o país mais lindo do mundo, que não precisou mais de mediador, mediador que estava a nos comer só bué de dinheiro, entre eles próprios se entenderam. Se entenderam ou não se entenderam?

Familiares das Partes: *Se entenderam!*

Familiares das Partes: *Fizemos!* [...]

Sr. Gabriel: *Todos nós queremos saúde na casa do tio Parafuso! Saúde em casa do tio Parafuso, as crianças ficam bem, o tio Parafuso fica bom, a mamã fica boa, a casa não estremece mais, a casa tem que ficar em condições. Agora vamos comer a nossa alegria, a nossa paz.*

Sr. Emílio: *No entanto, nós vamos terminar por aqui, tudo aqui já foi dito, já foram aconselhados e a minha finalidade é esta, para onde vocês vão ninguém deve apontar mais o dedo um ao outro, conforme se acabou de explicar.*

Sr. Gabriel: *O problema acabou, vamos a entender. Cada pessoa vai assinar Declaração que acabou o problema.*

[Os Srs. Veludo e Parafuso assinam cada um uma Declaração de Compromisso.[42] Os dois homens contribuíram também com dinheiro para uma grade de refrescos]

Conclusões

Central ao pensamento de Boaventura de Sousa Santos sobre as situações de pluralismo jurídico é a ideia de *"porosidade das ordens jurídicas"*. De acordo com Santos, vivemos *"num mundo de hibridações jurídicas, uma condição a que não escapa o próprio direito nacional estatal"*. Esta hibridação acontece também ao nível micro, na medida em que os cidadãos e os grupos sociais organizam as suas experiências segundo vários direitos – o direito oficial estatal, o direito consuetudinário, o direito local, o direito global, etc. – e, na maioria dos casos,

---

[42] Exemplos de Declaração de Compromisso são apresentados nas Fotos 13 e 14 (Cf. anexo ao presente capítulo).

segundo complexas combinações entre estas diferentes ordens jurídicas. A esta fenomenologia jurídica o autor dá o nome de interlegalidade (2003: 49-50).

Seguindo esta linha de pensamento, e em lugar de pensar o espaço normativo angolano como dividido abissalmente entre o 'direito (oficial)' e o 'costume'. Esta divisão é tal, que o outro lado, neste caso 'os outros sistemas de justiça' têm sido, em Luanda, dados como invisíveis e produzidos como não existente (Santos, 2007: 3-4).[43]

Com este estudo procurou-se, como a introdução a este relatório salienta, revelar a grande diversidade de instâncias envolvidas na resolução de conflitos na cidade capital de Angola, onde os costumes interpenetram a esfera do direito oficial e vice-versa.

Nestes contextos, o 'direito costumeiro' é concebido como um arquivo de normatividades, um compêndio de estratégias que procuram reorganizar e reestruturar as ligações sociais em crise, ligando o espaço onde os conflitos são resolvidos à paisagem cultural mais ampla que os rodeia.

Em paralelo a velhas formas de poder local, como são as autoridades tradicionais, outros tipos de autoridade, fruto da intervenção do partido-Estado, como é o caso das Comissões de Moradores, ou fruto da transformação de instâncias do partido (caso da OMA, etc.) sobrevivem, mostrando uma profunda resiliência. Nestas instâncias, que interagem entre si em permanência, funcionam tipos de lei que misturam códigos legais do Estado com costumes e regras de organização local.

Os sistemas de justiças em funcionamento quer no Cazenga, quer no Kilamba Kiaxi incluem estruturas que pertencem à estrutura do aparelho de Estado (caso do Centro Social de Referência do Julgado de Menores) assim como outras instâncias que se têm mantido à margem, face às várias reformas legais que Angola tem conhecido (caso das Autoridades tradicionais em contexto urbano). É nestas instâncias menos viabilizadas pelo Estado – mas reais e actuantes – que a resolução de conflitos acontece e toma corpo. É aqui que a vida se transforma em tema jurídico, o objecto e competição entre jurisdições, estruturas e tradições.

---

[43] Obviamente que para as populações que usam estes outros sistemas de justiça, os mesmos não são invisíveis; as suas estruturas e normas, os principais actores e figuras de poder, assim como as disputas internas e as interacções com outras instâncias de poder, constituem parte da vida quotidiana, integrando a construção do campo político local.

Neste contexto, o pluralismo jurídico deve ser visto numa perspectiva dinâmica, onde as ordens jurídicas são flexíveis e estão em mutação, reflectindo a transformação dos direitos presentes na sociedade, e ajudando a conhecer o funcionamento flexível e interligado das várias justiças no espaço de Luanda. Esta situação tem sido caracterizada por Boaventura de Sousa Santos como um *"Estado heterogéneo"*. O pluralismo jurídico prende-se com a heterogeneidade normativa que assenta no facto de a acção social ocorrer num contexto de múltiplos e sobrepostos campos sociais semi-autónomos, constituindo, na prática, uma situação extremamente dinâmica. Uma situação de pluralismo jurídico – a situação normal, omnipresente na sociedade humana – é aquela em que o direito e as instituições jurídicas não dependem todas de um sistema jurídico mas têm as suas fontes nas actividades auto-regulatórias de todos os campos sociais presentes. O conceito de Estado heterogéneo *"requer a coexistência de diferentes lógicas de regulação executadas por diferentes instituições do Estado com muito pouca comunicação entre si"*. A definição de pluralismo jurídico interno ao Estado angolano remete-nos, assim, para esta imagem de uma estrutura estatal cuja actuação excede o próprio controlo (Santos, 2003: 57). Esta ideia é central para se estudar a realidade e o impacto da pluralidade jurídica na promoção ou no bloqueio do acesso à justiça em Angola.

Através do reforço dos poderes das autoridades tradicionais (sobretudo em espaços rurais) e da sua crescente visibilidade na esfera pública, o Estado angolano procura, através de discursos políticos, textos legais ou encontros, expor e circunscrever as várias normatividades que se têm vindo a desenvolver debaixo de uma única categoria – a de autoridades tradicionais. Num movimento dialéctico que procura somar toda a dimensão histórica – pré-, colonial e pós-colonial – num presente contínuo o Estado vai operando, buscando reabilitar aspectos do dualismo ideológico e oposicional, revitalizando a diferença que parece continuar a ser instrumentalmente necessária à construção do campo político africano no panorama político global: a oposição do moderno ao tradicional. Neste sentido, o reforço constitucional de um sistema de oposição centrado no sistema de justiça formal e no 'costume' revela-se problemático, pois que esta reforma avança com uma representação das autoridades tradicionais e dos seus costumes e preceitos normativos como dotados de uma legitimidade que continuasse a existir quase que fora do tempo histórico contemporâneo.

De facto, como Boaventura de Sousa Santos sublinha nos capítulos iniciais deste relatório, as reformas políticas globais têm procurado promover a descentralização e as autoridades locais, estabelecendo assim as bases para reforçar a ligação entre o Estado e a 'tradição'. De forma célere as autoridades tradicionais vão ocupando mais espaço, funcionando como administradores locais, operando numa posição estruturalmente complicada, entre a comunidade e a administração estatal.[44] De igual modo, e como este relatório aponta, a burocracia – uma das componentes estruturais do Direito – está presente, no que concerne ao controlo por parte do aparato estatal, apenas nalgumas áreas do espaço urbano, essencialmente nos centros administrativos que integram o Estado. Em vários dos bairros que integram os municípios estudados, estes elementos do Estado estão presentes apenas até um certo ponto. Mas mais interessante ainda, nestes bairros os elementos do Estado funcionam de forma quase autónoma, competindo com mandatos, estruturas e formas de controlo oficiais formais.

O que este estudo sobre Luanda revela é, pelo contrário, uma presença dinâmica e complexa de diversas instâncias que intervêm, nos vários municípios de Luanda (nas zonas sub e peri-urbanas), a exemplo de outras cidades africanas. Nos bairros que integram este municípios as relações estabelecidas entre as autoridades tradicionais, as comissões de moradores, os centros de referência do julgado de menores, as esquadras de polícia, entre outros são de complementaridade e/ou de competição, integrando uma rede complexa de sistemas de justiça. Em lugar da erosão ou extinção das múltiplas instâncias geradas ao longo das várias etapas políticas que Angola atravessou, observa-se um processo de sedimentação de estruturas e lógicas de poder local, debatendo todas estas instâncias quer o seu papel, a sua legitimidade, quer ainda a sua interpretação sobre o sentido do Estado e das justiças em funcionamento em Luanda. Como resultado, Luanda apresenta uma diversidade de instâncias envolvidas na resolução de conflitos, configurando um autêntico 'forum shopping' de instâncias a que os cidadãos acorrem, procurando identificar a que melhor corresponde às suas expectativas (i.e., aquela que lhe garante maior protecção e segurança legal e física). Recorrendo, por vezes, a instâncias sob orientação de líderes locais, os cidadãos manobram sempre com alguma margem de autonomia, o que lhes permite quebrar as lógicas definidas internamente pelas instâncias.

Esta realidade, complexa e imprevisível, não pode ser analisada nem estruturada unicamente em função do que está previsto na legislação. Como salienta

---

[44] Para uma análise mais detalhada desta problemática, cf. Feijó, 2002; Pacheco, 2002; Sousa, 2004; Sango, 2006, Orre, 2007; Ylmaz e Felicio, 2009.

Boaventura de Sousa Santos, ao recorrer à metáfora do palimpsesto de culturas jurídicas e políticas, a história é feita de rupturas e continuidades, resultando em distintos impactos a nível local, onde as estratégias do Estado, presentes e passadas, se cruzam com as dinâmicas locais e glòbais, constituindo virtualmente, em cada momento e em cada espaço, configurações específicas. No seu conjunto, a rede de justiças disponíveis ao nível local em Luanda desempenha um papel fundamental no acesso à justiça, constituindo referências centrais para um processo de criação de um 'novo' direito angolano.

A ideia de um Estado angolano multicultural não significa relegar o Estado para um lugar subalterno; pelo contrário, as situações analisadas acentuam a centralidade do Estado como um espaço político que vários actores e instâncias de governação – com distintas histórias e trajectos políticos – disputam. O direito à cultura como espaço de auto-determinação (re)emerge como um momento de afirmação democrática multicultural, que facilita o alargamento da participação e da representação das populações/comunidades nos assuntos políticos que afectam as suas vidas. A cidadania, neste contexto, é mais do que um conjunto de direitos políticos garantidos pela constituição. Ela abrange também o conjunto de relações económicas, sociais e políticas entre grupos sociais e estruturas de poder que medeiam a posição do indivíduo no espaço político da cidadania, ao mesmo tempo que abre espaço para a participação em experiências políticas mais amplas, incorporando outros espaços materiais e metafóricos, reflectindo outros saberes e experiências.

Referências bibliográficas

Aguilar Molina, Javier (2006), *The Invention of Child Witches in the Democratic Republic of Congo. Social cleansing, religious commerce and the difficulties of being a parent in an urban culture*. Londres: Save the Children.

Arthur, Maria José; Mejia, Margarita (2006), "Instâncias Locais de Resolução de Conflitos e o Reforço dos Papéis de Género: a questão de casos de violência doméstica", *Outras Vozes*, 17: 1-8.

Bennett, Tom (2004), *Customary Law in South Africa*. Cidade do Cabo: Juta Press.

Bernault, Florence (2005), "Magie, Sorcellerie et Politique au Gabon et au Congo-Brazzaville", *in* Mbekale, M. M. (org.), *Démocratie et Mutations Culturelles en Afrique noire*. Paris : L'Harmattan.

Boeck, Filip de (2000), "Le 'Deuxième Monde' et les 'Enfants-Sorciers' en République Démocratique du Congo", *Politique Africaine*, 80: 32-57.

Boone, Catherine (2003), *Political Topographies of the African State. Territorial authority and institutional choice*. Cambridge: Cambridge University Press.

Carmona Ribeiro, José (1944), *Regulamento do Fôro Privativo dos Indígenas de Angola (crítica e formulário)*. Luanda: Imprensa Nacional.

Carvalho, Paulo de (2008), *Exclusão Social em Angola: o caso dos deficientes físicos de Luanda*. Luanda: Kilombelombe.

Comaroff, John (2002), "Governmentality, Materiality, Legality, Modernity: on the colonial State in Africa", *in* Deutsch, J.-G.; Probst, P.; Schmidt, H. (orgs.), *African Modernities: entangled meanings in current debates*. Londres: James Currey.

Comaroff, John L.; Comaroff, Jean (1999), "Introduction", in Comaroff, J. L.; Comaroff, J. (orgs.), *Civil Society and the Political Imagination in Africa: critical perspectives*. Chicago, University of Chicago Press.

Copans, Jean (1990), *La Longue Marche de la Modernité Africaine: savoirs, intellectuels, démocratie*. Paris: Karthala.

Dumba, José (2004), "Resolução de Conflitos pelo Direito Costumeiro", *in* Ministério da Administração do Território (org.), *Primeiro Encontro Nacional sobre a Autoridade Tradicional em Angola*. Luanda: Editorial Nzila.

Eisenstadt, Shmuel N. (2002), "Some Observations on Multiple Modernities", *in* Sachsenmaire, D.; Eisenstadt, S.N.; Riedel, J. (orgs.), *Reflections on Multiple Modernities: European, Chinese and other interpretations*. Leiden: Brill.

Feijó, Carlos (2002), *A Tutela Administrativa sobre as Autarquias Locais em Angola (perspectivas futuras). A descentralização em Angola*. Luanda: UNDP.

Ferguson, James; Gupta, Akhil (2002), "Spatializing States: toward an ethnography of neoliberal governmentality", *American Ethnologist*, 29 (4): 981-1002.

Giblin, James (2006), *A History of the Excluded: making family and memory a refuge from the State in Twentieth century Tanzania*. Oxford: James Currey.

Hinz, Manfred O. (2000), "Traditional Authorities: Sub-central government agents", *in* Hinz, M. O.; Amoo, S. K.; van Wyk, D. (orgs.), *The Constitution at Work. 10 years of Namibian nationhood*. Pretoria: UNISA.

Hobsbawm, Eric (1988), "Introduction: inventing traditions", in Hobsbawm, E.; Ranger, T. (orgs.), *The Invention of Tradition*. Cambridge: Cambridge University Press.

Instituto Nacional da Criança (2006), *O Impacto das Acusações de Feitiçaria Contra Crianças em Angola: uma análise na perspectiva da protecção dos direitos humanos*. Luanda: INAC e UNICEF.

Jenkins, Paul; Robson, Paul; Cain, Allan (2002), "Local Responses to Globalization and Peripheralization in Luanda, Angola", *Environment and Urbanization*, 14 (1): 115-127.

Khadiagala, Lynn S. (2001), "The Failure of Popular Justice in Uganda: local council courts and women's property rights", *Development and Change*, 32: 55-76.

Lange, Matthew (2004), "British Colonial Legacies and Political Development", *World Development*, 32 (6): 905–922.

Locatelli, Francesca; Nugent, Paul (orgs.) (2009), *African cities: competing claims on urban spaces*. Leiden: Brill.

Lopes, Carlos M. (2007), *Roque Santeiro: entre a ficção e a realidade*. Lisboa: Principia.

Mamdani, Mahmood (1996), *Citizen and Subject: contemporary Africa and the legacy of late colonialism*. Princeton: Princeton University Press.

Mamdani, Mahmood (2001), "Beyond Settler and Native as Political Identities: overcoming the political legacy of colonialism", *Comparative Studies in History and Society*, 43: 651-664.

Marques Guedes, Armando; Feijó, Carlos; Freitas, Carlos; Tiny, N'Gungu; Coutinho, Francisco P.; Freitas, Raquel B.; Pereira, Ravi A.; Ferreira, Ricardo do N. (2003), *Pluralismo e legitimação. A edificação jurídica pós-colonial em Angola*. Coimbra: Almedina.

Mbembe, Achille (2001), "Formas Africanas de Auto-inscrição", *Estudos Afro-Asiáticos*, 23 (1): 171-209.

Meneses, Maria Paula (2006a), "Towards Interlegality? Traditional healers and the law", *in* Santos, B. S., Trindade, J. C.; Meneses, M. P. (orgs.), *Law and Justice in a Multicultural Society: the case of Mozambique*. Dakar: Codesria.

Meneses, Maria Paula (2006b), "Traditional Authorities in Mozambique: between legitimization and legitimacy", *in* Hinz, M. (org.), *The Shade of New Leaves: Governance in Traditional Authority – a Southern African Perspective*. Berlim: LIT Verlag, 93-119.

Meneses, Maria Paula (2007), "Pluralism, Law and Citizenship in Mozambique", *Oficinas do CES*, 291.

Meneses, Maria Paula (2008), "Corpos de Violências, Linguagens de Resistência", *Revista Crítica de Ciências Sociais*, 80: 161-194.

Meneses, Maria Paula (2009). *Feitiçaria e Modernidade em Moçambique: questionando saberes, direitos e políticas*. Relatório final do Projecto POCTI/41280/SOC/2001. Coimbra: CES

Meneses, Maria Paula; Fumo, Joaquim; Mbilana, Guilherme; Gomes, Conceição (2003), "Autoridades Tradicionais no Contexto do Pluralismo Jurídico", *in* Santos, B. S.; Trindade, J. C. (orgs.), *Conflito e Transformação Social: Uma Paisagem das Justiças em Moçambique*. Porto: Afrontamento.

Meneses, Maria Paula; Santos, Boaventura de Sousa (2008), *The Rise of a Micro Dual State: the case of Angoche (Mozambique)*. Trabalho apresentado à 12.ª Assembleia-geral do CODESRIA, Yaoundé, Dezembro de 2008.

Merry, Sally E. (2003), "From Law and Colonialism to Law and Globalization", *Law and Social Enquiry*, 28 (2): 569-590.

Milando, João (2006), "O Colonialismo em Angola: dinâmicas do pós-independência", *Trabalhos do Centro de Estudos e Investigação Científica da Universidade Católica de Angola*, n.º 3.

Mutua, Makau (2001), "Savages, Victims and Saviors: the metaphor of human rights", *Harvard International Law Journal*, 42: 201-242.

Nagy, Rosemary (2009), "Traditional Justice and Legal Pluralism in Transitional Context: the case of Rwanda's Gacaca Courts", in Quinn, J. A. (org.), *Reconciliation(s): transitional Justice in Postconflict Societies*. Londres: McGill-Queen's University Press.

Neto, Conceição (2004), "Respeitar o passado – e não regressar ao passado", in Ministério da Administração do Território (org.), *Primeiro Encontro Nacional sobre a Autoridade Tradicional em Angola*. Luanda: Nzila.

Nyamnjoh, Francis B. (2007), "From Bounded to Flexible Citizenship: lessons from Africa", *Citizenship Studies*, 11 (1): 73-82.

Otayek, René (2007), "A Descentralização Como Modo de Redefinição do Poder Autoritário? Algumas reflexões a partir de realidades africanas", *Revista Crítica de Ciências Sociais*, 77: 131-150.

Pacheco, Fernando (2002), *Autoridades Tradicionais e Estruturas Locais de Poder em Angola: aspectos essenciais a ter em conta na futura Administração Autárquica*. Comunicação proferida no âmbito do Ciclo de Palestras sobre Descentralização e o Quadro Autárquico em Angola. Luanda: Fundação Friedrich Ebert (mimeo).

Pinto, João (2007), *Parecer sobre o Quadro Jurídico do Poder Tradicional em Angola*. Luanda (mimeo).

Pinto, João (2008), *Princípios Estruturantes sobre o Estatuto das Autoridades Tradicionais*. Comunicação apresentada ao Segundo Encontro das Autoridades Tradicionais. Luanda: Ministério da Administração do Território.

Ranger, Terence (1988), "The Invention of Tradition in Colonial Africa", *in* Hobsbawm. E.; Ranger, T. (orgs.), *The Invention of Tradition*. Cambridge: University of Cambridge Press.

Ranger, Terence (1993), "The Invention of Tradition Revisited: the case of colonial Africa", in Ranger, T.; Vaughan, O. (orgs.), *Legitimacy and the State in Twentieth Century Africa*. Londres: Macmillan.

Rashid, Ismail (2004), "Student Radicals, Lumpen Youth, and the Origins of Revolutionary Groups in Sierra Leone, 1977-1996", in Abdullah, I. (org.), *Between Democracy and Terror*. Dakar: Codesria.

Rodrigues, Cristina U. (2007), "Survival and Social Reproduction: strategies in Angolan cities", *Africa Today*, 54 (1): 91-105.

Roque, Sandra; Shankland, Alex (2006), "Participation, Mutation and Political Transition: new democratic spaces in peri-urban Angola", in Cornwall, A.; Coelho, V.

S. (orgs.), *Spaces for Change? The politics of citizen participation in new democratic arenas*. Londres: Zed Books.

Sango, André (2006), "A Relação entre o Direito Costumeiro e o Direito Estatal e entre as Autoridades Tradicionais e o Estado", *in* Heinz, M. (org.), *The Shade of New Leaves: Governance in Traditional Authority – a Southern African Perspective*. Berlim: LIT Verlag.

Santos, Boaventura de Sousa (1988a), "Uma Cartografia Simbólica das Representações Sociais: o caso do direito", *Revista Crítica de Ciências Sociais*, 24: 139-172.

Santos, Boaventura de Sousa (1988b), *O Discurso e o Poder. Ensaio sobre a sociologia da retórica jurídica*. Porto Alegre: Sergio Antonio Fabrisv

Santos, Boaventura de Sousa (1995), *Toward a New Common Sense: law, science, and politics in the paradigmatic transition*. Nova Iorque: Routledge.

Santos, Boaventura de Sousa (2003), "O Estado Heterogéneo e o Pluralismo Jurídico", *in* Santos, B. S.; Trindade, J. C. (orgs.), *Conflito e Transformação Social: uma paisagem das justiças em Moçambique*. Porto: Edições Afrontamento.

Santos, Boaventura de Sousa (2007), "Para além do Pensamento Abissal: das linhas globais a uma ecologia de saberes", *Revista Crítica de Ciências Sociais*, 78: 3-46.

Santos, Boaventura de Sousa (2008), *Public Sphere and Epistemologies of the South*. Conferência apresentada à 12.ª Assembleia-geral do CODESRIA, Yaoundé, Dezembro de 2008.

Scott, James C. (1998), *Seeing Like a State: how certain schemes to improve the human condition have failed*. New Haven: Yale University Press.

Simone, AbdouMaliq (2004), "People as Infrastructure: intersecting fragments in Johannesburg", *Public Culture*, 16 (3): 407-429.

S/a (2004), "Síntese sobre Luanda". *in* Ministério da Administração do Território (org.), *Primeiro Encontro Nacional sobre a Autoridade Tradicional em Angola*. Luanda: Editorial Nzila.

Sousa, Fonseca (2004), "A Autoridade Tradicional: uma reflexão sobre o exercício do poder", *in* Ministério da Administração do Território (org.), *Primeiro Encontro Nacional sobre a Autoridade Tradicional em Angola*. Luanda: Editorial Nzila.

Spear, Thomas (2003), "Neo-traditionalism and the Limits of Invention in British Colonial Africa", *Journal of African History*, 44: 3-27.

Stevens, Joanna (2000), *Access to Justice in Sub-Saharan Africa: the role of traditional and informal justice systems*. Londres: Penal Reform International. Disponível em http://www.penalreform.org/access-to-justice-in-sub-saharan-africa.html (acedido em Março de 2005).

Tonda, Joseph (2000), "Capital Sorcier et Travail de Dieu", *Politique Africaine*, 79: 48-65.

Ubink, Janine (2007), "Traditional Authority Revisited: popular perceptions of Chiefs and Chieftaincy in peri-urban Kumasi, Ghana", *Journal of Legal Pluralism and Unofficial Law*, 55: 123-161.

Vidal, Nuno (2009), *II.ª Conferência Angolana da Sociedade Civil – 2008. Sociedade Civil Angolana: Veículo Democrático de Participação Pública*. Luanda: Edições Firmamento.

Viegas, Fátima (2005), *A Gestão da Doença no Espaço Sócio-Cultural e Urbano de Luanda: os curandeiros tradicionais e neo-tradicionais*. Dissertação de Mestrado submetida à Faculdade de Economia da Universidade de Coimbra.

Yilmaz, Serdar; Felicio, Mariana (2009), "Angola: local government discretion and accountability", World Bank, *Africa Region Working Paper Series*, n.º 128.

Anexo

Foto 12

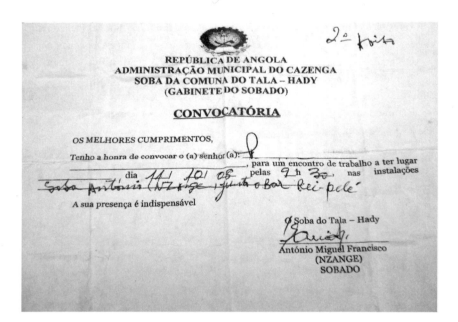

Anexo

Foto 13

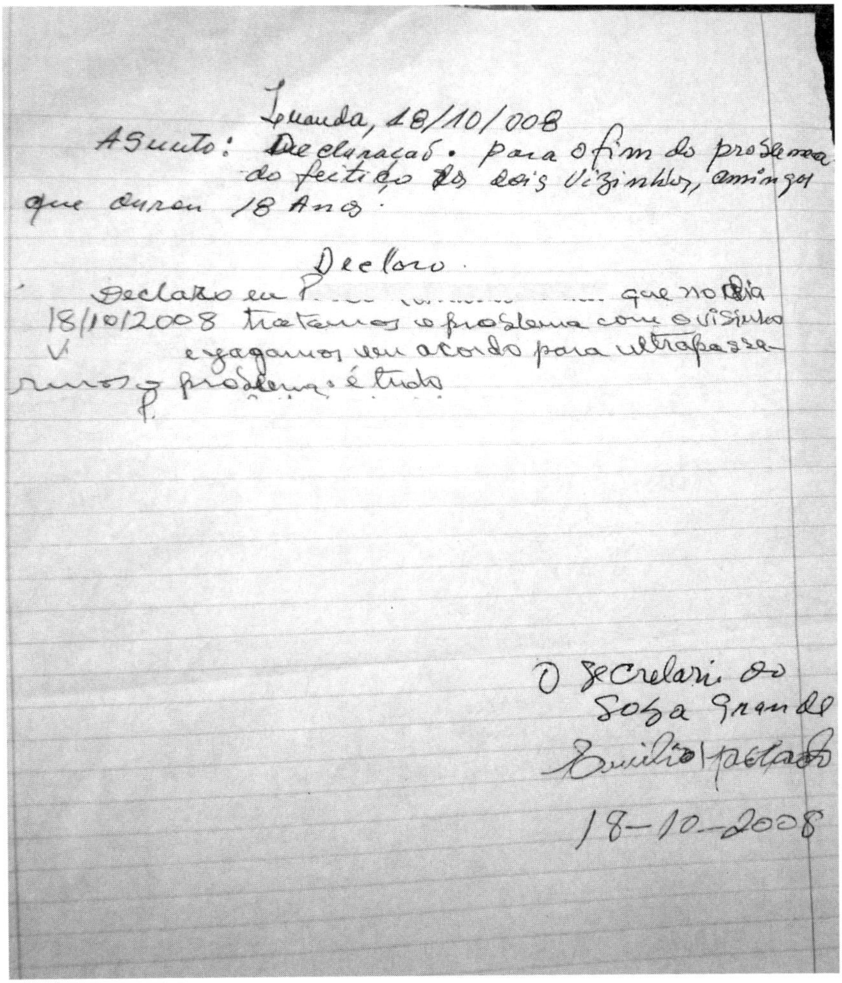

Luanda, 18/10/008
ASunto: Declaraçaõ. para o fim do prosema do feitiço dos dois Vizinhos, amingos que duron 18 Anos.

Declaro.

Declaro eu P. ... que no dia 18/10/2008 tratamos o problema com o visinho V. e fagamos um acordo para ultrapassa-rmos o problema. é tudo
P.

O secretari do
Soba Grande
Emilio [illegible]
18-10-2008

Anexo

Foto 14

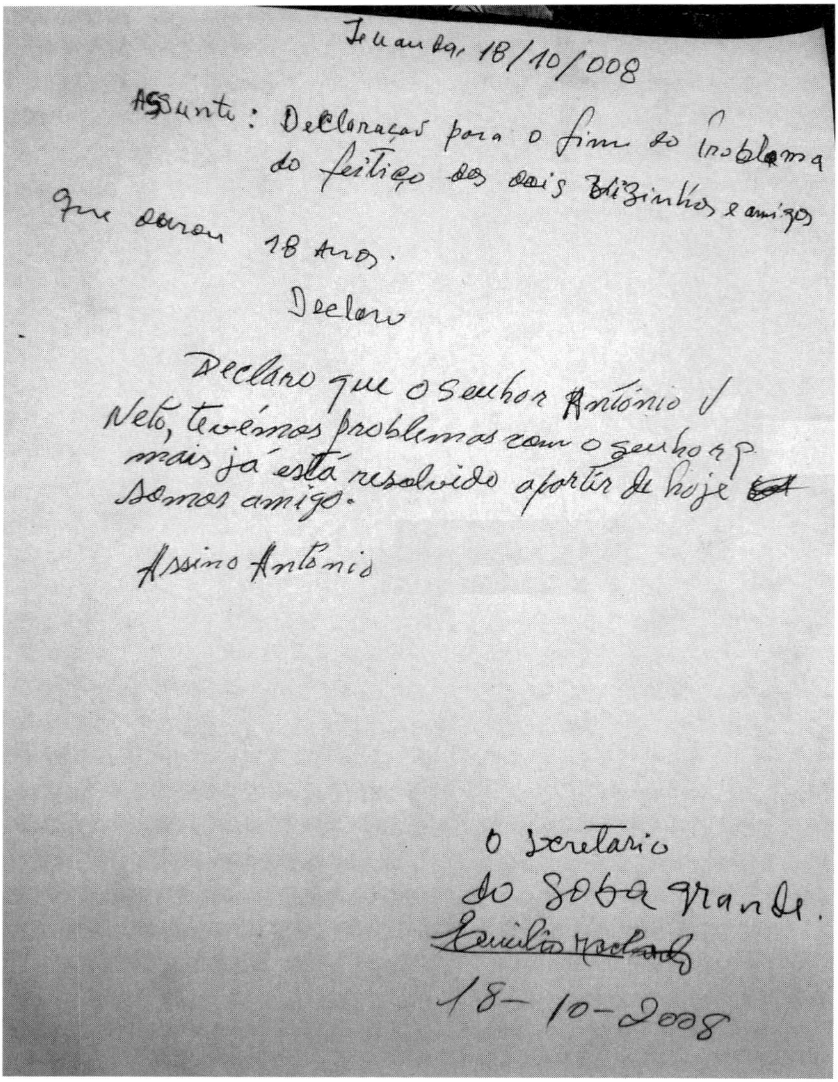

Luanda, 18/10/008

Assunto: Declaração para o fim do problema do feitiço dos dois vizinhos e amigos que duram 18 anos.

Declaro

Declaro que o senhor António Neto, tevémos problemas com o senhor mais já está resolvido apartír de hoje somos amigo.

Assino António

O Secretario
do Soba grande.
[illegible]
18-10-2008

CONCLUSÕES

Maria Paula Meneses e Júlio Lopes

Como este volume procura realçar, são múltiplas as instâncias e as formas de poder local – as 'outras' justiças – que operam na sociedade angolana e que não falam a linguagem do direito moderno, sendo apenas superficialmente conhecidas e discutidas nos meandros do poder angolano. Este projecto procura ser uma contribuição para um conhecimento e problematização mais profundos do fenómeno urbano em Luanda, onde a diversidade de estruturas legais de 'justiça' apontam para a complexidade social presente, uma janela que permite observar e analisar o tecido social angolano contemporâneo.[1]

Contudo, um olhar mais atento ao mapa político, científico e social que desenha a actual experiência dos conflitos vividos pelos cidadãos angolanos que habitam Luanda revela fracturas destabilizadoras que levantam problemas a carecer de atenção. Desde logo, a simultaneidade entre a ocultação, e mesmo a rasura, de muitos destes conflitos pelo direito oficial – como, por exemplo, os casos de feitiçaria – e a persistência de toda uma série de conflitos que pouca atenção tem merecido por parte dos agentes do Estado, como a violência doméstica, conflitos associados ao saneamento do meio, ao acesso à electricidade e à terra, entre outros.

Os sistemas de justiças em funcionamento quer no Cazenga, quer no Kilamba Kiaxi – municípios onde o estudo ocorreu - incluem estruturas que pertencem à estrutura do aparelho de Estado (caso do Centro Social de Referência do Julgado de Menores) assim como outras instâncias que se têm mantido à margem, face às várias reformas legais que Angola tem conhecido (caso das Autoridades tradicionais em contexto urbano). É nestas instâncias menos viabilizadas pelo Estado – mas reais e actuantes – que a resolução de conflitos acontece e toma corpo. É aqui que a vida se transforma em tema jurídico, o objecto e competição entre jurisdições, estruturas e tradições.

---

[1] A investigação ancorou-se numa indispensável interdisciplinaridade, cruzando perspectivas históricas, antropológicas, sociológicas e jurídicas. A abordagem metodológica escolhida para a recolha de dados privilegiou uma vertente qualitativa, cruzando a observação sistemática, entrevistas semi-estruturadas e a análise documental (arquivos, jornais) e bibliográfica.

No caso dos municípios do Cazenga e do Kilamba Kiaxi – os quais estiveram sob o olhar atento da pesquisa – especificamente quando avaliando o desempenho das várias instâncias formais e informais, oficiais e não oficiais, envolvidas na resolução de conflitos, a ideia subjacente à intervenção vai no sentido de reforçar os mecanismos e instituições da 'sociedade civil' já existentes no local. Esta abordagem pressupõe que as instituições presentes, a reciclar ou a alargar, respondem aos problemas básicos das populações dessas regiões. Todavia, o trabalho de pesquisa detectou alguns problemas em torno da noção de 'comunidade', procurando, como forma de ultrapassar esta situação, detalhar os momentos e identificar as 'instituições' locais envolvidas na resolução de conflitos e na melhoria da vida dos cidadãos.

Inseridos num vasto programa de reconciliação comunitária, os Centros Sociais de Referência são estruturas que integram o Julgado de Menores, assumindo como objectivos a sensibilização das comunidades para a violação dos direitos da criança, bem como a divulgação e informação sobre a sua existência; a recepção e o encaminhamento de casos para a Comissão Tutelar e Julgado de Menores; o acompanhamento da execução das medidas de protecção social decretadas pelo juiz; e a divulgação e acompanhamento dos casos de localização familiar e de crianças colocadas em famílias substitutas. É, também, uma instância de resolução de conflitos, em especial de conflitos de família,[2] recebendo queixas e procurando resolver os problemas pela via da mediação. A sua existência pretende ajudar a colmatar um vazio no sistema jurídico angolano, ao incidir especificamente sobre a defesa e promoção dos direitos das crianças e dos jovens. O trabalho realizado nos municípios do Cazenga e do Kilamba Kiaxi, pelas características específicas que estes municípios apresentam em termos de densidade populacional e concentração de pessoas deslocadas, permitiu auscultar a eficácia deste mecanismo no processamento e resolução de situações concretas. Partindo de um trabalho inicial de pesquisa, coube a estes Centros encontrar uma metodologia que lhes permitisse desenvolver as suas actividades, legitimadas pelo facto de todos serem parte integrante das comissões de moradores. Os Centros analisados apresentam, todavia, problemas graves e concretos de falta de meios, quer humanos quer materiais, para a execução dos objectivos a que se propõem, situação que tende a agravar-se.

---

[2] Percebida, pelos cidadãos que recorrem aos Centros de Referência, num sentido amplo, aqui incluindo violência doméstica sobre a mulher, velhos e crianças, problemas de adopção de menores, etc.

Apesar de tudo, verificou-se que o trabalho que desenvolvem é fundamental, havendo da parte de todos os funcionários um forte sentimento de envolvimento nas actividades desenvolvidas e uma grande preocupação com as comunidades onde os centros estão inseridos.

O Gabinete Jurídico da Sala de Aconselhamento, por sua vez, é uma instância especializada nas mediações de conflitos familiares, destacando-se os casos de violência doméstica. O início da sua acção data dos finais da década de 1980 e visa a promoção, protecção e divulgação dos direitos das camadas sociais mais vulneráveis, sobretudo de mulheres envolvidas em conflitos domésticos. Neste contexto, tem tido um papel indispensável na luta contra as diferentes formas de violência doméstica, bem como garantindo o acesso à Justiça por parte dos cidadãos que procuram este Gabinete. Reconhecendo a inoperância das instituições públicas do Estado, em particular do sistema de justice oficial, o Gabinete Jurídico surgiu para fazer face às necessidades da população de Luanda. A ausência de um Tribunal Municipal (embora o Cazenga tivesse sido um dos três municípios escolhidos para a implementação do projecto de tribunais municipais cuja fase experimental durou menos de dois anos), é outro motivo que influenciou a OMA a decidir-se pela implementação do Centro de Aconselhamento Familiar neste município. Apesar das dificuldades que apresenta, o Gabinete Jurídico é tido, entre as várias instâncias similares dos municípios vizinhos, como a mais eficaz e eficiente face aos compromissos por si assumidos. Apesar de tudo, o seu funcionamento vai-se fazendo com muitas dificuldades: a falta de condições básicas de trabalho levanta problemas à continuidade da sua actividade; porém, as estatísticas disponíveis assinalam a importância do Gabinete.

Um outro exemplo de uma experiência que procura mobilizar esforços e processos legais para defender os interesses das mulheres é a Secção da Família e Promoção da Mulher no Município Kilamba Kiaxi, envolvendo actores estatais e não-estatais, cuja acção visa lutar contra a violência de que as mulheres são alvo, incluindo o direito à saúde e à família. A precariedade económica que afecta as mulheres reflecte-se nos principais tipos de casos que demandam a Secção na busca de uma solução: desalojamento; desentendimentos; incumprimento, por parte do pai, do pagamento da mesada; e a violência física. Apesar de vários homens o procurarem também, o que os números ilustram é que a violência em Angola, a exemplo do que Luanda apresenta, fala a linguagem de género.

Os esforços empreendidos pela ONG 'Mãos Livres' são um exemplo das possibilidades promovidas pelos programas de paralegais. Apesar de terem pouca atenção, seja da parte de juristas como da parte de outras instituições envolvidas na promoção dos direitos humanos e desenvolvimento, o trabalho comunitário dos paralegais revelou-se crucial no campo da assistência, da mediação e da resolução de conflitos que afectam a sociedade angolana, com especial destaque para os conflitos laborais. De facto, a abordagem e a participação dos paralegais deve ser valorizada como um dos vectores importantes para a promoção do acesso ao direito e à justiça, de modo a melhorar e apoiar as reformas da justiça. Apesar de tudo isto, o apoio dado aos paralegais continua a ser incerto e *ad doc*, muitas vezes integrado em projectos de apoio ao desenvolvimento ou em prol da boa governação, e não de forma sistemática ou continuada.

Uma das instâncias que surpreendeu pelo seu envolvimento na resolução de conflitos foi a Polícia angolana. Na verdade, para os habitantes do Kilamba Kiaxi, onde o projecto estudou uma das esquadras, a Polícia é vista como uma instituição de manutenção da ordem pública, dotada de autoridade suficiente para intervir na resolução de conflitos que ocorrem no seio da comunidade. De facto, a opção pela Polícia é cada vez mais frequente no panorama de Luanda, sendo crescentemente vista como uma instância onde é possível encontrar uma solução – por vezes, através da intimidação - para os conflitos que afectam a sociedade.

O comportamento dos polícias envolvidos na mediação dos conflitos, na procura de uma solução para estes, aproxima-se do observado nas comissões de moradores. Os agentes recorrem quer a referências ao direito e à buro-cracia, quer, por vezes, ao uso da violência (ameaças ou mesmo actos físicos), procurando preencher o défice de legitimidade sentido. Do que foi possível observar, existem casos que são resolvidos internamente através da auscultação e aproximação das partes, embora o grau de participação das partes na decisão seja, regra geral, reduzida. Nestas situações, a retórica é o elemento estrutural dominante e a burocracia e a violência são elementos recessivos. Todavia, nas situações de maior complexidade e que geraram controvérsia, tornou-se difícil chegar a soluções de consenso. Face ao desacordo das partes, verifica-se um aumento do uso da violência em detrimento da retórica. Em vários dos casos observados a 'resolução' não foi negociada; pelo contrário, foi imposta e a sua aceitação foi questionada (implicitamente) por uma das partes envolvidas. No entanto, este facto não anula a forte presença da Polícia no espaço público enquanto elemento de dissuasão – nalguns dos casos envolvendo episódios de violência física e de intimidação – e como elemento mediador de conflitos. Independentemente da complexidade da solução alcançada, o envolvimento da polícia a nível dos bairros parece ser crescente, olhando-se a polícia não mais como um agente regulador dos conflitos, mas como um agente social, que partilha os conflitos que surgem no lugar em cada momento específico da vida colectiva. A polícia é, pois, solicitada a intervir no meio em que está inserida, procurando solucionar todos os problemas em que a sua presença ou participação são necessárias.

Relativamente às Comissões de Moradores, esta instância extra-judicial de mediação de conflitos revela-se particularmente importante. Se para os legisladores a Comissão de Moradores cumpria a função de representar o poder do Estado ao nível da base, já para os moradores do Sector a Comissão é um órgão de gestão da esfera pública, de resolução de conflitos e de combate à criminalidade e à delinquência juvenil. Como tal, para os moradores a Comissão de Moradores está intimamente associada à figura do Estado. Concebida como representação local do Estado tem como função informar os moradores sobre as políticas e projectos que contribuirão para a vida do bairro, zelando pelos interesses da comunidade, auscultando-a e procurando resolver os problemas que a afectam.

As Comissões procuram resolver os problemas mais prementes das zonas que coordenam, destacando-se, de entre os problemas a que mais são chamadas a mediar, os conflitos de terrenos, problemas de saneamento, questões de delinquência e de controlo da criminalidade e conflitos familiares, entre outros. Para a maioria dos moradores, a Comissão simboliza um espaço onde os seus problemas podem ser ouvidos e atendidos, o que explica a sua persistência e vivacidade, num momento de reforço, a nível da base, das estruturas partidárias. Os conflitos chegam à Comissão de Moradores normalmente através das partes, constituindo a procura da solução mais adequada, por consenso, o principal objectivo da instância. Os casos que transcendem a competência da Comissão ou aqueles em que se verifica ausência de consenso – quando o caso é grave ou complexo, são encaminhados para outras instâncias, muitas das quais interagem com regularidade com as Comissões de Moradores. Um outro aspecto que merece uma nota tem a ver com a inclusão das autoridades tradicionais na orgânica desta Comissão. Hierarquicamente dependente do Presidente de cada Comissão, verifica-se que nalguns casos os Sobas – expressões do poder tradicional – integram também os órgãos de direcção das Comissões, tendo a função de emitir pareceres em relação aos problemas em que os líderes se sentirem menos preparados, como sendo assuntos familiares ou relacionados com tradições locais.

O processo das eleições locais para a Comissão de Moradores, que teve lugar logo após as eleições legislativas de 2008, trouxe consigo novos problemas. As eleições reflectem a adesão ou o descontentamento com os projectos dos governantes locais e são vistas como uma forma de participação e de legitimação do presidente ou de um conselho que tomará decisões sobre os destinos do bairro ou da comunidade em que reside. A pertença política foi activada como elemento chave para o acesso e progressão na estrada política e administrativa. Vinte anos após a introdução do multipartidarismo em Angola, e da consequente separação do partido e do Estado, ao nível das bases a ideia dominante é a de que não é possível progredir em qualquer domínio público sem estar filiado em determinadas cores políticas. De facto, apercebendo-se das especificidades do campo político angolano, vários 'novos' empresários políticos têm vindo a posicionar-se em vários contextos locais, utilizando instrumentalmente as eleições para as Comissões de Moradores como instrumento de diferenciação política a nível local e um recurso de legitimação política das elites administrativas, não só locais como também nacionais e, por conseguinte, provavelmente, um obstáculo para o processo de desenvolvimento e ampliação democrática. Como a análise das eleições do Sector 5 nos sugere, importa reflectir sobre a relação entre as reformas da descentralização e os processos de democratização e desenvolvimento.

Como Boaventura de Sousa Santos analisa, a presença e força de agentes políticos locais, como é o caso das lideranças das Comissões de Moradores, *"está relacionada com a fraqueza do Estado por duas vias principais: pela incapacidade administrativa do Estado e pela erosão da legitimidade do poder estatal"* (2003: 79). Tal situação deriva dos limites de penetração do Estado, agravada agora com a transição política em curso em Angola e com a pressão da opinião pública. Com a guerra e a desestruturação que Luanda conheceu, as Comissões de Moradores foram um dos pilares que assegurou, a nível comunitário, a ordem social e a estabilização das expectativas dos indivíduos e grupos sociais. Hoje, o Estado confronta-se com a sua presença forte, um facto político incontornável. As Comissões de Moradores, ao serem associadas ao partido no poder, são um elemento de alerta sobre o fim de uma aparente divisão do poder para, crescentemente, se assistir à concentração do poder político.

Através do reforço dos poderes das autoridades tradicionais (sobretudo em espaços rurais) e da sua crescente visibilidade na esfera pública, o Estado angolano procura, através de discursos políticos, textos legais ou encontros, expor e circunscrever as várias normatividades que se têm vindo a desenvolver debaixo de uma única categoria – a de autoridades tradicionais. Num movimento dialéctico que procura somar toda a dimensão histórica – pré e pós-colonial – num presente contínuo o Estado vai operando, buscando reabilitar aspectos do dualismo ideológico e oposicional, revitalizando a diferença que parece continuar a ser instrumentalmente necessária à construção do campo político africano no panorama político global: a oposição do moderno ao tradicional. Neste sentido, o reforço constitucional de um sistema de oposição centrado no sistema de justiça formal e no 'costume' revela-se problemático, pois que esta reforma avança com uma representação das autoridades tradicionais e dos seus costumes e preceitos normativos como dotados de uma legitimidade que continuasse a existir quase que fora do tempo histórico contemporâneo.

O que este estudo sobre Luanda revela é, assim, uma presença dinâmica e complexa de diversas instâncias que intervêm, nos vários municípios de Luanda (nas zonas sub e peri-urbanas), na resolução dos conflitos, colmatando os espaços que as estruturas formais não conseguem abranger, como no caso das questões de feitiçaria, e encontrando soluções para os problemas que afectam as populações, em especial as questões do quotidiano, ligadas às más condições de vida em bairros com deficientes infra-estruturas, onde também as questões da violência doméstica vão ganhando cada vez mais visibilidade.

A criação de uma base credível de dados estatísticos, para várias das instâncias analisadas neste volume, permitiu analisar a sua mobilização, permitindo alargar o campo analítico comparado com a justiça oficial. Foi também possível, em várias situações, identificar e classificar o tipo de conflitos presentes (habitação, violência doméstica, regulação do poder paternal, direito de alimentos, roubos, conflitos entre vizinhos, etc.), os seus mobilizadores (autores) e os mobilizados (sobre quem recaía a acusação), quer, ainda, as razões que levaram as pessoas a optar por essas instâncias. No caso de Luanda o estudo das várias 'micro-realidades' presentes possibilita uma compreensão mais vasta dos processos sociais em curso, permitindo-nos, através de uma deslocação permanente entre o nível micro e macro de análise, atingir o que os Comaroffs designam de *"etnografias feitas a uma escala precária"* (1999: 282).

Nos bairros que integram os municípios estudados em Luanda as relações estabelecidas entre as autoridades tradicionais, as comissões de moradores, os centros sociais de referência do julgado de menores, o Gabinete Jurídico da Sala de Aconselhamento, Secção da Família e Promoção da Mulher e as esquadras de polícia, entre outros actores envolvidos, são, simultaneamente, de complementaridade, hibridação e competição, constituindo uma ampla rede de sistemas de justiça. O seu estudo mais detalhado revelou que, em lugar da erosão ou extinção das múltiplas instâncias geradas ao longo das várias etapas políticas que Angola atravessou, se observa um processo de sedimentação de estruturas e lógicas de poder local, debatendo todas estas instâncias quer o seu papel, a sua legitimidade, quer ainda a sua interpretação sobre o sentido do Estado e das justiças em funcionamento em Luanda. Como resultado, Luanda apresenta uma diversidade de instâncias envolvidas na resolução de conflitos, configurando um autêntico 'forum shopping' de instâncias a que os cidadãos acorrem, procurando identificar a que melhor corresponde às suas expectativas (i.e., aquela que lhe garante maior protecção e segurança legal e física).

Esta realidade, complexa e imprevisível, não pode ser analisada nem estruturada unicamente em função do que está previsto na legislação. Como salienta Boaventura de Sousa Santos (1988), ao recorrer à metáfora do palimpsesto de culturas jurídicas e políticas, a história é feita de rupturas e continuidades, resultando em distintos impactos a nível local, onde as estratégias do Estado, presentes e passadas, se cruzam com as dinâmicas locais e globais, constituindo virtualmente, em cada momento e em cada espaço, configurações específicas. Embora este estudo tenha identificado vários problemas sobre a participação dessas 'outras' instâncias na aplicação de justiça, no seu conjunto, a rede de justiças disponíveis ao nível local em Luanda desempenha um papel fundamental no acesso à justiça, constituindo referências centrais para um processo de criação de um 'novo' direito angolano, incorporando outros espaços materiais e metafóricos, reflectindo outros saberes e experiências. É esta situação que torna Luanda, enquanto janela de Angola, um caso carismático de pluralidade jurídica, legitimando a caracterização do Estado angolano como um 'Estado heterogéneo' (Santos, 2003).

Referências bibliográficas

Comaroff, Jean; Comaroff, John L. (1999), "Occult Economies and the Violence of Abstraction: Notes from the South African postcolony", *American Ethnologist*, 26 (2): 279-303.

Santos, Boaventura de Sousa (1988), *O Discurso e o Poder. Ensaio sobre a sociologia da retórica jurídica*. Porto Alegre: Sergio Antonio Fabris.

Santos, Boaventura de Sousa (2003), "O Estado Heterogéneo e o Pluralismo Jurídico", *in* Santos, B. S.; Trindade, J. C. (orgs.), *Conflito e Transformação Social: uma paisagem das justiças em Moçambique*, Vol. I. Porto: Edições Afrontamento.

SOBRE OS AUTORES

COORDENADORES

BOAVENTURA DE SOUSA SANTOS, Doutorado pela Universidade de Yale. Professor Catedrático Jubilado da Faculdade de Economia da Universidade de Coimbra. Distinguished Legal Scholar da Universidade de Wisconsin (EUA). Global Legal Scholar da Universidade de Warwick (UK). Director do Centro de Estudos Sociais da Universidade de Coimbra, onde dirige também o Observatório Permanente da Justiça.

JOSÉ OCTÁVIO SERRA VAN-DÚNEM, Doutorado em Ciências Humanas, especialidade em Sociologia pelo Instituto Universitário de Pesquisas do Rio de Janeiro. Professor Associado das Faculdades de Direito da Universidade Agostinho Neto e da Universidade Católica de Angola. Ex-Decano da Faculdade de Direito da Universidade Agostinho Neto.

CONCEIÇÃO GOMES, Coordenadora Executiva do Observatório Permanente da Justiça Portuguesa. Investigadora do Centro de Estudos Sociais da Universidade de Coimbra.

JÚLIO MENDES LOPES, Mestre em História. Docente no Instituto Superior de Ciências da Educação de Luanda.

MARIA PAULA MENESES, Doutorada em Antropologia pela Universidade de Rutgers. Investigadora do Centro de Estudos Sociais da Universidade de Coimbra.

RAUL ARAÚJO, Doutorado em Direito pela Faculdade de Direito da Universidade de Coimbra. Decano e Professor da Faculdade de Direito da Universidade Agostinho Neto.

Autores

ALVES DA ROCHA, Director do Centro de Estudos e Investigação Científica da Universidade Católica de Angola. Coordenador do Núcleo de Estudos Macroeconómicos.

AMÉRICO KWONONOKA, Mestre em História de Angola. Director do Museu Nacional de Antropologia de Luanda.

CATARINA ANTUNES GOMES, Doutorada em Sociologia pela Faculdade de Economia da Universidade de Coimbra. Bolseira de pós-doutoramento no CES, em Coimbra.

CESALTINA ABREU, Especialista em desenvolvimento comunitário e rural. Ex-Directora Executiva do Fundo de Apoio Social (FAS).

FÁTIMA VIEGAS, Socióloga. Docente da Faculdade de Letras e Ciências Sociais da Universidade Agostinho Neto.

FERNANDO PACHECO, Agrónomo. Presidente da ADRA.

HENDA DUCADOS, Membro fundador da Rede Mulher em Angola e Directora Adjunta do Fundo de Acção Social.

RUY DUARTE DE CARVALHO, Doutorado em Antropologia pela École des Hautes Études en Sciences Sociales de Paris. Escritor. Cineasta. Escultor. Antropólogo.

ANDRÉ CAPUTO MENEZES, Licenciado em Ciência Política pela Universidade Agostinho Neto. Assistente de Teoria Política do Instituto de Ciências Sociais e Relações Internacionais em Angola.

ANETTE SAMBO, Jurista. Faculdade de Direito da Universidade Agostinho Neto.

ÉLIDA LAURIS, Doutoranda em Sociologia na Universidade de Coimbra. Investigadora do Observatório Permanente da Justiça

SOBRE OS AUTORES 379

ISABEL ABREU, Pós-graduada em Direitos Humanos pela Universidade de Coimbra. Jornalista.

AGUIAR MIGUEL CARDOSO, Mestre em Acção Social, Trabalho Social e Sociedade pelo CNAM (Conservatoire National des Arts et Métiers), Paris, França. Pesquisador do Projecto Pluralismo Jurídico.

MAYMONA KUMA FATATO, Jurista. Faculdade de Direito da Universidade Agostinho Neto.

PAULA FERNANDO, Investigadora do Centro de Estudos Sociais da Universidade de Coimbra e do Observatório Permanente da Justiça.